教材にみる岡山秀吉の手工科教育論の特質と意義

戦前日本の手工科教育論の到達水準の探究

平舘 善明　HIRADATE Yoshiaki

学文社

まえがき

本書は，2006年3月東京学芸大学大学院連合学校教育学研究科から博士（教育学）学位を授与された学位請求論文「教材論にみる岡山秀吉の手工科教育論の特質と意義」に，その後の受託研究などの成果を加えて修正を施し，2016年度科学研究費補助金研究成果公開促進費の交付を受けて公刊したものである。公刊に際して，表題を改めた。

本書は，第2次世界大戦前の日本において，小学校図画工作科ならびに中学校技術・家庭科のひとつの前身であった小学校手工科の教育的営みの到達水準を，手工科教育の代表的研究者であった岡山秀吉（1865年～1933年）の手工科教育論を主たる研究対象に据えて解明することを試みたものである。

今日の学校教育は，「学びの共同体」論などの新たな教育理念・方法が一部提唱されてきているとはいえ，テストや偏差値の数値自体が価値をもつ点数主義が，教育内容の問い直しをないがしろにしたまま常態化している。元来，学校教育を含む教養教育は，真理・真実を学ぶことによって，人々を偏見や因習から解放し，自由にするという原意をもつ。今そして将来を生きる子どもたちに本当に意味あるものとして，それを問い直すとき，東日本大震災およびそれに起因する福島第一原発事故以後，もっともその必要性が高まっているもののひとつが普通教育としての技術教育といえよう。技術教育とは，工業・農業・水産業などの社会的生産における技術を対象とする。今日の世界的課題の第一は，地震や津波や豪雨などの天災および原発事故などの人災といった地球環境・災害への技術の問題であることは間違いない。

このことは，国際的にも妥当する。普通教育としての技術教育は「技術および労働の世界への手ほどき」であり，「これがなければ普通教育が不完全になるような普通教育の本質的な構成要素になるべき」とする原則が確認され，1991年発効の「技術・職業教育に関する条約」に結実した。多くの国々で，初等・中等教育を通じて，教科指導として位置づいており，かつ拡充される傾向にある。しかし，日本では，普通教育としての技術教育を施す教科指導は，実質上，中学校技術・家庭科の技術分野に限られている。小学校や高等学校では，法制上樹立されておらず，教育実践としてもごく例外的にしか存在しない。

しかも，こうした状況は，日本においても第２次世界大戦後の時期に属する。近代日本学校教育史においては，尋常・高等小学校（今の年齢段階でいえば小学校・中学校）を通じて実施されていた。手工科教育などである。

しかし，手工科は，戦前教育体制下，富国強兵・殖産興業の工業技術の振興のための実業準備教育の必要性を基本におきつつ，黙々と苦しい労働に耐える勤労態度を養う道徳教育的なねらいに重点があったことが，導入期の研究で指摘されてきたこともあり，その後の研究の蓄積は極めて薄い。それがゆえに，手工科教育の理論的・実践的遺産は後景に追いやられ，断絶とよべるほどに今日の図画工作科をはじめ小学校教育にて，等閑に付されている。

小学校での教育内容を問い直し，発展・拡充させていくためには，まずもって，手工科の教育的営みの到達水準を確定することが不可欠である。そして，それこそが今日の小学校での普通教育としての技術教育を行っていく上でのひとつのメルクマールとなると考えた。本研究の動機である。

本研究は，以下の２つの研究方法に特色をもつ。

ひとつは，岡山秀吉の手工科教育論の発展過程を，各時期の手工科をめぐる状況の文脈に位置づけ，経年的にたどり，その全体像をとらえることを試みた。単なる教育制度史研究や人物研究ではなく，「手工教育の確立者」と称される岡山を主な対象に据えて，教材を教育的価値の具体物とみる教材論の準拠枠をもって，戦前水準を示唆する彼の手工科教育論の到達点を解明することを試みた。

今ひとつは，戦前教育体制下において「子どもの発達に着目した教育的手工」と称される岡山の手工科教育論の内実を，「復元による教材解釈」の手法を用い，実際に教材を復元することを通して，文献資料からは読み解くことが容易ではない，つくり手の教育的意図を含みこんだ，教材という教育の具体的営みの深層から解明することを試みた。なお，1つひとつの教材を復元した基礎データである「作業分解票」を巻末に掲載した。参考に資すれば，幸甚である。

2016年9月

著　者

目　次

まえがき　i

序　章　小学校手工科の歴史的遺産と技術教育；課題と方法……1
第1節　研究の目的　1
第2節　先行研究　8
第3節　研究の方法　36

第1章　岡山秀吉の手工科教育研究への接近……60
第1節　上原六四郎との出会い　60
第2節　岡山が師事した上原六四郎の手工科教育観　62
第3節　岡山の千葉県尋常師範学校勤務時代の取り組み　72
第4節　小　括　86

第2章　文部省編纂『小学校教師用　手工教科書』の特徴……91
第1節　『教師用手工教科書』の形成過程における高等師範学校附属小学校での岡山の手工科実践　91
第2節　『教師用手工教科書』の特徴と同書編纂上の岡山の役割　99
第3節　小　括　120

第3章　岡山秀吉の手工科教育論の理論的特質……124
第1節　手工科教育の目的的価値の「構造体系化」　124
第2節　教材単元としての「細工」の特徴　132
第3節　小　括　148

第４章　岡山秀吉の手工科教育論の展開過程における米国留学の意義……152
第１節　岡山の米国留学の足取り　152
第２節　岡山が重要視した米国の手工・産業科教育の実践内容　162
第３節　小　括　169

第５章　欧米留学後の岡山秀吉の手工科教育論の発展……173
第１節　手工科教育の目的的価値論の発展　173
第２節　「細工」の限定・集約・焦点化　181
第３節　小　括　194

第６章　『新手工科教材及教授法』における紙細工の教材復元解釈にみる教授過程の特質……200
第１節　紙細工の技能教授過程の特質　200
第２節　紙細工の知識教授過程の特質　214
第３節　小　括　220

第７章　『新手工科教材及教授法』における木工の教材復元解釈にみる教授過程の特質……223
第１節　木工の技能教授過程の特徴　223
第２節　木工の知識教授過程の特質　243
第３節　小　括　248

結　章　岡山秀吉の手工科教育論の歴史的意義……250

OKAYAMA Hidekichi's Education Theory of Manual Training in Japan before World War II ………… 265

附　録 ………… 271

資料１　岡山秀吉の略歴および著作目録　271

資料２　作業分解票　285

あとがき　419

人名索引　423

事項索引　424

序　章

小学校手工科の歴史的遺産と技術教育；課題と方法

第1節　研究の目的

1. 問題の所在：国民教養としての技術教育

学校教育は，19世紀後半の国民国家の成立とともに，一部の特権階級のためのものから，性差や階級差や障害の有無をこえて，万人のためのものへと発展してきた。子どもの発達の権利保障を国際的に確認した「子どもの権利条約」の国連採択（1989年）は，その証左といえる。

しかしながら，実態としては，学制発布（1872年）以後，日本の学校教育とそこで培われる教養は，学歴社会や受験競争に象徴されるように，人々が労働から脱出するためのパイプ役を果たしてきた[1)]。その学校的能力，つまり「学力」は，内容を享受することの意味や価値が傍らに追いやられ，テストの点数や偏差値という数値が価値をもち，それが選別の基準として用いられ，内容の空洞化をもたらしている。

元来，教養教育（liberal education）は，真理・真実によって，偏見や謬見，因習や通念といったものからわれわれを解放し，ものごとをありのままにとらえて適正な判断ができるよう精神と身体を自由にするための教育という原意をもつ。子どもは，自分の外に実在している技術や科学的知識の体系を，自己のものとして所有し，それを支配することによって創造的な活動を可能にし，それを通して人類の営みに参加するために学習する[2)]。こうした観点から，あらためて，国民教養の内容が問われている。

国民教養が問い直されるなかで，今，もっともその必要性が高まっているもののひとつが技術教育といえよう。技術教育とは，「生産技術としての技術」[3)]，すなわち工業・農業・水産業などの社会的生産における技術に関する科学の基本と要素作業を教え学ぶ教育である。想像を絶する被害と深い悲しみをもたらした東日本大震災およびそれに起因する福島第一原発事故以後，日本では，もはや技術発展を一部の専門家のみにまかせるのではなく，国民教養として“技術を見る目”をもち，現代技術を評価し選択できることの必要性が広く認識されるようになってきている。われわれが幸せな社会を持続的につくりあげ，安心して暮らしていくための今日の世界的課題の第一は，地震や津波や豪雨などの天災および原発事故などの人災といった地球環境・災害への技術の問題であることは間違いない。

このことは，国際的にも妥当する。万人のための教育，すなわち普通教育としての技術教育は，端的にいえば「技術および労働の世界への手ほどき」を意味する。建築・建設，エネルギー，製造，通信ネットワークなどの現代技術に関する科学的知識を養うとともに，そこに込められた要素作業を実際に道具や機械を使って技能として体得する。ビル建築や照明，電線，農作物，棚やネジなど，現代社会を成り立たせており，その恩恵にあずかっているにもかかわらず，どこか自分とは離れた，いわば外の世界を，こうした知識や技能の獲得によって，自分に関わりあるものとして認識し，それをつくり出している人々の労働がみえてくる。こうして技術によって構築されている現代社会やそこにある労働を認識し，社会に参画していく「手ほどき」が普通教育としての技術教育の役割である。

1974 年にユネスコは「技術・職業に関する改正勧告」を採択し，「技術および労働の世界への手ほどきは，これがなければ，普通教育が不完全になるような普通教育の本質的な構成要素になるべきである」とする原則を国際的に確認した。そして 15 年後の 1989 年には同総会で「技術・職業教育に関する条約」が採択され，さらに 1991 年に発効した。この国際条約によって，またこの国際条約に結実されたように，世界の多くの国々で初等・中等教育を通じて，こうした教育が教科指導として位置づいており，かつ拡充される傾向にある。大多数の人々は，仕事に就いて働くことで生計を立て，社会に参画していく。学校から仕事への移行の機能不全が問題とされる今日，普通教育としての技術教育は，国際的にますますその必要性と重要性を高めている。

しかし，こうした国際的動向に反して，日本では，普通教育としての技術教育を行う教科は，実質上，中学校の技術・家庭科の技術分野に限られる。小学校や高等学校では，こうした教科指導は法制上樹立されておらず，教育実践としてもごく例外的にしか存在しない。異例である。とりわけ，今日の日本の上構型学校体系において，小学校における普通教育としての技術教育の拡充は，喫緊の課題といえる。

2. 等閑に付されたままの手工科教育史研究

こうした観点から，歴史的にふりかえると，実は，日本の小学校における普通教育としての技術教育の不在は，第２次世界大戦後の時期に属する。近代日本学校教育史においては，尋常・高等小学校を通じ，普通教育としての技術教育が実施されていた。手工科などである。

手工科は，日本で「技術教育を学校に導入した最初」といわれ，小学校を中心に展開された[4)]。「小学校令施行規則」によれば，木工や金工や紙細工等，木材や金属や紙などの材料を扱い，道具を用いて，物品製作を行う教科として位置づいていた。しかも，手工科は，1886（明治19）年から半世紀にわたって，初等教育の８学年を通じて実施されていた。図序-1のように，1886年に高等小学校で，1890（明治23）年に尋常小学校で加設され，幾度の制度的変遷を経て，1926（大正15）年には高等小学校で，1941（昭和16）年には尋常小学校段階にあたる国民学校初等科でも芸能科工作として必修化された教科である。加えて，教員養成に関しても日本の手工科は，1886年という，世界的にみてもかなり早い時期から，全国規模で制度化を図った。手工科は，小学校における普通教育としての技術教育という視野において，非常に興味深い対象である。

そして，第2次世界大戦後，こうした手工科および芸能科工作は，小・中学校の図画工作科の工作教育へと継承される。さらに，1958（昭和33）年の「学校教育法施行規則」の一部改正によって，中学校に技術・家庭科が新設された際，「生産的技術に関する部分」の内容が，とりたててその重要性から，中学校においては図画工作科から技術・家庭科へと移行された。ちなみに，小学校の図画工作科については，「工作に表す内容については，小学校図画工作科が中学校技術・家庭科の技術分野と関連する教科であることに配慮する必要がある」（2008年版小学校学習指導要領解説）と，今日においても明示されている。すなわち，手工科は，単に戦前の一教科として存在していただけでなく，戦後の図画工作科の工作教育および中学校の技術・家庭科の技術分野（以下，技術科と略記）の前身である。

しかし，こうした歴史的経緯は，今日において，ほとんど認識されていない。それは，ひとえに手工科に関する研究が，他教科の教科教育史に比して，非常に蓄積が少ないことに起因する。導入期についての一定の研究の蓄積があるほかは，制度史としての概観が整理されているに過ぎない。

今日へと続いている教科の営みの歴史的事実が，これほどまでに解明されずに，等閑に付されてきた教科は他にないであろう。こうした手工科教育史研究

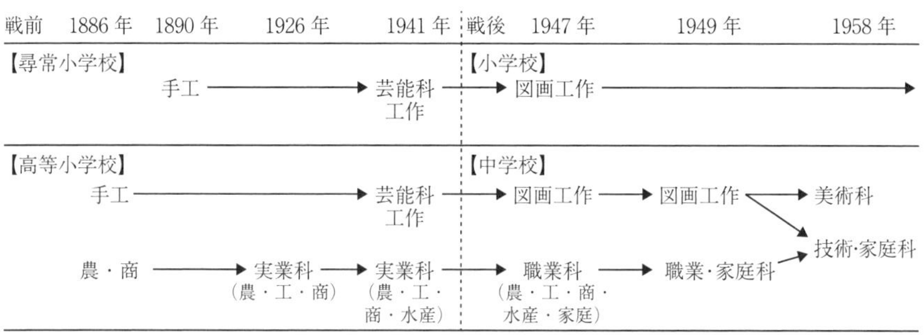

備考：本図では，図画科，裁縫科，家事科の変遷については省略。
本図は，学齢段階での接続関係で表記した（高等小学校は初等教育，中学校は中等教育）。

図序-1　手工科から図画工作科・技術科への変遷図

の蓄積の少なさは，日本の小学校での技術教育の教科指導としての出発点であり，小学校図画工作科の工作教育や中学校の技術科の起源である手工科教育の理論的・実践的遺産を後景に退けている。このことは，少なくとも，次のような二重の問題を引き起こしている。

すなわち，一方で，第２次世界大戦後，図画工作科は，その実態としては，小・中・高校一貫した美術教育とその教員養成の枠組みのなかで，「表現・鑑賞」を軸とする感性・情操教育を主眼として行われてきた。図画工作科の教科教育史研究は，工作を除いた形での図画すなわち美術教育として，その歴史が描かれ，手工科については大正自由教育期の自由画教育運動によって生じた手工科の新主張が取り上げられる程度にとどまっている[5)]。こうした研究状況下において，第２次世界大戦後から今日に至る小学校図画工作科では，手工科の歴史的遺産の断絶といっても過言ではない事態が形成されている。もちろん，感性・情操教育は，子どもの発達に不可欠な教育である。ただし，図画工作科が，感性・情操教育のみに終始し，普通教育としての技術教育の側面を等閑視していることは，図画工作科での子どもの発達のためのより豊かな学びの幅を狭めてしまっている点で，見過ごせない。

他方，21 世紀に入ってから，小学校での技術教育を教科指導として位置づける取り組みがいくつか見られるようになった。東京都大田区「Technology Education」科（2004 年度～2006 年度）や新潟県三条市「ものづくり学習の時間」（2007 年度～2009 年度），長野県諏訪市「相手意識に立つものづくり科」（2008 年度～）などである。しかし，これらの取り組みのほとんどが，一時期の試行にとどまり，継続的なものとして位置づいていない。小学校での技術教育の必要性が認識され，これらの取り組みがいくつか行われながらも，試行の域にとどまっている最大の理由は，それらの実践や教材の成果を測る尺度として寄って立つ理論的背景をもたないがゆえに，試行的に行われざるをえないからである。歴史研究の不在がもたらしている根本問題である。

このように，本来，小学校図画工作科において美術教育とともに担う技術教育の側面が等閑視され，また，新たに教科指導として樹立しようにも，寄って立つ理論的背景を見いだせないがゆえに一時期の試行的取り組みに終始してしまうという小学校での技術教育の二重の問題は，手工科教育の理論的・実践的遺産が後景に追いやられていることに起因する。

こうした歴史的状況からみて，手工科教育の内実を明らかにし，まずもって，その到達水準を確定することが緊要な課題となっている。手工科の歴史的遺産をくみとることは，現在の小学校において「技術および労働の世界への手ほどき」を施す手だてやそのあり方を考える上でのメルクマールを得ることにつながる。

以上の意図から，本研究では手工科教育に注目する。

3. 手工科教育の到達水準の探求：岡山秀吉の手工科教育論への着目

手工科の営みにおける到達水準は，何に着目することによってみいだせるであろうか。

手工科教育の発展を担った代表的人物としては，手島精一，後藤牧太，上原六四郎，岡山秀吉，阿部七五三吉，伊藤信一郎などを挙げることができる。本研究では，なかでも岡山秀吉に注目したい。

岡山秀吉（1865年～1933年）は，三重県一志郡高岡村に生まれ，東京工業学校などにおいて手工科を修業，千葉県尋常師範学校教諭（1893年～1896年）を経て，1896（明治29）年に秋田市工業徒弟学校の教諭兼校長に着任する。その後，1899（明治32）年から1929（昭和4）年までの約30年間，師範学校で手工科を担当する教員の養成機関としてもっとも重要な役割を果たした東京高等師範学校の図画手工専修科[6)]担当の助教授および教授として勤務。その間，小学校手工科教育に広範に浸透したとされる文部省編纂『小学校教師用手工教科書』甲・乙・丙・丁（1904年）の執筆をはじめとし，33点の著書と270点の雑誌論文を著している。また，1911（明治44）年から2年間，欧米各国の手工教育の視察調査のために「留学」し，帰国後，欧米手工の紹介やそれをもとにした手工科教育論を展開。他にも東京高等師範学校附属小学校や東京盲学校で手工科の授業を担当し，各地の小学校教員や師範学校教員のための講習会講師も担当した。さらにこの間，岡山は，尋常小学校から高等小学校まで，女子を含めて８年間一貫した普通教育としての手工科教育の具体的なカリキュラムを，実践に基づきながら提示していたと目される人物である。

当時，手工科教育の理論リーダーは，東京高等師範学校の図画手工専修科の教授であった。当該専修科の専任のポストが設けられたのは，1899年で，初代教授は上原六四郎，助教授が岡山であった。しかし，上原は在職わずか７年で退職し，岡山が教授職を継いで1929年まで在職し，手工科教育の研究と普及，手工科の教員養成につとめた。こうした在職年数や後世への影響という点からみて，「上原のそれは岡山に比肩すべくもなかった」とされる。岡山は，「教育的手工」を作り上げた「手工教育の確立者」と称される[7)]。

ここから，岡山秀吉の手工科教育論は，小学校における普通教育としての技術教育の戦前水準を示唆するものであることが想定される。上構型学校体系をとる日本の小学校における「技術および労働の世界への手ほどき」を行う教育の意義やその役割を歴史的事実に即して明らかにする上で，岡山の手工科教育論は，まさに適切な対象である。

しかも，「理論的研究者であったよりは，手工の実際面に長じていたことが岡山をして手工教育の建設者・確立者たらしめた」[8)] との見解にもあらわれているように，岡山の手工科教育論は，単に抽象的な理論ではなく，東京高等師範学校附属小学校などでの教育実践に基づくカリキュラムや教材等の研究から得た手工科実施の具体的手だての成果を備えたものであったと想定できる。こうした岡山の手工科教育論は，現在の小学校において「技術および労働の世界への手ほどき」を施す手だてやそのあり方に有効な示唆をあたえることが想定される。

4. 研究の目的

以上のことから，本研究では，戦前日本の小学校手工科教育論の到達水準を示唆する岡山秀吉の手工科教育論を研究の対象に据える。とりわけ，「技術および労働の世界への手ほどき」を行う教育の意義やその役割を歴史的事実に即して解明し，それを施す手だてやそのあり方への示唆を得るべく，手工科実施の具体的手だてを含めて，岡山の手工科教育論の特質と手工科教育史上の意義を明らかにすることを目的とする。

第2節　先行研究

1．手工科教育史研究の概観

手工科教育史の概観は，細谷俊夫[9]と原正敏・川村侔[10]によってあたえられた。それは，第1期：手工科教育の導入（1886年～1890年），第2期：手工科教育の挫折（1891年～1898年），第3期：手工科教育の再建（1899年～1910年），第4期：手工科教育の多様化（1911年～1925年），第5期：高等小学校での手工科の必修（1926年～1940年），第6期：尋常小学校での芸能科工作の必修（1941年～1946年）といったものである[11]。そして，第1～2期は，川村侔[12]，上里正男[13]，森下一期[14]，坂口謙一[15]，宮崎擴道[16]らによって研究が進められてきた。これに対して，第3期以降の研究は遅れている。

以下，各期の研究の成果と課題について，順に論じていく。

1）第1期：手工科教育の導入（1886年～1890年）

第1期は，1886年の「小学校令」（勅令第14号）により，高等小学校に手工科が加設されてから，1890年の「小学校令」（勅令215号）の下，尋常小学校でも手工科が加設されるまでの導入の時期である。

この導入期については，①手工科の前身的教科としての「工業ノ初歩」（上里・1980年），②手工科加設の背景（細谷・1941年，原・1965年），③導入の直接的契機（細谷・1941年，原・1965年，坂口・1996年），④導入へのフランス「手労働」教育とスウェーデン・スロイド教育の影響（原・1965年），⑤東京工業学校を母体とする教員養成（原・1965年，森下・1990年）の点について，研究がなされている。

上里によれば，1881（明治 14）年に高等小学校に加設された「工業ノ初歩」は，実技を伴うものではなかったものの，手工科と同一の目的をもつものである点で，手工科の前身的教科とみなすことができるとされる[17)]。

こうした「工業ノ初歩」に代わって，1886 年，高等小学校に手工科が加設された。この加設の背景としては，細谷や原をはじめとする研究により，① 就学率の向上をはかる目的，② 教育財政窮迫による学資蓄積・学童貯金等と結びつき，民間の経済力強化を図るためのみならず，③ 実業教育振興の役割も担わされ，かつ，④ 黙々と苦しい労働に耐える「勤労愛好ノ習慣」に富んだ労働者や農民をつくるという道徳教育・修身教育の役割が担わされていたことが明らかにされている。

また，加設の直接的契機としては，① イギリスの「王立技術教育委員会」報告書 *Report of the Royal Commission on Technical Instruction*，② フランスのル・アーブル[18)] 開催の小学教員万国教育会（1885 年）にみられる国際的な手工科教育に対する関心の高まりとともに，③ 手島精一などの役割は大きく，森有礼は，手島や高等師範学校の教授たちの考え方を受け入れることで，手工科を位置づけていった[19)] ことなどが挙げられている。

ちなみに，① のイギリスの同報告書を文部省が翻訳・刊行・頒布した『技芸教育ニ係ル英国調査委員報告』に，フランスの小学校の「手労働」とスウェーデン・スロイドの精緻な紹介がなされていたことをもって，これらが日本の手工科の教育内容に影響を与えたとされる[20)]。また，それを根拠づけるために，後藤牧太のスウェーデンのネース・スロイド師範学校への留学とそこでの内容に基づいた東京工業学校機械科・高等師範学校理化学科での手工科の授業内容や[21)]，日本の「手工教育の基礎的パターンを作りだしたもの」とされる文部省編纂『小学校教師用　手工教科書』に，「製図・幾何」との連絡を重視していたフランス「手労働」の影響[22)] や，スウェーデン・スロイドの影響[23)] がみられることが，いわば帰納的に論じられてきている。

同時に文部省は，教員養成を重視し，1887（明治 20）年には５週間にわたる手工講習会を開催，1890 年には東京工業学校の機械科特別生の制度がつくられ，後に高等師範学校の手工専修科へとその中心が，技術的な知識や技能の教授にウェイトがおかれた内容を引き継いで移っていく[24)]。ただし，現場の小学校教員の研修の機会は，全般的に十分ではなかったこともいわれている。

2）第 2 期：手工科教育の挫折（1891 年～1898 年）

第 2 期は，1891（明治 24）年の小学校における「随意科目等ニ関スル規則」（文部省令第 10 号）などによって，手工科が随意科目とされたことで手工科を修めるものが減少し，衰退していく 1898（明治 31）年までの，挫折の時期である。

この挫折期については，第 1 期の「非教育的」な実施状況の下，① 挫折をもたらした法令の変遷および財政制度の変化（細谷・1941 年，原・1965 年），② 石川県・宮城県での事例など，小学校「現場」での手工科の実情（細谷・1941 年，原・1965 年，川村・1970 年，森下・1987 年）の点について，研究がなされている。

手工科の挫折の原因に関して，細谷が，導入期の手工科の性格を「教育的たるよりも経済的」，「実業教育の一端を担うもの」，外国に実行された結果を直訳的に輸入したものであったことにみていることに加えて，原は，高等小学校では，① 1890 年に「小学校設備準則」（文部省令第 2 号）が定められたにもかかわらず，手工科の施設設備に対する特別な予算措置が講ぜられなかったこと，② 一般に師範学校生徒が「手工」の授業に熱意をもたなかったため，素人に等しい教師が付け焼刃的授業を行うことになり，近代産業の基礎たる工学の初歩が図画（＝製図）と理科を土台とした教授内容とは異なっていたこと，③ 授産場的で，徒弟養成に近いような職業教育であったことが入学者の教育要求に合致しないといった問題を抱えていたことをあげている。これに 1891 年，「随意科目等ニ関スル規則」が定められたことで，高等小学校の手工科の衰退に拍車がかかり，併置の多い尋常小学校でも手工科の加設数が減少していった。師範学校でも，1892（明治 25）年に必修科目から選択科目となっている[25)]。

また，森下はこうした手工科を含めた実業科の各地の実施状況，とりわけ，石川県の実施状況・内容に着目し，『石川県学事報告』などを用いることで，学校経済が市町村制へと変更された面が大きく作用していたことを指摘している[26)]。川村も，森下の研究以前に，宮城県の事例において詳細な研究を行っていることも指摘しておく[27)]。

また，第1，2期については，宮崎により，主として，石川県の事例を用いた「教育実践」レベルからの検討がなされている。宮崎の研究は，先行研究の到達点が示されていない，ないし無視されている懸念があるものの，基本的には，上述の明らかにされた内容を，主に「手工教育先進県」である石川県の教育現場の実態を追うことで補完しているといえる。注目すべきは，施設・設備の問題に目を向けていることである。すなわち，明治年間の施設・設備，とりわけ手工具整備費の問題は明治年間を通じた重い課題であり，脆弱な地方自治体の財政水準に適合せざるをえなかった実情を描きだしている[28)]。

以上のように，第1，2期については，手工科の導入・挫折の内的および外的要因のみならず，教育財政，さらには教育現場の実情をもふまえて，研究がなされている。

3）第3期：手工科教育の再建（1899年～1910年）

第3期は，高等師範学校に手工専修科が設置されるなど，手工科教員の養成と手工科教育の普及が，再び図られ始める1899年から，手工科加設数の増加傾向が続く1910（明治43）年までの再建の時期である。

この再建の時期については，① 教員養成を主とした文部省の対応（細谷・1941年，原・川村・1975年），ならびに，② 『小学校教師用　手工教科書』甲・乙・丙・丁（原・川村・1975年，坂口・1994年）の教材観について，研究がなされているにすぎない。

細谷によれば，衰退していた手工科は，1900（明治33）年前後から，精力的に取り組まれるようになり，1904（明治37）年頃から，尋常，高等小学校を通じて，加設する小学校が急激に増えてくる。これは，日清戦争を契機とする近代的産業の発展によるものであり，実業教育，とりわけ工業教育の振興が教育の問題として対象となってきたことに関係しているとされる[29)]。

文部省は，① 1899 年に高等師範学校に手工専修科を設置，② 1903 年（明治 36）からは「手工教員夏期講習会」を開催し，その伝達が各府県において展開，③ 1904 年 4 月から（1903 年「小学校令中改正」勅令第 63 号），高等小学校では，手工，農業，商業のうち 1 科目を必修とした[30)]。

このような手工科の再建に少なからず影響を果たしたのが，文部省編纂『小学校教師用　手工教科書』甲・乙・丙・丁であったとされる。川村は，「当時，文部省が関係していた図書の多くは工業教育の参考書であり，手工科の授業にとって実際的で体系だった指導書といえるものではなかった」から，「文部省が最初に出版したこの書は手工教育の普及に格好の役割を果たすとともにその後の手工教育に対しても基礎的なパターンをつくったということができる」と述べ，この書の目的および内容・方法について，次のように述べている。

> 「第 1 目的に掲げられた『手と眼の錬磨』は 1891 年の『小学校教則大綱』で採用され，『一般陶冶』を志向する技術教育の特質を示そうとして重視したものであったが，同時にそれは『物品を正確に製作する』上での基礎的能力の育成を明示するものとして，製作・道具・材料という各目的のなかで実現されるものであった。」「かなり行き届いた教材研究によって構成されている。尋常小学校の場合でも教材の性質が数学的であるものがあるなど，教材の配列や構造に論理的系統性を追求しようとしていることが特色となっている。」[31)]

さらに，論調同じく，坂口によれば，1904 年から 1917（大正 6）年まで発刊された同書は，児童に「正しく物を看取」させ，「幾何学の観念」を獲得させることなどを目指す〈目の練習〉を手工科教育実践の主要な価値課題としてとらえる企図を含みながら，図学・製図の基本学習を手工科の授業の土台部分に位置づけることを提案したとされる[32)]。ただし，ここで注意すべき点は，こうした坂口の見解は，この書の分析を上原六四郎の手工教育観との兼ね合いで述べていることである。すなわち，共同執筆者である岡山秀吉の手工科教育観との関連については論じられていないことも注記しておく。

一方，師範学校においては，1907（明治 40）年の義務教育年限延長に際し，高等小学校の手工科は農業，商業に比して重視されることになったことに呼応して，新たに「師範学校規程」が公布され，一部二部男女全生徒に単独必修科目として課されることになった。さらに，1908（明治 41）年 12 月，『師範学校手工教科書』が出版された。これは「手工教育のねらいや内容の根幹を示すものとして明治の終わりから昭和の初めにかけて使用され，手工教育の普及に大きな役割を果たした」とされる[33)]。

以上，第 3 期については，文部省著作教科書の「教材観」の特徴が一部，解明されるにとどまり，他には，文部省の取り組みが概説されているにすぎない。換言すれば，教育内容や教育現場の実情の解明には，ほとんど踏み込まれていない。

4）第 4 期：手工科教育の多様化（1911 年～1925 年）

第 4 期は，1911 年の「小学校令中改正」（勅令第 216 号）および「小学校令施行規則中改正」（文部省令第 24 号）により，実業科振興の趣旨から手工科の強化を図って時間数を大幅に増加した結果，逆に手工科加設数が 1922（大正 11）年頃まで減少していく。その一方で，理科的手工や芸術的手工などとよばれる手工が登場してくる，いわば多様化の時期である。

この多様化の時期については，① 教育制度の変遷（細谷・1941 年，原・川村・1975 年，森下・1989 年），② 理科的手工や創作手工（森下・1976 年），③ 動力機械の導入（原・川村・1975 年，菅生・1989 年），④ 教授方法（森下・道家・1977 年），⑤ 女子の手工（坂口・1992 年）についての研究がなされている。

明治末期に爆発的ともいえるブームにわいた手工科教育は，その後，これをさらに推進しようとした施策によって奇しくも沈滞していく。その経過は多様な手工科教育を受けとめる基盤の問題ともかかわっているとして，川村は，以下のように述べている。

1911年7月，文部省は「小学校令中改正」（勅令第216号）および「小学校令施行規則中改正」（文部省令第24号）により，「それまで週2時間（女子は1時間）だった手工・農業・商業を6時間（女子は2時間）に引き上げ，同時に手工・農業・商業を同列に位置付けてその兼修を禁じた。／しかしながら，専科教員も確保せず施設設備も伴わない時間数だけの大幅増加は，教育現場にその実施の最も困難な手工科をほうり投げさせるほかはなくな」り，手工科は「文部省の精神とは全く反対の奇現象を呈」し，「単に一条の法令によりて殆んど藁火の消えたるが如き悲境に遭遇」した[34)]。

なお，森下は，手工だけでなく農業や商業を含めた実業科という枠組みで見た場合，手工科が激減し，農業と商業が漸増する加設状況において，当時，実業科の中心は農業であり，そこでの教科内容の確立をもって，「高等小学校において実業科を重視したことは尋常小学校につづく大衆的教育機関のあり方として適切であったと考えられ，1911年の小学校令の改正はその方向を確立する端緒として重要な意味を持ったと評価できる」としている。加えて，『文部省年報』にあらわれない性別による加設の違いとして，「農業科と手工科が加設されているとき，男子が農業科，女子が手工科というケースが少なからず存在した」ことを指摘している[35)]。この点に関連して，坂口は，「1911年改正を契機としたいわゆる『手工科の衰退』は，いわば男子の手工科の衰退であり，同時に，女子の手工科の台頭ともいえる動向をともなっていた」と指摘している[36)]。

ところで，第1次世界大戦の終わり頃から，理科的手工，創作手工，自由手工などとよばれる手工が出てくる。

理科的手工は，理科教具，科学玩具，簡易実験器械などを製作しようとするものであり，多くは理科教育の改善運動を受けて出されたものであったとされる[37)]。なお，こうした見解に対し，森下は，理科的手工には2つの流れがあったことを指摘している。すなわち，一方は，上のような理科教育の改善運動を受けて出されたもので，理論の応用として，より深く理解する上でも製作を行うという理化学の基礎の重視である。他方は，物理の応用となっているもの，機械の要素を含むものを取り上げるが，工夫して製作することにより，理化学の原理を理解していくとする発明・工夫を重視する玩具手工である。さらに，昭和期の手工書の教材に玩具手工にみられたものが数多くあることから，前者はいち早く退き，後者の玩具手工が残り続けたことを指摘している[38)]。

また，川村によれば，「芸術的創造性を基調」とする芸術手工，創作手工，自由手工などとよばれた新思潮は，一般に自由画教育が広まる中で，「勤労主義的・実業的手工に対置して出された主張」ということができるとされる。

たとえば，創作手工協会をつくって，その中心となった石野隆は，創作手工を提唱，「創作手工の出現は，図画の自由画が生じて居るのと略同様」であり，「詰り創作手工は全く純な偽らない子供らしい子供の手技で，同時に子供の芸術である」と論じていた[39)]。1919（大正 8）年頃から美術教育の観点のもとに図画手工総合論を展開した霜田静志は，両者を美術教育の観点のもとに一教科とした「美術科」を提唱[40)]。「自由画教育運動」の提唱者として知られる山本鼎は，夏期技芸学校の教習において，「農民美術」を手工として小・中学校の教員に教授しており，山本は「手工教育の教育的立場」を「工芸美に関する一般的な理解を与える」こととしていた[41)]。「大正自由教育」の風潮のなかで，「自由手工」を構想した横井曹一は，児童の「学習」を重視し，児童の自主性や創造性を抑圧すると思われる考えを否定することから，図画と手工を統合した「美術科」を構想したとされる[42)]。

以上の創作手工，自由手工，「美術科」構想については，共通する特徴が，① 尋常小学校段階での取り組みだったこと，② 手工を技術と芸術の結合としてよりは，「まず芸術そのものとして，あるいはその一部分として把握していること」であるという川村の見解[43)] が個別の研究で実証されてきているといえる。また，こうした種々の手工は，1926 年頃からの教育現場の「官制の教育への回帰」，あるいは，文部省などの旧教育によるしめつけが厳しくなり，長くは続かなかったし，まして「官制の手工」にとってかわることができなかったことが指摘されている[44)]。

他方，こうした種々の手工の対比としてとらえられていた動力機械の導入について，その意義は，機械ひいては近代工業社会に対する認識理解力を形成することにあることが共通してとらえられており，「創作手工」や「自由手工」を推進する立場と，必ずしも相反する，もしくは対立するものではなかったことも指摘されるようになった[45)]。

教授法については，森下・道家達将によれば，大正期の前半においては，科学的な創造・工夫が重視され，その論議のなかで，模倣と創作の関係について深められ，模倣によって身につけた力が創作の力の基礎となると整理されていったとされる[46)]。また，こうした創作を重視する考え方は，尋常小学校段階においても，人間性を創造するという観点でも，確実に広がっていったともいわれている[47)]。

以上，この多様化の時期は，一面では，創作手工や自由手工といったものが登場してくるものの一時期にとどまったこと，また，そうした流れとも関連して，教授法は創作を重視する方向へと流れていった時期ということができる。しかし，そうしたいわば個別の手工科教育の内容について研究が深められてきたことにとどまる。

第４期に関する研究をまとめるならば，一時期の特定の手工科教育の事例以外，すなわち，とってかわられることのなかった「官制の手工」の内容および教育現場の実情等については，未だ明らかにされていない。

5）第５期：高等小学校での手工科の必修（1926 年～1940 年）

第５期は，1926 年の「小学校令中改正」（勅令第 73 号）により，高等小学校で手工科が必修となった以降の時期である。

この時期の研究については，先の森下と坂口の研究のほかには，法令の解釈しかなされていない。

細谷によれば，高等小学校で手工科が必修となった後，「手工教育は尋常科高等科を通じて漸次発達の緒につき，健全な発展振りを示すこととなった」とされる[48)]。

川村によれば，「小学校令施行規則中改正第 12 条」（文部省令第 18 号）の規定は，「工業の趣味と製作を強調し，また製作の出発点である製図を加えたこの規定は，1911 年の改訂をそのまま踏襲したものであり，（週当り時間数は 6 時間から 1 時間に変わっているが），大正期に入っての不振と自由教育思潮のなかで一旦捨てさられたかにみえたものが，試練を経つつ出現した」とされる[49]。

さらに，この「小学校令施行規則第 12 条」の第 2 項の規定について，坂口は，「手芸という女子に固有の学習領域を単一の必修教科となった手工科に確立した改正第 12 条規定の成立は，1910 年代後半には定着していた手芸学習中心主義ともいえる女子手工科教育実践を，教育政策面において追随・援用し，固定化するものであったといえる」[50] と論じている。

なお，第 3 期から第 5 期については，疋田祥人によって，教員養成の「総本山」とされる東京高等師範学校の図画手工専修科に関する研究がなされている[51]。疋田は，手工専修科と図画手工専修科の間にみられる芸術教育への変化という森下の見解をふまえてはいないものの，卒業生の動向を追うことで，量的に東京高等師範学校の手工科教員養成が東京美術学校に比して重要な役割を果たしていたことを明らかにした。また質的にも，岡山秀吉をはじめとして人的に充実した教育環境のもとに，手工科を中心として実習を重視しつつ，数学・物理を重く位置づけた学科課程によって，広範な分野の技能および知識とともに，製作過程を分析・総合し教材を得る力量の形成がはかられていたことを，東京高等師範学校の教授スタッフによって執筆された検定済師範学校用手工教科書を用いて指摘している。この研究により，東京高等師範学校は，質的にも量的にも，師範学校の手工科教員の養成においてもっとも重要な位置をしめていたことが実証されたといえる。

6）第 6 期：尋常小学校での芸能科工作の必修（1941 年～1946 年）

第 6 期は，1941 年の「国民学校令」（勅令第 48 号）により，国民学校初等科において芸能科工作が必修となった時から，敗戦により，1947（明治 22）年，日本国憲法・教育基本法のもと，新制の学校体系へと改変されるまでの時期である。

この時期については，原[52]や久原甫によって，① 芸能科工作の規定，② 芸能科工作の教科書の特徴，③ 手工科の名称が国民学校において芸能科「工作」（当初案は芸能科「作業」）へと改称される経緯，についての概略が述べられているにすぎない。なお，近年，和田学が，③ の点について研究を進展させていることを指摘しておく[53]。

久原によれば，芸能科工作は，「物品の製作に関する（普通の）知識技能の修練，機械に関する常識の涵養，くふう考案力の啓培などを目的とするもので，従前の手工に比べても技術的性格が著しく濃厚なものになっている」。

芸能科工作の教材は，「初等科では紙・糸・布・粘土・セメント・竹・木・金属などの材料による工作を，高等科では木工・金工・セメント工および必要に応じてそのほかの工作・図案および製図を課すものとし，そのほか機械器具の操作・分解・組み立て・修理などについても指導することとしている」。「工作は従来の手工の必修化という側面をもっていたが，決して手工そのままではな」く，「製品の製作に関する知識技能の涵養が強調され，機械教材が強化された」とされる。

「国民学校令」では，原則として全科目にわたって国定教科書を用いることになり，芸能科工作では，初等科第 1，2 学年で『エノホン』一・二（芸能科図画との合本），初等科第 3 学年から第 6 学年で『初等科工作』一～四が発行・使用された。なお，1945（昭和 20）年度から使用予定であった高等科の教科書については，戦局悪化のため，第 2 学年用は発行されなかった。第 1 学年用の『高等科工作』一は発行されたが，「決戦非常措置要綱」による授業停止で，実際に使用されることはなかった[54]。

2. 細谷俊夫の手工科教育史像の特質

以上のように手工科教育史に関わる先行研究をまとめることができるとするならば，手工科教育史の概観の基本は細谷によるところが大きい。そして，細谷の研究の特徴は，手工科教育史を，一般陶冶─職業陶冶，形式陶冶─実質陶冶という2軸の分析概念によって構成する点にあるとみられる。

細谷は，「手工教育変遷に関する一考察」(1941年) で，第1期の導入に関して，文部省が「手工教育を一般陶冶の意味に解釈したこと」，第2期の挫折について，その主たる理由を「一般陶冶の理想に従ふ形式陶冶の面を無視」したこと，第4期の多様化・衰退について，「あるべき正しい地位は左程容易には与へられなかつた」理由として，「一般陶冶のための教科目としてよりも寧ろ職業陶冶のための教科目として取り扱われている傾向」にあったことをあげている。さらに，第5期の1926年の高等小学校での手工科の必修化および実業科工業の新設と，第6期の1941年の国民学校初等科（＝尋常小学校段階）での芸能科工作の必修化により，この教育が初めて正当な位置を与えられることになったとした。

このように，細谷は，手工科が長期にわたり不安定な地位にあった理由を，第1に，一般陶冶であるべき手工科が職業陶冶になっていたこと，第2に，手工科が「一般陶冶の理想に従う形式陶冶の面を無視」してきたことに求めた。すなわち，細谷は，手工科を，形式陶冶を眼目とする一般陶冶であるべきとする手工科観に基づいて，その歴史像を構成してきた。細谷のこうした方法的特質は，原をはじめとした諸々の研究がなされた後も一貫している。

これに対し，坂口は，「普通教育課程における形式陶冶主義工芸教育の成立—手工科の目的規定にみられる『眼と手』の練習の役割—」(1996年) で，1891年の「小学校教則大綱」の目的規定にみられる「眼及手ヲ練習シテ」の字句は，その後の手工科の制度上の性格と教育実践のそれをいわば土台部分で規定しているとし，「近代日本の普通教育課程における手工科教育の成立は，特殊日本的な創造力精神力の育成を企図する工芸教育の面から開発主義の普通教育を強化しようとしたものであった」と結論づけている。

さらに，問題の本格的な解明については稿を改めるとのことわりをつけた上で，「細谷のことばをかりるならば，成立当初の手工科教育の制度上の性格は，すぐれて『一般陶冶』志向であり，この形式陶冶主義の性格が手工科教育実践のそれを『特異』で複雑なものにし，また高等小学校の教科課程，換言すれば青年前期の普通教育課程におけるその後の手工科の位置づけを動揺させた主な原因の一つにもなった」と，手工科教育の成立当初の形式陶冶主義の性格について，評価している[55)]。

このように手工科で実現すべき価値に関わり，それが形式陶冶主義であったか否か，および形式陶冶主義の歴史的役割をめぐって，手工科教育の歴史像が分かれているといえる。

そして，こうした手工科教育の歴史像をめぐっての見解の相違は，第１に，上で指摘したように第３期以降の研究，とりわけ岡山秀吉研究の遅れと無関係ではないと考えられる。

岡山は，1899年から1929年までの間，すなわち，先の時期区分でいえば第３期のはじめから第５期の途中まで，手工科も担当する小学校教員の養成機関である師範学校の教員養成機関として，教員養成のもっとも重要な位置をしめていた東京高等師範学校の図画手工専修科の助教授及び教授の任に就いていた人物である。その上，東京高等師範学校附属小学校などでの教育実践と，それに基づく数多くの著作の執筆，各地の諸学校の教員講習会の講師など，岡山は，第３期から第５期に関わって，現場への広い影響力をもった手工科教育の代表的な教育論を展開した人物であったとみることができる。

そして何より，岡山は，形式的陶冶—実質的陶冶という枠組みを用いて手工科教育の「教育的価値」論を論じていた人物である。岡山は，1902（明治35）年以降，手工科教育の「教育的価値」について論じている。のちに詳述するが，この「教育的価値」は，心意的，身体的，及び実質的，形式的陶冶という枠組みを設定して分類された目標論にほかならない。すなわち，細谷と坂口の見解の相違に位置づく形式陶冶主義をめぐる手工科教育の歴史像を見定める上で，形式的陶冶—実質的陶冶という枠組みをもって論じられている岡山の手工科教育の目標論は，格好な対象であるとみることができる。

これらの点から，主として，第３期から第５期に関わって，現場への広い影響力と教育実践の裏付けをもった手工科教育の代表的な教育論として位置づき，しかも形式的陶冶—実質的陶冶という枠組みをもって論じられていた岡山秀吉の手工科教育論に関する研究の遅れが，手工科教育の歴史像をめぐっての見解の相違をもたらす原因のひとつとなっていると考えられる。

手工科教育の歴史像をめぐる見解の相違は，第２に，教育目標を論じる準拠枠の問題と無関係ではないと考えられる。

すなわち，「眼と手の練習」や観察力の育成といった形式陶冶をはじめとして，実質陶冶，一般陶冶，職業陶冶とは，教育者がその教育的はたらきかけを通して子どものなかに実現しようとする価値―以下，本研究ではこれを目的的価値と表現する―[56]であって，それらは，主要には教育目標に関わる問題にほかならない。

そして，教育目標論は，単に教育目標の項目それ自体を，ないしそれ自体だけを論ずるのであれば，それは，科学的な教育学ないし教科教育学としては不十分であり，あまり意味をなさないと考えられる。なぜなら，教育目標は，その内容の妥当性や適切性だけではなく，その教育目標が，子どもたちのなかに実現され，達成できるという見通しと具体的な手だてが整えられていなければ，それは，単なる願いやスローガン以上のものではないからである。いいかえれば，教育目標論は，一方で教育目標自体の妥当性や適切さを検討するとともに，他方では，その教育目標を実現するための具体的手だてを整えることが不可欠であり，もし実現する手だてが整えられていないならば，その教育目標は，教育目標にはなりえないといえる。

したがって，手工科教育の歴史像をめぐって見解の相違があり，その評価の違いの原因が，一般陶冶―職業陶冶，形式陶冶―実質陶冶という分析概念に由来する，すなわち，手工科教育の目標をめぐる事実認識とその評価の違いに由来すると考えられるならば，そうした見解の相違を克服するためには，教育目標を論じる準拠枠こそが，まずもって問われる必要があるといえる。

かかる観点から細谷と坂口の研究をみるとき，両者はともに，たとえば，法令に規定された手工科教育の目標を，それ自体として，ないし，それ自体のみを対象として分析しているという点では共通の限界をもっているといわざるをえない。

それゆえ，こうした先行研究の限界とそれに由来する見解の相違を克服するためには，手工科教育の目標論をめぐって，教育目標それ自体の問題とともに，その教育目標を実現する見通しおよび手だてをめぐる問題を，同時に掬い取り，対象化できる方法論の樹立が課題になっているといえる。

そして，結論を先取りすれば，本研究では，以上の意図を背景に，教材の側面から手工科教育を分析するという方法をとった。なぜなら，教材は，「教育目標，さらには教育的価値の世界を具体物として体現している」[57)]ものであるとともに，教育的価値は，ひとつには，教育的はたらきかけによって子どもの内に実現すべき価値，今ひとつには，その価値を実現できるという方法的価値の二本柱からなり，それゆえ，教材論から接近することによって，教育目標それ自体の問題とともに，その教育目標を実現する見通しおよび手だてをめぐる問題を，同時に掬い取り，対象化することが可能であると想定することができるからである。

つまり，手工科教育の歴史像の分かれ目となっている手工科で実現すべき価値の問題を対象化し解明するには，まずもって研究の遅れている第３期以降，とりわけこの期の代表的研究者である岡山の手工科教育論を，教材の側面から検討することが有効であると考えられる。

3. 岡山秀吉に関する研究

ところで，岡山秀吉を主題に取り上げた研究をみるならば，それらには，① 千葉県尋常師範学校勤務時代のカリキュラム構想に関する研究や，② 東京高等師範学校勤務時代に関する研究，③ 年譜・学習歴に関する研究がある。

しかし，岡山を主題に取り上げた研究の数は多くはない。また，それらの研究は，対象とする時期が限られている，もしくは，特定の側面に限られた研究にとどまっているといわざるをえない。

1）千葉県尋常師範学校勤務時代のカリキュラム構想に関する研究

『手工研究』の岡山会長還暦記念号（第67号）および岡山先生追悼号（157

号）によれば，岡山は，1893（明治 26）年 3 月に「千葉県尋常師範学校助教諭」に着任し，同年 4 月に「尋常師範学校手工科教員免許状」を受領，その後，1894（明治 27）年 9 月には千葉県尋常師範学校舎監を兼任し，1896 年 4 月に秋田市工業徒弟学校教諭兼校長の任につくまで，千葉県尋常師範学校に勤務していた。

この時期に関する研究として，川村侔の研究[58] をあげることができる。川村の研究は，岡山秀吉が 1893 年から翌年にかけて発表した 2 つの論文「手工の教育に就いて」，「小学校手工科教授方法」[59] から，小学校尋常科及び高等科の 8 年間（あるいは 9 年間）通しての手工科教科課程の編成内容とその意味を，普通教育と職業教育との区別と関連の問題を根底において，明らかにしようとしたものである。

川村によれば，手工科が尋常・高等小学校に加設された当時，具体的な教科課程は，1891 年の「小学校教則大綱」の第 20 条によって各学校の校長や首席教員が作成する「教授細目」に委ねられており，個々の学校で手工科の細目をつくることが目指されていたが，岡山の構想はそのひとつの試案あるいは原型とみることができるとしている。

また，川村は，まとめとして以下のように述べている。

「低学年から中・高学年の 8 年間にわたって子どもたちの興味関心に留意しつつ知識や画学，実業の世界などと関連づけて技能の向上を図ろうとする意図と構造を読みとることができると同時に『教育的手工』の内実をとらえることができる。ここにおいて岡山秀吉は，基本的に幼稚園をくわえて尋常小学校から高等小学校へかけての女子を含めての 8 年間（あるいは 9 年間）の包括的で一貫した普通教育としての手工教育のカリキュラムを構想し提示したということがで」き，「岡山の業績として高く評価される《教育的手工教育》をまとめきったものということができる。」「しかも手工科実施の瀕死状態にむけて『簡易なる手工』を教授する方法という中身をもった形をとって提案された。」「こうした特質をもつ岡山の提案」は，

「やがて高等師範学校に着任することによって大きく展開されてい」き,「その原型をつくったという意味において岡山の千葉県師範学校時代のこの教育課程構想は教育史的に重要な意義をもっているということができる。」

すなわち，この研究では，岡山が千葉県尋常師範学校時代に，8年間（あるいは9年間）の包括的で一貫した普通教育としての手工科教育のカリキュラムを構想し提示していたことが明らかにされている。さらに岡山がこの時代に，手工科教育の普通教育と職業教育の性格を直接・間接の関係でとらえ，手工科実施の瀕死状態にむけて「簡易なる手工」を教授する方法という中身をもつ《教育的手工教育》をまとめきったと分析している。

しかし，川村も述べているように，この岡山の手工科のカリキュラム構想は，文部省編纂『小学校教師用　手工教科書』が出版され,「教育的手工教育案」が確立・普及していく以前の構想であり,「やがて高等師範学校に着任することによって大きく展開されて」いく岡山の「教育的手工」については言及されていない。この点についての研究は，他の技術教育や美術教育関係者によるものを含めて，管見の限り皆無である。

2）東京高等師範学校勤務時代の手工科教育論に関する研究

岡山秀吉は，秋田市工業徒弟学校にほぼ3年間勤務した後，1899年5月に，高等師範学校手工専修科担当の助教授に着任する。

この時期に関する研究は，第1に，欧米留学前の岡山の手工科教育論を対象としたものと，第2に，留学後の手工科教育論を対象としたものに分けられる。なお，欧米留学中の岡山の動向に関する研究は見当たらない。

① 欧米留学前の岡山の手工科教育論に関する研究

第1の欧米留学前の岡山の手工科教育論に関する研究としては，菅生均，小出義彦・石田文彦の研究がある。

菅生は,「岡山秀吉の手工教育価値分析に関する一考察」[60] において，岡山秀吉の著書である『小学校に於ける手工教授の理論及実際』（宝文館，1908年）

を手がかりに，岡山の手工科の「教育的価値」の紹介及び分析をしている。

菅生は，岡山の「教育的価値」を「全般的にかなり具体性に富んだもの」であるとし，またその分析を「単なる羅列ではなくして，心意的，身体的，及び実質的，形式的陶冶という枠組を設定して分類し，その体系を構造化している」と評価している。さらに，今日の工作教育が岡山の手工科の「教育的価値」の内容に学ぶべき点として，工作教育の「教育的価値」の「顕在化」とその顕在化された教育的価値を羅列的ではなく整斉組織だてるという，「教育的価値」の「構造体系化」をあげている。

岡山が手工科独自の「教育的価値」をもち，なおかつそれを「構造体系化」していたことを指摘した点に，本研究への示唆を得ることができる。

しかしながら，菅生による岡山の手工科の「教育的価値」についての分析は，岡山の著作である『小学校に於ける手工教授の理論及実際』の第二章に書かれている「手工教授の教育的価値」の項目内容を分析することにとどまり，「教育的価値」の概念や，岡山の手工科教育論における「教育的価値」の位置づけなどにふみこんで論じてはいない。残された課題である。

他方，小出・石田は，棚橋源太郎の手工教育理論を明らかにするための一環として，棚橋と岡山の共著であり，棚橋の手工科教育に関する代表的な著作である『手工科教授書』（宝文社，1905 年）の執筆分担を同書の執筆に関する棚橋の回顧録，棚橋・岡山の二人の既出論文と同書との比較及び文体の分析によって明らかにしようとしている[61)]。

その結果，同書の内容構成から，「手工科教授の教育的価値」や「手工科教授の目的」などが書かれた１～７章を「教授理論部」，「手工教材の選択排列」や「手工科教授細目」や「手工科教授の方法」などが書かれた８～13 章を「教材部」として，棚橋が「教授理論部」を，岡山が「教材部」を執筆したと判断している。

さらに，同書の手工教育史上における評価を，一戸清方著『日本手工原論』[62)]，鈴木定次著『手工教育学原論』[63)]，立原慶一編『日本の芸術教育論』[64)]，および，上里正男「棚橋源太郎の手工教育理論」[65)] における諸見解から分析している。このうち小出・石田らの主張は，特に鈴木定次の著書にみられる『手工科教授書』に対する評価に依拠していると考えられる。

すなわち，小出・石田は，鈴木が『手工科教授書』について「同書は教授理論と教材からなる系統的な教授書で，一新紀元を画する名著であるとし，特に棚橋の教授理論部を高く評価する一方，岡山の教材部は技能熟練を目的とする職業教育と誤解される内容で，大正期の手工教育にまで悪影響を与えた」と批評している点を取り上げている。このまとめに示唆されているように，小出・石田は『手工科教授書』の手工教育史上における評価を「同書は手工科を普通教育に位置づけたとして高く評価される一方，棚橋が執筆した教授理論部と岡山が執筆した教材部の融合が図れず，棚橋の教授理論が十分に教材化されていないという限界も指摘された」としている。確かに棚橋の手工教育理論を考察する上では，執筆分担を明らかにすることは今後の研究にとっても重要な意義をもつとも考えられる。

しかし，小出・石田らがこのように同書を「教授理論部」と「教材部」に分けて，「棚橋の教授理論が十分に教材化されていない」と評価している背景には，一定の教材観が前提になっていると考えられる。

すなわち，教材は教育目標を子どもたちに達成させるための媒介物ないし手段とする教材観である。のちに詳述するが，この教材観においては，教育目標を達成するための手段として教材をとらえることによって，結局は，教材論を教育目標論の下請け作業としてしか位置づけないことになる。

「教授理論部」と「教材部」を分け，棚橋が執筆した「教授理論部」の理論を，岡山が十分に教材化できなかったとする小出・石田の見解は，まさに教材の研究を，教育目標論の下請け作業としてしかみておらず，教育目標を達成するための手段として教材をみているといわざるをえない。彼らによる岡山の手工科教材論に対する評価は，こうした一定の教材観を前提としたものである以上，そこには再検討する余地が残されているといえる。

② 欧米留学後の岡山の手工科教育論に関する研究

次に，第２の欧米留学後の岡山の手工科教育論に関する研究としては，細谷や原，富田馨吾，山形寛，菅生の研究がある。

細谷は，岡山の欧米留学について，「アメリカ風の手工を輸入するとともに，手工設備の改善，動力機械の利用などを唱導し」[66] たとしている。岡山が，欧米留学後，アメリカ合衆国の手工を紹介した点と動力機械設備の導入および利用を唱導した点の２点については，山形寛や原正敏など，一般的に共通した見解である。

「アメリカ合衆国の手工を輸入」したことにともない，岡山の手工科教育論は欧米留学後に変化したとする指摘がなされているものは少なくない。しかし，その変化の中身については十分に論じられてきたとはいえない。

たとえば，山形寛は，「岡山の手工科教育説も前期と後期では多少の相違がある」[67] としているけれども，その内容は，岡山の欧米留学前の著作である『小学校に於ける手工教授の理論及実際』（1908 年）と，留学後の著作である『新手工科教材及教授法』（1920 年）の概要を述べるにとどまっている。

菅生均は「欧米留学後の岡山秀吉の手工教育観考察」[68] において，この山形の論に依拠して，「岡山の手工教育観は山形も指摘しているように，留学前のものと留学後のものでは，その見解に相違があるといわれているが，彼の手工教育観の中心はその影響力の大きさから考慮しても，留学後の見解にあったように思われる」と述べ，留学後による変化として，① 手工教育の個性化，② 創作法重視の姿勢への変換，③ 教授方法論の変化の３点をあげている。しかし，欧米留学前後の相違をカリキュラムの面から分析することなく，欧米留学による変化を前提として論を展開している。

原は，岡山の欧米留学に関して，当時文部省からも手工と図画の連関をもたせようとする動きがみられていたととらえており，「岡山秀吉の帰朝後『自由で趣味的な』アメリカ式手工が紹介され，一方，第一次世界大戦後のいわゆる大正デモクラシーのなかでの自由主義教育思潮，なかんずく山本鼎の自由画教育運動は，『図画』の性格を大きく変」え，「そのなかでは手工と図画を関連させることは必然的に，手工科から技術教育としての性格を薄れさせることになった」[69] と述べている。

すなわち，当時，手工と図画の関連が問題になっていたときに，岡山秀吉の「自由で趣味的な」アメリカ式手工の紹介と，自由画教育運動で芸術的性格へと図画が流れたことによって，手工科の性格が技術教育的なものから芸術教育的なものへと変化してしまったと原はとらえている。少なくとも「自由で趣味的な」アメリカ式手工の紹介が手工科の技術教育としての性格を薄れさせたものとして，欧米留学後の手工科教育論はとらえられている。しかし，その根拠は提示されていない。ちなみに，岡山の欧米留学後の手工科教育論を「自由で趣味的」なものとして，最初に表現しているのは，阿部七五三吉の『手工教育原論』（培風館，1936 年）であると考えられる。

つまり，岡山が，欧米留学後，アメリカ合衆国の手工を紹介した点と，動力機械設備の導入およびその利用を唱導した点の 2 点については，すでに明らかにされている。しかし，岡山の欧米留学後の手工科教育論についての研究は，その変化や主張に関して，十分な根拠をもって論じられた研究であるとはいえず，いまだ検討の余地が残っていると考えられる。

3）年譜・学習歴に関する研究

岡山の年譜に関しては，宮坂元裕の研究が挙げられる。宮坂は，「岡山秀吉の手工教育論に関する考察〔Ⅰ〕」[70] において，① 鈴木定次『手工教育学原論』（同文館，1928 年），②『手工研究』誌の第 157 号岡山先生追悼号（日本手工研究会編，1933 年），③ 阿部七五三吉『手工教育原論』（培風館，1936 年），④ 伊藤信一郎『手工教育原義』（東洋図画，1938 年）の 4 冊を基本資料として，そこでの記述内容を照らし合わせることで，岡山の「行動，業績」を明らかにすることを試みている。

さらに，そこでの分析内容をもとに，「岡山秀吉伝」[71] において，岡山の伝記をあらわしている。

しかし，上記の 4 冊は，基本的には，『手工研究』誌の第 67 号岡山会長還暦記念号（1926 年）に表された年譜をもとにして書かれたものであると想定されることから，4 冊を比較分析することで岡山の年譜の正確性ないし客観性を期すという研究方法自体に多少の疑問を生じさせるものである。

他方，岡山の学習歴に関する研究としては，佐々木享「手工教育の確立者・岡山秀吉の前半生」（1976年）[72] を挙げることができる。

この研究は，『手工研究』誌の第157号岡山先生追悼号をもとに，勉学時代から『小学校教師用　手工教科書』（1904年）の編纂までを対象として，岡山が手工科教育について学んだ経緯の概略を述べたものである。

このなかで，佐々木は岡山の手工科教育論の特徴について，「ひとことでいえば，子どもの発達に着目した教育的手工であるといっても間違いではないと考え」ており，「道具を使い，材料を扱い，ものをつくるという手工科教育に独自の教育価値をみとめる岡山の主張は基本的にはゆるがなかったとみてよいように思われ」ると述べている。また，岡山の業績について，「手工教育を，わが国固有の一箇の教育価値のある教科たらしめるべく，その教育の内容と系統性，その教授法にくふうをこらし，これを普及定着させることに重点があったことは特筆されてよいように思われる」と述べている。

すなわち，佐々木は岡山の前半生について，彼の手工科教育の特徴を「子どもの発達に着目した教育的手工」ととらえており，手工科教育に独自の「教育価値」を岡山がみいだしていたと評価している。

しかし，その根拠及び岡山がみいだしていたとする手工科教育独自の「教育価値」の内実については言及されていない。また，タイトルからもわかるように後半生については対象にしていない。

4）岡山研究の論点整理

以上のように，岡山秀吉の手工科教育論に関する先行研究をまとめることができるとするならば，そこでの研究状況の特徴は，次の２点に集約できると考えられる。

第１に，岡山の手工科教育論の主要な側面に関わる問題として，彼の編成した手工科教材をめぐって評価が分かれている点である。

すなわち，岡山の手工科教育論に関し，一方では，千葉県尋常師範学校勤務時代のカリキュラム構想に着目し，積極的な見方をしている川村侔の研究が挙げられた。川村によれば，岡山はすでに千葉県尋常師範学校勤務時代に「基本的に幼稚園を含めて８年間あるいは９年間一貫した普通教育としての手工教育のカリキュラムを構想し提示」し，「岡山の業績として高く評価される《教育的手工教育》をまとめきった」とした。その上で，当時の岡山の手工科のカリキュラム構想の特徴を，「低学年から中・高学年の８年間にわたって子どもたちの興味関心に留意しつつ知識や画学，実業の世界などと関連づけて技能の向上を図ろうとする意図と構造」をもつものであったととらえていた。

他方，岡山の手工科教育論への消極的な見方もあった。小出・石田は，棚橋と岡山の共著である『手工科教授書』（宝文社，1905 年）を分析した結果，「教授理論部」は棚橋，「教材部」は岡山が執筆し，棚橋の教授理論は高く評価できるのに対して，「棚橋の教授理論が十分に教材化されていない」との評価を下していた。

こうした岡山の編成した手工科教材をめぐっての川村と石田・小出との評価の相違は，教材をとらえるための方法論，すなわち教材論を対象化することなしに議論している点に，その原因を求めることができる。

すなわち，小出・石田が『手工科教授書』を「教授理論部」と「教材部」に分けて，「棚橋の教授理論が十分に教材化されていない」と評価している背景には，教材は，教育目標を子どもに達成させるための手段とみる教材観が前提になっていると考えられた。

この教材観においては，教育目標を達成するための手段として教材をとらえることによって，結局は，教材論を教育目標論の下請け作業としてしか位置づけないことになる。そこでの教材の研究は，一定の教育目標を不動の前提として受け取り，これをより多く，よりはやく，より容易になど，いかに有効に子どもたちに達成させるかという，いわば二次的工夫の域のものに押し込めることにならざるをえない。言い換えれば，この教材観は，教材の研究を通して，教育目標論を俎上にのせるという，教材と教育目標とのもうひとつの関係を研究の視界から消失させてしまうという点で不十分なものである。

教材を通して教育目標論を俎上にのせることをしない，すなわち，教育目標の妥当性や適切性を検討しない教材の研究は，教材論としては，教材のもつ重要な側面を問う視野を捨象してしまう点で，不十分である。言い換えれば，教材研究は，教育目標を受けて，これをいかに効果的に貫徹せしめるかの手段の研究だけにとどまるものではない。教材の研究は，たとえば，教材をつくり出す過程やそれを実践に用いることにより，それが子どもの発達を促すものであるか否かという教育目標の妥当性や，子どもの要求に即したものであるか，本当に教えるに値する価値をもつ内容か否かといった適切性を検証できるし，検証すべきであると考えられる。

小出・石田の見解は，「教授理論部」と「教材部」とに分け，棚橋が執筆した「教授理論部」の理論を，岡山が十分に教材化しなかったとする点で，それは，まさに，教材の研究を教育目標論の下請け作業としてしかみておらず，手段として教材をみているといわざるをえない。

しかし，教育目標と教材との関係は，後者は前者を実現するための手段であるという面を一方でもつけれども，他方では，「教育目標，さらには教育的価値の世界を具体物として体現しているのが教材である」という関係においてもとらえることができる。この立場にたてば，教材の研究は，「単に教育的価値論の応用学であり，与えられた目標を実現するための現場教師の下請け仕事という地位から抜け出て，逆に教育的価値の世界を明らかに」し[73]，教育目標の誤りを是正するための提言を行うこともできる独立の研究分野になりうるし，そうすべきであると考えられる。

以上のことから，岡山の手工科教育論の主要な側面に関わる問題として，彼の教材をめぐる評価の相違があり，その評価の違いの原因は，教材論を対象化することなしに議論されてきたこと，すなわち，教材は教育目標を達成するための手段とみる教材観を前提としたところに由来すると考えられる。

したがって，そうした見解の相違を克服するためには，教育目標から教材へ，同時に，教材から教育目標へという双方向の検討ができる対象としての教材論から，すなわち，教材は教育的価値を具体物として体現しているものであるとする教材論に立って，岡山の編成した手工科教材をあらためて検討することが求められているし，有効であると考えられる。

第２に，岡山の手工科教育論の特質をめぐる問題に関わり，研究ノートのジャンルではあるが，佐々木享の示唆に富む研究があった。

佐々木は，岡山の手工科教育論の特徴を「ひとことでいえば，子どもの発達に着目した教育的手工であるといっても間違いではない」とし，「道具を使い，材料を扱い，ものをつくるという手工教育に独自の教育価値をみとめる岡山の主張は基本的にはゆるがなかったとみてよいように思われる」との見解を示している。

日本の教育は，特に学校教育の分野において，その教育目標や教育課程が国家基準で規制されており，とりわけ岡山が東京高等師範学校に勤務していた時期（1899 年～1929 年）の初等教育においても，小学校令および同令施行規則によって，教科課程等に関する基準が規定されていた。しかも，その性格は，国家富強の基を確立するために，それを担いうる「臣民」を育成するという国家主義的なものである。手工科においても，それは例外でなく，第１，２期に関しては，民間の経済力の強化という不況対策として導入され，黙々として苦しい労働に耐える「勤労愛好ノ習慣」に富んだ労働者や農民をつくるという道徳教育・修身教育の役割をも担って登場してきたとされており，その実施内容は，製作品を売却して学童貯金につなげるなど，商売上ないし経済上，実用上の価値だけを目的においた「功利的手工」であったとされる。また，第３期に関しては，工業を中心とする生産力拡充という国策がその原動力をなしていたとされる[74)]。

こうした時代状況のなかで，岡山の手工科教育論が，「子どもの発達に着目した教育的手工」であったとすれば，それは非常に興味深い。

なぜなら，佐々木をはじめ，原正敏や阿部七五三吉など，「教育的手工」は「功利的手工」の対立概念として用いられているからである。すなわち，基本的な知識や技能の習得を無視して，高く売れる物品の製作に没頭させ，その製作品を売却して学童貯金につなげるといった経済上の価値などではなく，子どもの発達にあわせて系統的に，材料を扱い，道具を正しく使い，手を巧緻にするなど，子どもの発達を促すことに，岡山が手工科教育で実現すべき価値をみいだしていたといえるならば，それは，日本近代教育史の事実として意義深いと考えられるからである。

しかしながら，佐々木の研究は，全体として研究ノートのジャンルに入るものといえ，『手工研究』の「岡山追悼号」をもとに，勉学時代から『小学校教師用　手工教科書』(1904 年）の編纂までを対象として，岡山が手工科教育について学んだ経緯の概略を述べたものであって，岡山の手工科教育論が「子どもの発達に着目した教育的手工」であったことの根拠について十分に論理展開しているわけではない。

こうした佐々木の研究にみられる課題をひきとるならば，すなわち，子どもの発達を促すことが，岡山の手工科教育論の特質に関わるものであったとするならば，そのこと自体の検証およびその内実を明らかにすることが，まずもって必要になると考えられる。

そして，この点を検証するには，教材は教育的価値を具体物として体現しているものであるとする教材の側面から，検討していくことが有効であると考えられる。

教育という社会的営みは，政治や経済などの諸条件に規定されながらも，政治的価値や経済的価値，あるいは文化価値一般に解消されない固有の価値をもつと考えられ，その固有の価値こそが教育的価値であり，教育的価値の主張は，人間とりわけ子どもの発達そのものに価値をみ，子どもを発達の可能態とみる人間観と深く結びつき，子どもの発達という事実を根拠に成立する[75)]。

そして教育的価値は，既述のように，ひとつには，教育的はたらきかけによって子どもの内に実現すべき価値，今ひとつには，その価値を実現できるという方法的価値の 2 本柱からなり，それゆえ，教材論から接近することによって，発達の観点から子どもの内に実現すべき内容それ自体の検証だけでなく，その内容を実現する見通しおよび手だてを，同時に掬い取り，検証することができると見通せるからである。

つまり，手工科教育において実現すべき価値が，政治的価値や経済的価値よりも，子どもの発達を促すという発達的価値にその重点がおかれていたとする佐々木の見解は，手工科教育の特質に関わる問題，すなわち，教育的価値の問題であって，それを解明するには，教育的価値を具体物として体現している教材の側面から岡山の手工科教育論を検討することが有効であると考えられる。

4. 本研究の課題

さて，以上のように，手工科教育史および岡山秀吉に関する先行研究をまとめることができるとするならば，そこから導き出された研究の課題は，次の３点に集約される。

すなわち，第１は，形式陶冶主義に関する見解の相違にみられた手工科教育の歴史像をめぐる問題，とりわけそのなかでの岡山秀吉の手工科教育論の問題である。

この問題は，ひとつには研究の蓄積が比較的薄い第３期から第５期にわたって，現場への広い影響力をもった代表的な教育論として位置づき，しかも形式的陶冶―実質的陶冶という枠組みをもって論じられていた岡山の手工科教育論を対象とした研究の進展が課題となっていると考えられた。

今ひとつには，一般陶冶―職業陶冶，形式陶冶―実質陶冶という分析概念に由来する，すなわち，手工科教育の目標論をめぐる事実認識とその評価の違いに由来する見解の相違を克服するために，教育目標それ自体だけでなく，その教育目標論を実現する手だてをめぐる問題を同時に掬い取り，対象化できる方法論の樹立が課題となっていると考えられた。

第２は，岡山秀吉の手工科教材の評価をめぐる見解の相違の問題である。

この見解の相違は，教材論を対象化することなしに議論されている，すなわち，教材は教育目標を達成するための手段として，教育目標から教材へという一方向のみの視野しかもたない分析の準拠枠を前提にしていることに由来すると考えられた。したがって，この見解の相違を克服するためには，教育目標から教材へ，同時に，教材から教育目標へという双方向の検討ができる対象として教材をとらえる準拠枠を構築し，それに基づいて，岡山の手工科教材を検討することが課題となっていると考えられた。

第３は，岡山秀吉の手工科教育論の特質をめぐる問題である。

岡山の手工科教育論において，手工科教育で実現すべき価値が，政治的価値や経済的価値よりも，子どもの発達を促すという発達的価値に重点がおかれていたとする見解を検証し，その内実を明らかにすることが課題となっていると考えられた。

そして，これら３点の課題は，いずれも教材論が問題の核心となっているといえる。

すなわち，第１の点に関わっては，手工科教育，とりわけ岡山秀吉研究において，教育目標論それ自体だけでなく，その教育目標を実現する見通しおよび手だてをめぐる問題を同時に掬い取り，対象化できる方法論の樹立が課題であり，そのためには，教材は「教育目標，さらには教育的価値の世界を具体物として体現している」ものであるとする教材論に基づいて接近することによって，教育目標それ自体の問題とともに，その教育目標を実現する見通しおよび手だてをめぐる問題を，同時に掬い取り，対象化することが可能であると想定することができたからである。

第２の点に関わっては，教育目標から教材へ，同時に，教材から教育目標へという双方向の検討ができる対象として教材をとらえる準拠枠を構築し，それに基づいて，岡山の手工科教材を検討することが課題であり，そのためには「教育目標，さらには教育的価値の世界を具体物として体現している」ものであるとする教材論の視点から接近することが有効であると考えられたからである。

第３の点に関わっては，岡山の手工科教育論において，手工科教育で実現すべき価値が，政治的価値や経済的価値よりも，子どもの発達を促すという発達的価値に重点がおかれていたとする見解を検証し，その内実を明らかにすることが課題であり，そのためには「教育目標，さらには教育的価値の世界を具体物として体現している」ものであるとする教材論から岡山の手工科教育論に接近することで，発達の観点から子どもの内に実現すべき内容それ自体の検証だけでなく，その内容を実現する見通しおよび手だてを，同時に掬い取り，検証することが可能であると想定することができたからである。

それゆえ，本研究は，教育的価値を具体物として体現しているとする教材論に依拠し，手工科教育において，現場への広い影響力をもった代表的な研究者とみなされる岡山秀吉の手工科教育論を検討することによって，その特徴と歴史的意義を明らかにすることを課題とする。

第3節　研究の方法

本研究では，第1に，手工科教育，とりわけ，岡山秀吉研究において，教育目標それ自体だけでなく，その教育目標を実現する手だてをめぐる問題を同時に掬い取り，対象化できる方法論の樹立，第2に，教育目標から教材へ，同時に，教材から教育目標へという双方向の検討ができる教材論の準拠枠を構築し，それに基づき，岡山の手工科教材を検討すること，第3に，手工科教育で実現すべき価値が，政治的価値や経済的価値よりも，子どもの発達を促すという発達的価値に重点がおかれていたとする見解を検証し，その内実を明らかにすることが課題になっていることは前節で述べた。

本節では，これらの課題に接近すべく，第1に，教材論自体を対象化し，有効な準拠枠を構築することを試みる。第2に，そこで構築された教材論に基づき，手工科の教材を実際に分析するための方法として，本研究でとった「復元による教材解釈」の意義と方法を論じることにする。

1．分析の準拠枠としての教材論

教材をいかにとらえるかをめぐっては，いくつかの立場がある。たとえば，「教材は教育目標を子どもたちに達成させるための媒介物ないし手段」[76] とみる立場がある。既述の小出・石田の見解も，この教材観を前提にしているとみられた。しかし，この教材観は，教材の研究を教育目標の下請け作業的にしか位置づけず，教材の研究を通して，教育目標を俎上にのせるという重要な側面を捨象してしまう。

本研究では，上に述べた先行研究の成果と課題から，一方で，手工科教育で実現しようとしていた価値が問題の核心であり，他方で，教育目標と教材との関係を問うことが課題になるので，こうした教材観をとることはできない。

本研究では，教材を「教育目標，さらには教育的価値の世界を具体物として体現している」[77] ものとしてとらえる。ここでいう教育的価値とは，既述のように，「教育という社会的いとなみ（実践）は，政治や経済などの諸条件に規定されながらも，政治的価値や経済的価値，あるいは文化価値一般に解消されない固有の価値と目的をも」ち，その「固有の価値」をさす[78]。

教育は，他の文化的諸価値を創造し発展させる担い手である人間主体そのものの形成に直接的に関与するいとなみであり，勝田守一は，この人間形成に関わる価値を教育的価値とよび，それは，「すべての人間の全面的成長へのねがいを基礎とし，『子どもの発達の一般的傾向の認識』にもとづいての人間の成長をうながす技術や方法を含んで成立するもの」[79] ととらえている。そして，斉藤浩志は，この勝田の論に依拠して，「このことは，教育における『目的的価値』としての『子どもの人間的能力の最大限の発達』の確認と，内面的に統一された『方法的価値』の探求にほかならない」とし，「『教育的価値』とは，そのような教育における『目的的価値』と『方法的価値』との統一した価値体系」として認識されなければならない」[80] としている。

また，同様に，堀尾輝久は，教育的価値を真理的価値と方法的価値の２本柱からなるとし，次のように述べる。

「教育的価値は二つの視点から成立します。第一にそれは，教授（インストラクション）の内容が，真理・真実にもとづくということです。ドグマや虚偽意識にゆがめられた情報は，一般的には（ということは，それを批判的に対象化する手続きなしには），教育的価値をもつものではありません。

他方でしかし，真理・真実ならば，すべて教育的価値にかなうわけではないのです。従って第二に，生活経験を再構成する力をもつような仕方で子どもの学習を組織し，働きかけ，わかったと納得できるように教えられてはじめて，それは教育的価値に価するものといえます。その意味では，これは発達の最近接領域に働きかけ，その学習活動を引き出す教育方法の視点を含んでいるといってよいのです。〔中略〕こうして，教育的価値は，真理的価値と方法的価値を二本柱とし，人間の成長を促す価値だといえましょう。」[81)]

すなわち，教育的価値は，教授の内容が真理・真実にもとづくという真理的価値ばかりではなく，それらが子どもの生活経験を再構成し納得させるように教えられてはじめて教育的価値に値するものになるという方法的価値の２本柱からなり，人間の成長・発達を促す価値であるといえる。たとえ科学などの理論体系からみて，どんなに意義が大きくても，それが子どもの発達を促すようなかたちで子どもに伝えることができる手だてが整っていないならば，教育的価値はないということである。

他方，中内敏夫は教材について，以下のように述べている。

「教材の世界がはっきりしなくなっている理由の一つに，教材と教育目標の混同がある。〔中略〕目標または内容をなすものは，わかちつたえることのできる文化であり，普通教育の場合にはその基礎的なもの，つまり基本的な科学的法則や芸術上の典型的なテーマや知識・技能である。これらの目標は，これを加工しないでそのまま与えたのでは，子どもにはわからない場合が多い。反対に，その精神活動を抑圧するばあいがある。そこで，目標と子どもをつなぐ媒介がここに必要になってくる。教材は，いずれにしてもこの媒介の働きを担っている。」「教材つくりの本質を，科学的法則や芸術的主題といった目標をとらえてこれを子どもの生活概念にまで一元的に高めていく過程とみる本書〔＝リアリズム一元論：筆者補足。以下，同様〕の立場からいえば，そこでは，内容から切り離された方法が教材を規定するのではなく，逆に教材が方法を規定するという関係が働いているとみなければならないだろう。〔中略〕そうだとすると，教材をはなれて方法はありえないのであって，方法は，まえもって教材の内側に論理的に内在しているものだということになってくる。すなわち，目標，教材，方法の三者の関係は，〔中略〕〔下図のような〕関係式のなかにあるものだということである。」[82)]

教材	
目標	方法

すなわち中内は，この図で教材が，基本的な科学的法則や知識・技能といった教育目標と，指導過程・学習形態などの教育の方法を内に予定するものであることを示している。

より具体的にいえば，教育目標を不動の大前提として受け取り，これをいかに有効に子どもに伝達するかという一方向だけでなく，教材に内在する子どもへの伝達の内容量やその内容の妥当性等の面から，教育目標論を俎上にのせて検討するとともに，教材によって規定された，ないし教材に内在する，意味づけや動機づけ，モチベーションなどの教育方法の側面から，教材を検討する必要がある。

この中内の教材論を先の勝田や斉藤，堀尾の教育的価値論との関わりでみれば，教育目標は教授内容であるという面で目的的価値ないし真理的価値に関わるものであり，方法は方法的価値に関わるものであるとみることができる。すなわち，教材と教育目標と方法の三者の関係は，教育的価値と目的的価値（＝真理的価値）と方法的価値の三者の関係に照応するといえる。

つまり，本研究では，教材とは教育目標と方法を内に予定するものであり，これら２つの柱からなる教育的価値を具体物として体現しているものと定義する。

具体的には，岡山秀吉の手工科教育論を，以下のように分析していく。

本研究では，既述のように，一方で，手工科教育の教育的価値が問題の核心であり，他方で，教育目標と教材との関係を問うことが課題になっている。この点で，注目すべきは，1902年以降，岡山が「教育的価値」について論じている点である。

1908年に出版された『小学校に於ける手工教授の理論及実際』では，「手工教授の教育的価値」という章が立てられている。この「教育的価値」は，表序-1のように，「心意的，身体的，及び実質的，形式的陶冶という枠組みを設定して分類」されたものであったとされる[83]。そして，こうした「教育的価値」の内容は，目的的価値群に他ならないといえる。

しかも，岡山の教材は，色板排や粘土細工，切抜，厚紙細工，編物，木工など，「細工」とよばれる教材単元をもとに成り立っている。

表序-1 「教育的価値」の構造および各項目の内容

<table>
<tr><td rowspan="4">精神面</td><td rowspan="2">知</td><td>実質的陶冶</td><td>① 幾何学形体に関する知識の獲得
② 材料の性質とその利用に関する知識の獲得
③ 色彩に関する知識の獲得
④ 産業に対する基本的な知識の獲得</td></tr>
<tr><td>形式的陶冶</td><td>⑤ 各種の感覚を通しての観察力の発達
⑥ 構想力と意匠の能力の発達</td></tr>
<tr><td colspan="2">感情の陶冶</td><td>⑦ 審美的感情の発達
⑧ 産業への積極的感情の発達
⑨ 他の学問への積極的感情の発達
⑩ 社会性の感情の発達</td></tr>
<tr><td colspan="2">意志の陶冶</td><td>⑪ 児童の自発的活動を利用した勤勉・独立・清潔・整頓などの良習慣の発達</td></tr>
<tr><td rowspan="3">身体面</td><td rowspan="2">技能</td><td>実質的陶冶</td><td>⑫ 日常生活のための製作技能の形成
⑬ 構想したものを物体として表せる製作技能の形成
⑭ 産業（特に工業）に関する基本的な製作技能の形成</td></tr>
<tr><td>形式的陶冶</td><td>⑮ 眼との協働作用をともなう手の巧緻性の発達</td></tr>
<tr><td colspan="2">身体の陶冶</td><td>⑯ 各種筋肉と神経の発達</td></tr>
</table>

そしてたとえば，色板排は，①「幾何学形体に関する知識の獲得」，③「色彩に関する知識の獲得」，⑮「眼との協働作用をともなう手の巧緻性の発達」の３項目，編物は，⑧「産業への積極的感情の発達」，⑪「児童の自発的活動を利用した勤勉・独立・清潔・整頓などの良習慣の発達」，⑫「日常生活のための製作技能の発達」，⑮「眼との協働作用をともなう手の巧緻性の発達」（丸数字は表序-1に対応）の４項目というように，「細工」は，これらの「教育的価値」の内のいくつかの項目を実現しうるものとして位置づけられていた。

そこで本研究では，下の表序-2に示すように，「教育的価値」とよばれた目的的価値の各項目を縦軸，各学年・学期に順に配当された各「細工」を横軸にとったマトリクスを作成する。そして，各「細工」における目的的価値の具体を，すなわち，縦軸と横軸の交差する部分を黒く塗りつぶす。

これにより，岡山の手工科教材の内に予定された目的的価値の設定と発展のすじ道を明らかにするとともに，そこに内在する特質を解明することを試みる。

なお，ここで，教育的価値と「教育的価値」の用語の関係を整理しておく。

教育的価値とは，目的的価値と方法的価値の２本柱からなるのに対し，岡

表序-2　「教育的価値」と各学年・学期に配列された各「細工」のマトリクス

		学年	尋1				尋2			尋3				尋4				
		細工	色板排	豆細工	粘土細工	折紙	豆細工	粘土細工	折紙	粘土細工	折紙	切抜	紙撚	粘土細工	切抜	紙撚	組紙	厚紙細工
		時数	14	13	5	5	20	4	13	11	5	17	4	20	20	10	14	10
精神的方面	知	実質的陶冶																
		形式的陶冶																
	感情の陶冶																	
	意志の陶冶																	
身体的方面	技能	実質的陶冶																
		形式的陶冶																
	身体の陶冶																	

山の論じた「教育的価値」とは，①「幾何学形体に関する知識の獲得」など，教育者がその教育的はたらきかけを通して子どものなかに実現しようとする価値であり，これはすなわち，目的的価値を意味する。したがって，岡山のいう「教育的価値」は，目的的価値と方法的価値の2本柱のうちの方法的価値を除いた概念としてとらえ，カッコ付きで表記する。

2. 復元による教材解釈とその方法

ところで，手工科は，1900年の「小学校令施行規則」（文部省令第14号）の規定以来，その第1項目が「物品製作の能を養う」こととされている。そのため，手工科教材は製作課題であることが少なくない。本研究で教材分析の対象とした文献資料には，図面（形状および寸法）と説明事項（製作材料の大きさと種類，使用する工具の種類，「教授事項」，「教授上の注意事項」など）が記されている。

本研究では，こうした図面や製作に関する説明事項などに即して，可能な限り忠実に，教材を復元することを試みる。そしてそこで得た知見を解釈することで，教材のつくり手が教材に込めた意図をつかむための手がかりを得ることを目指す。この手法を「復元による教材解釈」と名づける。

その際，少なくとも2つの側面に配慮する必要があると考えられる。すなわち，ひとつには，当該教材が何を教えるためのものかという教育目標の側面であり，今ひとつには，当該教材により，その教育目標をどのように達成するのかという方法・手だての側面である。

既述のように文献資料をみれば，材料や使用する工具，製作課題の名称やある程度の作り方については，読み取ることができる。しかし，実際につくってみなければわからないことがあるのが一般的である。

たとえば，製作課題の名称が本棚となっていて，桂材と釘を用いて製作することが文献資料からわかったとする。しかし，実際につくってみないと，接合部の板厚によってどの程度の釘打ちの技能が求められているかといった点には考えがおよばない。たとえ材料の寸法が示してあった場合でも同様であろう。

しかし，教材のつくり手は，実はその釘打ちの技能の程度を相当意識している場合がある。こうした点は，製作課題が高度なものになればなる程，数多く存在する。

すなわち，教材のつくり手が，その教材に込めた教育目標や求めている技能のレベルなどを文献資料からだけでは，容易には深く読み解くことはできない。作業分析法やオペレーション法などの研究から周知の通り，技術教育の教材解釈にとって，製作課題の作製を通して達成しうる知識や技能に関わる教育目標を確定することは非常に重要であり，こうした点を見落とすことは致命的な問題となる。

復元の過程を通さなければみえてこない面として，もうひとつあげられる。それは方法・手だてに関わる面である。子どもに教育目標を適切に達成させるためには，教師のよびかけや動機づけ，標本の提示等が重要なファクターとなる。本研究で対象とする文献資料にもその内容が記されてはいるけれども，実際に復元の過程を通さないと，そうした記載はえてして見落としがちで，その重要性や的確さを深く理解することができない。しかも，方法は教育目標と密接不可分な関係にあるため，教育目標が明確にならなっていなければなおさらである。もちろん，その逆もありうる。

本研究では，文献資料からだけでは深く読み解くことが容易ではない，教材の作り手が教材に込めたこうした意図，具体的には教育目標の詳細とその達成の手だての配慮の具体を，復元による教材解釈によって解明する。

具体的には，本研究では，復元による教材解釈を，表序-3に示すような作業分解票を用いて行う[84)]。ここでいう作業分解票とは，「加工者が初めての作業の図面をもらい，図面に忠実に品物を製作するにはどうしたらよいかを考える手段」として用いられるものであり，作業分解とは，「手順や動作，注意事項などを思いつくまま書き上げたものではなく，一定の様式にもとづいて，自分の頭のなかで，作業の手順を順序よく整理し，書いてみること」である。

本研究で用いる作業分解票には，表面に手工科の製作課題やその製作を行う対象学年・学期と教授時数，製作に用いる材料と工具，作業，略図または完成

表序-3　作業分解票

製作課題		学年・期	
材　料		教授時数	
		作　業	
工　具			
略図または完成写真			

No.	作業ステップ	急　　所
1		
2		
3		
4		
5		
6		
7		
8		
9		
10		
11		
12		
13		
14		
15		
16		
17		
18		
19		
20		
21		
22		
23		
教授活動の順序と特徴		
教材解釈の視点		

写真を記す欄を設けた。裏面には，① 作業ステップ（「図面にもとづいて作業を進めるためにまず何をすべきか，という要素を表す」），② 急所（「ステップごとに，そのステップを具体的に行うには，どのようにしたらよいかを書く」）と，③ 教授活動の順序と特徴，④ 教材解釈の視点を記す欄を設けた。本研究では特に，岡山の文献資料に即して作業分解票を作成するため，文献資料に記された教授事項をあらかじめ示しておく必要があることから，③ 教授活動の順序と特徴を記す欄を，また，復元製作を行った際に文献資料との関係で新たにみえてくる面を記す必要があることから，④ 教材解釈の視点を記す欄を設けた。

こうした作業分解票を用いて，復元による教材解釈を以下のような４段階で構成する。

第１段階は，教材を実際に復元製作する前に，文献資料に記された図面や説明事項に即して，その製作過程をシミュレートし，製作の作業手順などを想定して作業分解票を作成する段階。

第２段階は，第１段階で作成した作業分解票をもとに，教材を実際に復元製作する段階。

第３段階は，教材を復元製作した結果をもとに，第１段階で作成した作業分解票の記載内容を再吟味し，誤っていた点や新たにわかった点，あるいは，新たに追加すべき点などを第１段階の作業分解票に加筆・修正する段階。こうして，作業分解票が完成され，教材解釈のための資料を得る。

第４段階は，第３段階までで得た教材解釈のための資料をもとに，岡山の教材の分析を，教育目標と方法の２側面から行う。

教育目標の側面では，① 復元製作により各製作課題に含まれた知識や技能に関する要素を欠かすことなく抽出し，それを製作課題の配列に照らして比較分析することにより，それらの系統性を明らかにする。また，② 技能面においては，製作課題間での同一の要素について，各製作課題に求められる加工技能レベルも明らかにする。これらの分析を通して，上述のマトリクスの作成などによって明らかになった教育目標（「教育的価値」）論の特質を，具体的に検証する。

方法の側面では，教育目標に関連して，教授過程における注意事項の的確さや教師の準備内容，教鞭物等，教育目標を子どもに達成させるための手だての配慮について，明らかにする。

3. 資　料

岡山秀吉の著書は表序-4 に示したように，管見の限り 33 点存在する。また，雑誌『手工研究』や，『教育研究』，『工政』，『文検世界』などに掲載された論稿は管見の限り 270 本存在する。本研究では，これらの著書と論文を基本資料として扱う。

岡山の著書は 33 点のうち，『普通木工教科書』のように特定の教材について書かれたもの，『手工科教授書』のように共著のもの，『師範学校手工教科書』のように師範学校や女子師範学校について書かれたものが多い。

本研究の主要な課題である教材の分析にあたっては，製作課題の選択・配列やそこに含まれる知識や技能の面での教育目標の系統性がひとつの大きな論点となる。したがって，この論点の解明にあたっては，「手工科教授細目」とよばれるカリキュラム（各学年・学期ごとの各「細工」の配当時間数のみならず，製作課題，およびその図面や作成手順についての記載を含む）を基本に据えてみていく必要がある。

欧米留学前に執筆された岡山の著書は，管見の限り 13 点，雑誌論文は 75 本，存在する。このうち，① 尋常・高等科を通して小学校手工科を対象とした「手工科教授細目」が載せられており，かつ，② 岡山が単独で執筆している著書[85] は，『講習用書　手工科教授法講義』（宝文館，1907 年），『小学校に於ける手工教授の理論及実際』（宝文館，1908 年），『手工科教材及教授法』（宝文館，1909 年）の 3 点である。ちなみに，『講習用書　手工科教授法講義』と『手工科教材及教授法』は，『小学校に於ける手工教授の理論及実際』の簡易版となっている。

欧米留学以後の岡山の著書は，増補版なども含めると，管見の限り 20 点，雑誌論文は 195 本，存在する。このうち，① 尋常・高等科を通して手工科を

表序-4　岡山秀吉の著書一覧

年・月	書　名	出版社	共著者ほか
1897. 7	『普通木工教科書』	金港堂	
1901. 9	『高等師範学校附属小学校　手工科教授細目』	同文館	高等師範学校附属小学校第二部編纂
1903. 7	『尋常高等小学手工製作図』	二原堂	上原六四郎
1904. 7	文部省編纂『小学校教師用 手工教科書』	大日本図書	上原六四郎
1905. 7	『手工科教授書』	宝文館	棚橋源太郎
1906. 7	『手工科教授細案』	宝文館	棚橋源太郎
1907. 7	『講習用書 手工科教授法講義』	宝文館	
8	『六学年小学校　図画手工連絡教授の実際』	同文館	阿部七五三吉
10	『師範教育　手工教科書』	金港堂	
1908. 5	『小学校に於ける手工教授の理論及実際』	宝文館	
	『岡山秀吉講述 手工科教授法』	同文館	
12	『師範学校手工教科書 前・後』	実業教科研究組合	上原六四郎，阿部七五三吉
1909. 6	『手工科教材及教授法』	宝文館	
1915. 4	『欧米諸国手工教授の実況』	教育新潮研究会	
1916. 7	『新手工科教授』	宝文館	
9	『手工科新教材集成 紙細工篇』	宝文館	
1917. 5	『手工科新教材集成 粘土細工篇』	宝文館	
1919. 4	『手工科新教材集成 簡易木工篇』	宝文館	
1920. 9	『新手工科教材及教授法』	培風館	
1922. 3	『最新手工教材　板金穿孔彫刻』	培風館	
6	『木材着色・ワニス・ペンキ・漆・蒔絵　塗物術』	大倉書店	
1926. 1	『最新手工 趣味の厚紙建築』	文書堂	
12	『新令準拠 高等小学手工科指導書』	蘆田書店	
12	『改訂増補 手工科教材及教授法』	宝文館	
1927. 4	『新手工教科書 上・下』	培風館	阿部七五三吉，伊藤信一郎
6	『訂正増補 木材着色・ワニス・ペンキ・漆・蒔絵 塗物術附金属着色法』	大倉書店	
8	『新令準拠続 高等小学手工科指導書』	蘆田書店	
1928. 3	『改訂増補 新手工科教材及教授法』	培風館	
1929. 5	『初等中等手工科教材』	蘆田書店	
1932.10	『改訂 新手工教科書 上・下』	培風館	阿部七五三吉，伊藤信一郎
12	「手工の教育」『岩波講座教育科学 第15冊』	岩波書店	
1933. 1	『竹工・指物・玩具・挽物・彫刻・塗装 木工術』	弘道閣	阿部七五三吉，伊藤信一郎
10	『女子師範学校 手工教科書 前・後』	培風館	阿部七五三吉，伊藤信一郎

対象とした「手工科教授細目」が載せられており，かつ，② 岡山が単独で執筆している著書は，『新手工科教材及教授法』しか存在しない。

以上のことから，とりわけ，岡山の手工科教育論にみられる製作課題の配列やそこに含まれる知識や技能の面での教育目標の系統性を論じる際には，基本的には，欧米留学前においては，『小学校に於ける手工教授の理論及実際』に表現された「手工科教授細目」，留学後においては，『新手工科教材及教授法』に表現された「手工科教授細目」を主たる分析資料として取り扱うことが，有効であり合理的であると考えられる。

『小学校に於ける手工教授の理論及実際』に関していえば，岡山が著した同題の書物には，大きくは，尋常・高等小学校の手工科教師用として 1908 年 11 月 2 日に認可された検定済教科用図書と，認定済教科用図書ではない一般書の 2 種が存在する[86)]。本研究では，1908 年 5 月 28 日に出版された後者（初版第 1 刷）を扱うことにする。前者の検定済教科用図書は，文部省による検定を経たものであるから，その記述内容については，国家イデオロギーなど岡山自身の思索とは異なる意志が反映している可能性があり，そのことの検証自体が重要な研究課題であるからである。

なお，『新手工科教材及教授法』は一般書のみである。本研究では，1920（大正 9）年 9 月 12 日に出版された一般書である『新手工科教材及教授法』（初版第 1 刷）を扱うことにする。

欧米留学中の岡山の足取りに関しては，岡山が欧米留学中および帰国後に，『手工研究』誌や『教育研究』誌，『教育時論』誌などの雑誌に投稿した論文 51 点，および帰国後比較的早い時期に出版した『欧米諸国手工教授の実況』（教育新潮研究会，1915 年），『新手工科教授』（宝文館，1916 年）を主要な資料として扱う。また，官報の記載や，岡山の欧米留学について棚橋源太郎などの他の人物が記したいくつかの論文も扱う。

さらに，本論の内容にやや踏み込んで述べるなら，岡山が米国留学において重要視した，ボストン・スロイド養成学校およびコロンビア大学ティーチャーズ・カレッジ附属ホーレスマン校の当時の教育実践の内容に関しては，G. ラーソン『文法級7～9学年用スロイド（*SLOYD FOR THE THREE UPPER GRAMMAR GRADES*）』（1907年）[87] や『ティーチャーズ・カレッジ記録（*Teachers College Record*）』誌[88] を主たる資料として取り扱う。

また，上記以外の論点については，先にあげた岡山の著作は無論のこと，その他の資料も適宜扱う。

4. 本書の構成

本書は，序章と結章を含めて9章立てで構成する。

「序章　小学校手工科の歴史的遺産と技術教育；課題と方法」に続き，「第1章　岡山秀吉の手工科教育研究への接近」では，三重県の小学校訓導であった岡山秀吉が，手工科と上原六四郎の存在を知り，教職を辞して高等商業学校附属商工徒弟講習所の研究科に入学し，上原に師事して学び，その後，千葉県尋常師範学校に就職し，手工科研究の歩を進めていく過程を検討する。具体的には，岡山の手工科修業時代の様子，岡山が師事した上原の手工科教育観の特徴，千葉県尋常師範学校での岡山の手工科研究の取り組みを検討する。

上原が諸外国の手工教育の実施状況から見通した，日本の手工科の教育内容を構成していく上での「頗る困難」な課題に，岡山は，上原ら手工研究会のメンバーと取り組んでいく。そうした取り組みのなかで，文部省編纂『小学校教師用　手工教科書』（1904年）の教材編成に生かされていくことになる手工科のカリキュラムを，千葉県尋常師範学校勤務時代に構想・提示していた事実を論証する。

「第2章　文部省編纂『小学校教師用　手工教科書』の特徴」では，文部省編纂『小学校教師用　手工教科書』の特徴を，千葉県尋常師範学校勤務時代の岡山の手工科カリキュラムの構想（1893-94年），および岡山が東京高等師範学校附属小学校で行った手工科の実践内容（1900-1903年度）との関連を視野において検討する。

既述のように，手工科教育史上において，上原と共同執筆した『小学校教師用　手工教科書』は，小学校現場に広く影響を与えたとされている。しかし，岡山の同書の編纂上の役割と，岡山の手工科教育論の形成過程上の同書の位置づけは，明らかにされていない。

岡山は千葉県尋常師範学校勤務時代に開発した教材をもとに，東京高等師範学校附属小学校での手工科の授業実践を経て，8年間一貫した教材編成をつくりあげる。岡山の同書編纂上の役割は，そうした授業実践から得た知見を反映させることにあった。上原の見通した「頗る困難」な課題を，附属小学校などでの教育実践の裏付けをもって同書を出版することによって克服した事実を，同書の特徴を交えて論証する。

しかし，岡山の手工科教育論の形成過程の文脈からみれば，この段階での岡山は，① 手工科教育固有の目的的価値論の「構造体系化」，② 高等科の女子用教材の提示という2つの課題を残した。

「第3章　岡山秀吉の手工科教育論の理論的特質」では，欧米留学前の岡山の手工科教育論の理論的特質を検討する。その際，「教育的価値」の概念に着目して分析を行っていく。

岡山は，『小学校に於ける手工教授の理論及実際』(1908年) にて，「教育的価値」とよばれる目的的価値の「構造体系化」を成し遂げる。そこでは形式陶冶と実質陶冶は相対するものではなく，両者は合理的に位置づいている。しかも，そうした目的的価値論は，単なる机上の空論ではなく，9年間一貫して，実現する手だてが，「細工」に整えられていた。そこには高等科の女子用教材も含まれていた。ここに岡山の手工科教育論の一定の到達点を見てとれる。目的的価値論が「細工」との照応関係をもって整えられていた事実を，その発達のすじ道の特徴を交えて検証する。

しかし，この段階での岡山は，こうした目的的価値との照応関係の点で，「細工」だけでなく，個々の製作課題においても，実現すべき目的的価値の個別的・実体的な表現である教育目標とそうした教育目標を達成する手だての2側面を明示するという課題を残した。

「第4章　岡山秀吉の手工科教育論の展開過程における米国留学の意義」では，『手工研究』誌や『教育研究』誌，『教育時論』誌などに掲載された雑誌論文をもとに，これまでまったく未解明であった岡山の欧米留学について，第1に，岡山の留学中の足取りを明らかにし，第2に，そこから留学中に岡山が注目した手工科教育に関わる教育実践を確定する。第3に，それらの教育実践の特徴を，当時の外国雑誌やシラバスなどを用いて明らかにする。

岡山は，当初1年の予定であった米国留学を1年半に延ばした。岡山が米国において注目した2つの教育実践が，ボストン・スロイド養成学校でのG. ラーソンのアメリカン・スロイドとコロンビア大学ティーチャーズ・カレッジ附属ホーレスマン校の産業科実践であった事実を，岡山がそれらの実践で重要視した点を交えて検証する。

「第5章　欧米留学後の岡山秀吉の手工科教育論の発展」では，第4章で明らかにした点をもとに，欧米留学後の岡山の手工科教育論の発展を，主に『新手工科教材及教授法』（培風館，1920年）を分析資料に用いて検証する。具体的には，第1に，欧米留学前後での手工科教育論の特徴の変化について分析し，第2に，そうした変化と留学中に重要視した手工・産業科教育実践との関連について，分析する。果たして，留学後の岡山の手工科教育論は，先行研究で指摘されているような，「自由で趣味的な」手工であったのだろうか。

この時期，一方では，『小学校に於ける手工教授の理論及実際』（1908年）出版後の課題の克服を目指すとともに，他方で，欧米留学（1911～1913年）によって，とりわけ米国の手工・産業科教育実践から学び得たものがあった。『新手工科教材及教授法』はこうした2点において，進展をみることができる。同書の出版によって，岡山の手工科教育論の到達点が示されたことを論証する。

「第6章　『新手工科教材及教授法』における紙細工の教材復元解釈にみる教授過程の特質」では，岡山の手工科教育論の到達点が著された『新手工科教材及教授法』（1920年）での紙細工（切抜，折紙，厚紙細工など）に焦点化して，復元による教材解釈を行い，教育目標と方法の2側面から教授過程の特質を明らかにする。紙細工は，尋常科段階で教授時数が最も多く配当された「細工」である。

なお，第6，7章は，岡山の手工科教育論の理論的特質を，復元による教材解釈によって裏づける，ないし検証するという位置づけにある。

具体的には，①個々の製作課題の内に予定された，知識や技能に関する教育目標を抽出し，②それらの教育目標の系統性を，製作課題の配列に照らして明らかにする。また，③復元による教材解釈によりみえてくる，教育目標の達成のための方法・手だてへの配慮を，教育目標との関連において明らかにする。

「第７章　『新手工科教材及教授法』における木工の教材復元解釈にみる教授過程の特質」では，第６章と同様の分析を，木工において行う。なお，木工は，尋常科第６学年から課され，高等科においては，とりわけ男子で，すべての教授時数が配当された「細工」である。

「結章　岡山秀吉の手工科教育論の歴史的意義」では，以上の章を総括し，岡山秀吉の手工科教育論の特質とその手工科教育史上の意義を明らかにする。

注

1）中内敏夫『教育学第一歩』岩波書店，1988 年，p. 94。
2）勝田守一『能力と発達と学習』国土社，1990 年，p. 229。
3）細谷俊夫『技術教育―成立と課題―』育英出版，1944 年，p. 3。
4）同上，p. 131
5）金子一夫『近代日本美術教育の研究―明治・大正時代―』（中央公論美術出版，1999 年），藤澤英昭ほか編『新訂　図画工作・美術教育研究』（教育出版，2000 年），山本正男監修・井上正作編『感性の論理とその実践２　美術の歴史・美術科教育の歴史』（大学教育出版，2005 年），上野浩道『日本の美術教育思想』（風間書房，2007 年）ほか，参照。
6）1899 年に設置された高等師範学校手工専修科は，1902 年に学校名が東京高等師範学校に改称され，1906 年には図画手工専修科となる。本研究では，時期によって表記を使い分けるとともに，時期に限定せずに同校専修科を表記する際には，東京高等師範学校図画手工専修科と表記する。
7）佐々木享「手工教育の確立者・岡山秀吉の前半生」『専修大学自然科学研究会会報』第 20 号，1976 年，pp. 7-20。
8）同上。
9）細谷俊夫「手工教育変遷に関する一考察」『教育学論集』（日本教育学会，1941 年，pp. 151-171），「手工教育」『技術教育―成立と課題―』（育英出版，1944 年，

pp. 131-154),「日本の技術科教育の歴史と課題」『岩波講座　現代教育学 11』(岩波書店, 1961 年, pp. 39-56),「手工教育」『技術教育概論』(東京大学出版会, 1978 年, pp. 100-113) を参照。

10) 原正敏「初等教育における技術教育の萌芽と挫折」・「普通教育における技術教育―その変質と定着―」『日本科学技術史大系 9』(第一法規, 1965 年, pp. 61-80・303-324),「普通教育における技術教育―精神主義の破綻―」『日本科学技術史大系 10』(第一法規, 1966 年, pp. 65-84),「明治期における手工教育」『日本近代教育百年史 9』(国立教育研究所, 1973 年, pp. 284-308),「高等小学校および中学校の工業教育」『日本近代教育百年史 10』(国立教育研究所, 1974 年, pp. 160-178), 原正敏・川村侔ほか「戦前の技術教育」『講座　現代技術と教育 8　技術教育の歴史と展望』(開隆堂, 1975 年, pp. 19-117) を参照。

11) 各期の名称については, 原正敏・川村侔ほか　前掲書 10) をもとにした。

12) 川村侔「高等小学校における技術教育―手工科・工作科の役割と位置―」『研究集録』(第 1 号, 東北大学教育学部教育行政・学校管理・教育内容研究室, 1969 年, pp. 131-165),「高等小学校における技術教育 (その 2) ―宮城県における事例を中心として―」『研究集録』(第 2 号, 東北大学教育学部教育行政・学校管理・教育内容研究室, 1970 年, pp. 41-65),「高等小学校における技術教育 (その 3) ―発達史論的考察―」『研究集録』(第 4 号, 東北大学教育学部教育行政・学校管理・教育内容研究室, 1973 年, pp. 24-36) を参照。

13) 上里正男「手工教育の成立過程」『日本産業技術教育学会誌』(第 22 巻第 1 号, 1980 年, pp. 193-198),「導入期の手工教育理論」・「導入期の手工教育の構造」『日本産業技術教育学会誌』(第 22 巻第 2 号, 1980 年, pp. 137-145・147-152),「明治三〇・四〇年代の手工教育の構造」『日本産業教育学会研究紀要』(第 19 号, 1989 年, pp. 19-29) を参照。

14) 森下一期「手工科教員養成における東京工業学校の役割」『技術教育学研究』(第 6 号, 1990 年, pp. 39-54),「導入期の手工科に関する一考察―手工教育 100 年によせて」『名古屋大学教育学部紀要』(第 33 巻, 1987 年, pp. 279-293)。

15) 坂口謙一「普通教育課程における形式陶冶主義工芸教育の成立―手工科の目的規定にみられる『眼と手』の練習の役割―」『技術教育・職業教育の諸相』(佐々木享編, 1996 年, pp. 135-160) を参照。

16) 宮崎擴道『創設期の手工教育実践史』(風間書房, 2003 年) を参照。

17) 上里正男「手工教育の成立過程」『日本産業教育学会研究紀要』第 22 巻第 1 号, 1980 年, pp. 193-198。

18) 原はハーブルと記しているが, のちの坂口の研究 (前掲書 15) により, ル・アーブルであったことが指摘されている。

19) 宮沢康人「森有礼の思想と教育政策　Ⅱ-4. 実業教育についての施策と意見」『東京大学教育学部紀要』第 8 巻, 1965 年, pp. 51-224。

20）原正敏・川村侔ほか　前掲書10）を参照。なお，岡山秀吉も「五十年間手工科教授の回顧」『教育研究』（第160号，1917年，pp. 113-118）にて，「我が手工科及び実業教育実施の一大動機となりたるものは，英国政府に於て行ひたる，欧米諸国技芸教育調査の報告が，我が政府に傳はりしこと之である。」と述べている。
21）石原英雄・橋本泰幸編著『工作・工芸教育の新展開』（ぎょうせい，1987年，pp. 38-43）を参照。
22）坂口謙一　前掲書15）を参照。なお，フランス「手労働」の内容については，須藤敏昭「フランス初等教育への『手労働』の導入とその展開」『教育学研究』（第37巻第1号，1970年，pp. 11-20）に詳しい。
23）横山悦生「手工科成立過程期における日本とスウェーデンとの教育交流―手工科に与えたスロイドの影響の再評価―」『名古屋大学大学院教育発達科学研究科紀要（教育科学）』（第50巻第2号，2004年，pp. 27-38）ほか，参照。
24）森下一期「手工科教員養成における東京工業学校の役割」『技術教育学研究』第6号，1990年，pp. 39-54。
25）原正敏・川村侔ほか　前掲書10）を参照。
26）森下一期「導入期の手工科に関する一考察―手工教育100年によせて」『名古屋大学教育学部紀要』第33巻，1987年，pp. 279-293。
27）川村侔「高等小学校における技術教育（その2）―宮城県における事例を中心として―」『研究集録』第2号，東北大学教育学部教育行政・学校管理・教育内容研究室，1970年，pp. 41-65。
28）宮崎擴道　前掲書16）。
29）細谷俊夫　前掲書9）。
30）依田有弘は，1900（明治33）年の「小学校令改正」（勅令第344号，いわゆる第3次小学校令）にて，農業と商業が修業年限3年以上の高等小学校，つまり第7学年以上でのみ加設科目となったことに関して，「小学校第6学年まででは手工が課され，第7学年以上では実業教科が課されるという，大衆的普通教育学校での技術，職業教育にかかわる教科のあり方の，その後ながく続く基本形が形作られたといえる。」と論じている（「技術科教育の歴史」『改訂版技術科教育法』学文社，1994年，pp. 8-17）。
31）原正敏・川村侔ほか　前掲書10）。
32）坂口謙一「手技の練習と製図・図形学習を重視する手工教育―文部省編纂『小学校教師用　手工教科書』にみる教材観の特徴―」『産業教育学研究』第24巻第2号，1994年，pp. 17-24。
33）原正敏・川村侔ほか　前掲書10）。
34）同上。
35）森下一期「普通教育における職業教育に関する一考察―1911（M44）小学校

令改正後の高等小学校の実業科を中心に―」『名古屋大学教育学部紀要』第35巻，1989年，pp. 225-249。
36）坂口謙一「1926年高等小学校教育改革における『女子手工科』の成立」『名古屋大学教育学部紀要』教育学科　第39巻第1号，1992年，pp. 155-164。
37）原正敏・川村侔ほか　前掲書10）。
38）森下一期「理科的手工（手工と理科の連絡問題の検討）―工作教育確立のために―」『東京工大　科学史集刊』第9巻，1976年，pp. 60-68。
39）原正敏・川村侔ほか　前掲書10）。
40）菅生均「霜田静志の図画手工総合論に関する一考察」『熊本大学教育学部紀要』人文科学　第43巻，1994年，pp. 63-77。
41）都築邦春「大正期の工芸教育に関する一考察　山本鼎の手工教育」『埼玉大学紀要』教育学部（教育科学）第25巻，1976年，pp. 77-92。
42）都築邦春「横井曹一の手工教育論について」『埼玉大学紀要』教育学部（教育科学）第30巻，1982年，pp. 67-84。
43）原正敏・川村侔ほか　前掲書10）。
44）菅生均　前掲書40）および，永島利明「大正デモクラシー期の農業教育の労働条件の改善と新手工教育―普通学校労働教育史研究6―」『茨城大学教育学部紀要』（教育科学　第29号，1980年，pp. 101-116）を参照。
45）菅生均「動力設備賛否論にみられる手工教育観の相違に関する一考察」『熊本大学教育学部紀要』人文科学　第38巻，1989年，pp. 75-88。
46）森下一期・道家達将「大正・昭和初期に於ける手工教育の展開―手工科教授方法を中心に―」『東京工業大学　人文論叢』第3巻，1977年，pp. 37-48。
47）清原みさ子「尋常小学校における手工教育の歴史―大正時代の教授目的，教授方法，教授細目等にみられた変化―」『愛知県立大学　児童教育学科論集』第14号，1981年，pp. 39-49。
48）細谷俊夫　前掲書9）。
49）原正敏・川村侔ほか　前掲書10）。
50）坂口謙一　前掲書36）。
51）疋田祥人「戦前日本の手工科担当師範学校教員の養成における東京高等師範学校図画手工専修科の役割と意義」東京学芸大学大学院連合学校教育学研究科　博士論文，2003年。
52）原正敏「普通教育における技術教育―精神主義の破綻―」『日本科学技術史大系10』第一法規，1966年，pp. 65-84。
53）和田学「戦時体制下の日本にあらわれた工作科の研究(1)」『美術教育学』（第32巻，2011年，pp. 479-492），「戦時体制下の日本における模型工作教育の出現」『芸術研究報』（筑波大学芸術系，第32巻，2011年，pp. 83-93），「戦時下の図画工作研究所―芸能科図画と芸能科工作の統合的な扱いに関する一考察―」『芸術研究報』（筑波大学芸術系　第33巻，2013年，pp. 25-35）ほか。
54）久原甫「Ⅱ-4　芸能科工作の創定」『講座　現代技術と教育8　技術教育の歴史と展望』開隆堂，1975年，pp. 101-117。
55）ちなみに坂口は，ここでの「形式陶冶主義」を，細谷に依りながら，「『知識の習得を主とする内容的側面』ではなく，『知識に働きかける能力の育成を主とする形式的側面』の『教授』を基調とした観念的な心理学主義の教育原理」としている。
56）本研究では，当該教育において子どものなかに実現すべき課題としての教育的価値を，目的的価値と表現する。斉藤は，「教育的価値」とは，「教育における『目的的価値』と『方法的価値』との統一した価値体系として認識されなければならない。」（『教育学』青木書店，1984年，p. 15）と論じている。すなわち，ここでの目的的価値とは，教育的価値から方法的価値を除いた概念である。
57）中内敏夫『新版　教材と教具の理論　教育原理Ⅱ』あゆみ出版，1990年，p. 12。
58）川村侔「岡山秀吉の千葉県尋常師範学校時代における手工科教育課程の構想」『東京学芸大学紀要』第6部門　技術・家政・環境教育　第50集，1998年，pp. 29-36。
59）岡山秀吉「手工の教育に就いて」『千葉教育雑誌』第15号，1893年，「小学校手工科教授方法」『千葉教育雑誌』第22号，1894年。
60）菅生均「岡山秀吉の手工教育価値分析に関する一考察」『熊本大学教育学部紀要』人文科学　第33号，1984年，pp. 99-110。
61）小出義彦・石田文彦「棚橋源太郎と手工教育―『手工科教授書』の執筆分担と手工教育史上における評価―」『日本産業技術教育学会誌』第40巻，3号，1998年，pp. 131-137。
62）一戸清方『日本手工原論』成美堂，1907年。
63）鈴木定次『手工教育学原論』同文館，1928年。
64）立原慶一『日本の芸術教育論』明星大学出版部，1987年。
65）上里正男「棚橋源太郎の手工教育理論」『北海道教育大学紀要（第1部C)』第40巻第2号，1990年，pp. 153-167。
66）細谷俊夫『技術教育概論』東京大学出版会，1978年，p. 111。
67）山形寛『日本美術教育史』黎明書房，1967年，p. 407。
68）菅生均「欧米留学後の岡山秀吉の手工教育観考察」『熊本大学教育学部紀要』人文科学　第35号，1986年，pp. 109-119。
69）原正敏「明治期における手工教育」『日本近代教育百年史9　産業教育(1)』国立教育研究所，1974年，p. 304。
70）宮坂元裕「岡山秀吉の手工教育論に関する考察〔Ⅰ〕」『横浜国立大学紀要』第32集，1992年，pp. 103-123。

71）宮坂元裕「岡山秀吉伝」『アート　エデュケーション』第26号，建帛社，1996年，pp. 79-89。
72）佐々木享　前掲書7)。
73）中内敏夫　前掲書57)。
74）細谷俊夫『技術教育概論』（東京大学出版会，1978年，pp. 100-113)，原正敏「明治期における手工教育」『日本近代教育百年史9　産業教育⑴』（国立教育研究所，1973年，pp. 284-308）を参照。
75）田中征男「教育的価値」『新版　教育小事典』平原春好・寺崎昌男編　学陽書房，1982年，p. 72。
76）田中喜美・佐藤史人「中学校技術科教材論ノート（上)」『技術教育研究』第38号，1991年，pp. 61-70。
77）中内敏夫　前掲書57)，p. 12。
78）田中征男　前掲書75)。
79）勝田守一『人間の科学としての教育学　勝田守一著作集第6巻』国土社，1973年，p. 544。
80）斉藤浩志，前掲書56)。
81）堀尾輝久『教育入門』岩波新書，1933年，pp. 153-154。
82）中内敏夫　前掲書57)，p. 62。
83）菅生均　前掲書60)。
84）ここで用いる作業分解票は，技能士の友編集部編『技能ブックス⑿／機械図面のヨミカタ』（大河出版，1973年）に代表される「作業分解用紙」を参考にして作成した。『技能ブックス』での「作業分解用紙」は，「図面を理解するための作業分解」と特徴づけられ，「加工者が初めての作業の図面をもらい，図面に忠実に品物を製作するにはどうしたらよいかを考える手段」として用いられてきた。ここでの作業分解とは，「手順や動作，注意事項などを思いつくまま書き上げたものではなく，一定の様式（作業分解用紙）にもとづいて，自分の頭のなかで，作業の手順を順序よく整理し，書いてみること」である。その際，特に注意して書かなければならない箇所は，「主なステップ」と「急所」であるとされる。「主なステップ」とは，「図面にもとづいて作業を進めるためにまず何をすべきか，という要素を表すもの」である。また「急所」とは，「主なステップごとに，そのステップを具体的に行なうには，どのようにしたらよいかを書くこと」であるとされる。また，大河内信夫は，図面を理解するための作業分解を千葉大学教育学部の技術科の授業でとりいれていた。本研究独自の作業分解票を作成するにあたり，そこで使用されている作業分解の表も参考にした。
85）共著のものは執筆分担等の問題を含むため，参考文献資料として扱う。
86）坂口謙一「戦前わが国諸学校における『実業教科』の検定教科書一覧―1940年代初頭までの手工科，工業科，商業科系，実業科（商業）教科書―」『技術教

育学研究』第 8 号，名古屋大学教育学部技術教育学研究室，1993 年，pp. 149-182。

87) G. Larson：*SLOYD FOR THE THREE UPPER GRAMMAR GRADES*, Boston, Massachusetts, Geo. H. Ellis Co., 1907, p. 7.

88) *Teachers College Record*, The Columbia University Press, The Macmillan Company, New York.

第1章

岡山秀吉の手工科教育研究への接近

第1節　上原六四郎との出会い

1. はじめに

本章では，岡山秀吉が，手工科教育研究の世界へと足を踏み入れていく経緯を，まず明らかにすることを試みる。

三重県の小学校訓導であった岡山が，手工科と上原六四郎の存在を知り，「東都遊学」へと踏み出したのは，1889（明治22）年，彼が24歳の時であった。高等商業学校附属商工徒弟講習所の研究科に入学し，以後，上原に師事して手工科について学ぶ。1893（明治26）に，岡山は，いわゆる文検を受験して尋常師範学校手工科教員免許状を受領し，千葉県尋常師範学校に就職する。

岡山は，手工科に関して上原から何を学んだのであろうか。その後，岡山は，そのいかなる点を継承し，手工科研究の歩を進めていったのであろうか。本章では，高等商業学校附属商工徒弟講習所などでの岡山の手工科修業時代の様子，岡山が師事した上原の手工科教育観の特徴，千葉県尋常師範学校での岡山の手工科研究の取り組みをみていくことにする。

2. 上原六四郎との出会い

岡山は，1865（慶応元）年，三重県一志郡高岡村の奥田茂兵衛の次男として生まれる。「幼児から怜悧で，しかも頗る勉強家」であり，かつ，「腕白」で

「餓鬼大将」であった。「元来本を読むことが好きで，日待祭日など，村人の遊ぶ日には必ず読書を為し」ていた[1)]。9～10歳の頃，「好んで木竹，蔓，縄，針金等を取り来つて，種々な構成を試み」，「時に剃刀の刃を欠き鋸を曲げたるがために，厳重な叱責に遭ひ，手指の切傷の治療さへも両親には隠して行ふやうなことをしてさへも，この手技に趣味を忘るることを得なかつた」という。

寺子屋や高野小学校に学び，また夜学校に入るなどした後，18歳の時に，「勉強好きの性質」を見込まれ，高野小学校の助手として教壇に立ち，1887（明治20）年，22歳で小学校初等科の教員検定試験に合格し，一志郡柚原小学校の訓導となる。その2年後の1889年に，手工と音楽を学ぶために，高等商業学校附属商工徒弟講習所の研究科に入学する。なお，同年，三重県一志郡久居町の士族岡山家の養子となっている。

小学校訓導の職を辞して，「東都遊学」に踏み出したのは，「我が邦手工教育の元祖たる上原六四郎先生は，当時同所の主事として徒弟教育に兼ね，手工科の研究を同所に於て行つて居られたから」であった[2)]。岡山は，小学校訓導時，『教育報知』誌に連載された上原の論稿「手工科講義」を読み，各府県の尋常師範学校教員などを対象とする文部省主催の手工講習会に出席した同郷の三重県師範学校教諭の藤田卯藏から，手工科のことや上原のことを聞き，手工科について大いに興味をおこし，職を辞して出京した。1889年の冬，藤田教諭の添書をもって，上原の自宅を訪問し，志望を打ち明け指導を願ったという。

岡山は，同研究科に入学後，高等商業学校附属商工徒弟講習所が東京工業学校附属（名称も職工徒弟学校に改称）に移管され，上原もそちらに転任した後，同研究科が廃止され，研究に支障が出た際に，「上原先生のご尽力」で，「特別生」として，東京工業学校機械科の実習を併習することを許可され，「該工場」において，木工・旋盤工・板金工・鋳物・鍛冶・仕上などの実習をなすことをえた。さらに同時期に，同校に手工科教員養成を目的とする機械特別科が設置され，1890（明治23）年秋期に該科生6，7名が入学したのを機に，入学生らと「時々同じ作業に従事する」ようにもなる[3)]。

第2節　岡山が師事した上原六四郎の手工科教育観

1. はじめに

以上のように，岡山は上原に師事していたわけであるが，岡山は上原からいかなることを学んだのであろうか。ここでは，当時の上原の手工科教育観についてみていくことにする。

上原（1848年～1913年）は，初め漢学を学び，医学を修め，1869（明治2）年に開成所に入り，フランス語を学び，開成学校に進学した。1875（明治8）年に病いのため同校を退学後，数学・物理・化学・手工等の研究を進めた。「造詣極めて深かった」とされる。1875年，陸軍士官学校に出仕を命じられ，1877（明治10）年，陸軍教授の際，初めて軽気球を設計製作し，自ら試乗したことは有名な話といわれる。1882（明治15）年に，文部省に入省し，音楽取調掛や図画取調掛を兼務，東京職工学校（のちの東京工業学校）を兼勤し，また，高等商業学校教授や同校附属商工徒弟講習所（1890年に東京職工学校に移管され，同校附属職工徒弟学校と改称）の主事を務めたほか，東京工業学校と東京美術学校教諭を兼任，東京音楽学校（のちの高等師範学校附属音楽学校）教授の任も務めた。上原が手工について研究を始めたのは，日本に手工科が加設される以前の1883（明治16）年頃であった。阿部七五三吉や森利平によれば，「明治16年8月文部屬より東京職工学校兼勤被申付たのが抑の動機」であり，同校勤務の際，「実地家矢部善蔵翁に就き木工術を傳習し始めて，手工が普通教育上必要なることを確信せられた」とされる[4)]。

その後，1887年に既述の手工講習会委員を命じられ，1899（明治32）年には高等師範学校教授となり，手工専修科を担任する。「彼が手工教育に身を投じた動機は，洋書をひもとくうちに手工教育のことに目が触れ，それに興味をひかれたことにあり，洋書の翻訳に努めた」とされる[5)]。上原は，手工教育だけでなく，さまざまな学問に精通した，いわば明治期特有の大人物であった。

ちなみに，手工科に関する上原研究については，文部省主催手工講習会（1887～1889年）や東京府主催手工科講義（1888年）などの講習・講義内容から，上原がベルギーの報告書や，フランス，スウェーデン，ドイツの手工書などをもとに，「各国の手工教育理論を参考にしながらも，フランス手工とスロイド手工の長所の折衷であり，我が国独自の理論」を展開したことが，上里正男によって指摘されている。その内容は，「手工教育は一般陶冶と職業陶冶の二つの目的をもつものであり，普通教育として行なわれようとしたものであった。それは，教育的に位置づけられ，一つの手工業の労働にだけ役立つ能力を育てる職業教育ではなく，あらゆる手工業の労働に役立つ一般的準備を目的とする」とされる[6)]。

また，菅生均は，上原の手工教育観の特徴を，① 実業の基礎的陶冶としての認識，② ものをつくるという行為の教育的認識，③ 美術教育の3点から考察し，「従来の身分制度の悪弊から生産的勤労作業を軽視する我が国の社会的風潮に対してその反論を試みたものであり，且つ手工教育の認識を深めさせる一種の啓蒙的意味をもつもの」であり，当時の教育が「国家による大量生産的陶冶主義」をその性格としてもっていたがゆえに，上原は「将来の国家建設に役立つ労働者の育成を暗示する実業の基礎的陶冶価値に重点を置」いていたと指摘している[7)]。

2. 上原六四郎の手工科教育観の特徴

1）小学校教育における手工科の位置づけ

日本に手工科が導入された際，文部省は，小学校と尋常師範学校での手工科の普及と強化をはかるため，1887年から1889年の各年7月下旬から8月下旬にかけて，各府県の尋常師範学校教員等を対象とする手工講習会を開催する。この講習会で「手工教授法」を担当したのが上原であった。また，1888（明治21）年には東京府主催手工科講義が開催され，上原が講師を担当，そこでの講演内容は，『東京府学術講義　手工科講義』（上巻1888年・下巻1889年。以下，『手工科講義』と略記）[8)]として公刊された。

日本最初の近代的学校制度を定めた学制が1872（明治5）年に発布されて14年後の1886（明治19）年に，手工科という名称の教科が初めて小学校の教科課程に位置づけられた。すなわち，手工科は他教科に比べ，やや遅れて導入されたわけである。こうした状況において，上原は手工科をいかに位置づけようとしたのか。

この点について，上原は，フランス語をはじめとする堪能な語学力をもって，ベルギーの報告書や，フランス，スウェーデン，ドイツの手工書などを翻訳することを通して，諸外国の手工教育の実施状況や理論を紹介し，商工徒弟講習所での教授経験による知見を加えて，それらから導き出した主張を展開する[9)]。

まず，上原は『手工科講義』上巻の冒頭で，「手工科の講義を開くるることは工業教育普及の手段から云ふて寔に大切」との前置きから述べ始める。しかし，手工科を単なる職業陶冶のためとは，位置づけない。

上原は，「普通教育」[10)] の目的を，「将来職業に就くに必要なる事項を教へるのが普通教育の一箇條」とし，「世間に立てる人を作ると云ふのが目的〔中略〕手工も同様」と論じる[11)]。さらに，「手工科は他の農業商業と異にして普通教育の一科目なり而して手工は性来実業的のものなれば之を教育的に課すれば間接に実業の思想を養成するを得べし」[12)] と論じた。

すなわち，上原は，「普通教育」の目的は「将来職業に就くに必要なる事項」を含んで「世間に立てる人を作る」ことにあるとし，そうした「普通教育」のなかに，「性来実業的な」手工科を位置づけることを意図し，一般陶冶と職業陶冶を直接・間接の関係で，手工科を枠づけたといえる。

上記のような手工科の位置づけは，『手工科講義』の第1回から第3回前半の内容をみると，当時の欧米で論じられていた「普通教育派」と「職業教育派」の主張から導き出されたことがわかる。

まず，手工教育の沿革について，ルターやコメニウス，ロックやルソー，ペスタロッチやフレーベルをあげた後，当時の欧米全体での手工科設置の有様は，「工業教育の為には何れも狂人の如くなつて居る」と指摘する（上巻　p. 9）。

その後，手工教育の起因には，「普通教育」の観点から生じたものと，殖産興業・工芸・美術応用の競争から生じたものがあり,「手工科の目的」は,大きく分けて「普通教育派」と「職業教育派」の2つの説があるとする。ここでの「職業教育派」の説は,「畢竟社会には貧民の子弟が多数だから此の多数のものに生活の便宜を得せしめんが為め小学校に手工科を加へねばならぬ」という意であり,他方,「普通教育派」は,「小学校に手工科を加へ置くは読書算術を授くると一般で人間をして人間たらしむる欠くことの出来ない」という説であるとする(上巻　pp. 65-66)。さらに,第8回の「結論」において,「此の後世間一般に小学校に手工科を置くべきや否やの議論がおこりましたならば一時は必ず職業教育派の議論が勝を占めませうが,併し乍ら夫れは全く一時の変遷に過ぎざるべくして終には普通教育派の説が勝利を得ることと私は信じて疑ません」(下巻　pp. 34-43)と,「普通教育派」に立って日本の手工教育を構成すべきことを主張している。

すなわち,上原は,欧米での小学校への手工科設置の理論は,はじめは専ら智育を助けることが目的とされていたが,工芸の競争が盛んになって「職工輩」までも教育しなければならない様相となり,「職業教育派」が主張するような,実業家の下地をつくるとか直ちに職人を養成することができるとまで論じられるようになった。この時に初めて小学校への手工科設置が世間一般の問題となって勢力を得た。こうして教育家が世間の賛成を得て,実施した結果,実益は職工を養成することに止まらず,ペスタロッチやフレーベルが主張していたように,智育や体育などにまで及んだ。小学校の目的に手工教育が適することが見出されたゆえ,「職業教育派」の説はようやく後を絶とうとする有様になったと,欧米の歴史的な流れを説く(下巻　pp. 34-35)。

さらに上原は,今日の日本では,手工科はわずかに世の教育家の間に議論する位にて,その説くところは,多くが経済的に論じて経済一方に目的をつけ,小学校を貧乏人の授産場となす勢いとなり,世の実業家も賛成してきた。しかし,欧米の歴史的な流れからみて,今後,世間一般に小学校への手工科設置の是非を問う議論がおこったならば,一時は必ず「職業教育派」の議論が優勢を占めるであろうが,さながらそれはまったく一時の変遷に過ぎず,終いには「普通教育派」の説が勝利を得ることを信じて疑わないと論じている（下巻 pp. 36-37)。

当時の日本は，「我教育史上実業主義教育および手工科教授全盛の時代」[13) であり，その内容は，極端な職業主義に偏った「授産場的」で，「教育的たるよりもむしろ経済的」なものが展開されていた最中であった。こうした，いわば「職業教育派」の議論が優勢を占める状況下で，上原は，国際的動向から，日本でも，こうした状況は一時的なもので，今後，手工科をあくまで，「普通教育派」の立場から「世間に立てる人を作る」ことを目的とする「普通教育」の枠組みのなかで，実施されるべきことを主張していた。これこそ，まさに「教育的手工」の主張の原点であるととらえられる。

2)「手工科の目的」の設定

次に，上原が，以上のような手工科の位置づけのもとで，「手工科の目的」と内容をいかに構成していくべきと考えていたのかをみていく。

上原は，先の「普通教育派」と「職業教育派」の説を述べた後，すなわち第3回後半に，この両説から導き出した持論としての「手工科の目的」を，5大要件として展開している。

「第一　小学校は脳髄の力を養ふと同時に其の脳力を助くる所の手指の働きを修練」,「向後手指の職業を以て生活しやうと思うものには欠くべからざる」

「第二　児童の好める其の性質に応じて手工を課し其の手先を修練せしむるの傍に之に依て数学物理学などの学理を授けて往きますれば実物指教の道理に適ふて児童の天性に適したもの」

「第三　人の好む所に任せて之を導いて往くのは勤勉の習慣を養ふ所の良方便」,「手工科は児童の最も喜ぶ所」,「忍耐心を養ふが為めには最良」

「第四　工芸といふものは文明国には貴重欠くべからざるものでありて富国強兵の一大基礎」,「貴いもので侮るべからざるものであると云ふの観念を起さしめて我が国に於ける職業の平均を計る」

「第五　体育に至りては他の二つのもの〔徳育・智育〕に〔講究が〕及ばない，〔しかし手工は〕身体の全部を運動せしむるのであるから体育の目的にも適ふ」（上巻　pp. 68-71）

ここでは，① 手脳共練，② 数学や物理等の学理への応用，③ 勤勉の習慣と忍耐心の育成，④ 工芸思想の養成，⑤ 体育を，「手工科の目的」としてあげている。

ちなみに，④ 工芸思想の養成に関して，上原は，手工科と図画科との関係において，下に引用するように，目の練習，幾何学や形体・物体の観念の養成，「美感」の養成などをあげている。ちなみに，ここでいう「美感」とは，図画との密接な関係をもちつつ，あくまで「工芸」という産業を意識してのものであったことがわかる。

「手工は物を正しく見且つ正しく之を作り兼ねて美感を養ふ」。「手工を重んずると同時に図画に重きを置かれて意思発表の為め教授上の為め将た工業を発達せしむるが為め図画に力を入れられん」。「図画は工芸上に最も必要」，「機械類の如き精密なものでも図画によればよく精密に製作が出来る，是れ形体を学問上から理屈詰に研究して出来る図法幾何学」，「図画は工芸の文字」，「我邦をして工業国たらしめるには是非とも図画に力を入れねばならぬ」[14)]

また，「美術の思想を養ふは経済上より見ても人の風来上より論じても余程必要なもの」，「美術教育を三育〔智育・徳育・体育〕と併立させて即ち教育の部面には四育ありとする説が起り」，「追々勢力を得る傾きが見られます」と述べている（上巻　pp. 96-97）。

これらの上原の主張について，菅生均は，上原の美術思想を「美術の人間形成的な意味を認めつつも，むしろそれ以上に国家の経済における美術の役割，すなわち産業美術の発展という見地からの主張にその力点が置かれている」と指摘している[15]。こうした菅生の指摘にもあらわれているように，上原は「手工科の目的」を，ペスタロッチやフレーベルなどの「普通教育派」の立場から，智育・徳育・体育などの子どもの諸側面の発達的価値に位置づけつつ，産業を意識して論じているといえる。

3）手工科で扱うべき教材の選択と配列の要件

次に，以上のような手工科の位置づけと「手工科の目的」の設定から，カリキュラムや教材などの教育内容を構想する上で，上原は，手工科で扱う対象すなわち教材の選択と，その配列に関して，いかなる点に注意すべきと考えていたのだろうか。

上原は，第４回講義を「手工業の種類」と銘打ったように，手工で扱うべき対象を手工業とした。

「手工業の種類を選ぶ際の注意事項」（上巻　pp. 75-109）では，スウェーデン・スロイドとフランス「手労働」にみられる要件と同様なものがあげられており，「ヨーロッパの文献の中から上原が日本の手工教育の目的として適当と考えられるものを選んだのであろう」と指摘されている[16]。そこでは，たとえば，「第五　分業法に属する業を避くる事」や「第六　諸種の工芸に移転し易き業を選むべき事」，「第七　児童の体力に適応する手工を採るべき事」，「第八　贅沢品及び玩弄物を製作することを避け勉めて日常必須の品物を選んで製作する事」，「第十　簡より繁に入り易より難に進むことを得べき業を選む事」，「第十三　工具の種類の多き業を選む事」などがあげられている。

次に，こうした教材の選択要件に照らして，いかなる手工業すなわち「細工」が適しているかを，各選択要件と各「細工」の適合表を作成して，選び出している。この手法は，スウェーデン・スロイドでの教材の選択方法である「教育的適性調査」[17] と同様な手法である。

その結果，上原は，手工科に適した手工業の種類，すなわち「細工」に関して，「小学校の手工を教育的から論じ又は経済的から論じても木工を以て最も善きものとし，金工中の仕上細工は之に次ぎ，練物細工」であり，「此の三つを合せ課することは最も良策」（下巻　p. 37「結論」第二）と述べ，木工，仕上，彫刻，練物細工（陶器師，左官，彫刻師などの下稽古），轆轤細工，鍛工，籠細工・鋳型細工・厚紙細工（上巻　pp. 113-118）を挙げている。

さらに，「教授順序・教材排列の要件」（上巻　p. 131-135）では，「第二　使用すべき工具を落なく使はするやうすること」，「第三　道具の内で其の用方に難易があるゆえに，其の使ひ悪いものは成るべく多く使はするやうにする」，「第四　物を造るに就ては各製作方がありますから，其の一班を授くるやうに」，「第五　材料の使ひ方の難易に応じて順序を定むる」，「第十　勉めて雛形に属するものを避けて日用に役立つに器物を造らするが宜しい」といったように，材料と工具の種類と難易，技能の習得も意識しつつ，日用に役立つ品物を製作することを，教材の選択・配列要件にあげている。

かつて坂口謙一は，今後の解明課題として，文部省編纂『小学校教師用　手工教科書』ひいては上原の手工教育観とは異なり，岡山が「『日常生活に必須なる，頗る一般的な品物』の製作が手工科教育の主要な目的であるとする論をほぼ一貫して強調し」たと述べたが[18)]，「日常必須の品物」の製作を重視していたのは，実は，上原の時からのものであることがわかる。

以上のように，上原は，手工業すなわちさまざまな産業としての「細工」を手工科で扱うべき対象とし，その選択要件から，「最善な細工」は木工，続いて金工の仕上細工，練物細工とし，この３つの「細工」を合わせて課することが「良策」とした。さらに，材料と工具の種類と使用の難易，技能の習得にも意識を置きつつ，「雛形」を避けて日用品を作らせることを主張していた。ところでなぜ，日用品を作らせることを主張したのだろうか。この点は，次に論じる点に深く関係する。

4）みるべき対象としてのフランス「手労働」とスウェーデン・スロイド

これまでの研究では，日本への手工科導入の直接的契機のひとつと推測されるイギリス「王立技術教育委員会」の報告書 *Report of the Royal Commission on*

Technical Instruction（1882，1884 年）を文部省が翻訳・刊行・頒布した『技芸教育ニ係ル英国調査委員報告』（1885～1889 年）に[19)]，フランスの小学校の「手労働」とスウェーデン・スロイドの精緻な紹介がなされていたことをもって，これらが影響をあたえたとされる[20)]。また，それを根拠づけるために，後藤牧太のスウェーデンのネース・スロイド師範学校への留学とそこでの内容に基づいた東京工業学校機械科・高等師範学校理化学科での手工科の教授内容や[21)]，日本の「手工教育の基礎的パターンを作りだしたもの」とされる文部省編纂『小学校教師用　手工教科書』（甲・乙・丙・丁，1904 年。以下，『教師用手工教科書』と略記）に，「製図・幾何」との連絡を重視していたフランス「手労働」の影響[22)]や，スウェーデン・スロイドの影響[23)]がみられることが指摘されてきた。

このように，フランス「手労働」とスウェーデン・スロイドの影響が強いことは，いわば帰納的に論じられてきた。しかしながら，そもそも，なぜ，フランス「手労働」とスウェーデン・スロイドが，誰によって着目され，それらの如何なる点が評価され，その評価がどのように日本の手工科教育論に反映されていったのか。実は，フランス「手労働」とスウェーデン・スロイドをみるべき対象に据えた人物こそ，上原六四郎であった。

上原は，第 6 回の「手工科教授順序」（上巻　pp. 125-129）に，この点について明確に論じている。

すなわち，「先日も手工の分け方を申し上げましたが，〔中略〕是を授くるにはどういふ順序で授くれば宜しからんといふことを極めねばならぬ」とし，教授順序の定め方は「余程大切なもの」であると主張する。そして，「欧羅巴でも未だ充分に其の順序が定まつたものが少ない」状況のなかで，「欧羅巴では其の仕方に二通りある」として，フランスのパリの「ツールフォール街」の小学校とスウェーデンのネース・スロイド師範学校をあげている。

フランス「手労働」に関しては，その特徴を，専ら「雛形」，すなわち細工中の「要用なる部分」のみをつくらせており，「教える箇条を調べて順序良く授る」には大変都合がよいと指摘する。しかし，「恰も劇剣の稽古に形のみを授けて実地の仕合をなさざると同じことにて」，生徒の興味が薄く，熱心に仕事に従事しない。教員の都合には便利だが，生徒のためには不十分としている。

これに対し，スウェーデン・スロイドに関しては，その特徴を，「雛形」類を一切用いず，すべて実物，すなわち日用に役立つ品物を選んで教えており，生徒はその品物の用法を知っているために悟りが早く，悦んで仕事をするので，進歩が著しいとしている。しかし，「爰に一つの困難」があり，それは「先づ製作せしむべき器物の員数と種類とを定めて内に悉く教授すべき科目を網羅せしめまた難易に応じて其の順序を定めねばならぬ」ことと指摘し，この点が教員にとって「頗る困難」と評している。

5）上原の見通した手工科実施上の課題

総じて，上原は，いまだ手工科が小学校に加設される以前の1883年に東京職工学校兼務となったことを契機に，木工術を伝習し，手工が「普通教育上に必要なることを確信」した。そのころから，フランス語をはじめとする堪能な語学力をもって洋書の翻訳に努めることで，欧米の手工教育の実施状況を的確に読み取り，「普通教育」としての手工科の必要性を国際的視野をもって日本で初めて主張したといえる。さらに，手工科を実施していく上で，みるべき対象に，フランス「手労働」とスウェーデン・スロイドを据え，それぞれの長所と短所をとらえることで，日本の手工科の教育内容を構成していく上での「課題」を見通していたことが明らかになった。

しかし，「外国の手工教育理論を折衷した進歩的な手工教育理論の具体的な手工実践例を上原自身が示し得なかった」との上里の指摘[24]にもあるように，実際に，そこから，上原自身が，手工科の具体的な実践例を示すには至っていない。このことは，上原自身も，「教科書を作つたならば徒らに地方教育家の研究心を殺く」ため，「手工科夏季講習会に於ても只外国の実例をあけて参考に供せしのみ」で，「私の意見なるものを公にせなんだ」。「是れが私の誤りて遂に失敗」と後に振り返っている[25]。

第3節　岡山の千葉県尋常師範学校勤務時代の取り組み

1. はじめに

前節にて，すでに1887年から1889年の頃に，上原は，日本の手工科の教育内容を構成していく上での課題を見通していたことが明らかになった。ただし，その課題は，手工業すなわち「細工」を対象とし，日用品を製作させるべきだが，その製作品の選定・配列は，知識や技能，材料や工具，製作法などの製作工程に内在させるべき要素を定め，かつ，それらの難易や順次性・系統性を考慮して製作品の順序を定めるなど，教員がよほど考えて行わなければならないという「頗る困難」な課題であった。この「頗る困難」な課題は，その後，いかに克服されていったのであろうか。

この課題へ取り組んでいく場として，手工研究会の存在が思い当たる。実は，時を同じくして，上原を会長とする手工研究会が1889年9月に発足する。発足の経緯は，同年8月に開催された東京府主催の手工講習会の修了者懇談会が9月20日に開かれた際，その出席者68名の発意で，同講習会の講師であった上原六四郎を中心に，手工の研究を継続すべく，手工研究会を発足させる相談がまとまったという。同年10月17日に会則を整え，手工研究会の発会式を開いている[26)]。

会は毎月，例会を開き，最初は，富士見小学校または九段小学校を借りて会場としていたが，1890（明治23）年からは，神田猿楽町の上原の自宅で行われた。「理論は後にし専ら木，竹，金工を始め紙細工，粘土細工，紐細工，石膏，繪画等有ゆる古来本邦に傳はる手藝に屬するものを順次研究」したという[27)]。会の発足の経緯，すなわち手工講習会にて上原の講義をうけ，そこで「頗る困難」な課題を聞いた上で，手工の研究を継続するために発足された経緯と合わせて考えるならば，上原の見通した「頗る困難」な課題の克服のため，各「細工」などの研究に取り組んだことは，想像に難くない。

そこでの 1894（明治 27）年当時の状況を，内海静は「参集せらるる人は三四名若くは五六名で，其中に毎會欠かさず出席せらるる人は岡山君と牛込赤城の森校長位のもの」であったと語っている[28)]。1894 年当時は，岡山は千葉県尋常師範学校に勤務していた時期である。岡山自身も千葉県尋常師範学校勤務時代（以下，千葉師範時代と略記）に「土曜日や日曜日に上京して，先生〔上原のこと〕の御目にかかるのが，私の一の楽であった」[29)] と語っている。岡山が高等商業学校附属商工徒弟講習所などでの修業時代だけでなく，千葉師範時代も継続して，上原の自宅などで開催された手工研究会に，毎月熱心に通って，手工の研究を行っていたことがわかる。こうして，手工研究会に参加して研究を継続しつつ，千葉師範で実践を重ねて，会発足から５年後の 1894 年には手工科のカリキュラムを構想・提示する。

本節では，以下，岡山の千葉師範時代の取り組みをみていく。

2．千葉県尋常師範学校時代の手工科実践

1893 年，岡山はいわゆる文検を受験して，尋常師範学校手工科教員免許状を受領し，千葉師範に就職する[30)]。なお，就職の際には上原の「御周旋」があった。

岡山が千葉師範に勤務していた時期（1893-1896 年）は，細谷俊夫らの時期区分からいえば，第２期：手工科教育の挫折の時期にあたる。当時，法令上では，1890 年のいわゆる第２次小学校令のもとで，手工科は尋常小学校においても，加設科目として男女に初めて手工科が課されるようになった。しかし，手工科教育は，導入当初から学童貯金と結びついて考えられ，また，授産場的で，徒弟養成のような極端な職業教育と混同して考えられる素地と背景が存在していた。

一般には，一方で，導入当初から高等科での手工科は，功利的手工と称される徒弟養成のような極端な職業教育，具体的には，高度な木工と金工を課す教科とみられ，これを教授するためにはそれ相応の施設・設備が必要と考えられており，手工科の加設が敬遠されていたとみられる。他方で，尋常科において

は，加設科目とされたものの，手工科を課す手だては何ら示されていない状況であった。

こうしたなかで，1891（明治24）年に「小学校設備準則」（文部省令第2号）が定められたにもかかわらず，手工科の施設設備に対する特別な予算措置が講ぜられず，さらに「随意科目等ニ関スル規則」が定められたことで，高等小学校の手工科の衰退に拍車がかかり，併置の多い尋常小学校でも手工科の加設数が減少していった。

当時は，文部省も教育現場も手工科では何をしたらよいか，はっきりした認識もなく，教員養成をする師範学校では，木工，金工のような程度の高いもののみを教え，尋常小学校で実施する方法については何の方策も講ぜず，したがって，全国の尋常小学校で手工科を実施するものはほとんどなかったとされる[31)]。師範学校生徒が「手工」の授業に熱意をもたず，素人に近い教師が付け焼き刃的授業を行っていたこともいわれている。

こうした状況において，岡山は，一方で，師範学校の手工科の教育実践に力を注ぐとともに，他方で，木工・金工の基礎としての尋常，高等小学校を通して8年間（尋常科4学年，高等科4学年）にわたるカリキュラムを構想・提示した。後者の内容は，川村侔の研究に詳しい。以下，この2点について，みていく。

1）岡山の千葉師範時代の教育実践

管見の限り，千葉師範での実践内容を示した資料は見あたらない。ただし，『手工研究』誌の岡山会長還暦記念号[32)]には，岡山の千葉師範での様子を垣間見ることができるいくつかの論稿がある。

たとえば，御園生卯七によれば，岡山は千葉師範で，音楽と手工を担当していたとされ，とりわけ手工に関しては，以下のことが記されている（pp.17-20）。

「殊に教授には熱心である上に，舎監を兼任し学校に居ることが多かつたので，暇さへあれば手工室に入り，標本其他の製作に努められたから，生徒もよく勉強した」,「或時文部省普通学務局木場貞長氏が視察に来られ,手工の教授を見て生徒等の熱心な実習振に感動せられ,『各生徒に賞与せよ』とて金一封を時の校長豊岡俊一郎氏に残し置かれた」,「君が千葉に御在職中は,かなり学校の仕事は御多忙であつたにも拘はらず,学校に在る図書就中教育に関する書物は,悉く眼を通されたといふてもよい程に勉強され,又生徒にも其の研究を奨励されたのであります。」,「当時何れの府県でも,師範学校は学校騒動が頻りに勃発し,千葉でも明治二十二年十月大紛擾が起りました。〔中略〕当時学校の空気は,あまり面白くなかつたので,よく職員会議には生徒の制御策や犯則者の処分問題は上つたのでしたが,二十七八年の新年匆々生徒等は,名を,職員生徒合同懇親会に籍りて,市内梅松旅館の別荘に会合を催うした。幹事の挨拶で会が開かれるや,間もなく生徒側は乱暴を始め,銚子舞ひ皿飛び忽ち修羅場を現出した。職員中誰あつて之を制するものなくただ傍観して居た。が,此の時君は憤慨に堪へず,忽ち身を挺して群生のなかに突入し,大声一喝以て生徒の不心得を叱咤し,数言にして其の形勢を平和に一変させられたことがあつた。」,「君は円満の徳を備へられ,又至つて同情に富んで居られると共に,一面には凛乎として犯すべからざる剛毅の気象を持ち至つて責任感の強いお方であつた」。

また,小池民次をはじめとして,岡山が,当時ではめずらしかったオルガンを製作したこと（pp. 20-21）や,岡山が「精巧を極めた日本建築の模型」をつくり,「各種の工具」には「整理番号を記」して整頓をはかっていたことが記されている（上里二郎,p. 97）。

このように,岡山は千葉師範時代,「殊に教授には熱心」で,「教育に関する書物は,悉く眼を通」し,「暇さへあれば手工室に入り,標本」や「精巧を極めた日本建築の模型」,オルガンを製作し,各種の道具の整頓をも心がけていたことが読み取れる。また,その人柄は,「円満の徳」を備え,「同情に富んで」いるだけでなく,「凛乎として犯すべからざる剛毅」の気性を備えており,当時,師範学校騒動で荒れていた生徒たちに対しても，責任感をもって指導していたとされる。教育一般の知識を得ながら，手工科の教材研究，さらには，生徒指導の面にも熱心に取り組んでいたようである。こうした岡山の取り組みによって，「普通学務局木場貞長氏」が視察に来た際に感動して金一封を置いていく程に，生徒が熱心に実習を行うようになったのであろう。当時，一般には，師範学校の生徒が「手工」の授業に熱意をもたなかったとされているなかで，千葉師範は，岡山によって，いわば例外ともいえる程に，生徒に熱意をもたせる手工科の授業が行われていたとみられる。

2）千葉師範時代に構想・提示した手工科のカリキュラム

岡山が千葉師範時代に構想・提示した尋常，高等小学校での手工科のカリキュラムについては，『千葉教育雑誌』に掲載された 2 つの論文「手工の教育に就て」[33]，「小学校手工科教授方法」[34] から，その内容を知ることができる。なお，すでに川村が，当該カリキュラムについて，この 2 つの論文を分析資料に据えて，研究を行っている[35]。したがって，ここでは，川村の研究成果に基づいて，検討を行っていく。

「手工の教育に就て」は，岡山が 1893 年 4 月に市原郡教育会で講演した内容の要旨[36] であり，①「小学校に於ける手工科の趣旨」，②「手工科の目的」，③「手工業の種類及び其の選択法」の 3 項目について論じられている。また，「小学校手工科教授方法」には，「木工及金工に至るまでの簡易なる手工を教授するの方法」として，各「細工」の内容とそれを課すのに適当な学年について論じられている。

これらの内容から，導入期からみられた功利的手工に対して，手工科は，極端な職業教育ではなく，普通教育の一教科として位置づくものであることを強調し，その実施の手だてとして，木工・金工の基礎となる「簡易なる手工」を教授するという方法を岡山が提示したことをよみとることができる。

以下，4 点にわたって，岡山が千葉師範時代に構想・提示した手工科のカリキュラムの特徴を押さえておきたい。

まず第1に，手工科は，実業科（農業・商業）とはやや異なり，専門的な職業教育を教授する教科ではなく，職業一般を視野においた社会生活を営んでいく上で，すなわち普通教育上，必要不可欠な一般的技能を教授する教科であることを強調している。

このことは，「手工の本旨は普通教育の趣旨に基き人世一般の生活に必須なる普通の技能を授くるものにして素より特別の職業を授くるものにあらざれば必しも大工掛を為さざるべからざるに非ず」[37] との表現に，端的に示されている。加えて，①「小学校に於ける手工科の趣旨」の項目では，次の2点が強調されている。

「手工の目的は実業的と教育的とを兼ぬるものにして即ち普通教育上完全なる人物となるに必要なる一般普通の技能を与へ之れによりて実業の思想を惹起せしめ又後来の業務に便益を与ふるものなり左れは実業的の目的は却て間接に属するものと言ふへし」(pp. 3-4)〔原文は傍点と傍丸での強調がなされ，くずし字で記載されている。以下，同様〕。

「普通教育の要たるや人世に必須なる知識と技能とを授け之れをして生活上の需用に応せしむるにあることは既に小学校令第一条の本旨に於ても明なり然るに従来の教育法は大に知識養成の一方に偏したるの如くにして其の学科目の数多なるにも拘らす技能の習練に適するものは図画と習字と除くの外更に之れあるを見さるの如し知識修練の緊要なるは勿論なりと雖もただ此の一点に着目して社会百般の実業と親密の関係ある技術上の練修を度外に置くは普通教育の本旨にあらさるへし」(p. 4)。

すなわち，岡山は手工科の「趣旨」を，ひとつには，「普通教育上完全なる人物」となる上で必要な一般的技能を教授し，これによって，児童に「実業の思想を惹起」させるとともに，将来の職業に便益をあたえることであるとしている。

今ひとつには，1890年の「小学校令」の第1条に依拠して，普通教育は社会生活において必須となる知識と技能を教授することにあるとし，それにもかかわらず，従来の教育は知識教授一辺倒になり，社会を構成するさまざまな「実業」と密接な関係にある技能の修練を度外視していると，批判している。

ここで，「実業的の目的は却て間接に属する」と表現しているのは，岡山自身が後に記しているように，手工科の衰退の原因の一端が，「指物師，窯業者の徒弟養成所」のような様相を呈し，「空しく専門的非教育的」なものに陥ってしまっていたことにあったことを感じてのことであると考えられ[38]，功利的手工への批判としてよみとることができる。

また，実業科との関連については，「実業科の目的」は，「専ら実業の一途」であって，「国家の富栄を謀り社会の安寧を維持するの基礎」であり，手工科は「其の目的此等と稍異なる」[39] としている。手工科は，普通教育と職業教育の性格を併せもち，両者の関係を直接・間接の関係と，岡山はとらえていることがわかる。前節でみた上原の主張と同じである。岡山の千葉師範時代の手工科のカリキュラムは，上原の手工科の位置づけを踏襲して，構想・提示されているといえる。

第２に，普通教育の一教科としての手工科を実施する手だてとして，手指の修練に属する諸般の手工業の技術を源泉としつつも，小学校教育において適当な「細工」を，教材の基本単位として選定している。

岡山は，次の 15 種の細工を選定している。

① 豆細工，② 折紙細工，③ 機織細工，④ 糊付細工，⑤ 切抜細工，⑥ 縫取細工，⑦ 紐結方並に紐組方，⑧ 粘土細工，⑨ 厚紙細工，⑩ 麦藁細工，⑪ 編物細工，⑫ 籃細工，⑬ 小刀細工，⑭ 木工（指物，彫刻，挽物），⑮ 金工（線金細工，馬口鉄（ブリキ）細工，銅真鍮細工，仕上ゲ工，鍛冶工，鋳物工）

これら 15 種の「細工」は，下に引用するように，「手指の修練に属する諸般の工芸」である大工や左官などの各種の職業の技術を教材編成の源泉としつつも，「教育の原理」に適し，「児童の年齢」や「学校の経済」などに照らした上で，適当なものが選定されているといえる。

「手工とは手指の修練に属する諸般の工芸にして其の種類甚だ多く大工左官履屋仕立屋陶器師塗師染物の業等之れ皆な手工の範囲に非るは無し然れとも普通学校に於ける手工科なるものは濫りに此等専門の職業を採るへきものにあらす須らく教育の原理に適し児童の年齢学校の経済等に照し有益無害のものを採用せさるへからす」(p. 7)。

ここには，既述の1888（明治21）年時点で上原が手工科に適するとしてあげた「細工」以外にも，豆細工や折紙細工，機織細工，縫取細工などの「細工」がみられる。これらの「細工」には，次の3点目に関わって示す表1-1からわかるように，女児も含めた尋常小学校での実施を想定しているものが多くみられる。

第3に，こうして選定された各「細工」を教授する方法を，「細工」の説明，課すのに適した学年，「細工」で実現しうる目的的価値，製作課題の一例，作業の要点，必要な材料と道具などの点から，「細工」ごとに論じている。すなわち，手工科を実施できる手だてをもってカリキュラムを構想・提示している。しかも，それは，施設・設備に費用を割かずに，実施できる手だてであった。

たとえば，豆細工は，「最ひ初歩の手工にして細く割りたる竹の籤と予め水に浸して軟かになしたる大豆とを与へ籤を以て大豆に挿し種々に接合して三角形正方形斜方形菱形梯形及ひ種々の多角形等の幾何学形体を造らしめ又器物家屋等の実物を模造せしむるものにして幼稚園の生徒或いは尋常科の一年生にも課し得べきなり此の細工に於ては手指を練習すると共に幾何学的の観念を養ひ又工夫が構造力の発達を計ることを務むべし」と表現されている。

川村は，この豆細工をはじめとして，木工と金工を除く13種の「細工」の内容について，表にまとめている。表1-1である。

なお，木工と金工に関しては，「高等小学校第三四年級以上の男生徒にあらざれば之を課すること能はざるべし」ものであって，「木工中の彫刻以上金工中の銅工以上の細工は現今創設の際小学校に於ては実施し難」いけれども，「木工の指物金工の線金細工ブリキ細工までは漸次進歩するに至らば高等小学校と雖も実施し難きものにあらさるなり」(p. 8)。13 種の細工を適当に教授すれば「手工の目的」を達することができ，さらに進んで「木工金工の初歩を教授するに至らは愈興味と利益とは増すへきなり」としている[40)]。

13 種の「細工」のうち，粘土細工と籃細工と小刀細工の 3 種は男子のみに，縫取細工，紐結方並に紐組方，編物細工の 3 種は，女子のみに課すとされ，その他 7 種の「細工」は，男女共通に課すことができる「細工」とされている。

折紙や紐結は，「岡山家が代々藩の禮式師範役であつたと云ふ所から折紙や紐結の材料は主としてこの方面から得」たとされる[41)]。

さらに，「携帯したる所の諸種の折紙細工糊付細工機織細工縫取細工粘土細工紐結等の実習品は小生が手工科修業科幼年生徒に課する為め特に余暇を以て聊か取調へ其後少しく実地に試みたるもの」(p. 7) とされ，岡山が実地に試みた上で，「細工」およびそこでの製作課題の一例が示されている。

ここで，表 1-1 をもとに，各「細工」を教材単元にすえた教材編成の特徴を，目的的価値の点からみれば，尋常小学校の低学年から高等小学校の高学年まで，一貫して手指の練習が強調されるとともに，低学年で，幾何学の観念を養成し，高学年に近づくとともに，そうした幾何学形体を表出し，実用品を製作することを通して，実業思想や美術思想を子どもに育むことが強調されているとみることができる。

しかも，これら 13 種の「細工」は，「教場は特別室を設くるを要せず普通の教室内の机上にて為さしむべし粘土細工小刀細工等の場合に於ては別に一枚の台板を用ふれば足れり」として，13 種の「細工」すべてが普通教室で教授可能としている。

子どもが各自用意する道具についても，「糊板糊篦小刀剪刀縫針編物針を持たしむれば可なり」として，小刀やはさみなど，いくつかの「細工」に共通して使用することができる少数の道具で事足りるようになっている。

第 4 の特徴として，単に教材編成を提示するにとどまらず，「手工科の目的」や「細工」の選択要件についても，理論化することを試みている。

岡山は，第 1 の点で強調された普通教育の教科であることを意識して，「手

表 1-1　千葉師範時代に構想・提示した手工科カリキュラム

種類		内容＼学年	幼稚園	尋常科 1	2	3	4	高等科 1	2	3	4	目　標	教　材	材料道具	方法等
1	男女	豆細工	○	○								・手指の練習 ・幾何学的観念を養う ・工夫構造力の発達を計る	三角形，正方形，斜方形，菱形，多角形，器物，家屋等	竹ひご 大豆	
2	男女	折紙細工	○	○	○							・手指の練習 ・精密の習慣	動物の模造，模様花形等，折り鶴，船，籠，香箱，三方，福助，神社，タバコ入，襦袢，提灯，漏斗包み		西洋風 日本風
3	男 女	機織細工		○ ○	 ○	 ○	 ○					・各種の織方と名称 ・色彩の配合 ・籃細工の準備	綾織，網代織，紋形織 弁慶格子崩し等の縞柄	細く切った紙片	教師は殊更大きく切った紙で織り方を示す
4	男女	糊付細工		○→								・ハサミと押しのりの使用法 ・形の正否，格好，配色等の醜美の観念を育成する	幾何形体，各種の紋形，日用品（漏斗，徳利，机等）左右同形を二つ折りで切り取る	色紙 画用紙 のり ハサミ	画学と関連づける
5	男女	切抜細工						○→				・形象の知識を正確にする	種々の模様，草花，動物を小刀で切りぬき，厚紙・箱類等に貼る	色紙 厚紙 のり 切出小刀	糊付細工のやや進歩したもの 画学と関連づける
6	女	縫取細工		○→							←○	・美術思想を養う ・裁縫科運針法の練習	木綿，金巾の色糸で，紙・布に花形，紋形の模様，花鳥等の輪郭を刺繍する		
7	女	紐結方並に紐組方		○→								・手指の練習 ・網，袋，魚網等の製作方法	男結，女結，叶結，揚巻結，機糸結，巾着結，とんぼ結，鬼頭結，づっこけ結，小撚，二子及三子撚，三打四打五打六打七打八打	麻縄 紙撚	糸縄に彩色し異なる色のものを取合わせて用いると糸理を見わけやすく教授に便利
8	男	粘土細工		○→							←○	・手指の練習 ・細密の気風を養う ・美術思想を養う	立方形，諸柱体，諸錐形等の幾何形体，日用器物の模造，手彫・浮上彫・透し彫，装飾紋形，蔓草模様，動物人形等の立像	台板 竹箆 粘土	手指を以て大体を形造らしめ，湾曲，角等重要の部分のみ箆を使用。模造した形体は時々見取図を書かせることが肝要
9	男女	厚紙細工						○→				・幾何画の応用 ・金工ブリキ細工の予修	立方形，諸柱体等の幾何形体より茶入筒，菓子箱，筆入，香箱等の実用品を作る	厚紙 小刀 角箆	展開図を厚紙に精密に画き，その輪郭を小刀で切断し，折る所に角箆で筋をつけ，接合は薄紙を貼る。好みの色紙や形紙を貼付して装飾
10	男女	麦藁細工				○→					←○		麦藁を種々彩色し箱類に貼り紋様や模様を画き美麗な装飾品を作る。三ッ打，五ツ打，七ツ打の組方，麦藁籠，帽子	麦藁	麦藁は彩色する前に蒸して漂白する
11	女	編物細工				○→						・手芸 ・実用に供する	木綿糸または毛糸を編んで涎掛，肩掛，巾着，頭巾，手袋等を作る	木綿糸 毛糸	やや贅沢に流れ実着の業を軽視する弊に注意する
12	男	籃細工					○→					・実業の思想	篩（ふるい），笊（ざる），手籠，魚猟籠，飯行李，簾（すだれ）の編方等	藤，葛蔓，柳枝，竹，諸刃の刃物	
13	男	小刀細工					○→					・木竹工の初歩	木釘，竹釘，魚串，小楊子，箸，糊箆，匙，杖，灰吹，筆立，火吹竹，手拭掛，墨挟，状さし等の日用品	小刀 （鋸 共用）	

備考：○は課すことができる学年，○→はその学年から上に課す，○→　←○はその学年の間は通して課すことを示す。

出所：岡山秀吉「小学校手工科教授方法」『千葉教育雑誌』第 22 号（1894 年 , pp. 16-20）より作成。
本表は，川村侔によって作成された表「小学校手工科教育課程」に，若干の修正を加えている。

工科の目的」と題して，手工科の目的的価値を10点にわたってあげるとともに，それぞれの項目について，教育上の必要性や，手工科でそれらの目的的価値の実現を促しうることのできる理由を述べている（pp. 4-7)。

「第一　手眼の働を修練し脳力の作用を助く」
「第二　実業の思想を惹起せしむ」
「第三　勉強労働の習慣を養成す」
「第四　簡単なる物品を製作し得るの技能を養ひ兼て実業の素地を与ふること」
「第五　他学科の応用を知り且其進歩を促す」
「第六　独立の気象を養成す」
「第七　順序精密注意等の習慣を養成す」
「第八　美術思想を発達せしむ」
「第九　立体の智識を与ふ」
「第十　体育上に価値あり」

たとえば，第一項目としてあげられた「手眼の働を修練し脳力の作用を助く」については，以下のように，この目的的価値の教育上の必要性と，手工科教育によって実現を促しうる理由を論じている。

「人の知識は之れを外界より獲るもの多し而して此の運搬の役目を司るに必要なる機関は手と眼との右に出つるもの無し又此の二機関は脳の命令を実行すへきものにして常に心意中に作為する所の考案を外界に表現するものなり見よ社会萬般の実業は皆な脳と手眼との共働作用に依りて成れるにあらすやされば脳力を練習すると共に手眼の修練を謀るは教育上又頗る肝要のことと云はさるへからす手工科は材料の形体を変し物品を実地に製作するものにして児童等か此の練習に際し出合ふ所の百千の変化は悉く彼等の手眼を習熟せしむるの資料たらさるはなしされは知識技能の二者を偏

頗なく修練し教育の円満を計るには手工を置くを以て最良の方策とす」

これらの「手工科の目的」は，岡山自身が参考にしていたかは定かではないが，オットー・サロモンによって提唱された「教育的スロイドの目的」[42] と似通ったものとなっている。さらに，次のような12項目にわたる「細工」の選択要件も提示している。

「第一　児童の体力及智力に適するものならさるへからす」
「第二　土地の情況に適するものならさるへからす」
「第三　学校の経済に相応すへきものたるを要す」
「第四　手指の練習に適当なるもの即ち手指の用法に変化多きものなるを要す」
「第五　視力の練習に適するものなるを要す」
「第六　実用の知識を与へ得へきや否」
「第七　他学科との関係多くして能く其の学理を応用し得へきものなるを要す」
「第八　製作する所の物品は可成的実用に供し得らるへきや否」
「第九　順序を整頓して教授し得へきや否」
「第十　精密清潔等の良習慣を養ひ得へきものなるを可とす」
「第十一　美育との関連は如何」
「第十二　体育上に利益ありや否」

以上の岡山の「手工科の目的」や「細工」の選択要件の主張は，前節で論じた上原の主張（5大要件など）の引き写しではない。ここから，岡山は千葉師範時代に，上原の手工科の位置づけを踏襲しつつ，彼なりの枠組みをもって手工科教育論を論じ始めたといえよう。

以上，4点にわたって，岡山が千葉師範時代に構想・提示した手工科のカリキュラムの特徴をみてきた。

最後に，当時の手工科をめぐる状況に即して，千葉師範時代の岡山の取り組みの意義を整理したい。

当時，手工科に関する規定は，1891 年の「小学校教則大綱」第 13 条によって，以下のように示された。

> 「手工ハ眼及手ヲ練習シテ簡易ナル物品ヲ製作スルノ能ヲ養ヒ勤労ヲ好ムノ習慣ヲ長ズルヲ以テ要旨トス／尋常小学校ノ教科ニ手工ヲ加フルトキニハ紙，糸，粘土，麦藁等ヲ用ヒテ簡易ナル細工ヲ授クヘシ／高等小学校ノ教科ニ手工ヲ加フルトキハ紙，粘土，木，竹，銅線，鉄葉，鉛等ヲ用ヒテ簡易ナル細工ヲ授クヘシ／手工ノ品類ハ成ルヘク有用ナルモノヲ選ヒ之ヲ授クル際其材料及用具ノ種類ヲ教示シ常ニ節約利用ノ習慣ヲ養ハンコトヲ要ス」

ここでは，① 眼と手を練習して，② 簡易なる物品を製作する能力を養い，③ 勤労を好む習慣を育成するという 3 つの目的的価値と，尋常小学校と高等小学校で教授すべき「細工」の材料種別が示され，有用な製作品の選定，材料と道具の種類の教示，節約利用の習慣の育成の必要性が補足的に示されている。

しかしながら，「小学校教則大綱」は，小学校の 8 年間の具体的な教科課程を示すものではなかった。各学年の教材の選択・配列，教授順序などは，「小学校教則大綱」では，その第 20 条[43] によって各学校の校長や首席教員が作成する「教授細目」に委ねられていたからである。

さらに，手工科の実施状況は，「高等小学校に於ては程度の高い所謂スロイド式の手工が多少行はれて行つたけれども，尋常小学校に加設すべき手工に至つては殆んど研究されて居なかつた」[44]。

このように，法令上では具体的な教科課程が示されず，実施状況としても木工，金工しか研究されていなかった状況において，一面では師範学校から，具体的なカリキュラムないし「教授細目」作成の手がかりとなる範例が示されることが求められていた[45]。

また,「手工科といへば単に木工金工の事なりと思ひ従て木工場を建築し大工道具を買ひ入れ或は鞴場を設くるにあらざれば之を実施すること能はざるものの如くに思惟せる人少からず果して手工科が斯の如きものなりとせば小学校の経済は容易に之を容さざる」[46] と記されているように，一般に，手工科は木工・金工を教授するもので，そのためには「木工場」を建設し，大工道具を買い入れ，鞴場を設けなくては実施できないとみられており，新たに手工科を加設することは，費用面で敬遠されていた。

このように，小学校現場では，実施の手だての面で，とりわけ尋常小学校の具体的な教科課程の範例を示すことが求められており，施設・設備面では，学校財政上，手工科の加設が敬遠されていた。こうした状況の下で，岡山は,「普通教育上完全なる人物」を育成するためには，手工科が不可欠であることを唱えるとともに，その実施の手だてとして,「学校の経済」を考慮し，木工や金工の基礎として，普通教室で課すことのできる「簡易なる手工」を，当時の手工業の技術を源泉とした「細工」を基本単位に，種々の手工科教材を提示したのであった。

とりわけ，尋常小学校での実施の手だてが示されず，手工科を実施する学校がほとんどなかった状況において，遅くとも「小学校教則大綱」(1891 年）が出された 3 年後には，13 種の「細工」を選定し，高等小学校だけでなく，尋常小学校の教材をも，一定程度，実地に教育効果を確かめた上で，提示しえたことは評価されるべきであろう。

ただし，この時点では，手工科に有用な「細工」を選定し，そこでの若干の製作課題を提示する段階にとどまっていた。それは，各学年・学期ごとに，各「細工」の製作課題を順序だてて示すことはせず，各「細工」を課すことのできる学年を示すことにとどめていることからもいえる。

つまり，岡山の千葉師範時代は，衰退していた手工科の状況に対し，とにかく徒弟養成ないし「空しく専門的非教育的」なものではなく，普通教育として意義ある教材を,「小学校の経済」を考慮して，普通教室で教授できるような「細工」の選定を主とした教材の開発に力を注いでいた時期とみることができる。

第4節　小　括

本章では，岡山秀吉が，手工科教育研究の世界へと足を踏み入れていく経緯を検討してきた。

岡山は，手工科と上原の存在を知り，手工科を修業すべく，小学校訓導の職を辞し，高等商業学校附属商工徒弟講習所の研究科に入学し，以後，上原に師事する。

岡山が学んだと思われる上原の手工科教育観の特徴は，3点にまとめられる。

第1に，上原は，フランス語等の語学に堪能であり，文献等を通じて諸外国の手工教育の実施状況に精通し，国際的視野から「普通教育」としての手工科の必要性を日本で初めて主張した。その主張は，「世間に立てる人を作る」ことを目的とする「普通教育」の枠組みのなかで，一般陶冶と職業陶冶を直接・間接の関係でとらえ，職業に就くために必要な基礎的・一般的な内容を位置づけるものであった。

第2に，教材に関しては，手工業すなわちさまざまな産業としての「細工」を手工科で扱うべき対象とし，その選択要件から，「最善な細工」は木工，続いて金工の仕上細工，練物細工とし，この3つの「細工」を合わせて課すことが「良策」とした。さらに，材料と工具の種類と使用の難易，技能の習得にも意識を置きつつ，「雛形」を避けて日用品を作らせることを主張していた。

第3に，上原は，諸外国の手工教育の実施状況から，日本の小学校の教育内容を構成していく上での課題を見通していた。すなわち，上原はフランス「手労働」での，品物でなく「雛形」のみを作らせることで生じる欠点との兼ね合いから，スウェーデン・スロイドのよさを，生徒の興味・関心，作業への悟りの早さや進歩の著しさの点で，日用品を選んで製作させることに求めた。しかし，その製作品の選定・配列は，「教授すべき科目」すなわち，知識や技能，使用する材料や工具，製作法などの製作工程に内在させるべき要素を定め，かつ，それらの難易や順次性・系統性を考慮して製作品の順序を定めるなど，教員がよほど考えて行わなければならず，この点が「頗る困難」な課題であることを見通していた。

一方，岡山は，高等商業学校附属商工徒弟講習所などでの修業時代だけでなく，千葉師範時代も継続して，上原の自宅などで開催された手工研究会に，毎月熱心に通って，手工の研究を行っていた。上原とともに，その「頗る困難」な課題に取り組んでいたことは想像に難くない。

岡山の千葉師範時代は，衰退していた手工科の状況に対し，上原から学び得た手工科の位置づけや教材の源泉といった大枠を踏襲しながら，学校経済事情を考慮して，普通教室で教授できるような「細工」の選定を主とした教材の開発に力を注いでいた時期とみることができる。

こうして開発された教材群およびそこでのノウハウは，高等師範学校附属小学校ひいては文部省編纂『小学校教師用　手工教科書』の教材編成において，とりわけ木工・金工の前段階の教材として，活かされていくことになる。

注

1）寺島音次郎「岡山秀吉君の少青年時代」『手工研究』第 67 号岡山会長還暦記念号，1926 年，pp. 10-13。
2）岡山秀吉「五十年間手工科教授の回顧」『教育研究』第 160 号，1917 年，pp. 113-117。
3）岡山秀吉「上原先生追悼録」『手工研究』第 42 号，1918 年，pp. 12-20。
4）阿部七五三吉「手工教育の開祖上原六四郎先生逝く」『手工研究』（第 15 号，1913 年，pp. 5-13），森利平「故上原六四郎先生追懐録」『手工研究』（第 15 号，pp. 1-5）を参照。なお，阿部は論稿内に，上原の「官歴」の大要を記している。
5）唐澤富太郎編著『図説　教育人物事典』中巻，ぎょうせい，1984 年，pp. 861-862。
6）上里正男「導入期の手工教育理論」『日本産業技術教育学会誌』（第 22 巻第 2 号，1980 年，pp. 137-145）ほか参照。
7）菅生均「上原六四郎の手工教育観に関する一考察」『大学美術教育学会誌』第 22 号，1990 年，pp. 1-10。
8）上原六四郎『東京府学術講義　手工科講義』教育書房，1888 年（上巻），1889 年（下巻）。

9）上原は『手工科講義』の第8回講義の「結論」にて，講演内容の根拠に関して，「以上箇条を分けてお話を申上げた所は別に之と云ふ書物に纏つて有つたのではなく，欧羅巴で工業の事に付色々調べたる報告書若くは論文又は手工教授参考書等に依り，又近頃出版に成りました手工教授書等に依り，其の理論と実際とに基き重もなる説を取り集め，一方には私が商工徒弟講習所職工科生徒に教へて居る内に聊に感発したるところをも参考し，其の粋を抜き華を取りて以て色々と手工の教授に関する事項を網羅」（下巻　p. 34）したと述べている。なお，上原が参考にした報告書や手工書に関しては，すでに森下一期「明治中期における手工教授法に関する一考察」『名古屋大学教育学部紀要』（教育学科　第34巻，1987年，pp. 245-256）や坂口謙一「手技の練習と製図・図形学習を重視する手工教育―文部省編纂『小学校教師用　手工教科書』にみる教材観の特徴―」『産業教育学研究』（第24巻第2号，1994年，pp. 17-24）に，明示されている。

10）武田晃二によれば，1879年の教育令から1890年の小学校令まで法令用語として使用された「普通教育」は，高等教育や専門教育との対をなす概念としてではなく，「貧富ノ差別ナク」すべての「人」もしくは「人民」を育成すること自体を目的とするという性格をも内包した概念であったとされる（「明治初期における『普通学』・『普通教育』概念の連関構造」『日本の教育史学』第34集，教育史学会，1991年，pp. 35-49)。また，中内敏夫は，1886年の小学校令で使用された「普通教育」は義務教育を意味していたことを述べている（『新版　教材と教具の理論』あゆみ出版，1990年，p. 201)。

11）「手工研究会討議会議事速記録」『手工研究』第2号，1907年，pp. 1-34。

12）上原六四郎「石川県下小学校手工及図画科教授の状況視察談」『手工研究』第2号，1907年，pp. 89-106。

13）棚橋源太郎・岡山秀吉『手工科教授書』宝文館，1905年，p. 91。

14）上原六四郎「小学校手工及図画科教授に就いて」『手工研究』第1号，1907年，pp. 22-54。

15）菅生均　前掲書7)。

16）上里正男　前掲書6)。

17）石原英雄「十九世紀に於ける北欧の手工教育」『弘前大学教育学部紀要』第25号A，1971年，pp. 57-76。

18）坂口謙一「手技の練習と製図・図形学習を重視する手工教育―文部省編纂『小学校教師用　手工教科書』にみる教材観の特徴―」『産業教育学研究』第24巻第2号，1994年，pp. 17-24。

19）岡山秀吉も「五十年間手工科教授の回顧」『教育研究』（第160号，1917年，pp. 113-118）にて，「我が手工科及び実業教育実施の一大動機となりたるものは，英国政府に於て行ひたる，欧米諸国技芸教育調査の報告が，我が政府に傳はりしこと之である。」と述べている。

20）原正敏・川村侔「戦前の技術教育」『講座　現代技術と教育8　技術教育の歴史と展望』（開隆堂，1975年，pp. 19-117）を参照。
21）石原英雄・橋本泰幸編著『工作・工芸教育の新展開』（ぎょうせい，1987年，pp. 38-43）を参照。
22）坂口謙一　前掲書18）を参照。なお，フランス「手労働」の内容については，須藤敏昭「フランス初等教育への『手労働』の導入とその展開」『教育学研究』（第37巻第1号，1970年，pp. 11-20）に詳しい。
23）横山悦生「手工科成立過程期における日本とスウェーデンとの教育交流—手工科に与えたスロイドの影響の再評価—」『名古屋大学大学院教育発達科学研究科紀要』（教育科学　第50巻第2号，2004年，pp. 27-38）ほか，参照。
24）上里正男　前掲書6）。
25）上原六四郎　前掲書14）。
26）森利平「手工研究に関する今昔話」『手工研究』第2号，1908年，pp. 158-163。
27）森利平「上原先生追懐談」『手工研究』第42号，1918年，pp. 59-63。
28）内海静「手工科建設者岡山教授の追想」『手工研究』第157号，1933年，pp. 55-58。
29）岡山秀吉　前掲書3）。
30）『官報』第2968号，1893年5月24日，p. 331。
31）石原英雄「第3章　2-1手工教育の挫折と再生」石原英雄・橋本泰幸編『工作・工芸教育の新展開—100年の歴史から21世紀へ—』ぎょうせい，1987年，pp. 38-39。
32）手工研究会編輯『手工研究』第67号岡山会長還暦記念号，1926年。
33）岡山秀吉「手工の教育に就て」『千葉教育雑誌』第15号，1893年，pp. 3-9。
34）岡山秀吉「小学校手工科教授方法」『千葉教育雑誌』第22号，1894年，pp. 16-20。
35）川村侔「岡山秀吉の千葉県尋常師範学校時代における手工科教育課程の構想」『東京学芸大学紀要』第6部門　第50集，1998年，pp. 29-36。
36）富田馨吾「岡山先生の千葉師範学校時代の手工教育観」『手工研究』第170号，1934年，pp. 15-18，33。
37）岡山秀吉　前掲書33）。
38）棚橋源太郎・岡山秀吉『手工科教授書』宝文館，1905年，p. 92。
39）岡山秀吉　前掲書33）。
40）同上。
41）伊藤信一郎「私の見聞した岡山先生」『手工研究』第67号岡山会長還暦記念号，1926年，pp. 85-92。
42）O. Salomon: The Theory of Educational Sloyd, London, George Phillip & Son, 1892, pp. 6-7. オットー・サロモンは，彼の「教育的スロイド」の目的的価値を，

形成的目的（formative aims,（1)〜(7)）と実用的目的（utilitarian aims,（1)'〜(2)'）に分け，次の9項目にまとめている。「(1)労働一般に対する愛好の精神を教え込むこと。」「(2)体を使っての誠実な肉体労働に対する尊敬の念を教え込むこと。」「(3)自立と独立独行の精神を発達させること。」「(4)秩序正しさ，几帳面さ，清潔さ，および手際のよさの習慣を養うこと。」「(5)形に対する感覚と眼識を養うこと。手の一般的器用さを与え，触覚を発達させること。」「(6)注意力，勤勉さ，忍耐力，および根気強さ習慣づけること。」「(7)体力の発達を促すこと。」「(1)' 道具を使う器用さを直接に与えること。」「(2)' 几帳面な労働を遂行すること。」

43)「第二十条　小学校長若クハ首席教員ハ小学校教則ニ従ヒ其小学校ニ於テ教授スヘキ各教科目ノ教授細目ヲ定ムヘシ」

44）伊藤信一郎　前掲書 41)。

45）稲垣忠彦「第四編確立期　第一章初等教育　第二節教育実践における定型化の進行」『日本近代教育百年史　第四巻　学校教育(2)』国立教育研究所，1974年，pp. 101-251。

46）岡山秀吉　前掲書 34)。

第2章

文部省編纂『小学校教師用　手工教科書』の特徴

第1節　『教師用手工教科書』の形成過程における高等師範学校附属小学校での岡山の手工科実践

1．はじめに

本章では，1904（明治37）年に出版された文部省編纂『小学校教師用　手工教科書』甲・乙・丙・丁の全4冊（以下，『教師用手工教科書』と略記）の特徴を，1900（明治33）年度から1903（明治36）年度における岡山の高等師範学校附属小学校（以下，高師附属小と略記）での実践内容との関連を視野におきつつ，教材論の視点から解明することを試みる。

『教師用手工教科書』が出版された1904年は，先の時期区分からいえば，第3期：手工科教育の再建の時期にあたる。「随意科目等ニ関スル規則」（1891年，文部省令第10号）などの影響によって衰退していた手工科（第2期）が，日清戦争を契機とする近代的産業の発展により，1900年前後から，精力的に取り組まれるようになる。そして，1904年は，尋常，高等小学校を通じて，手工科を加設する小学校が急激に増えてくる，まさにその年であった。

当時，文部省は手工科の再建に関わり，① 1899（明治32）年に高等師範学校手工専修科を設置，② 1901（明治34）年に上原と岡山に命じて『教師用手工教科書』の編纂に着手，③ 1903年にできあがった『教師用手工教科書』の草稿をもとに，その年，「手工教員夏期講習会」を開催し，その伝達を各府県において展開，④ 1904年に「小学校令」を改正し，高等小学校では，手工，農業，商業のうち１科目を必修とするなどの対応をとった。

手工科教育史上において，岡山が上原六四郎と共同執筆した『教師用手工教科書』は，小学校現場に広く影響を与えたとされている。そして，同書の内容は，かなり行き届いた教材研究によって構成されており，教材の配列や構造に論理的系統性を追求しようとしていることが特色となっていたといわれる[1)]。

また，森下一期によれば，高等小学校第３，４学年の主たる「細工」である木工の教授法は，「オペレーション法の系列」にあるとされる[2)]。さらに，坂口謙一は，それ以下の学年においては，上原六四郎の教育目的観との関連からみると，児童に「正しく物を看取」させ，「幾何学の観念」を獲得させることなどを目指す「目の練習」を手工科教育実践の主要な価値課題としてとらえる企図をふくみながら，図学・製図の基本学習を手工科の授業の土台に位置づけることを提案したものであったと述べている[3)]。ただし，坂口は，共著者である岡山の同書への影響について論じるまでには至っていないことは注記しておく。

こうした特色をもつ同書の位置づけを，とりわけ岡山の手工科教育論の形成過程との関係においてみるならば，前章でみた千葉師範時代に構想・提示された手工科のカリキュラム，および高師附属小での手工科の実践内容を基礎に，同書の内容が形づくられたとみることができる。

岡山は千葉師範勤務後，1896（明治 29）年からの２年間を，秋田市工業徒弟学校の初代校長兼教諭として勤務し，1899 年から高等師範学校（1902 年に東京高等師範学校に改称）に勤務する。千葉師範時代に構想・提示した教育課程に基づき，岡山は，1900 年から長年にわたって，高師附属小で手工科の教育実践を行うことになる。そして，『教師用手工教科書』が出版される前年に出された高師附属小の「教授細目」から判断すれば，その内容は『教師用手工教科書』の教材編成と近似した内容が示されていることから，高師附属小での岡山の教育実践の成果が『教師用手工教科書』に相当程度反映されたとみることができる。

本節では，岡山の手工科教育論における『教師用手工教科書』の位置づけを明らかにする前段階として，同書の形成に関わり，その基礎となったと考えられる高師附属小での岡山の手工科の実践内容の特徴を，千葉師範時代に構想・提示された手工科のカリキュラムとの関連から検討する。

2. 高等師範学校附属小学校での手工科実践

1）秋田市工業徒弟学校から高等師範学校へ

千葉師範で3年間勤務した後，岡山は，秋田市工業徒弟学校の創立に際し，校長兼教諭として1896年から3年間勤務することになる。この着任にあたっても，上原から手島精一への推薦があった。なお，同校校長時代は，「何分遠方故先生〔上原のこと〕に御目にかかるは年に一，二回位に過ぎなかつた。これが私の先生に一番疎遠であつた時期」と岡山は語っている[4)]。

その後，1899年に高等師範学校に手工専修科が設置されることになり，上原は，岡山を「懇願」して助教授としてよび寄せた。岡山にとっては，「決して栄転ではなかった」。しかもこの転任は，秋田市工業徒弟学校の前途のため，手島精一に強く反対された[5)]。しかし，「万難を排し辞職してでも来い」との上原の言葉に[6)]，岡山は，「喜んで上原先生の推薦に応じ」た。手工科研究の道を歩み始めて以来，長く師事し，薫陶をうけていた上原からの「知遇に感激」[7)] して，岡山は高等師範学校の助教授に転任したわけである。

そして，高等師範学校に転任してきた翌年の1900年から，岡山は長年にわたって高師附属小での手工科の授業を担当する。岡山は，千葉師範時代に構想・提示した教育課程に基づき，高師附属小で教育実践を行っていく。このことは，千葉師範時代に構想・提示された「細工」のかなりのものが，高師附属小でも実践されていることから推測できる。

そして，こうした高師附属小での実践を基礎にして，『教師用手工教科書』が形づくられた。この点について，阿部七五三吉は，次のように述べている。

「先生は教育的手工教育案を明治三十三年から高等師範学校附属小学校第二部第三部の児童に実施せられ，且つ直接これが教授を担当せられたのである。尤もこれより以前にも各県に於て多少手工の実施を試みた学校はあったが，何れも当時発生した功利的手工教育方法として参考となるべきものは出来なかつたのみならず過去の手工教育法は何れも殆んど全滅してしまつた後で，教育的手工実施案はまったく岡山先生の創案になつたものである。」，「岡山先生は高等師範学校附属小学校に実施せる手工教育案を基礎として更に創意を追加したものを立案した。上原先生と合議完成して明治三十七年七月小学校教師用手工教科書甲乙丙丁を発行した。」[8)]

すなわち，岡山は，功利的手工が退廃した後，高師附属小で実践した「手工教育案」を基礎として，その案を上原と合議の上，『教師用手工教科書』を完成させたとされている。興味深い指摘である。

また，何より，『教師用手工教科書』の教材編成と，同書が出版される前年の 1903 年に出された東京高等師範学校附属小学校編『東京高等師範学校紀要小学校教授細目』（同文館。以下，高師附属小編『教授細目』と略記）に示された手工科の教材編成は，各学年に課される「細工」の種類だけでなく，そこでの「製作題目」（＝製作課題）の点においても，かなり近似している。

ここでは，岡山が高師附属小で手工科の授業を担当しはじめた 1900 年度から，『教師用手工教科書』が出版される前年の 1903 年度の岡山の実践内容をみていく。その実践内容の手がかりとして，1903 年に出された高師附属小編『教授細目』を用いることにする。なぜなら，この書は，1900 年のいわゆる第 3 次小学校令以後から 1903 年までの高師附属小での実践に基づく研究成果がまとめられた書[9)] であることから，手工科に関しては，岡山の実践の成果が「教授細目」としてまとめられていると判断することができるためである。

先の阿部の引用にもみられたように，当時，岡山は高師附属小第 2 部と第 3 部の手工科の授業を担当していた。なお，第 1 部では，手工科は実施されていなかった。ここでは，「尋常科第三学年以上ハ，二学年ヅツヲ合セ」[10)] た合級制がとられていた第 2 部の内容をみる。第 3 部は，「尋常小学科ノ四学年」と「高等小学科ノ四学年」のそれぞれで 1 学級（計 2 学級のみ）という単級編成となっている[11)]。

なお，当時の高師附属小での手工科の実践の様子をうかがえる資料は，管見の限り，ほとんど存在しない。ただし，『手工研究』の岡山先生追悼号に，山田義郎が当時の様子を以下のように記している。

「先生は始業前に教授の準備をきちんとして，最後に子供の机を一々雑巾で拭き，そして教室にはいつて来る子供をニコニコしながら迎へるのが常であった。又粘土細工の際は，予め子供の数ほど粘土の塊を自ら製出することを決して忘れなかつた。どんなに親しくても小使などに命じて作らせて置いたことはなかつた。又授業が済んで散乱して居る工具や材料を整理するにも，当番児童を授けて，一々一定の曳出に収めて，研場といひ，陳列棚といひすべての物品を一定の場所に整頓しなければ，教室を去らなかつた。」[12)]

2）高等師範学校附属小学校での実践内容

既述のように，岡山は，千葉師範時代に，手工科が普通教育の一教科であることを強調し，その普及・実施のために，学校経済事情を考慮して，普通教室で教授できるような教材の選定と開発に力を注いでいた。これに対し，高師附属小時代は，千葉師範時代に選定・開発した教材を基礎に，実践を経ながら，8年間にわたって（女子に関しては，裁縫科につながるような形で），各学年・学期で課すべき教材を，教材単元である「細工」をもとに確定していった時期とみることができる。

1903年の高師附属小編『教授細目』の手工科に関する記述には，目的的価値を示した①「本科教材ノ要旨」，「細工」の種類とその選択配列に関する意見を示した②「本科教材ノ選択配列」，「自由製作」などの製作法について記した③「本細目実施上ノ注意」，さらに，各学年・学期・週において課す「細工」と製作課題について示した④「細目」の4項目がある。

以下，千葉師範時代に構想・提示されたカリキュラムとの関連において，3

点にわたって高師附属小での実践内容の特徴をみることができる。

第 1 に，「細工」の種類に関して，千葉師範時代に小学校教育において適当な「細工」とされた豆細工，粘土細工，折紙，切貫，紐結，厚紙細工，縫取，木工，金工といった「細工」に加えて，色板排，製本，石膏細工などの新たな「細工」がみられる。

千葉師範時代の籃細工と，その準備として位置づけられていた機織細工，および，麦藁細工は削除されている。また，紐結方並に紐組方は，紐結と紙撚の 2 つの「細工」として区別して取り入れられている。

第 2 に，各学年・学期・週において課す「細工」と製作課題が確定されていることから，実際に 8 学年にわたる手工科の実践を行うことを通して，1 時間ごとの単位で教材編成を明確にしていることがわかる。

表 2-1 は，④「細目」をもとに，各学年・学期で課される「細工」の種類と課す順序，配当時間数をまとめたものである。

尋常科では，奇数学年においては，第 1 学年第 1 学期から第 4 学年第 2 学期までが男女共通内容[13]，偶数学年においては，第 1 学年第 1 学期から第 4 学年第 3 学期まですべて男女共通内容となっている。また，高等科の女子については，裁縫科を課すこととなっているため[14]，男子の内容のみが示されている。

教授時間は，尋常科が全学年週 1 時間，高等科が全学年週 2 時間となっている。男子についていえば 8 年間で，432 時間が課されている。尋常科に関していえば，縫取だけは女子のみに課され，その間，男子は切貫を課されることになっている。

14 種の「細工」のうち，もっとも多い教授時間数があてられた「細工」は粘土細工である。粘土細工は，尋常科第 1 学年から高等科第 4 学年まで，8 年間にわたり，男子では総時間数 82 時間をあてられている。次に配当された教授時間数が多いのは，木工である。木工は高等科（男子）の第 3・4 学年で課され，総時間数 72 時間をあてられている。

また，第 1 学年では色板排と豆細工と粘土細工と折紙，第 2 学年では豆細

表 2-1　「細工」の配当学年，配当学期，配当時間数（1903 年）

学年／学期		尋常科															高等科												合計	
		第１学年			第２学年			3·4 年偶数			男子			女子			男子のみ													
											3·4 年奇数			3·4 年奇数			1·2 年偶数			1·2 年奇数			3·4 年奇数			3・4 年偶数				
細工		1	2	3	1	2	3	1	2	3	1	2	3	1	2	3	1	2	3	1	2	3	1	2	3	1	2	3	女	男
1	色板排	①4	①5	②5																									14	14
2	豆細工	②4	②5	①4	①4	①4	9					①6			①6														36	36
3	粘土細工	③5			②5			①7			①5			①5			①10	①10		①10	①10					①10	①10		22	82
4	折紙		③4		③4	②4			②6																				18	18
5	切貫										②8	②8	9	②8	②8					②16									16	41
6	紙撚					②6		②6																					12	12
7	紐結								①8	①4																			12	12
8	厚紙細工																②16	②18								②16			0	50
9	製本									②5									18										5	23
10	縫取															9													9	0
11	竹細工																				②18	18							0	36
12	木工																						26	28	18				0	72
13	金工																											18	0	18
14	石膏細工																										②18		0	18
合計		13	14	9	13	14	9	13	14	9	13	14	9	13	14	9	26	28	18	26	28	18	26	28	18	26	28	18	144	432

備考：表中の数字は「教授の時数」を，丸数字は「その学期間に於て課すべき順序」を示す。
合計は女児４学年分，男児８学年分の時数を示す。
出所：第２部「細目」『東京高等師範学校紀要 小学校教授細目』（pp. 593-614）をもとに作成。

工と粘土細工と折紙と紙撚といったように，学年があがるにつれて，下の方に記された「細工」へと徐々に移り変わっていくように編成されていることがよみとれる。すなわち，少なくとも男子に対して，「細工」を基本に，８年間一貫した教材編成がなされているといえる。

さらに，たとえば，尋常科第１学年第１学期の第１週から第４週までは色板排が課されることになっており，製作課題が第 1 週から順に，「色ノ名称青黄赤白黒及ビ原色ノ観念」，「三角形，四角形」，「国旗」，「風車」と記されている。④「細目」には，このように，各週で課される「細工」の種類とそこでの製作課題が，8 年間すべて記されている。

第 3 に，目的的価値論が，千葉師範時代の 10 の目的的価値と 1891（明治 24）年の「小学校教則大綱」（文部省令第 11 号）の規定との折衷案となっているとみることができる。

①「本科教材ノ要旨」では，手工科の目的的価値が次のように記されている。

「手工ハ，眼及ビ手ヲ錬磨シ，物品ヲ正確ニ製作スル技能ヲ得シメ，工具ノ構造，及ビ使用，材料ノ品類，及ビ性質ニ関シテ，日用普通ノ智識ヲ授ケ，更ニ，図画・理科・算術等ニ関スル事項ヲ，実地製作ノ上ニ於テ説明シ，且，審美ノ情，及ビ実業愛好ノ念ヲ涵養シ，兼テ，綿密・注意・秩序・整頓・節約・利用・忍耐・自治等ノ習慣ヲ得シムルヲ以テ要旨トス。」

ここには，一方で千葉師範時代の「第一　手眼の働を修練し脳力の作用を助く」，「第二　実業の思想を惹起せしむ」，「第四　簡単なる物品を製作し得るの技能を養ひ兼て実業の素地を与ふること」，「第五　他学科の応用を知り且其進歩を促す」，「第七　順序精密注意等の習慣を養成す」といった目的的価値の反映がみられる。

他方で，1891 年の「小学校教則大綱」の①「眼及手ヲ練習シテ」と②「簡易ナル物品ヲ製作スルノ能ヲ養ヒ」という項目，および「其材料及用具ノ種類ヲ教示シ常ニ節約利用ノ習慣ヲ養ハンコトヲ要ス」という規定の反映をみることができる。

ただし，「教授細目」の性格上，これらの目的的価値群は，単に①「本科教材ノ要旨」として示されているにすぎない。

以上のことから，千葉師範時代に「細工」を教材単元として提案された教材は，高師附属小での教育実践を経て，色板排，製本，石膏細工などの「細工」

を加えるなどの修正を行いながら，8年間にわたって（女子では高等科の裁縫科につながる形で），1時間ごとの「細工」および製作課題にまでわたる教材編成がなされていったとみることができる。

第2節　『教師用手工教科書』の特徴と同書編纂上の岡山の役割

1. はじめに

前節では，『教師用手工教科書』の特徴を，岡山の手工科教育論の形成過程との関連において明らかにするために，まずその前提として，高師附属小での岡山の実践内容の特徴を，岡山が千葉師範時代に構想・提示した手工科のカリキュラム（表1-1参照）との関連に力点をおいて解明することを試みた。

その結果，岡山はすでに千葉師範時代に，手工科の普及をめざし，普通教育として意義ある教材を，「細工」を基本単位として選定・開発することに力を注いでおり，そこでの教材を基礎に，1900年度から1903年度までの高師附属小での教育実践によって，8年間一貫した教材編成を一定程度，確定していったことが明らかになった。

本節では，両者の内容を基礎において形づくられた『教師用手工教科書』の特徴を解明することを試みる。

2.「細工」を単元とした教材編成

1)『教師用手工教科書』の教材編成

1904年当時，小学校は，法制上，尋常小学校は4年制，高等小学校は3年制または4年制とされていた。そして，高等小学校は4年制が大多数であったとされる[15)]。

『教師用手工教科書』における教材は，岡山の千葉師範時代の教育課程や高師附属小での「小学校教授細目」と同様に，「細工」とよばれる教材単元を基本に成り立っている。そこで，まず同書の「細工」についてみていくことにする。

『教師用手工教科書』は，甲冊の「凡例」において，「手工教授の目的」，「手工教材の選択」，「手工教材の排列」，「手工教授の方法」などの概説がなされた後，尋常小学校第１学年第１学期から高等小学校第４学年第３学期まで，学年・学期ごとに順を追って記されており[16]，各学期は「課」と表現された１時間ないし数時間のまとまりでの製作課題や教授事項が時系列にそって示されている。各「課」の内容は，「要旨」，「教材」，「注意」の３項目で示され，次に比較的多くの「課」で「備考」が記されている。たとえば，尋常小学校第１学年第１学期の１，２時間目に課される色板排の教材である「第一課　形の名称」では，以下のように記されている。

「要旨　三角形，四角形，円形等の形状，名称を会得せしめて，以て形状に関する観念の端緒を開発するを要旨とす。」
「教材　一　三角形（第一図一）は三個の直線にて囲まるる所の形にして三個の角あり。
　　　　二　四角形（同図二）は四個の直線にて囲まるる所の形にして四個の角あり。
　　　　三　円形（同図三）は曲線にて囲まるる所の形なり。」
「注意　三角形，四角形，円形なる骨牌一枚づつを予め各児童に分配し，教師は更に大形の骨牌を用意し一々これにつきてその名所と形状とを会得せしめ，次に石筆若くは鉛筆にてこれを画かしむべし。」
「備考　骨牌は厚紙を以て作る。大さは随意なれども四角形のもの一寸五分平方許なるを適当とす。」（甲冊，pp.2-3）

このように，「要旨」には「課」のねらいが，「教材」には教授すべき事項ないし児童の作業手順が記されている。「注意」には教師の準備しておくもの，教師のよびかけ，製作の際の注意点，批評の仕方等が記されている。「備考」

には教師への参考資料が載せられている。

加えて，色板排や粘土細工等の各「細工」の初出の際には，当該「細工」を課すことによって児童のなかに実現させる価値などについての解説がなされている。また，木工では，最後の「課」の直後に，「木工全体に係る備考」があり，ここには教師に対してなるべく多くの参考を提供することを意図して，多種の工作法や工具とその使用法，材料の性質と用途等が記されている。金工も同様である。さらに，各「課」には製作物や使用する工具の図（面）が複数のせられている。

このように，『教師用手工教科書』は，教師の準備内容や参考資料を含めて，1時間ないし数時間ごとのまとまりで，教師が授業を行えるよう，教授事項とそのねらい，作業手順と注意事項が順序立てて記されている。

表2-2は，『教師用手工教科書』の単式多級制[17)]の「細工」の配当学年，配当学期，配当時間数についてまとめたものである。

尋常小学校では，第1学年第1学期から第4学年第1学期までが男女共通の教授内容，第4学年第2，3学期が，男女別個の教授内容となっている。また，高等小学校の女子については，同書の「凡例」によれば，「小学校令の規定上手工科を加へ授くることを得るに拘らず，その女生徒に課すべき手工科の教授材料等尚ほ特殊の研究を要するを以て，本書は姑くこれを措」（甲冊，「凡例」1頁）くとされ，男子の教育内容しか示されていない。

教授時間数は，全学年，週2時間で，第1学期が16週，第2学期が15週，第3学期が9週と仮定されている。8年間で，男女とも合計640時間が課されることになる。

同書では，色板排，豆細工，粘土細工，折紙，切貫，紙撚，紐結，厚紙細工，製本，縫取，竹細工，木工，金工，鋳型細工の14種の「細工」が設けられている。ここで，いくつかの「細工」の内容を示す。

1. 色板排は，正三角形と正方形と円形の厚紙に，赤や青や紫の色紙を貼った「骨牌」を子どもに配り，その「骨牌」を並べて，「大なる三角形」や「風車」，「正六角形」，「燕子花」などを形づくらせる「細工」である。「骨牌」の

表 2-2　単式多級制の「細工」の配当学年，配当学期，配当時間数（1904 年）

細工＼学年・学期		尋常小学校															高等小学校												合計	
											男子			女子			男子のみ													
		第 1 学年			第 2 学年			第 3 学年			第 4 学年			第 4 学年			第 1 学年			第 2 学年			第 3 学年			第 4 学年				
		1	2	3	1	2	3	1	2	3	1	2	3	1	2	3	1	2	3	1	2	3	1	2	3	1	2	3	女	男
1	色板排	①10	①10	①8																									28	28
2	豆細工	②12	②10	②10	②6		①10																						48	48
3	粘土細工	③10			①16	①12		①15			①14			①14			①10			①10	①10								67	97
4	折紙		③10		③10				①10	①8																			38	38
5	切貫										②18	①10	①8	②18	①10	①8	②10												36	46
6	紙撚					②8		②5	②5																				18	18
7	紐結					③10	②8	③12	③15																				45	45
8	厚紙細工											②20	②10				③12	①12	18	②12	②9								0	93
9	製本									②10								②18											10	28
10	縫取														②20	②10													30	0
11	竹細工																			③10	③11	18							0	39
12	木工																						32	30	18	①16			0	96
13	金工																									②16	30		0	46
14	鋳型細工																											18	0	18
合計		32	30	18	32	30	18	32	30	18	32	30	18	32	30	18	32	30	18	32	30	18	32	30	18	32	30	18	320	640

備考：表中の数字は「教授の時数」を，丸数字は「その学期間に於て課すべき順序」を示す。
合計は女児 4 学年分，男児 8 学年分の時数を示す。

出所：「附録（第一号）多級制 尋常小学校第一学年乃至高等小学校第四学年課業配当表」『小学校教師用 手工教科書』（丁冊，pp.235-236）をもとに作成。

大きさは，「随意」であるが，最初に用いる正方形は，1 辺一寸五分（約 45㎜）が適当とされている。

2. 豆細工は，子どもに喰切（くいきり）で籤（ひご）を一定に切らせて，籤と籤の合わせ目を豌豆に差し込むことで，「三角形」（1 辺が一寸五分～二寸程度）

や「鳥居」,「三角錐」,「机」,「六角柱」,「ぶらんこ」,「街燈」などの形を作らせ，図に描かせる「細工」である。

6. 紙撚は，半紙の反古を，縦に16等分，横に4等分に切り，それを材料に，帳面や草紙を綴るための小撚や観世撚をつくる「細工」である。

8. 厚紙細工は,「八号乃至十号」のボール紙を材料とし，裁定規，裁包丁ないし小刀，糊を使って,「栞」や「正方体」(立方体),「斜方直柱（被蓋小箱)」,「円擣（茶筒)」などをつくる「細工」である。

9. 製本は，小撚を使って,「筆記帳」や「和本」,「洋本」などを綴る「細工」である。

10. 縫取は,「紙刺針」(縫針に柄がついたもの）を用いて，厚紙に色糸で,「直線模様」,「角違ひ三角形模様」,「曲線模様」,「紋形五三桐」などの模様を刺繍する「細工」である。

13. 金工は，厚さ4～5厘（約1.5㎜）の黄銅板や厚さ3分（約9㎜）の黄銅，真鍮の針金や鐵といった材料，金挽鋸や火鉗，平鑢（ヤスリ)，目打等の工具を用いて,「匙」(スプーン）や「文鎮」,「錐」などを製作する「細工」である。

14. 鋳型細工は，木や粘土で鋳型をつくり，焼石膏を溶かしたものを流し込んで,「蛤」や「鳥卵」を製作する「細工」である。

このうち，厚紙細工は男子のみに課され，その間，女子には縫取が課されることとなっている。

ひとつの「細工」は，ある学年・学期にまとめて行うのではなく，複数の学年・学期にわたって配当されている。たとえば，粘土細工は，尋常小学校の第1学年第1学期，第2学年第1・2学期，第3学年第1学期，第4学年第1学期，高等小学校の第1学年第1学期，第2学年第2・3学期で行われる。この点に関し，坂口は，尋常小学校第1学年から高等小学校第2学年までの6年間の教材編成を,「幾何学的な図形教材の垂直的・水平的編成」と特徴づけている[18)]。

14種の「細工」のうち，もっとも多い教授時間数があてられた「細工」は，粘土細工である。粘土細工は，尋常小学校第1学年から高等小学校第2学年

（男子）まで，6 年間にわたり，総時間数 97 時間をあてられている。次にあてられた教授時間数が多いのは，木工である。木工は，高等小学校第 3・4 学年の 2 年間で，96 時間をあてられている。

また，表 2-2 から，第 1 学年では色板排と豆細工と粘土細工と折紙，第 2 学年では豆細工と粘土細工と折紙と紙撚と紐結，第 3 学年では粘土細工と折紙と紙撚と紐結と製本といったように，学年があがるにつれて，下の方に記された「細工」へと徐々に移り変わっていくように編成されていることがよみとれる。すなわち，少なくとも男子に対して，「細工」を基本に，8 年間一貫した教材編成がなされているといえる。

2）高師附属小での教育実践との関連

こうした『教師用手工教科書』の教材編成は，岡山が 1900 年から高師附属小で実践し，その研究成果として，『教師用手工教科書』が出版される前年の 1903 年に示された高師附属小編『教授細目』の第 2 部の手工科の教材編成と，「細工」の種類およびその配当学年・学期の点で，かなり近似したものであるといえる。

既述のように当時の高師附属小の第 2 部は，尋常科第 3 学年と第 4 学年，高等科第 1 学年と第 2 学年，第 3 学年と第 4 学年で，2 学年ずつ合わせて教授する合級制がとられていた。したがって，2 学年いずれの児童にも課すのに適した内容を示す必要があった。岡山は，その内容を奇数年度と偶数年度の 2 種類作成し，1 年ごとに交互に課すという方法をとった。そして，そうした内容を示したものが前節の表 2-1 であった。

高師附属小の教材編成を示した表 2-1 と，『教師用手工教科書』の教材編成を示した表 2-2 とを比較してみる。なお，ここでは，たとえば表 2-1 の尋常科 3・4 年偶数と表 2-2 の尋常小第 3 学年，表 2-1 の高等科 1・2 年偶数と表 2-2 の高等小第 1 学年というように，表 2-1 と表 2-2 に示した学年順に比較する。

まず，「細工」の種類は，ともに，色板排，豆細工，粘土細工，折紙，切貫，紙撚，紐結，厚紙細工，製本，縫取，竹細工，木工，金工，石膏細工[19)]の 14 種と，まったく同じである。

次に，各学年・学期で課される「細工」の種類をみると，一見しただけで各「細工」の配当されている学年・学期がかなり似通っていることがわかる。高師附属小の第２部では，手工科の教授時間が，尋常科で週１時間，高等科で週２時間であるのに対し，『教師用手工教科書』では，尋常，高等小学校を通してすべての学年で週２時間と，高師附属小の尋常科での教授時間は少なかった。それにもかかわらず，たとえば第１学年で課される「細工」の種類をみると，両者とも，第１学期には色板排と豆細工と粘土細工，第２学期には色板排と豆細工と折紙，第３学期では色板排と豆細工といったように，まったく同じである。

尋常小学校第４学年での豆細工と厚紙細工の扱いと高等小学校第４学年での粘土細工の扱いなどに多少の違いがあるものの，両者で課される「細工」の種類は各学年ではとんど同一であり，配当時間の割合も似通っている。

さらに，各「細工」での製作課題を比較してみる。高師附属小『教授細目』では尋常小学校第１学年第１学期の第１週から第４週まで，学期の約３分の１の時数を色板排に配当しており，第１週から順に，「色ノ名称　青黄赤白黒及ビ原色ノ観念」，「三角形，四角形」，「国旗」，「風車」となっている。これに対し，『教師用手工教科書』では，尋常小学校第１学年第１学期の第１週から 10 時間，同じく学期の約３分の１の時数を色板排に配当しており，第１課から順に，「形の名称」，「色の名称」，「大なる三角形及び四角形の構成」，「色の名称」，「国旗」，「富士山」，「風車」となっている。また，木工の製作課題は，「鉋ノ研磨法，使用法，板削リ等」，「門札」，「方柱」，「糸巻二種」，「鋸挽練習横挽，縦挽」，「鉄瓶敷」，「羽子板」，「三角定規」，「箱」，「自由製作」となっており，後に示す表 2-3 と見比べて明らかなように，これらのほぼすべての製作課題が，『教師用手工教科書』でのそれと同一である。

以上の点から，岡山が高師附属小の児童を対象にして行った実践内容が，『教師用手工教科書』に，かなりの程度，反映されているとみることができる。

3. 木工教材の復元にみる『教師用手工教科書』の特徴

次に，『教師用手工教科書』にみられる教材を復元解釈することを通して，同書の特徴についてみていく。

なお，ここでの教材による復元解釈は，本書第6，7章のように，岡山の手工科教育論の到達点を解明するためのものとは，やや目的が異なる。『教師用手工教科書』に関しては，既述のように，すでに坂口によって，上原の手工教育観との関連から，尋常小学校第1学年から高等小学校第2学年までの教材分析がなされている[20]。すなわち，先行研究で残された課題は，高等小学校3，4学年の教材分析である。加えて，岡山の同書への関与を解明することにある。

『教師用手工教科書』では，高等小学校の第3学年では第1学期から第3学期までのすべての時数が木工に，第4学年では第1学期に木工16時間と金工16時間，第2学期に金工30時間，第3学期に鋳型細工18時間があてられている。木工は，高等小学校3，4学年でもっとも多くの教授時数が配当されており，8学年にわたる手工科の教科課程において，いわば最後の総仕上げないし到達点として位置づけられている[21]。しかも，木工は，上原が手工科で課すのに「最善」と位置づけていた「細工」であることから，同書の特徴が明確にあらわれている「細工」と想定できる。つまり，もっとも分析すべき「細工」といえる。

したがって，ここでは，岡山の『教師用手工教科書』への関与と，先行研究の成果の上に，同書の特質をまとめあげることを意図して，木工教材の復元解釈を行う。

さて，木工の「製作題目」は，表2-3の通り，13種が設定されている[22]。

ここでは，復元による教材解釈の一例として，「懸棚」を取り上げる。「懸棚」は，表2-3に示したように，高等小学校第4学年第1学期に16時間をかけて製作する木工の最後の製作課題である。「懸棚」は，隅棚ともいい，書斎または床の間の隅柱の角に折釘を打ち込み，そこに懸けて飾る棚である。次ページに，復元による教材解釈の手法を用いて作成した作業分解票を載せる。

以下，作業分解票での作業ステップの順にそって，教授活動上の特徴を挙げる[23)]。

まず，作業ステップNo. 1と2では，基準面を作製すべく，鉋での平面，木口，木端削りを行う。その際，ケヤキ材は堅いため，繊維方向に垂直に鉋がけ（横摺）を行うことが記されている。なお，作業ステップNo. 2での第1，2基準面の作製については，『教師用手工教科書』に記されていないけれども，ここでの精度が後の蟻指加工などにも影響を及ぼすため，不可欠な作業である。

次に，作業ステップNo. 3と4での上板と持ち送りのけがきは，曲線を組み合わせたけがきである。このけがきの方法は，「要旨」にてひとつの重要な教授事項としてあげられ，「教材」において，けがく手順が詳細に示されているとともに，「備考」においても曲線形図法と銘打って解説がなされている（第四百四十四図）。

作業ステップNo. 6～10は，指口のひとつである蟻指加工の蟻溝部の加工である。蟻指加工は釘を用いずに二材を固定し，板の反りを予防する方法であり，こうした蟻指加工の特徴についても「教材」に記されている。加えて，蟻指加工に関して，本来，上板に施す蟻溝の長さは持ち送りの長さに等しく加工

表2-3　『教師用手工教科書』の木工の製作課題一覧

○高等小学校第3学年 ・第1学期（32時間） 板削練習附鉋研磨法，板の性質（8時間）／門札附鉋台の構造及び修理法（6時間）／方柱（6時間）／円柱（6時間）／糸巻附木材着色法（6時間）／（補充課：衣紋竿）
・第2学期（30時間） 横挽練習（6時間）／縦挽練習（6時間）／土瓶敷（6時間）／羽子板（4時間）／指口二種（8時間）／（補充課：止の指口，相欠の指口）
・第3学期（18時間） 硯箱（12時間）／三角定規（6時間）／（補充課：短冊掛，写真挟）
○高等小学校第4学年 ・第1学期（16時間） 懸棚（16時間）／（補充課：衣紋掛）

出所：文部省編纂『小学校教師用　手工教科書』（丁冊）を基に作成。

表 2-4　作業分解票

製作課題	懸棚	学年・期	高等科 4 年　1 学期　男子
材　料	欅(ケヤキ)あるいは桜材 一尺×五寸五分の六分板	教授時数	16 時間
工　具	横挽鋸・胴付鋸 鼠歯錐 廻挽鋸・畔挽鋸 溝鉋・際鉋 罫引・差し金 直角定規・コンパス 補助治具 木やすり・研磨紙 ワニス	作　業	・鉋での平面，木口，木端削り ・木取り ・罫引，差し金，直角定規，コンパスでのけがき ・胴付鋸，廻挽鋸，畔挽鋸での鋸挽き ・溝鉋，隅鉋，際鉋での鉋削り ・木やすり，研磨紙でのやすりがけ ・ワニス塗り ・鼠歯錐での穴あけ ・鏝鑿での浚い
略図または完成写真			

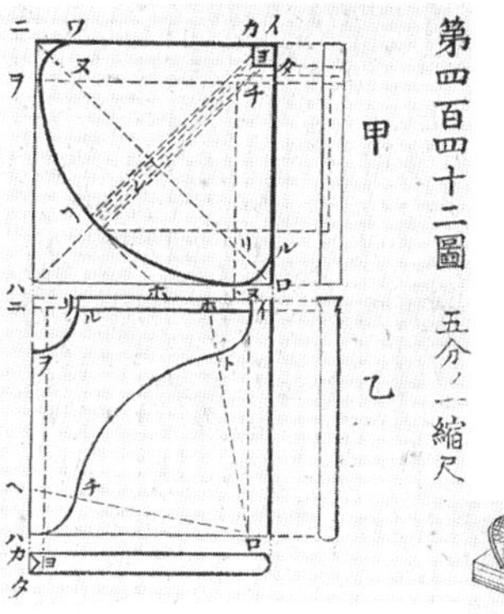

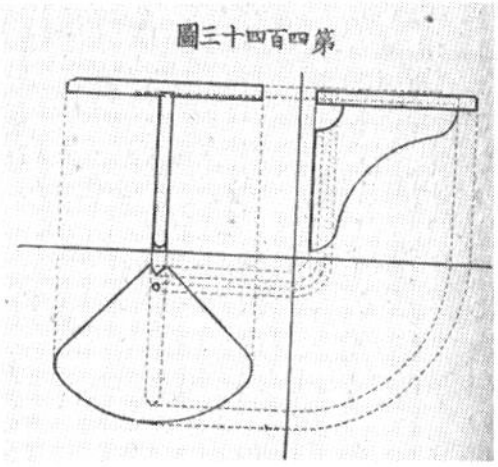

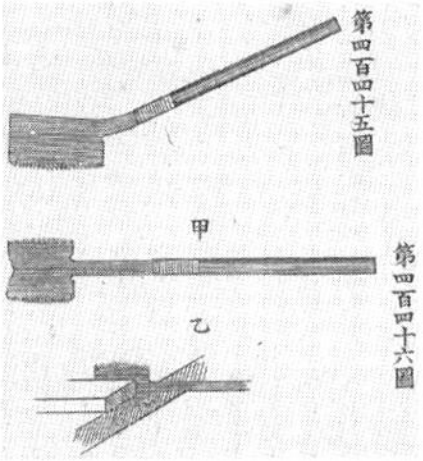

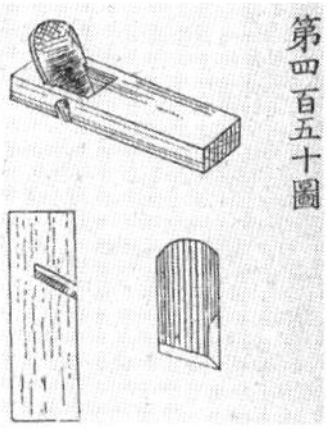

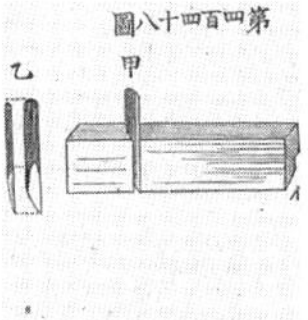

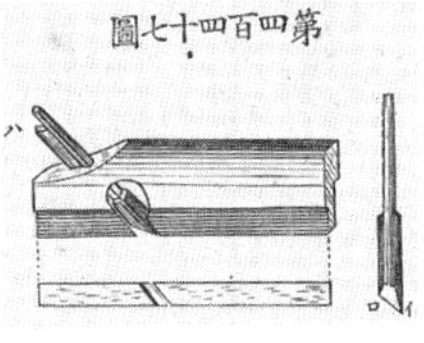

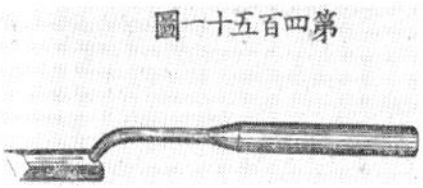

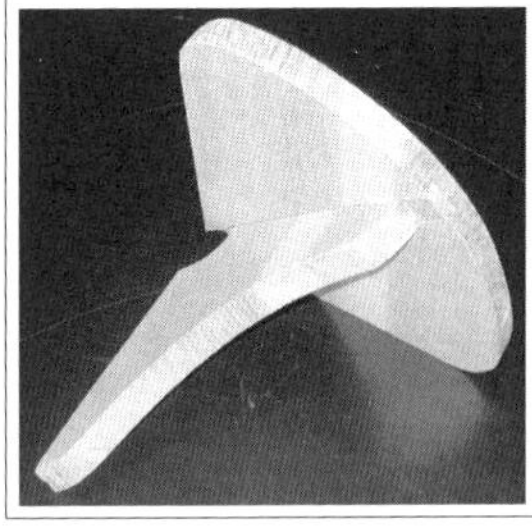

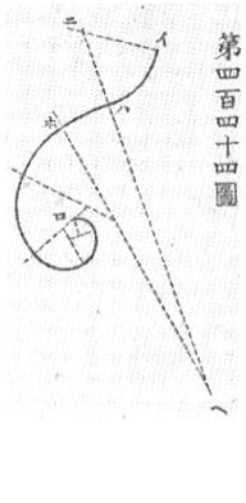

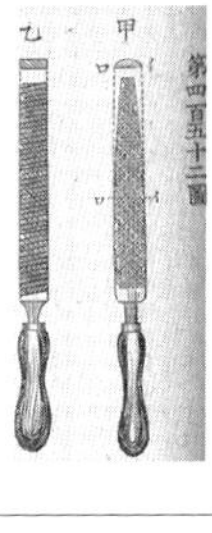

No.	作業ステップ	急　所
1	鉋での平面削り	表裏2面を平削りして厚さ四分～五分（15mm）に仕上げる。堅材のため，粗削りは横摺で行う。
2	鉋での木口，木端削り	第1，2基準面の作製。第442図のイニ（木口）とイロ（木端）の面を鉋で直角に削る。
3	上板のけがき	第442図の甲のように，1辺五寸（152mm）の正方形イロハニを書き，対角線イハ，ロニを引く。ロハ辺の中点ホからロニ線との平行線ホへをひき，イハ線上にへをとり，ホへに等しくホから木口線上にトをとり，トよりイロとの平行線を引いて，イハ線上にチを，ロニ線上にリをとり，チからイニに平行線を引いてロニ線上にヌを取る。リとヌを中心とし，リトを半径としてトルとヲワの2弧をかき，チを中心とし，チトを半径としてトヘヲの弧をかく。
4	持ち送りのけがき	第442図の乙のように，板の余白に，四寸五分（136mm）平方の正方形イロハニを書く。イニとハニ線上でイとハから8分（24mm）の所にホとへをとり，この2点をロにつなぎ，ホとへを中心としてホイを半径としてイトとハチ弧をかく。ロを中心としてトチ弧をかく。ニを中心として8分（24mm）の半径で弧ルヲを書く。2分（6mm）の幅でリヌの蟻帯部を設ける。
5	廻挽鋸での鋸挽き	けがき線にそって，第442図の甲と乙の必要な部分を切り落とす。
6	蟻溝部のけがき	差し金を用いて，甲板に，第442図のように，蟻帯の厚さに準じて4本の線を記し，側面に蟻溝の形を書く。
7	畔挽鋸での鋸挽き	蟻溝の両側となる部分を内側のけがき線から斜めに挽き込む。30度程度の傾斜のある補助治具を使う。
8	溝鉋での溝削り	畔挽鋸で切り込んだ部分まで削って溝をつくる。
9	鏝鑿での浚い	蟻溝の底を浚う。
10	隅鉋での削り	蟻溝の側面を削って整える。一方をやや狭く仕上げる。
11	蟻帯のけがき	木端面に蟻形をけがく。
12	罫引での切り込み	木口面から掛けて，イルの位置を両面から深く切り込む。
13	隅鉋での削り	蟻帯の両肩を三角形に削り取る。一方をやや狭く仕上げる。
14	はめ込み	蟻帯の狭い方を蟻溝の広い方へはめて，孔中を押し進める。第442図の甲のレへの空洞部に，はめ木を施す。
15	木やすりでのやすりがけ	曲線部と丸面とを仕上げる
16	胴付鋸での鋸挽き	胴付鋸で，第442図の甲のカヨタを切り落とす
17	鼠歯錐での穴あけ	柱の折釘に掛けられるよう，図の甲のチの位置に孔をあける。
18	畔挽鋸での鋸挽き	第442図の乙のカヨタの溝を設けるために，中央に底まで挽目をつける。
19	隅鉋での削り	挽目の両側を削って，直角の溝をつくる。
20	際鉋での削り	隅鉋で削った部分を仕上げる。
21	やすりがけとニス塗り	研磨紙で丁寧に全面を磨き，ワニスを数回塗って仕上げる。
教授と活動特徴の順序	「要旨」：曲線のけがき方と切削法，蟻指の方法，畔挽鋸・溝鉋・隅鉋・際鉋・木やすりの使用法，假漆（ワニス）の用法 「注意」：木工の最終製作のため，十分丁寧に製作し，美麗に工を終えるように作業させる。畔挽鋸・溝鉋・隅鉋・際鉋・木やすりの使用法は，機に臨んで一つひとつ丁寧に説明して十分に了解させた後で使用させる。ワニスの塗り方も教師が実地に示してから作業させる。 「備考」：曲線形図法，畔挽鋸（鋸身2寸5分～3寸5分）・溝鉋・隅鉋（左鉋，右鉋）・際鉋・鏝鑿（刃幅4～5分）・木やすりの使用，ケヤキ材の性質と用途	
教材解釈の視点	① 廻挽鋸の使用。 ② 蟻指の特徴（釘を使わず2材を固定，板の反帳を予防）と方法。 ③ ケヤキ材は堅く，かつ部材が厚いため，鉋がけの難易度が上がっている＝「横摺」。さらに，隅鉋や際鉋も使用。 ④ 廻挽鋸での鋸挽きも，部材が堅く厚いため，難易度が上がっている。かなりの時間を要する。 ⑤ 前課に引き続き，コンパスでのけがきも位置づいている。 ⑥ 図画の幾何画法でも持送の描き方（「第18教 弧を連続する法」『小学校教師用幾何画法』）あり。	

しなければならないが，上板の方が長く，途中までしか蟻指加工を施さないとなると，児童には加工が容易ではないため，はめ木をするという方法を用いることも記されている。さらに，けがき線にそって畔挽鋸で蟻溝の幅の両側を斜めに切り込む際に，挽き損じないよう，傾斜のついた補助治具を用いることが，「備考」に図入りで示されている（第四百四十六図）。畔挽鋸，さらにその後のステップで用いる溝鉋，隅鉋，際鉋，木やすりについては，機に臨んで一つひとつ丁寧に説明して十分に児童に理解させた後に使用させることや，ワニスの塗り方も教師が師範してから作業させることが「注意」に記されている。

このように，難度を高めた鉋削り，けがきにみられたような詳細な手順と解説，蟻指加工にみられた児童が加工し損じない工夫および加工難易度を考慮した方法，「注意」にみられる的確な指導ポイント，「備考」での教師への豊富な参考資料の提示など，「要旨」でかかげた内容が児童に確実に身につけられるように配慮が行き届いた内容となっている。『教師用手工教科書』が「かなり行き届いた教材研究によって構成されている」と評されるゆえんであろう。実践を踏まえていなければ，ここまでの配慮には到底至らないと思われる。岡山の高師附属小での実践内容はこうした点に反映されているとみてよいであろう。

最後に，13 種すべての木工教材の復元を通して明らかになった 3 点の特徴を述べる。

第 1 の特徴は，算術や図画などで習得した知識，とりわけ図学の知識を実地に応用することが重視されている点である。

たとえば，「板削練習附鉋研磨法，板の性質」においては，鉋で削った平面を下端定規で検査する際，同一平面上にある平行でない 2 直線は交差するという平面の定理を応用している。「門札附鉋台の構造及び修理法」では，2 つの平行線の一方に垂直な線はもう一方も垂直であるという垂直の定理を実地に応用して，鉋削りをした板の平面と木口面の直角検査を位置づけている。「円柱」では，方柱から正八角柱を鉋で削り出す過程において，角材の断面のけがきの際に，正方形から正八角形を描き出す方法，さらに八角形に内接する円を描く方法が位置づけられており，その方法は図画の用器画法によるものとされている。

実際に同時期の国定教科書をみると，図画では尋常小学校第２学年で三角形・正方形・菱形等，第４学年で角柱と円柱の描き方，高等小学校の幾何画法で正方形から正八角形を描き出す方法，円に内接する多角形を描く方法が課されているし，算術では高等小学校第１学年で立方体と円柱の体積の求め方が位置づいている[24)]。

さらに，「三角定規」では，三角定規の角度と長さの関係，60度定規と45度定規の図法，下端定規を用いた三角定規の検査法，２つの角のそれぞれの２等分線の交点により三角形の３辺から同距離の点を出す方法などの図学の知識を応用して，けがき，検査，修正を行う。

また，「門札」，「方柱」，「円柱」をはじめとして，製作に先立ち，製作図を描くことを位置づけている。「門札」の「備考」には，製作図に関して，「毎課製作に着手する前にその図を特別の手帳に画き寸法を記入せしめて以て製作に資せしむべし」と記されている。「円柱」の次の製作課題以降には，製作図を描くという教授事項が直接には記されていないけれども，「硯箱」や「懸棚」は，各児童が寸法を把握する必要があることから手帳に図面を描かせ，寸法を記入させ，それを手元に置いて，木取りを行っていたと思われる。

かつて坂口は，尋常小学校第１学年から高等小学校第２学年までの６年間において，『教師用手工教科書』は「平面・立体観，平面・立体概念の形成にもとづく図学・製図の基本的学習を一貫して重視していた」と指摘した。本研究での高等小学校第３，４学年の木工では，算術や図画で得た図学の知識を，製図，けがき，部材検査，修正加工などの製作の一連の工程において，実地に応用することを重視していたといえる。

第２の特徴は，児童の技能習得の観点からみて，教授すべき事項が合理的に位置づいている点である。

表2-5は，作成した作業分解票をもとに，児童に製作ないし作業させる工程に含まれる教授事項を製作課題ごとに抽出し，まとめたものである[25)]。ここには，上述の「懸棚」の作業ステップNo. 2のように『教師用手工教科書』

には記載されていないけれども，製作上，必須となる教授事項を含めている。

『教師用手工教科書』の木工には，31の教授事項が含まれている。たとえば，「板削練習附鉋研磨法，板の性質」には，鉋の刃研ぎと刃の調整，粗削り，板材の平面削り，下端定規を用いた平面検査という４つの教授事項が含まれている。次の「門札附鉋台の構造及び修理法」では，「板削練習附鉋研磨法，板の性質」での４つの教授事項に加えて，鉋台の修理，作図，罫引等でのけがき，板材の木端削り，木口削り，直角検査，坪錐（鼠歯錐）での穴あけ，紙ヤスリがけの８つの教授事項が含まれている。最後の製作課題である「懸棚」では，これら12の教授事項と，両刃鋸での横挽き，コンパスでのけがき，廻挽鋸での切削という，「懸棚」製作以前に既に課された教授事項に加え，蟻指加工，はめ木，木やすりでのやすりがけ，ニス塗りの４つの新たな教授事項が含まれている。

表2-5から，ひとつには，すべての製作課題において，刃研ぎ，平面・木口・木端削り，平面・直角検査などの鉋の基本的な使用法に関する教授事項が含まれていること，今ひとつには，そうした鉋の基本的な使用法以外にも，鋸での横挽き，廻挽鋸での切削，組手など，既出の製作課題で課された教授事項を，適宜，繰り返し含みつつ，ほとんどの製作課題で新たな教授事項が追加されていることが特徴としてあげられる。

第３の特徴は，授業展開や教師の留意点・指示内容・準備事項などの指導過程に関する記載内容が的確に位置づいている点である。

たとえば，「板削練習附鉋研磨法，板の性質」では，研ぎ場の混雑を考慮し，板材を鉋で削る児童と鉋の刃を研ぐ児童に分けて交互に実施することが，「注意」に記されている。木工の特別教室の設備をも視野においた指導過程が考えられている。

また，使用する材料の種類に関して，杉・檜・樅・朴・松・シオジ・桐・桜・ケヤキと，ほぼ毎回，異なる種類の材料を使用している。これは製作の過程で，材料の堅軟・軽重・木目の違い・加工のしやすさなどを体感的に会得できるよう配慮されたと考えられる。

表 2-5 『教師用手工教科書』の木工の教授事項一覧

教授事項	繰り返される教授事項	「教授題目」	新しい道具	材料
1 鉋の刃研ぎと調整 2 鉋での粗削り 3 板材の平面削り 4 平面検査		板削練習附鉋研磨法，板の性質	平鉋（粗鉋･中鉋･上鉋） 砥石（大村砥石，青砥石，合せ砥，名倉砥） 木槌，下端定規	杉の板材 1尺2寸×4寸×6分 （364 × 121 × 18mm）
5 鉋台の修理 6 製作図を描く 7 罫引等でのけがき 8 板材の木端削り 9 板材の木口削り 10 直角検査 11 坪錐（鼠歯錐）での穴あけ 12 紙やすりがけ	1，2，3，4	門札附鉋台の構造及び修理法	罫引，差し金 台直し鉋 直角木口台 坪錐（鼠歯錐） 紙ヤスリ 直角定規	檜の板材 6寸×2寸5分×6分 （182 × 76 × 18mm）
13 角材の正角削り 14 角材の木口削り 15 鋸での横挽き	1，2，3，4，5，6，7 10	方柱	両刃鋸	樅の角材 8寸×1寸×1寸 （242 × 30 × 30mm）
16 コンパスでのけがき	1，2，3，4，5，6，7 10，12，13，14，15	円柱	コンパス	朴の角材 8寸×1寸×1寸 （242 × 30 × 30mm）
17 クリ小刀での曲面の切削 18 着色・ロウ塗り	1，2，3，4，5，6，7 8，9，10，12，15， 16	糸巻附木材着色法	クリ小刀	朴の薄板 5寸5分×2寸7分 （167 × 82mm）
	1，2，3，4，5，6，7 10，13，15	横挽練習		松の角材 7寸×1寸5分×1寸2分（212×45×36mm）
19 鋸での縦挽き	1，2，3，4，5，6，7 8，9，10	縦挽練習		樅の板材 1尺2寸×3寸×8分 （364 × 91 × 24mm）
20 止木口台を用いた鉋削り	1，2，3，4，5，6，7 8，9，10，15，16	土瓶敷	止木口台	シオジ（ヤマダモ）の板材 6寸×3寸×3分 （182 × 91 × 9mm）
21 廻挽鋸での切削 22 型紙の作成	1，2，3，4，5，6，7 8，9，10，12，15， 17，19	羽子板	廻挽鋸	桐の板材 1尺2寸×3寸4分×4分（364×103×12mm）
23 組手 24 ほぞ継ぎ	1，2，3，4，5，6，7 8，9，10，13，14， 15，19	指口二種	帯挽鋸，胴付鋸 尾入鑿，向待鑿 シノギ鑿	3寸×2寸4分×4分（91 × 73 × 12mm）を2枚 3寸×9分平方（91 × 27 × 27mm）の角材を2個
25 四ツ目錐での下穴あけ 26 釘打ち 27 のりづけ	1，2，3，4，5，6，7 8，9，10，15，19，23	硯箱	押し糊 木釘（竹釘） 四ツ目錐	檜の板材 1尺3寸5分×8寸×3分 （409 × 242 × 9mm）
	1，2，3，4，5，6，7 8，9，10，11，12， 15，16，22	三角定規		朴または桜の薄板 7寸×5寸×2分 （212 × 152 × 6mm）
28 蟻指加工 29 はめ木 30 木やすりでのやすりがけ 31 ニス塗り	1，2，3，4，5，6，7 8，9，10，11，12， 15，16，21	懸棚	溝鉋，隅鉋，際鉋 鏝鑿 30度傾斜の補助治具 木やすり，ワニス	ケヤキまたは桜の板材 1尺×5寸5分×6分 （303 × 167 × 18mm）

「指口二種」では，「用材を左手にて抑へつつ鑿を以て突削るにその刃先を左手に向けて使用する者多し。怪我するの恐あれば堅く禁ずべし」と，鑿でけがをおこしやすい実例をあげ，児童にさせてはならない穿孔方法を「備考」に記載している。児童への指示内容が的確に位置づいている。

こうした指導過程に関する的確な記載内容は，実際に授業を行い，そこでの児童の作業の様子などをみた経験による実践的裏付けがなければ，記すことは困難であろう。見方をかえれば，この点にも，岡山の高師附属小での実践が『教師用手工教科書』に反映されている形跡をみてとることができる。

4. 未成熟な目的的価値論

『教師用手工教科書』は，尋常小学校第 1 学年第 1 学期から高等小学校第 4 学年第 3 学期まで，各学年・学期ごとに，課される「細工」および個々の「課」を，順を追って示す形で記されている。「細工」についての説明は，最初にその「細工」が課されるところで書かれるようになっている。

この「細工」についての説明をみると，たとえば，粘土細工は，次のように記されている。

> 「この細工は粘土を用いて種々の形体を造るものにして，手指の運用を練り，視官を鋭敏にし，想像思考の能を高め，兼ねて美感を発達せしむるなどに於て手工中最も有益なるものなり。粘土は柔軟にして工を施すに殆ど力を用ふるの要なく，指頭の僅かなる厭力によりて千態萬状の形体を巧に作為するを得べし。工具の如きは皆細小且価廉にして入用なきにあらざれども，而も多くの場合に於ては指頭を運用して製作するに若かず。手指の教育上この細工が重要視せらるる所以は実にここに在るなり。」（甲冊，p.23）

すなわち，「細工」の説明には，「細工」の内容とともに，当該「細工」にて，児童に実現できる，ないし実現すべき価値，すなわち目的的価値が論じられている。粘土細工の目的的価値は，① 種々の形体の作製，② 手指の運用の錬成，③ 視器官を鋭敏にする，④ 想像思考の能を高める，⑤ 美感の発達の５点である。

表 2-6 は，『教師用手工教科書』に設けられた 14 種の「細工」における目的的価値についてまとめたものである。

一方，同書の「凡例」には，「手工教授の目的」として，以下のように記されている。

> 「手工教授は眼及び手指を錬磨し簡易なる物品を正確に製作するの技能を得しめ，工具の構造及び使用，材料の品類及び性質に関して日用普通の知識を授け，更に図画，理科，数学等に関する事項を実地製作の上に応用して工夫創造等の能力を増進し，且審美の情及び実業愛好の念を涵養し，兼ねて綿密，注意，秩序，整頓，節約，利用，忍耐，自治等の習慣を得しむることを以て目的とす。」（甲冊，「凡例」p.1）

すなわち，「手工教授の目的」は，① 眼及び手指の錬磨，② 簡易なる物品を正確に製作する技能の獲得，③ 工具の構造及び使用に関する一般的知識の獲得，④ 材料の品類及び性質に関する一般的知識の獲得，⑤ 図画，理科，数学等に関する事項を実地製作の上に応用することによる工夫創造等の能力の育成，⑥ 審美と実業愛好の感情の涵養，⑦ 綿密，注意，秩序，整頓，節約，利用，忍耐，自治等の習慣の育成といった７つの項目が羅列された目的的価値論である[26)]。なお，この内容は，第１節でみた高師附属小編『教授細目』の「本科教材ノ要旨」とまったくといっていいほど同じである。

しかし，この７つの目的的価値と，表 2-6 にまとめた項目を比較すると，この７つの目的的価値は，「細工」による目的的価値と一致するものとはなっていない。すなわち，「手工教授の目的」として羅列して表現された目的的価値は，いわば「細工」が実現を目指す役割を担う多岐にわたった目的的価値のうちのいくつかを表現しているにすぎない。

表2-6　各「細工」の目的的価値の一覧表（1904年）

細工	目的的価値	頁	目的的価値	頁
色板排	「種々の物体を作ら」せる 「普通なる色」に関する観念を与える	甲2 甲2	「簡易なる形」に関する観念を与える 「眼及び手の練習を計る」	甲2 甲2
豆細工	「幾何形体，器物，家屋等の形を模造する」 「児童の観念を発表」	甲12 甲12	「工夫構成の力を練る」	甲12
粘土細工	「種々の物体を作る」 「手指の運用を練」る 「視官を鋭敏に」する	甲23 甲23 甲23	「想像思考の能を高め」る 「美感を発達」させる	甲23 甲23
折　紙	「単純なる形体を模造」 「直観を練習」する 「精密・清潔・注意等の習慣を養う」	甲54 甲54 甲54	「工夫を養」う 「日用を弁ずることを得」る 「紙の性質，種類等につきてその一斑を知ら」せる	甲54 甲54 甲54
切　貫	「幾何学形を製作」 「手眼を錬磨」 「意匠を練」る	甲59 甲59 甲59	「綿密の習慣を養」う 「幾何学的観念を」与える	甲59 甲59
紙　撚	「小撚，観世撚を作るの技能を得」る 「糸・紐・網等の織維に対する理解を与」える 「業務の習慣を与」える	甲125 甲125 甲125	「節約利用の方法を知ら」せる 「麻撚を作る技能を与」える	甲125 乙28
紐　結	「工夫の力を養成」 「手指の熟練を計」る	甲130 甲131	「美の観念を養成」 「日用の便利を与」える	甲131 甲131
厚紙細工（男）	「幾何形体或は実用の箱等を作る」 「幾何学上の知識を供給」	乙90 乙90	「算術科に結合して」その知識を応用	乙91
製　本	「帳面及び雑記帳類の製法」（「日用必須の技能」） 「児童学習の便利を計る」 「手指を練」る	甲48 甲48 甲48	「自為，独立の気風を養」う 「清潔，整頓の習慣を助長」	甲48 甲48
縫取（女）	「手眼を練」る 「美術思想を養」う	乙109 乙109	「綿密の習慣を成長」	乙109
竹細工（男）	「日用品を作ることを得る」	丙59	「小刀の錬磨の心得」を会得	丙60
木工（男）	「木工の初歩」を授ける 「主要なる木工具の使用法及び細工法の一斑」 「材料の種類性質等に関する知識を与」える 「生活上少なからざる利便を享くる」 「手指の運用」を図る 「学術の応用を図る」	丁1 丁1 丁1 丁1 丁2 丁2	「身体の発達に利益ある」 「工具の名称」 「製作法」の観念 「幾何学」の観念 「形相」の観念 「理科」「美術」との関連	丁2 丁2 丁2 丁2 丁2 丁2
金工（男）	「金工具の使用法及び金工法の一斑」	丁133	「金属の性質利用に関する知識を練る」	丁133
鋳型細工（男）	「種種の形体を模製する」 「想像工夫の力を練」る	丁219 丁219	「美術思想を養」う 「実業愛好の念を起さ」せる	丁219 丁219

備考：たとえば，頁欄の「甲2」は甲冊のp.2を指す。
出所：文部省編纂『小学校教師用　手工教科書』（甲・乙・丙・丁）を基に作成。

さらに，各「細工」が担いうる目的的価値の頻出度合いからみても，一方で，②簡易なる物品を正確に製作する技能の獲得，⑤工夫創造等の能力の育成，⑥審美と実業愛好の感情の涵養，⑦綿密，注意，秩序，整頓，節約，利用，忍耐，自治等の習慣の育成といった項目（丸数字は，前述の①～⑦に対応）が比較的多くみられるものの，他方で，「手工教授の目的」の項目にかかれていないものとして，幾何学の観念の養成や，色彩に関する観念，「意匠を練る」，「日用の便利を与える」といった項目が数多くみられる。すなわち，「手工教授の目的」に示された７項目からなる目的的価値論は，「細工」との照応関係のもとに論理立てられたものにはなっていないといえる。

ここから，『教師用手工教科書』においては，まずもって教材単元である「細工」のもとでの教材が先立ってつくりだされており，「手工教授の目的」として示された目的的価値論は，こうした教材との照応関係をもたずに，単に羅列してその一部を表現しているにすぎず，目的的価値としての意味合いをもつものとしては十分ではないと同時に，目的的価値論として論理立てられていないとみることができる。

事実，この後の1907（明治40）年に，上原は，手工研究会の場で「先づ第一に研究を要する事」で，「其問題とは手工の要旨と言つて宜いか，あるいは目的と言つて宜しいか，詰り之を文章に表はすに成べく簡明にして能く其意を悉した所のひとつの文章を綴りたい」と述べ，岡山や阿部や森利平など，７名で「手工科の目的」について議論している[27]。まだ，目的的価値論は論理立てられる段階になかったことがわかる。

では，次には，こうした目的的価値の側面での特徴をもつ「細工」の選択・配列とそこにみられる価値実現の方法についてみていくことにする。

5. 価値実現の方法の明確化

価値実現の方法に関わる内容として，『手工教科書』の「凡例」には，⑴「手工教材の選択」，⑵「手工教材の排列」，⑶「手工教授の方法」が記されている。

⑴「手工教材の選択」には，多岐にわたる目的的価値の実現を促すために，

「成るべく種々の材料及び工作法に接せしめて技能の一般的基礎を養成せんことを期し」,「最も簡易なるものより漸次実用的の複雑なるものに及ぶの趣旨」(甲冊,「凡例」p.2) から,14 種の「細工」を選択したことを述べている。

また,「児童の経験界に鑑みて,彼等が日常接触してその観念の明瞭にして且興味に富めるものに求」め,「尋常小学校に於ては図画,算術及び国語中の形体に関する事項に連絡し,高等小学校に於ては尚更に用器画,理科,地理等に連絡」させるなどの点に注意して,「教授題目」(甲冊,「凡例」p.2) を選択したことが記されている。

すなわち,「手工教材の選択」には,① 道具と材料を扱い,ものをつくる一般的かつ基本的な技能を育成できるよう,簡易なものから実用的で複雑なものへという観点をもって 14 種の「細工」を選択したこと,② 他教科との関連に注意して,児童が日常接しているものを「教授題目」(=製作課題) として選択したことがかかれている。

⑵「手工教材の排列」には,「細工」の配列に関して,「幼童」には,「一に製作品の繁簡と児童の心理的要求とに依りて排列」する,すなわち,「製法簡単にして工具の如きも主として鋏,尺度,小刀等何種の細工にも共通なる少数のものにて足るべき細工は,成るべく時々その種類を変更」することをあげている。一方,「高級児童」には「一種類づつ階段的」に排列すること,すなわち,「多数の工具を要し,又製作の順序として固有の形式を追ふことの厳密なるを要するものは,成るべくその種類を変換せざるを宜し」(甲冊,「凡例」p.3) とすることを述べている。

また,「教授題目」(=製作課題) の配列に関しては,季節や,他教科で関連した事項を教授する時期を考慮することが必要であることが述べられている。

すなわち,「細工」の配列に関しては,低学年では,「製作品の繁簡」と「児童の心理的要求」によって配列することから,高学年では,一種類ずつ「階段的」に配列するよう,「細工」を配列する際の顧慮すべき重点を変えること,さらに,「教授題目」(=製作課題) の配列に関しては,季節や,他教科で関連した事項を教授する時期を考慮するといった配列の要件が述べられている。

以上の点から，ひとつには，社会生活を営む上で不可欠な，材料と道具を扱うものづくりの，一般的かつ基本となる技能を育成できるよう，子どもの「心理的要求」や季節，他教科との関連を考慮しながら，易から難へと進むよう，教材の選択・配列がなされたことが示されている。

今ひとつには，⑶「手工教授の方法」に，「予備」・「実習」・「成績の処理」という３段階の教授法が示されている。それぞれの内容については以下の通りである。

1）予備：① 目的の指示，② 実物模型図画等を提出，③ 談話・問答によって製作物の形状，構造，用法等に関する観念を明確にする，④ 教師が工作を実地に行うことで，工具の使用法，製作の順序を明らかにする，⑤ 道具を整える。

2）実習：教師の実地の通りの順序で実習。机間巡視，場合に合わせて，個人指導（工作や姿勢を注意）と全体指導（教壇に登って全体に指導）を行う。

3）成績の処理：児童の製作物を批評・訂正・修正。製作順序をわからせるだけでは不足で，「成るべく技術に熟せしめて美的に製作し得るの域に達せしめんことに務むるを必要」とする（甲冊，「凡例」pp.4-5）。

こうした価値実現の方法に関わる内容を，先の高師附属小編『教授細目』の内容と比較すると，教材の選択については，同一の内容が示されているものの，配列要件や３段階教授法については，『教師用手工教科書』によって，はじめて明示されたとみることができる。もちろん，『教授細目』という資料の性格を考慮しなければならないけれども，少なくとも『教師用手工教科書』では，教材の選択・配列要件や３段階教授法など，価値実現の方法に関する事項を一定程度，明確化したといえる。

第3節　小　括

以上のことから，『教師用手工教科書』の特徴を，岡山秀吉の千葉師範時代に構想・提示した手工科のカリキュラムと1900年度から1903年度までの岡山の高師附属小での手工科の実践内容との関連からまとめるならば，以下の3点を指摘することができる。

第1に，千葉師範時代に「細工」を基本単位として提案された教材は，高師附属小での実践を経て，色板排，製本，石膏細工といった「細工」を加えるなどの修正を行いながら，8年間通して（女子では高等科の裁縫科につながる形で），1時間ごとの「細工」および製作課題にまでわたる教材編成がなされていった。

岡山はこうして高師附属小での実践を経た「手工教育案」を基礎として，上原と合議の上，『教師用手工教科書』を完成させた。事実，『教師用手工教科書』の教材編成と，高師附属小の「教授細目」に示された教材編成は，各学年に課される「細工」の種類とそこでの製作課題の点で，かなり近似していた。ここから，『教師用手工教科書』の編纂において，岡山の役割のひとつは，高師附属小で手工科の教育実践を行い，そこで得た知見を同書に反映させることにあったとみられる。

第2に，目的的価値論に関して，一方で『教師用手工教科書』でのそれは，「手工教授の目的」として表現されていた。他方で，『教師用手工教科書』の各「細工」には，いくつかの目的的価値の実現を促す役割が担わされていた。たとえば，色板排は，①「簡易なる形と色とに関する観念を啓発」し，②「眼及手の練習を計る」ものとされていた。こうした各「細工」に担わされた目的的価値と，「手工教授の目的」として表現された目的的価値を比較すると，そこに十分な整合性はみられなかった。

ここから，「手工教授の目的」として表現された目的的価値論は，教材の基本単位である「細工」と照応関係をもつものではなく，目的的価値論としては，未成熟なものであったといわざるをえない。換言すれば，教材から理論を逆照射するレベルに，目的的価値論が至っていない段階といえる。

第3に，価値実現の方法の側面に関して，『教師用手工教科書』では，社会生活を営む上で不可欠な，材料と道具を扱うものづくりの一般的かつ基本となる技能を育成できるよう，子どもの「心理的要求」や季節，他教科との関連を考慮しながら，易から難へと進むよう，教材の選択・配列の方法をとり，「予備」・「実習」・「成績の処理」という3段階教授法が論じられていた。千葉師範時代のカリキュラムや高師附属小編『教授細目』には，教材の選択要件が述べられた「手工教材の選択」の項目を除けば，こうした内容は示されていなかったことから判断するならば，価値実現の方法に関する事項を一定程度，明確化したといえる。

つまり，岡山は千葉師範時代に選定・開発した「細工」および製作課題を基礎に，高師附属小での実践を経て，8年間一貫した教材を編成した。こうした実践の裏付けをもって，子どもに教授する手だてをも意識して著されたものが『教師用手工教科書』であったといえる。

同書の特徴は，これまでの先行研究と本章での分析結果を加味するならば，次のようにまとめられよう。すなわち，かなり行き届いた教材研究によって，少なくとも男子に関して8年間（女子は4年間）一貫した構成がなされており，尋常小学校第1学年から，平面・立体概念の形成にもとづく図学・製図の基本的学習を重視し，さらに高等小学校第3・4学年に至っては，それらで得た知識を，製図，けがき，部材検査，修正加工などの製作の一連の工程において，実地に応用することを重視した実際的で体系立った指導書であった。

前章とのつながりで述べるならば，上原が日本の手工科の教育内容を構成していく上で見通した「頗る困難」な課題は，岡山が，手工研究会での研究成果や高師附属小での実践の裏付けをもって『教師用手工教科書』に具体的なカリキュラムと教材を提示することで，克服されたといえよう。

しかし，① 手工科教育固有の目的的価値論が樹立されていない，② 高等小学校の女子用教材を提示するには至っていないという2つの課題が残された。

なお，ここで，次章とのつながりを述べるなら，『教師用手工教科書』にみられた，こうした特徴をもつ教材は，その後，同書と基本的には同じ枠組みをもちながら，① 目的的価値群の「構造体系化」，② 価値実現の方法論の拡充，③ 高等小学校の女子用教材の明示という３点において，進展していくことになる。

注

1）川村侔「Ⅱ．1-4．⑴手工教科書の編纂」『講座現代技術と教育８　技術教育の歴史と展望』原正敏・内田糺編，開隆堂出版，1974 年，pp. 32-36。
2）森下一期「明治中期における手工教授法に関する一考察―教材の選択，配列を中心に―」『名古屋大学教育学部紀要』教育学科　第 34 巻，1987 年，pp. 245-257。
3）坂口謙一「手技の練習と製図・図形学習を重視する手工教育―文部省編纂『小学校教師用　手工教科書』にみる教材観の特徴―」『産業教育学研究』第 24 巻第２号，1994 年，pp. 17-24。
4）岡山秀吉「上原先生追悼録」『手工研究』第 42 号，1918 年，pp. 12-20。
5）杉田稔「岡山氏の手工修業並に氏と私」『手工研究』第 67 号岡山会長還暦記念号，1926 年，pp. 14-17。
6）岡山秀吉　前掲書 4)。
7）阿部七五三吉「故岡山秀吉先生の業績」『手工研究』第 157 号，1933 年，pp. 33-40。
8）同上。
9）『東京高等師範学校紀要　小学校手工科教授細目』の序言を参照。
10）同上，p. 592。
11）第３部の手工科に関しては，尋常科，高等科ともに，第１・２学年と第３・４学年の２組に分けて教授している。
12）山田義郎『手工研究』第 157 号岡山先生追悼号，1933 年，pp. 158-160。
13）ここでは，同一の教室・時間・教師といったことは問題にしない。
14）前掲書 9）の「凡例　第三，　第二部小学科」p. 5 を参照。
15）坂口謙一　前掲書 3)。
16）ただし，「女生徒に課すべき手工科の教授材料等尚ほ特殊の研究を要するものあるを以て，本書は姑くこれを措き尋常小学校の男女生徒及び高等小学校の男生徒に対する教授のみ適用する目的を以て編纂せり」（凡例　p. 1）と記されているように，高等小学校の女児の教授内容については示されていない。
17）多級制とは，学年別に児童を教授する方法である。同書には，他にも２学年の児童に同内容を教授する合級制についての教材編成も示されている。

18）坂口謙一　前掲書 3）。

19）『教師用手工教科書』では鋳型細工，高師附属小『教授細目』では石膏細工と表現されているが，細工内容は同じである。

20）坂口謙一　前掲書 3）。

21）同書が出版された時期の手工科は，1903 年の小学校令施行規則中改正により，尋常小学校および修業年限 2 箇年の高等小学校では加設科目で，修業年限 3 箇年以上の高等小学校では手工・農業・商業のうち必ず 1 科目を課すとされていた。『教師用手工教科書』では，高等小学校第 3，4 学年のみで手工科が必修として課されるケースも想定して，丁冊「附録」に教授細目を掲載しているが，この教授細目における木工の製作課題は，表 2-3 とまったく同一である。

22）なお，補充課は，全級ないし一部の児童の進度の状況に応じて，「課業増減の便に供する為め」に設定されており，すべての児童に課すものではない。その記載内容は，図面と簡単な解説にとどまっている。

23）なお，『教師用手工教科書』に記された「要旨」，「注意」，「備考」の概要については，作業分解票の教授活動の順序と特徴の欄に示した。

24）『尋常小学算術書』，『高等小学算術書』，『尋常小学毛筆画手本』，『高等小学毛筆画手本』，『高等小学鉛筆画手本』（1905 年），『小学校教師用幾何画法』（1908 年）などを参照。なお，1900 年まで高等小学校で課されていた教科「幾何ノ初歩」では，平面定理，正八角形，内接円，角柱，円柱等の描き方と面積・体積の求め方が扱われていた。学海指針社『幾何初歩』（集英堂，1892 年）などの検定教科書を参照。

25）各製作課題において，新しく課される教授事項は左端の欄に番号をつけて示し，前出の製作課題において既に含まれていた教授事項は，繰り返される教授事項の欄に番号で示した。

26）なお，当時，文部省は，手工科の目的について，1891 年「小学校教則大綱」（文部省令第 11 号）第 13 条において，「手工ハ眼及手ヲ練習シテ簡易ナル物品ヲ製作スルノ能ヲ養ヒ勤労ヲ好ムノ習慣ヲ長スルヲ以テ要旨トス」，さらに，1900 年の「小学校令施行規則」（文部省令第 14 号）第 12 条では，「手工ハ簡易ナル物品ヲ製作スルノ能ヲ得シメ勤労ヲ好ムノ習慣ヲ養フヲ以テ要旨トス」と定めている。ここから，『教師用手工教科書』の「手工教授の目的」は，「小学校教則大綱」（1981 年）および「小学校令施行規則」（1900 年）の規定を視野におきつつ，手工科において子どもに身につけさせるべき内容を示しているとみられる。

27）「研究議事録」『手工研究』第 2 号，1907 年，pp. 1-22。

第3章

岡山秀吉の手工科教育論の理論的特質

第1節　手工科教育の目的的価値の「構造体系化」

1. はじめに

岡山秀吉は，文部省編纂『小学校教師用　手工教科書』（1904年。以下『教師用手工教科書』と略記）を出版後，大きくは2つの課題を抱えていた。ひとつは，手工科教育固有の目的的価値論を樹立すること，今ひとつは，高等小学校の女子用教材を構想・提示することであった。

この2つの課題は，遅くとも1908（明治41）年の『小学校に於ける手工教授の理論及実際』（宝文館。以下，『理論及実際』と略記）の出版時には克服されたとみることができる。

第1の課題に関して，岡山は，「教育的価値」とよばれる目的的価値論を展開していく。岡山が「教育的価値」について，はじめて論じたのは，1902（明治35）年の『国民教育』誌第1～7号，9号に掲載された「手工科教授法（第一回～第八回）」においてであった。以後，内容や枠組みの変更を経た上で，1908年の『理論及実際』において，彼の手工科教育の「教育的価値」論は定着をみる。また，第2の課題である高等小学校の女子用の手工科教材およびその編成をはじめて提示しえたのも，この『理論及実際』においてであった。

『理論及実際』の内容は，「教育的価値」論や教材編成およびその選択・配列要件，教育方法論だけでなく，「手工教授の歴史」，さらには施設・設備論にまでわたる。棚橋源太郎によれば，同書によって，岡山は「世間から氏は単に手先きの人だけではない，頗る独創的の天分に富み，実に頭脳の人であることを普ねく認めらるるに至つた」[1)] とされる。

同書が著された後，欧米留学へ出発するまでに，小学校の手工科に関わり，岡山は，『岡山秀吉講述　手工科教授法』（1908年）と『手工科教材及教授法』（1908年）を出版しているけれども，いずれの著書も，『理論及実際』の簡易版となっている。たとえば，『手工科教材及教授法』には，「はしがき」に「『同書〔『理論及実際』のこと〕は生徒用書，あるいは講習用書として稍浩瀚に過ぐれば，その要求に添はんがために，今少しく簡潔なる一書を公にせよ』と，勧めらるるもの二三ならず。〔中略〕ここに於て，既往の経験と実際の事情に顧み，かの書所載の事項を基礎としてこれに省略を加」えて編述したと記されている。

本章では，欧米留学へ出発するまでの時期の岡山の手工科教育論の特徴を，主には『理論及実際』に著された教材編成（「手工科教授細目」）に基づき，検討していく。

なお，『理論及実際』が出版された1908年は，「小学校令」の改正（1907年，勅令第52号）[2)] によって尋常科での修業年限が６年に延長された翌年である。したがって，『理論及実際』に示された教材編成は，尋常科６学年，高等科３学年の９年間にわたるものである。

ところで，当時の手工科をめぐる状況は，隆盛に向かっていた。

1907（明治40）年の「小学校令」の改正により，高等科において，手工科は農業・商業と異なり，学校が手工科を置く以上はその学校の児童は必ず履修することになり，かつ，農業または商業との兼修が認められるようになったため，手工科を加設する学校が著しく増加した。各地の小学校は，授業担当者が１週間から10日間程度の講習で得た技能をふるい，競って手工科を実施したことにより，手工科は短期間に著しく普及したとされる。

また，師範学校では手工科が男女とも必修科目となり，文部省は同年12月に全国師範学校手工科担当教員を招集して手工科の教材や教授法などについて講習を行い，手工科教育の実施法案を明らかにした。

さらに 1901（明治 34）年から中絶していた師範学校手工科教員の養成機関が再興され，1906（明治 39）年に東京高等師範学校に図画手工専修科が設置された。

こうした状況を岡山は以下のように述べている。

> 「本改正〔1907 年の「小学校令」改正のこと〕に於ては，農商の両科目は併せ課すことが出来ず，尚この両科は随意課目とすることが出来るが，手工はこれをおく以上は，必修科とするのであるし，又農・商と併せ課すことも出来るのであつた。然のみならず，牧野大臣は，同年三月二十五日右の改正に伴ひ，文部省訓令第一号を以つて，左の手工科省奨励の訓令を発せられた。〔中略〕時恰も日露戦役の後をうけて国力の発展を要するに際し，右小学校令の改正と訓令とは，地方官及び一般小学校教員に大なる刺戟を与へ，三十六年頃から漸く盛ならんとしつつあつた手工教育は，急に活気を呈するに到り，府県師範学校の手工科教員は，概ね皆各地の講習に招かれ，忙殺される程であつた。／又各県各地の小学校は，一週間か十日間位の講習で得た技術を振ひ，競ふて手工科を実施したのであつた。今日から見れば実に無謀であるけれども，その為め不完全ながらも，少日月の間に本科は，著しく普及したのである。／明治四十年師範学校令に大改正を加へ，男女各部全体の生徒に，手工を必修せしめることとなつた。〔中略〕この改正〔文部省令第 12 号師範学校規程のこと〕に際し，文部省は同年の冬休みに，上原岡山二氏を講師として，全国師範学校手工科教員を東京高等師範学校に招集して，講習会を開催したのである。／斯くて手工科は漸く普及し，全国の教育雑誌は盛んにこれを書き立て，各地に多くの講習が行はれ，四十三四年に到つては，全国の師範学校は勿論，尋常小学校の大部分及び高等小学校の多数に，これを課設するに至つた。」[3)]

このように，岡山が『理論及実際』を著した 1908 年以後は，手工科は引き続き隆盛に向かっており，少なくとも岡山が欧米留学に出発する 1911（明治 44）年までには「尋常小学校の大部分及び高等小学校の多数」において実施されるに至っていた。

ではまず，第１の課題であった目的的価値論についてみていく。

2. 手工科教育の目的的価値の「構造体系化」

1)「教育的価値」とよばれた目的的価値群

『理論及実際』の「第二章　手工教授の教育的価値」の記述は，「教育的価値」の枠組みを示すところから始まる。

> 「手工教授の教育的価値は，種々の方面に亘つて，頗る多様・豊富であるけれども，大体分つて，心意的方面に於けるものと，身体的方面に於けるものとの二つとなすことが出来る。心意的方面の価値は，これを智・情・意の三方面に分ち，その中智的方面の価値は，更にこれを実質的と形式的との両方面に分ちて考察する。又身体的方面の価値は，之を技能的と生理的との二方面から考究し，技能的方面の価値は，更に〔こ〕れを実質的と形式的との両方面に分けて，考察することが便利である。」(p. 11)

岡山はまず，この「教育的価値」を，精神面（「心意的方面」）と身体面（「身体的方面」）とに二分している。精神面の「教育的価値」については，知（「智」）・情・意の３つに区分するとともに，そのうちの知の「教育的価値」を，さらに実質的陶冶と形式的陶冶の２側面に区分した。他方，身体面の「教育的価値」については，技能的・生理的の２つに分け，このうちの技能の面のそれを，さらに実質的陶冶と形式的陶冶の２つに区分している。図 3-1 はこれらを整理したものである。

このように構造化されて７つに分けられた「教育的価値」は，さらに，精神面の知の実質的陶冶（Ⅰ-ⅰ-A），精神面の知の形式的陶冶（Ⅰ-ⅰ-B）といった各々の枠組みのなかで，１～４つの項目が位置づいている（括弧内のロー

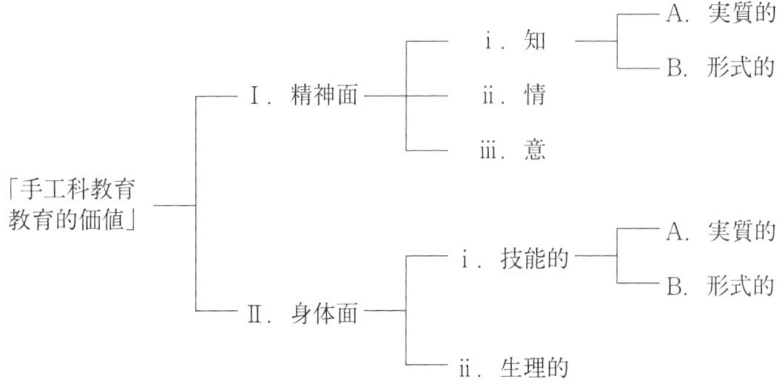

図 3-1 「教育的価値」の枠組み

マ数字と英字は図 3-1 に対応)。

精神面の知の実質的陶冶（Ⅰ-ⅰ-A）を例にみてみる。この枠組みに位置づく項目は，以下の４つである。

① 幾何学形体に関する知識の獲得

(「形体に関する観念を与ふ」)

② 材料の性質とその利用に関する知識の獲得

(「自然物の性状及効用に関する智識を与ふ」)

③ 色彩に関する知識の獲得

(「色彩の観念を与ふ」)

④ 産業に対する基本的な知識の獲得

(「実業に関する智識を与ふ」)

こうした項目は，それぞれ，その必要性が論じられている。

すなわち，① 幾何学形体に関する知識の獲得では，「形体の観念は，実業上にも，学術上にも，共に頗る必要のものであって〔中略〕就中，手工は，常に物体を取扱ひて，厳密にその形状・構造を吟味し，寸法を測定し，且これを自ら製作する者であるから，明確・精密にこの観念を与ふるに適する」（pp. 12-13）と説明されている。

② 材料の性質とその利用に関する知識の獲得では，「手工に於いて物を製作

するには，各種の工具を用ひて，多種の原料を，切断し，刮削し，鎚展し，捻挫し，割裂し，粉砕し，溶接し，燃焼するなど，各種の勢力を加へて，種々にその性状を変化せしむるものであるから，児童はこれによりて，よく直感的に，自然物の理化学的性質を明にすることが出来る。尚又手工に於ける細工は，自然物の応用であるから，前記の如くして得しめたる智識は，単に智識として記憶させるに止らず，又児童をして，これを実際生活上に応用するの途を知らしむることができる」(p. 13) と論じられている。

③ 色彩に関する知識の獲得では，「物品の製作にあたつては，色は形と相待(ママ)って，必要の要素である。手工は〔中略〕色彩を用ふる場合が頗る多いから，色及その配合などに関する観念を与ふるには，図画と共に最も適当なるものである」(p. 14) とされている。

④ 産業に対する基本的な知識の獲得では，「学校の教育は，社会的実際的でなければならぬ。被教育者をして，能く開化せる現代社会の実際生活に適することを得しむるものでなければならぬ〔中略〕。社会に適応し，社会に立ちて活動し得べき人物たらしむるには，先づ社会を理解せしむるが，肝要である。手工科に於て為す所の各種の仕事は，廣く社会に行はるる万般の職業に関係し，従つて，その授くる所の智識は，此等職業の基礎として，極めて重要なるものであるから，手工科は，児童をして，今日のあらゆる実業に対する基礎的観念を得しめ，社会的・実際的ならざる現代教育の通弊を一掃し得る利益がある」(pp. 14-15) と論じられている。

このように，それぞれの項目は，とりわけ手工科において，子どもに身につけさせるべき能力として，必然性をもって論じられている。

精神的方面の知の実質的陶冶（Ⅰ-ⅰ-A）に関していえば，４つの項目で構成され，手工科において子どものなかに実現すべき能力のうち，とりわけ産業や学術上の基礎となる形体や色彩，材料に関する知識を獲得させることを意図している。なお，精神的方面の知の形式的陶冶（Ⅰ-ⅰ-B）をはじめとする他の枠組みも，同様にして，各々１～４つの項目から構成されている。

以上のことから，「教育的価値」は，７つの枠組みが「構造体系化」[4] されて

表 3-1　手工科の目的的価値

<table>
<tr><td rowspan="4">精神面</td><td rowspan="2">知</td><td>実質的陶冶</td><td>① 幾何学形体に関する知識の獲得
② 材料の性質とその利用に関する知識の獲得
③ 色彩に関する知識の獲得
④ 産業に対する基本的な知識の獲得</td></tr>
<tr><td>形式的陶冶</td><td>⑤ 各種の感覚を通しての観察力の発達
⑥ 構想力と意匠の能力の発達</td></tr>
<tr><td colspan="2">感情の陶冶</td><td>⑦ 審美的感情の発達
⑧ 産業への積極的感情の発達
⑨ 他の学問への積極的感情の発達
⑩ 社会性の感情の発達</td></tr>
<tr><td colspan="2">意志の陶冶</td><td>⑪ 児童の自発的活動を利用した勤勉・独立・清潔・整頓などの良習慣の発達</td></tr>
<tr><td rowspan="3">身体面</td><td rowspan="2">技能</td><td>実質的陶冶</td><td>⑫ 日常生活のための製作技能の形成
⑬ 構想したものを物体として表せる製作技能の形成
⑭ 産業（特に工業）に関する基本的な製作技能の形成</td></tr>
<tr><td>形式的陶冶</td><td>⑮ 眼との協働作用をともなう手の巧緻性の発達</td></tr>
<tr><td colspan="2">身体の陶冶</td><td>⑯ 各種筋肉と神経の発達</td></tr>
</table>

出所：「第二章　手工教授の教育的価値」『小学校に於ける手工教授の理論及実際』（pp. 11-32）を基に作成。

おり，それぞれの枠組みには 1 ～ 4 つの計 16 の項目が位置づいている。この 16 の項目の内容は，すべてとりわけ手工科において子どものなかに実現すべき能力について論じられている。表 3-1 は，7 つの枠組みと，それぞれを構成する項目についてまとめたものである。

すなわち，「教育的価値」論は，精神面と身体面，知と技能，および実質的，形式的陶冶といった枠組みにおいて「構造体系化」された手工科教育の目的的価値論であったとみることができる。

2）身体面の技能に関する目的的価値の重視

また，ここで特に注目されるのは，身体面の「教育的価値」の位置づけである。当時，たとえば，『理論及実際』が出される直前の 1905（明治 38）年に，岡山との共著『手工科教授書』を出版した棚橋は，「教育的価値」を知・情・意の３つの面から成るものとみなしていた[5)]。岡山は，従来のこの知・情・意の３つを，精神面というひとつの枠にくくるとともに，これに加えて新たに身体面という枠組みを設定し，そのなかに「技能」に関する実質的陶冶と形式的陶冶の２側面を位置づけたとみることができる。

この点に関連して，岡山は，身体面の技能の実質的陶冶を，「本科教授の大願(ママ)目」としている（p. 26）。また，「手工ハ簡易ナル物品ヲ製作スルノ能ヲ得シメ，勤労ヲ好ムノ習慣ヲ養フヲ以テ要旨トス」と定められた1900（明治33）年の「小学校令施行規則」（文部省令第14号）による手工科の規定（第12条）に対し，教授の要旨としてはこれで十分であるけれども，「これを丸呑に記憶しただけでは，手工教授の目的を明になし得たものと言うことは出来」ないこと，そして教師は，よりいっそう「手工教授の目的」を自覚化し，法令上の規定を実践的に解釈することが必要であるとし，「手工教授の主要目的は，簡易なる物品を製作するの技能を得しめ，同時に眼と手との練習を計るのである」と述べている（pp. 33-34）。

ここでの「簡易なる物品を製作するの技能を得」ることと，「眼と手との練習を計る」という手工科教育の２つの目的的価値について岡山は，「教育的価値」の枠組みのなかで，前者を身体的方面の技能の実質的陶冶に，後者を身体的方面の技能の形式的陶冶に位置づけている。

以上のことから，岡山は，「教育的価値」のうち，身体面の技能に関する実質的陶冶の側面をもっとも重要視しており，また，法令との関係から，その実質的陶冶の側面ばかりではなく形式的陶冶の側面も重要視していることがわかる。

すなわち，岡山は，とりわけ身体面の技能の「教育的価値」において，他の教育分野には解消され得ない，手工科固有の目的的価値を強調していたとみられる。

第２節　教材単元としての「細工」の特徴

1. はじめに

『教師用手工教科書』出版後の第１の課題は，手工科教育の目的的価値を「構造体系化」することにあった。岡山秀吉は「教育的価値」論とよばれる目的的価値論を論じることによって，この第１の課題の克服をはかったことは，前節で述べた。

この「教育的価値」とよばれる目的的価値群は，単に，「構造体系化」して示されているだけでなく，「細工」との照応関係のもとに成り立っていたとみることができる。本節では，こうした目的的価値と「細工」との関連を検討し，そこから，岡山の手工科教材編成の内に予定された目的的価値の設定と配列のすじ道を明らかにするとともに，そこに内在する特質を解明することを試みる。

2.『理論及実際』の「細工」の種類と配列

岡山秀吉の教材編成は，色板排，豆細工，粘土細工，紙細工（折紙・紙撚・切抜・組紙・厚紙細工)，竹細工，糸細工（紐結・縫取・編物)，木工，金工，粘土石膏，造花の 16 種，および竹細工と木工と金工を総合した竹木金工の計 17 種類の「細工」とよばれる，材料ごとに種別化された教材単元を基本に成り立っている。それぞれの「細工」には，「教授題目」とよばれる一つひとつの製作品や技能習得項目，形体などに関する個々の教材が位置づいている。

表 3-2 は，単式多級制[6] の各「細工」の配当学年，配当学期，配当時間数についてまとめたものである。

岡山は，尋常科において６学年，高等科において３学年の計９年間を通して小学校で手工科が課されることを想定して，各「細工」を配列・配当している。

尋常科では，第１学年第１学期から第４学年第３学期までが男女共通の教

表 3-2　単式多級制の「細工」の配当学年，配当学期，配当時間数（1908 年）

	細工 ＼ 学年・学期	尋常科																							
		第1学年			第2学年			第3学年			第4学年			男子 第5学年			男子 第6学年			女子 第5学年			女子 第6学年		
		1	2	3	1	2	3	1	2	3	1	2	3	1	2	3	1	2	3	1	2	3	1	2	3
1	色板排	① 4	① 5	② 5																					
2	豆細工	② 4	② 4	① 5	① 4	① 6	① 10																		
3	粘土細工	③ 5			③ 4			② 6	① 5		② 10	① 10		② 10	① 10		② 10			② 10					
4	紙細工 折紙		③ 5		② 5	② 8				① 5															
5	紙細工 切抜							① 7	② 5	② 5		② 10	① 10		② 10			② 10			② 10				
6	紙細工 紙撚								③ 4		① 10														
7	紙細工 組紙										③ 6	③ 8		① 8											
8	紙細工 厚紙細工												② 10	③ 8		① 10	① 8	① 10	① 10	③ 8		① 10			① 10
9	竹細工														③ 8	② 10	③ 8	③ 8	① 10		③ 8		③ 8		③ 8
10	糸細工 紐結																			① 8					② 10
11	糸細工 縫取																				① 10		② 10		
12	糸細工 編物																					② 10	① 8		20
13	木工																								
14	金工																								
15	粘土石膏細工																								
16	竹木金工（木工ヲ主トス）																								
17	造花																								
	合計	13	14	10	13	14	10	13	14	10	26	28	20	26	28	20	26	28	20	26	28	20	26	28	20

	細工 ＼ 学年・学期	高等科																		合計	
		男子 第1学年			男子 第2学年			男子 第3学年			女子 第1学年			女子 第2学年			女子 第3学年				
		1	2	3	1	2	3	1	2	3	1	2	3	1	2	3	1	2	3	男	女
1	色板排																			14	
2	豆細工																			33	
3	粘土細工																			70	50
4	紙細工 折紙																			23	
5	紙細工 切抜																			57	47
6	紙細工 紙撚																			14	
7	紙細工 組紙																			22	14
8	紙細工 厚紙細工																			56	38
9	竹細工																			44	24
10	糸細工 紐結																				18
11	糸細工 縫取																				20
12	糸細工 編物										13		10				② 10		② 10		81
13	木工	26	28		① 18									13				① 14		72	27
14	金工							52										② 14		52	14
15	粘土石膏細工				② 8				② 56											64	
16	竹木金工（木工ヲ主トス）			20		28	20			40					14	10				108	24
17	造花											14					① 16		① 10		40
	合計	26	28	20	26	28	20	52	56	40	13	14	10	13	14	10	26	28	20	629	481

備考：表中の数字は「教授の時数」を示し，丸数字は「その学期間に於て課すべき順序」を示している。
出所：「一，尋常科六学年教材配当一覧」及び「二，高等科三学年教材配当一覧」（『小学校に於ける手工教授の理論及実際』pp. 200-201）を基に作成。

授内容[7]，それより上の学年，すなわち尋常科第５学年から高等科第３学年までは，男女別個の教授内容となっている。『教師用手工教科書』にみられた教材編成では，男女共通の教授内容が尋常科第４学年の第１学期までであったのに対し，『理論及実際』では，第４学年の第３学期にまで延びている。

各学期の週数は，第１学期を13週，第２学期を14週，第３学期を10週とされ，授業時間数は，「概ね小学校令施行規則に基きて定」め，尋常科では，男女とも第１学年から第３学年までは週１時間，それ以上の学年では週２時間とし，高等科の男子では，第１・２学年は週２時間，第３学年は週４時間，女子では，第１・２学年は週１時間，第３学年は週２時間とされている（p. 198）。９年間で，男子では合計629時間，女子では481時間が手工科にあてられていることになる。

各学年の「細工」の配列とその配当時間数をみてみると，たとえば，尋常科第１学年では，第１学期の13時間中，色板排を４時間課した後，豆細工を４時間，その後に粘土細工を５時間課している。第２学期では14時間中，色板排を５時間課した後，豆細工を４時間，その後に折紙を５時間課している。第３学期では，色板排を５時間課した後，豆細工を５時間課している。

尋常科第２学年では，第１学期の13時間中，豆細工を４時間，折紙を５時間，粘土細工を４時間課している。第２学期では14時間中，豆細工を６時間，折紙を８時間課している。第３学期では10時間すべてを豆細工にあてている。

このように，学年が上がるにつれて，男女とも下の方に記された「細工」へと徐々に移り変わっていくように編成されていることがよみとれる。すなわち，男女とも「細工」を基本に，９年間一貫した教材が編成されているといえる。

なお，各「細工」の配当時数の傾向を男女別にみてみると，男子では加工の総合的な「細工」である竹木金工がもっとも多く，高等科第１学年から第３学年にわたって合計108時間である。ついで木工が高等科第１学年から第２学年にわたって合計72時間，粘土細工が尋常科第１学年から第６学年にわたって合計70時間となっている。女子では編物がもっとも多く，尋常科第５学年から高等科第３学年にわたって合計 81 時間課している。ついで粘土細工が尋常科第１学年から第５学年にわたって合計 50 時間となっている。

ここから，尋常科では粘土細工，高等科の男子では竹木金工を含む木工，女子では編物が，多くの教授時間をしめる主要な教材単元として扱われていたといえる。では，次にこうした「細工」の内容についてみていく。

3.「細工」の役割

『理論及実際』の第４章「第二　手工教材　附原料・工具・教授上の注意等」の記述内容から，各「細工」はそれぞれ別個に，子どもの知識の獲得や技能の形成，感情の発達を促すための一定の役割を担いうるものとして位置づいていたことがわかる。

たとえば，色板排は，「厚紙製の色板を平面上に排列して，簡単なる庶物の形象，または幾何形体を作らしむもので，その教授の目的とする所は，普通の色及簡易なる形体に関する観念を与へ，同時に眼及手を修練するのである。」(p. 43）とされている。ここでは，色板排を，色彩や幾何学形体に関する知識を養成するとともに，視覚と手の触覚による直観の発達や，視覚の働きと連動して手を巧緻にさせるという役割を担いうるものとしている。

また，豆細工は，「柔軟なる豆にて籤を接合して，幾何形体・器具・建物等を模造するもので，その特色は，製法の最簡便であって，児童が各自の観念を容易に形体に発表し得る」とされている（p. 47)。ここでは，豆細工を，子どもの構想したものを上手く形に表す技能を発達させるという役割を担いうるものとされている。

また，これらの役割は，先の「教育的価値」とよばれる目的的価値の項目のいくつかを組み合わせるかたちで形成されている。

たとえば，上で挙げた色板排は，① 幾何学形体に関する知識の獲得と，③ 色彩に関する知識の獲得，⑮ 眼との協働作用を伴う手の巧緻性の発達という子どもの発達を促すための３つの手工科の目的的価値の実現を目指す役割を担いうる「細工」であるといえる。

表3-3　各「細工」の担いうる目的的価値（1908年）

細工	目的的価値	頁	項目
色板排	「普通の色」に関する観念を与える	43	Ⅰ-ⅰ-A③
	「形体に関する観念」を与える	43	Ⅰ-ⅰ-A①
	「眼及手を修練する」	43	Ⅱ-ⅰ-B⑮
豆細工	「各自の観念を容易に形体に発表し得る」	47	Ⅱ-ⅰ-A⑬
粘土細工	「各種形体の観念を円満に発表させる」	54	Ⅱ-ⅰ-A⑬
紙細工			
1. 折　紙	「視覚・触覚を錬磨」	79	Ⅰ-ⅰ-B⑤
	「精密・清潔・注意等の習慣を養う」	79	Ⅰ-ⅲ⑪
	「表出することのできる形体を模造」	79	Ⅱ-ⅰ-A⑬
2. 紙　撚	「小撚及観世撚を作るの技能を得」る	90	Ⅱ-ⅰ-A⑫
	「手指の運用を練」る	90	Ⅱ-ⅱ⑯
	「糸・紐・網等の繊維に対する観念を確め」る	90	Ⅰ-ⅰ-A②
3. 切　抜	「手と眼を錬磨」	93	Ⅱ-ⅰ-B⑮
	「意匠を練る」	93	Ⅰ-ⅰ-B⑥
	「幾何学上の観念を与へ得る」	93	Ⅰ-ⅰ-A①
	「綿密の習慣を養う」	93	Ⅰ-ⅲ⑪
	「色の配合に注意せしむ」	96	Ⅰ-ⅰ-A③
	「幾何形を製作」	93	Ⅱ-ⅰ-A⑬
4. 組　紙	「意匠・工夫を長じ」る	99	Ⅰ-ⅰ-B⑥
	「布帛の組織の観念を与」える，「織物の観念を与」える	99	Ⅰ-ⅰ-A④
	「算術科」「図画科とも連絡」	100	Ⅰ-ⅱ⑨
5. 厚紙細工	「手と眼を錬磨」	101	Ⅱ-ⅰ-B⑮
	「刃物・尺度・円規・三角定規の使用に熟練させ」る	101	Ⅱ-ⅰ-A⑭
	「精密の習慣を養う」	101	Ⅰ-ⅲ⑪
	「幾何学上の観念を与」える	101	Ⅰ-ⅰ-A①
	「幾何立体或は実用の箱を作る」	101	Ⅱ-ⅰ-A⑫⑬
竹細工	「竹の工業的特性を知らしむる」	107	Ⅰ-ⅰ-A②④
	「日用品或は物理的の玩具等を作」る	107	Ⅱ-ⅰ-A⑫
糸細工（女）			
1. 紐　結	「手と眼の錬磨を計る」	114	Ⅱ-ⅰ-B⑮
	「美感を養」う	114	Ⅰ-ⅱ⑦
	「日用の便を与」える	114	Ⅱ-ⅰ-A⑫
2. 縫　取	「手と眼とを練」る	122	Ⅱ-ⅰ-B⑮
	「美感を養」う	122	Ⅰ-ⅱ⑦
	「綿密の習慣を長ずる」	122	Ⅰ-ⅲ⑪
3. 編　物	「日用の便を与」える	125	Ⅱ-ⅰ-A⑫
	「手と眼とを錬磨」する	125	Ⅱ-ⅰ-B⑮
	「作業の趣味を長」ずる	125	Ⅰ-ⅱ⑧
	「勤労の習慣を養」う	125	Ⅰ-ⅲ⑪
木工（男）	「主要なる木工具の使用」	134	Ⅱ-ⅰ-A⑭
	「生活上大に利便を享くる」	134	Ⅱ-ⅰ-A⑫
	「工具の構造・使用」に関する観念	134	Ⅱ-ⅰ-A④
	「材料の性質に関する」観念	134	Ⅱ-ⅰ-A②
	「製作法」の観念	134	Ⅰ-ⅰ-A④
	「幾何学」，「形相」の観念	134	Ⅰ-ⅰ-A①
	「理科」と「美術に関するものの観念」	134	Ⅰ-ⅱ⑨

金　工	「金工に関する技術の一斑を授け」る	151	Ⅱ-ⅰ-A⑭
	「金属の性質利用に関する知識を与ふる」	151	Ⅰ-ⅰ-A②④
	「日常生活上に必須のもの」	151	Ⅱ-ⅰ-A⑫
	「理科的知識を実地に応用せしむるに便なる」	151	Ⅰ-ⅱ⑨
粘土石膏細工	「鋳金法に就いての一般的観念を与ふる」	165	Ⅰ-ⅰ-A④
	「想像工夫の力を練」る	165	Ⅰ-ⅰ-B⑥
	「実業の興味を惹起させる」	165	Ⅰ-ⅱ⑧
造花（女）	「簡易なる草木の花を造るの技能を得しむる」	175	Ⅱ-ⅰ-A⑫
	「観察力を高め」る	175	Ⅰ-ⅰ-B⑤
	「手指の運用を練」る	175	Ⅱ-ⅱ⑯
	「美感を養」う	175	Ⅰ-ⅱ⑦
	「綿密の習慣を養ふ」	175	Ⅰ-ⅲ⑪

備考：項目の欄は，図3-1のローマ数字・英字と表3-1の丸数字を示す。
出所：「第二　手工教材　附原料・工具・教授上の注意等」『小学校に於ける手工教授の理論及実際』（pp. 43-188）を基に作成。

また，豆細工は，⑬構想したものを物体として表せる製作技能の発達という目的的価値の実現を担いうる「細工」であるといえる。

このように，各「細工」は，「教育的価値」とよばれる手工科の目的的価値のいくつかの実現を促し得るものとして位置づいていた。

そこで，各「細工」における目的的価値についてまとめた。表3-3である。なお，表3-3の項目の欄は，図3-1の「教育的価値」の構成要素で用いたローマ数字および英字と，表3-1の手工科の目的的価値で用いた丸数字で記した。

表3-3からわかるように，各「細工」が担いうる目的的価値は，すべて表3-1の「構造体系化」された目的的価値の項目に当てはまる。また，逆に，「構造体系化」された表3-1の目的的価値のすべての項目が，いずれかもしくは複数の「細工」のなかに位置づいている。

すなわち，表3-1の「構造体系化」された目的的価値論と「細工」の担いうる目的的価値は，整合性をもっている。単に，目的的価値を理論立てるだけでなく，教材から逆照射し，理論を練り直す作業がなされていることがわかる。

以上のことから，各「細工」の担いうる役割は，手工科教授の16の目的的価値によって，両者の照応関係において整えられていたといえる。

4.「細工」の選択・配列とそこにみられる価値実現の手だての特徴

では次に,「細工」の選択・配列の方法についてみていく。岡山は教材の選択について，以下のように論じている。

「本科の教材を選択するには，先づ適当なる細工の種類を選定し，ついで，この選定したる諸細工につきて，更に教授題目，すなわち製品を選択するが便利である。而して，これ等二様の選択を行ふに当っては，主として本科教授の目的に顧みて，教材の選択上，顧慮すべき要件につき，考察すべきである」(p. 38)。

ここでは，まず前提となる「細工」の種類を選択し，そのあとで製作課題である「教授題目」を選択することが有効であるとし，これらを選択する要件として以下の6点をあげている（pp. 38–43)。

1.「細工の種類は成るべく多様なること」
2.「児童の心理的要求に合すべきこと」
3.「児童の身体発達（力量熟練）の程度に合すべきこと」
4.「美術的要素に富めるものたるべきこと」
5.「郷土の職業に関係あるものに重きを置くべきこと」
6.「製作品（細工の種類及び教授題目）は成るべく少数模式的のものたるべきこと」

これらのうち，たとえば，1については,「一般的なる製作技能」や「工業に関する初歩の概念」の付与,「手・眼の練習」, 子どもの各発達段階に適当な「課業」の配当，他教科との連絡による手工科特有の統一的価値の発揮などのために,「成るべく多趣の原料を取扱ひ，成るべく多様なる細工に従事」させるべきとしている（p. 39)。

岡山は実際，彼の構想した「手工科教授細目」において，尋常科第1学年から高等科第3学年までの9年間で17種類の「細工」を各学年および各学期ごとに数種類ずつ配置・編成しており，材料もひご，えんどう豆，折紙，粘土，厚紙，竹，木材，板金，針金，糸など多種のものを用いている。

2については，「成るべく教材を家庭及学校の生活に於」て，子どもが日常接しているものから選び出す必要があるため，玩具や日用品から，また他教科との関連から，教材を選択する必要を述べている（p. 40）。

この点で，岡山の「手工科教授細目」をみてみると実際に，色板排では，風車や箸や福助，豆細工では椅子や人形やブランコやコウモリ傘，厚紙細工では栞や絵葉書入や筆入やボート，竹細工では水鉄砲や弾き弓や竹蜻蛉，木・金工では虫籠や犬小屋や金魚入といったように，玩具・日用品を各「細工」での「教授題目」（＝製作課題）として多数，選択している。また，粘土細工のように図画科で写生した草花・果実などを粘土で模造するといった，他教科との関連もねらいに含んだ「細工」も多い。

4については，「形体に関する数学的観念」や「原料の理化学的性質」，「各種工芸の一班(ママ)」の理解だけではなく，製作において「想像・意匠」の能力を育み，図画科と関連をもちながら「美術工芸に対する素地」を子どもにあたえることに努めるべきであるとして，「色の配合，形の格好等に関し，工夫を凝す余地のあ」る「細工」を選び出すことの必要性を述べている。

実際，たとえば切抜のように，正方形や正八角形の模様を色紙から切り取らせて形体や角度の知識を得させるほかに，羽が色違いの風車や花々を色紙で切り取って貼りあわせて模造することで，色の濃淡，類似色などの知識やその配色といった美術的要素を組み込むことに留意した「細工」もいくつか存在する。

5については，普段子どもが身近で目にしている産業に関係あるものを取り入れる，あるいは重視することにより，地域産業や職業への興味，教材に関する容易な理解を促し，郷土に対する「同情心」を育めるほか，製作に用いる原料・工具・標本を入手しやすいといったことから，「例へば，陶器の産地では，他の地方よりも比較的粘土細工に重きを置」くといったように，郷土の産業・職業に関係ある「細工」に力を入れるべきことを述べている。

以上のようにみてくると，ここでは岡山が，子どもの身体の発達や心理的要求，他教科や子どもが日常生活で目にしている地域産業・職業との関連を視野において，手工科教育にとって意義ある「細工」を選び出そうとしていることが注目される。

次に，このような選択要件のもとで選び出された「細工」の配列に関する岡山の見解をみる。

岡山は，『理論及実際』の「第五章　手工教材の排列」において，「選択したる教材は，更にこれを教ふるに便利なるやうに，各学年・各学期及各週に排列せねばならぬ。而して，その排列を為すに当つては，先づ本科教授の目的上より，排列上一般に考慮すべき要件について，考察すべきである。」と述べており，教材を各学年・各学期に配置する際の要件として，以下の４点をあげている（pp. 189-192）。

1. 「論理的関係に注意すること」
2. 「児童の身体的発達（力量熟練）の程度に伴はしむべきこと」
3. 「心理的要求に合すべきこと」
4. 「季節に合すべきこと」

これらのうち，1 については，「各種の細工及諸製作物の間には，自ら論理的関係があつて，一つの比較的簡単な製作は，常に他の製作の要素となり，あるいは基礎となる性質を有するもの」であって，これによって「児童の理解を容易にし，随つて大いに教授に要する時間と労力とを節約することができる」としている（pp. 189-192）。

2 については，「製品・工具・原料の三点から考察すべき」であって，「概していへば，製品は小より大に，工具は易より難に，原料は柔より硬に，進がよい」としている（pp. 190-191）。

3 については，「心意発達の程度に合」わせて，「簡単より複雑に，直観的のものより想像・思考を要するものに」，「家庭並に学校に於ける遊戯，及他教科の教授事項と連絡ある事項に連絡させ」て進み，「時々，児童各個の希望を容れて，彼等が熱望する製作に従事させることなどに注意す」べきであるとしている（p. 191）。

4については，「細工の性質上」や「教授上に入用なる原料や標本などを得るに便利なる点」などから，「ある特殊な製作は，これを適当なる季節に合せて配当するがよい」としている（pp. 191-192）。

実際に，岡山の「手工科教授細目」では，粘土細工や粘土石膏細工は，水を多く用いるため，教授する時期はすべて第1・2学期とし，冬期を避けている。また，造花での菊，粘土細工でのリンゴや柿など，草花・果実を製作品の標本とする場合は，それが手に入りやすい季節に行っている。木工では，男子は高等科第1学年で鉋削りと鋸挽きの練習の後，門札をつくり，学年・学期が進むにつれ，植木台，額縁，犬小屋，鳥籠，ベンチというように教材が「易から難」へと進んでいる。

さらに，これらの教材を各学年および各学期に配列する方法として，「円周的排列」と「階段的排列」の２つの方法を折衷すべきことを論じている。すなわち，低学年においては「細工」が一般的に単純で原料や工具の取り扱いも比較的簡易であることから，「円周的排列」による方法を用い，また高学年においては「細工」が段々複雑になり，順序立てて製作することが大事になり，そのため「細工」の種類を教授時間内で変更することが難しくなるので「階段的排列」による方法を用いることにより，教材を各学年・各学期に編成すべきとしている（pp. 196-197）。

ここでいう「円周的排列」とは，いくつかの「細工」をひとまとまりとして，「製作の難易，児童の心理的要求，又は他教科との連絡」を考慮して順序立てる教材編成の方法であり，「階段的排列」とは，それぞれの「細工」ごとに，「易より難」の順序で教材を一種類ずつ段階的に編成する方法である（p. 193）。

事実，先の表3-2に示した教材編成をみると，たとえば，尋常科第1学年では，色板排，豆細工，粘土細工，折紙が課されるが，1学期に色板排，2学期に豆細工といったようにまとめて課すのではなく，1学期に色板排→豆細工→粘土細工，2学期に色板排→豆細工→折紙を課すという「円周的排列」をとっている。また，高等科では，たとえば第１学年の１・２学期は一貫して木工を課すといったように「階段的排列」をとっていることがわかる。

このように，岡山は製作課題の内容まで含めて，その基本単位である「細工」を，子どもの身体の発達や心理的要求，取り扱う季節を考慮して配列していた。単に教材の選択・配列の理論を机上の空論として論じるのではなく，実際に提示した「細工」とそこでの製作課題にまで反映させている。これは，見方を変えれば，今後，小学校教員が，新たな「細工」や製作課題を開発・選択・配列する際の指標として，岡山は教育実践の裏付けをもって教材を編成した経験知を踏まえて，教材の選択・配列の要件を理論化・一般化したととらえられる。

ここで，教材の選択・配列を含めた価値実現の方法の側面に関わる特徴を，『教師用手工教科書』と比較するならば，その進展として，以下の４点をあげることができる。

第１に，地域産業との関連を重視することが，「細工」の選択要件として新たに加えられたことである。教材に対する理解を促しやすいだけでなく，産業への興味を子どもに促すことを重要視しているとみることができる。

第２に，子どもの身体の発達の程度を考慮することが，「細工」の選択要件だけでなく，配列要件にも加えられたことである。この点は，岡山が子どもの身体の発達の程度を相当程度意識していたとみるべきであろう。

さらに，子どもの身体の発達の程度を考慮する際には，製品と工具と材料の３点から行うべきことを，選択要件だけでなく配列要件においても繰り返し述べている。これに関連させて，第４章「第二　手工教材附原料・工具・教授上の注意等」(pp. 43-188) には，総合的な細工である竹木金工を除く，16の「細工」について，先にあげた各々が担いうる目的的価値とともに，材料と工具と教授上の注意の３項目から，教授の手だてを論じている。

たとえば，豆細工では，家を形づくった製作品の周りに紙を貼って屋根や壁にみせるといったように，製作した立体に色紙を貼って装飾することを子どもの「興味あること」と述べている。また他にも，① 折紙の材料は，練習用と本番用の２枚を配布すること，② 組紙は，織物の観念を理解させやすいように考え出された手だてであること，③厚紙細工では，薄紙から厚紙へ，ボール紙の裁断時はまず練習をさせること，④竹細工では，小刀の研磨に力点をおくこと，⑤紐結では，教師は結び方を理解させるために左右半分ずつ染め分けた太い紐を使用すること，厚紙細工や竹細工，編物などに附帯させて課すこと，⑥縫取では，高等科において糸を染めさせることも「有益」としていることなど，子どもの理解やかかげた目的的価値の実現を促す手だてを論じている。

第３に，掛図や標本の利用についてである。「第八章　手工教授の設備」の「第四　標本　掛図　参考品」では，子どもに製作品の形状・構造・大きさなどについて明瞭な観念をあたえるには，長々と談話をするよりは，むしろ実物あるいは標本を一見させる方が有効であることなどから，①製作品の大型の見本を用意することや，②製作品と同じ大きさの見本を少なくとも２人にひとつ用意すること，③場合によっては，「彼等の理解に適する，各種の簡単なる工芸品」やその「工芸品」に使用する工具や材料等を参考品として備えおくことなどを述べている。さらに厚紙細工では，標本に関して，製作品の大型の見本だけでなく，「教授の順序を示すに適するやうに作りたる半製品」(p. 102) の必要性も論じている。

すなわち，子どもが製作する際の理解を促すための手だてとして，掛図や標本のもつ意味を，項目を設けて論じるほどに重要視しているといえる。教育実践を踏まえることなしには論じ得ないものであろう。

第４に，模造法だけでなく，創作法についての３段階教授法が示されたことである。創作法においては，「課題（予備）」，「製作」，「批正」の３つの段階で説明するとともに，「教師は，之等教授の方法に関して，明なる観念を有し，予め個々の教材に就いて，何れの方法を如何様に適用すべきかを考へることが必要である」(pp.267-268) と論じている。これに関連して，各学年・学期・週での課す「細工」および製作課題がまとめられた「手工科教授細目」のなかにも，「工夫製作」の時間が設けられるようになった。「工夫の能や意匠を練る」ことにも配慮しているとみることができる。

以上をまとめると，岡山は，子どもの身体の発達や心理的要求，他教科や季節，さらに地域産業・職業との関連を視野において，手工科教育にとって有効な「細工」を選択・配列している。しかも，そうして選択・配列された各「細工」は，それぞれ「教育的価値」とよばれた目的的価値の実現を目指す役割を担うものであった。さらに，各「細工」には，子どもの興味や理解を意識した材料の準備，工具使用の要点，工夫製作の配置，掛図や標本を利用した教授上の要点など，目的的価値の実現を促す手だてが位置づけられていたといえる。

5.「細工」に具現化された手工科での目的的価値の発展のすじ道

このようにみてくると，岡山のいう「教育的価値」は，手工科教育としてのあるべき目的的価値であり，他方，「細工」の配列は，この目的的価値を順序だてて実現させていく上での，いわば手工科における目的的価値の発展のすじ道を示したものであるといえる。

そこで，16の目的的価値（「教育的価値」）を縦軸，学年と課される「細工」を横軸にした表を作成した。表3-4-1（男子）と表3-4-2（女子）である。

これらの表では，まず縦軸に手工科の16の目的的価値をとり，横軸に単式多級制として例示された「細工」をその指定された教授の順番に並べた。そして，表3-3をもとに，各「細工」とそれぞれの「細工」における目的的価値とが交差する部分に○をつけた。

なお，○は目的的価値の項目ひとつにつき，ひとつとした。また，⑧ 産業への積極的感情の発達の項目は，「産業の基礎となるべき技能の一班（ママ）を与ふると，その業務の価値を正当に評価しえる底の智識，即ち，実業思想を附与することによって，初めて養成せらるべきものである。」（p. 20）と岡山が述べており，産業に関する基本的な製作技能と知識の形成・獲得によって，産業への積極的感情の発達はなされると理解できることから，⑧ 産業への積極的感情の発達の項目は，④ 産業に関する基本的な知識の獲得と ⑭ 産業（特に工業）に関する基本的な製作技能の形成の両方の項目に○がついている場合に，○をつけることとした。⑩ 社会性の感情の発達の項目も同じように，「職業上の智識・技

				尋1				尋2			尋3				尋4					尋5男					尋6男				高1男		高2男			高3男		
				色板排	豆細工	粘土細工	折紙	豆細工	粘土細工	折紙	粘土細工	折紙	切抜	紙撚	粘土細工	切抜	紙撚	組紙	厚紙細工	粘土細工	切抜	組紙	厚紙細工	竹細工	粘土細工	切抜	厚紙細工	竹細工	木工	竹木金工	木工	粘土石膏	竹木金工	金工	粘土石膏	竹木金工
精神的方面	知	実質的陶冶	① 幾何学形体に関する知識の獲得	○									○			○			○		○		○			○	○		○	○	○		○			○
			② 原料の性質及びその利用に関する知識の獲得											○			○							○				○	○	○○○	○		○○○	○		○○○
			③ 色彩に関する知識の獲得	○									○			○					○					○										
			④ 産業に関する基本的な知識の獲得															○				○		○				○	○○	○○○○	○○	○	○○○○	○	○	○○○○
		形式的陶冶	⑤ 観察力の発達				○			○		○																								
			⑥ 構想力と意匠の能力の発達										○			○		○			○	○				○						○			○	
	感情の陶冶		⑦ 審美的感情の発達																																	
			⑧ 産業への積極的感情の発達																										○	○○	○	○	○○	○	○	○○
			⑨ 他の学問への積極的感情の発達															○				○							○	○○	○		○○	○		○○
			⑩ 社会性の感情の発達																										○	○○	○		○○	○		○○
	意志の陶冶		⑪ 児童の自発活動を利用した勤勉・独立・清潔・整頓などの良習慣の発達				○			○		○	○			○			○		○		○			○	○									
身体的方面	技能	実質的陶冶	⑫ 日常生活のための製作技能の形成											○			○		○				○	○			○	○	○	○○	○		○○	○		○○
			⑬ 構想したものを物体として表せる製作技能の形成		○	○	○	○	○	○	○	○	○		○	○			○	○	○		○		○	○	○									
			⑭ 産業(特に工業)に関する基本的な製作技能の形成																○				○				○		○	○○	○		○○	○		○○
		形式的陶冶	⑮ 眼との協働作用をともなう手の巧緻性の発達	○									○			○			○	○	○		○			○	○									
	身体の陶冶		⑯ 各種筋肉と神経の精神的発達											○			○																			

表 3-4-2 手工科の目的的価値の分布：女子（1908年）

				尋1				尋2			尋3				尋4					尋5女							尋6女					高1女		高2女		高3女			
				色板排	豆細工	折紙	粘土細工	豆細工	粘土細工	折紙	粘土細工	折紙	切抜	紙撚	粘土細工	切抜	紙撚	組紙	厚紙細工	粘土細工	切抜	厚紙細工	竹細工	紐結	縫取	編物	厚紙細工	竹細工	紐結	縫取	編物	編物	造花	木工	竹木金工	編物	木工	金工	造花
精神的方面	知	実質的陶冶	① 幾何学形体に関する知識の獲得	○									○			○			○		○	○					○							○	○		○		
			② 原料の性質及びその利用に関する知識の獲得											○			○						○					○						○	○○○		○	○	
			③ 色彩に関する知識の獲得	○									○			○					○																		
			④ 産業に関する基本的な知識の獲得															○					○					○						○○	○○○○		○○	○	
		形式的陶冶	⑤ 観察力の発達			○				○		○																					○						○
			⑥ 構想力と意匠の能力の発達										○			○		○			○																		
	感情の陶冶		⑦ 審美的感情の発達																					○	○				○	○			○						○
			⑧ 産業への積極的感情の発達																							○					○	○		○	○○	○	○	○	
			⑨ 他の学問への積極的感情の発達															○																○	○○		○	○	
			⑩ 社会性の感情の発達																															○	○○		○	○	
	意志の陶冶		⑪ 児童の自発活動を利用した勤勉・独立・清潔・整頓などの良習慣の発達			○				○		○	○			○			○		○	○			○	○	○			○	○	○	○			○			○
身体的方面	技能	実質的陶冶	⑫ 日常生活のための製作技能の形成											○			○		○			○	○	○		○	○	○	○		○	○	○	○	○○	○	○	○	○
			⑬ 構想したものを物体として表せる製作技能の形成		○	○	○	○	○	○	○	○	○		○	○			○	○	○	○					○												
			⑭ 産業(特に工業)に関する基本的な製作技能の形成																○			○					○							○	○○		○	○	
		形式的陶冶	⑮ 眼との協働作用をともなう手の巧緻性の発達	○									○			○			○		○	○		○	○	○	○		○	○	○	○				○			
	身体の陶冶		⑯ 各種筋肉と神経の精神的発達											○			○																○						○

備考：・○は要素ひとつにつき、ひとつとした。
・「産業への積極的感情の発達」の欄の○は本文内容に基づき、「産業に関する基本的な知識の獲得」と「産業（特に工業）に関する基本的な製作技能の形成」の両方に○がついている場合である。
・「社会性の感情の発達」の欄の○は本文内容に基づき、「産業に関する基本的な知識の獲得」と「産業（特に工業）に関する基本的な製作技能の形成」の「産業への積極的感情の発達」の3つの項目に○がついている場合である。

出所：「甲種単式多級制尋常六学年及高等科三学年」『小学校の於ける手工教授の理論及実際』（pp. 202-246）の教材編成を基に作成。

表 3-5-1　手工科の目的的価値論：男子（1908）

		学年	尋1				尋2			尋3				尋4					尋5男					尋6男				高1男		高2男			高3男		
		細工	色板排	豆細工	粘土細工	折紙	豆細工	粘土細工	折紙	粘土細工	折紙	切抜	紙撚	粘土細工	切抜	紙撚	組紙	厚紙細工	粘土細工	切抜	組紙	厚紙細工	竹細工	粘土細工	切抜	厚紙細工	竹細工	木工	竹木金工	木工	粘土石膏	竹木金工	金工	粘土石膏	竹木金工
		時数	14	13	5	5	20	4	13	11	5	17	4	20	20	10	14	10	20	10	8	18	18	10	10	28	26	54	20	18	8	48	52	56	40
精神的方面	知	実質的陶冶	■									■	■		■	■	■	■		■	■	■	■		■	■	■	■	■	■	■	■	■	■	■
		形式的陶冶				■			■		■	■			■		■			■	■				■						■			■	
	感情の陶冶																■				■							■	■	■	■	■	■	■	■
	意志の陶冶					■			■		■	■			■			■		■		■			■	■									
身体的方面	技能	実質的陶冶		■	■	■	■	■	■	■	■	■	■	■	■	■		■	■	■		■	■	■	■	■	■	■	■	■		■	■		■
		形式的陶冶	■									■			■			■		■		■			■	■									
	身体の陶冶												■			■																			

表 3-5-2　手工科の目的的価値論：女子（1908）

		学年	尋1				尋2			尋3				尋4					尋5女							尋6女					高1女		高2女		高3女			
		細工	色板排	豆細工	粘土細工	折紙	豆細工	粘土細工	折紙	粘土細工	折紙	切抜	紙撚	粘土細工	切抜	紙撚	組紙	厚紙細工	粘土細工	切抜	厚紙細工	竹細工	紐結	縫取	編物	厚紙細工	竹細工	紐結	縫取	編物	編物	造花	木工	竹木金工	編物	木工	金工	造花
		時数	14	13	5	5	20	4	13	11	5	17	4	20	20	10	14	10	10	10	18	8	8	10	10	10	16	10	10	28	23	14	13	24	20	14	14	26
精神的方面	知	実質的陶冶	■									■	■		■	■	■	■		■	■	■				■	■						■	■		■	■	
		形式的陶冶				■			■		■	■			■		■			■												■						■
	感情の陶冶																■						■	■	■			■	■	■	■	■	■	■	■	■	■	■
	意志の陶冶					■			■		■	■			■			■		■	■			■	■	■			■	■	■	■			■			■
身体的方面	技能	実質的陶冶		■	■	■	■	■	■	■	■	■	■	■	■	■		■	■	■	■	■	■		■	■	■	■		■	■	■	■	■	■	■	■	■
		形式的陶冶	■									■			■			■		■	■		■	■	■	■		■	■	■	■				■			
	身体の陶冶												■			■																■						■

備考：・○は要素ひとつにつき，ひとつとした。
・「実業に対する趣味の養成」の欄の○は本文内容に基づき，「産業に関する知識を与ふ」と「産業（特に工業）の基礎を与ふ」の両方に○がついている場合である。
・「同情及社会的感情の養成」の欄の○は本文内容に基づき，「産業に関する知識を与ふ」と「産業（特に工業）の基礎を与ふ」，「実業に対する興味の養成」の３つの項目に○がついている場合である。

出所：「甲種単式多級制尋常六学年及高等科三学年」『小学校に於ける手工教授の理論及実際』（pp. 202-246）の教材編成を基に作成

能・実業に対する趣味」などとともに，その感情が育まれる（p. 22）と岡山が述べていることから，⑧ 産業への積極的感情の発達，④ 産業に関する基本的な知識の獲得，⑮ 産業（特に工業）に関する基本的な製作技能の形成の３つの項目すべてに○がついている場合に，○をつけることとした。

次に，図 3-1 の「教育的価値」の枠組み，すなわち精神面の知の実質的陶冶，形式的陶冶，身体面の技能の実質的陶冶，形式的陶冶といった，それぞれの目的的価値の枠組みのレベルで，表 3-4-1 と表 3-4-2 をつくりかえた。それが，表 3-5-1（男子）と表 3-5-2（女子）である。

なお，表 3-5-1 と表 3-5-2 の横軸の各「細工」の幅は，学年ごとに等しい幅をとり，その各学年の手工科年間総時間数に対して各「細工」が割りあてられている年間総時数の割合から，各「細工」の幅を設定した。各「細工」の下の数字は，各々の「細工」の割りあてられている年間総時数を示した。さらに，表 3-5-1 と表 3-5-2 では，各々の「細工」と，それぞれにおける目的的価値が位置づく枠組みとが交差する部分を黒く塗りつぶした。換言すれば，知の実質的陶冶，技能の形式的陶冶，感情の陶冶といった７つに分類された子どもの発達の諸側面のレベルで，手工科における目的的価値の発展のすじ道をみるために，表 3-4-1 と表 3-4-2 で○のついた目的的価値の項目の位置づく枠組みの欄を塗りつぶした。

すなわち，ここでは，岡山による小学校手工科の目的的価値論は，16 の目的的価値と，それを子どもに実現させるべきすじ道との２つの軸から成りたっており，実際にはこの黒塗りの部分が，全体としてこれらの目的的価値を体現していると理解した。

さて，このような視点から，これらの表を分析すると，そこには次のような岡山の構想した手工科における目的的価値の発展のすじ道の特徴を認めることができる。

第１に，身体面の技能の実質的陶冶が尋常科第１学年から高等科第３学年まで，男女とも一貫して重視されていることである。これは，低学年では ⑬ 構想したものを物体として表せる製作技能の形成，高学年の男子では ⑭ 産業に関する基本的な製作技能の形成，高学年の女子では ⑫ 日常生活のための製作技能の形成が重視されていたことによる。

第２に，精神面の知の実質的陶冶が尋常科から高等科において，学年が上がるにつれて，特に男子に対して重視される割合が増えていくことである。これは，低学年では ① 幾何学形体に関する知識の獲得，高学年では ④ 産業に関する基本的な知識の獲得が重視されていたことによる。

第３に，これに伴って，感情の陶冶が男女とも高等科においては高い割合を占めるようになっていることである。この第３の特徴については，感情の陶冶の内容とされた ⑧ 産業への積極的感情の発達と ⑩ 社会性の感情の発達とが，精神面の知の実質的陶冶の内容とされた ④ 産業に関する基本的な知識の獲得と，身体面の技能の実質的陶冶の内容とされた ⑭ 産業（特に工業）に関する基本的な製作技能の形成とによって導かれるものとされたことによる。

このことは換言すれば，岡山は高等科において，子どもたちに実質的陶冶の知と技能の獲得・形成に裏付けられた社会や労働を正しく評価できる価値判断能力を身につけさせようとしていたといえる。

第４に，身体面の技能の形式的陶冶は，男子においては尋常科第６学年までしかみられないのに対し，女子では高等科にわたってみられるという違いがある。しかし，男女とも，尋常科第３学年から第６学年までの割合が高くなっているに過ぎず，この技能の形式的陶冶は，前述したように手工科の主要な目的的価値のひとつとされているにもかかわらず，技能の実質的陶冶に比べると，実際には，それほど重要視されていたわけではなかったといえる。

第３節　小　括

本章では，『理論及実際』（1908 年）での教材編成をもとに，欧米留学前の岡山秀吉の手工科教育論の特徴を明らかにすることを試みた。

その結果，岡山のいう「教育的価値」とは，教育的価値そのものというよりも，手工科教育の目的的価値であった。そして，岡山は，こうした意味における「教育的価値」を「構造体系化」した。具体的には，子どもの発達の諸側面が７項目に分類・構成され（図 3-1），各側面において 16 の手工科教授の目的的価値が設定されていた（表 3-1）。

他方，岡山は，手工科の教科課程を，「細工」を基本単位として，尋常科第１学年から高等科第３学年まで，９年間一貫した形で編成した。「細工」は，粘土細工，厚紙細工，竹細工，編物，木工，金工など，計 17 種が選択された。岡山による手工科の教科課程の実際は，この 17 種の「細工」を各学年および各学期に配当し，併せて各「細工」への配当時間を設定したものであった。

しかも，注目すべきは，各「細工」の担いうる役割が，先に述べた手工科教授の 16 の目的的価値によって，両者の照応関係のもとに整えられていたことである（表 3-3）。したがって，岡山の編成した第１～９学年にわたる「細工」の配列は，岡山が想定した手工科教授の目的的価値に照応し，いわば手工科における目的的価値群の設定とそれらの発展の見通しを表現しているとみることができる。

そこで，16 の目的的価値を縦軸に，「細工」の学年および学期配当と配当時数を横軸にしたマトリクスを作成した（表 3-4-1，3-4-2，表 3-5-1，3-5-2）。すなわち，これらの表において，「細工」と目的的価値とが交差する部分が，岡山が手工科教授で実現しようとした目的的価値を示すことになる。ここから，岡山の考える手工科における目的的価値の発展の見通しを読み解くことが可能になると考えることには根拠があろう。

考察の結果を総じていうならば，細谷俊夫の形式陶冶を眼目とする一般陶冶であるべきとする手工科観に対し，岡山の目的的価値論は，形式陶冶だけでなく，実質陶冶の面も合理的に位置づけたものであったといえる。

先の第２章で述べた岡山の千葉師範時代からの見解を加味するならば，岡山は，一般陶冶と職業陶冶（普通教育と職業教育）を直接・間接の関係においてとらえるとともに，形式陶冶と実質陶冶を相対するものではなく，両者を合理的に位置づく概念でとらえているといえる。

ここで今一度，振り返るならば，『理論及実際』では，『教師用手工教科書』（1904年）出版後の第1の課題であった手工科教育の目的的価値のあり方を「構造体系化」したばかりでなく，第2の課題であった高等科の女子を含めて，それらを実現する手だてを「細工」に整えていた。さらに，価値実現の方法においても，子どもの興味や理解を意識した材料の準備，工具使用の要点，工夫製作の配置，掛図や標本を利用した教授上の要点等の点で進展をみせたということができる。

つまり，遅くとも1908年には，『理論及実際』を出版することによって，岡山の手工科教育論は一定の到達点をみたととらえられる。

その後，岡山は欧米留学に旅立つ。ただし，『理論及実際』では，『教師用手工教科書』のように，「細工」の個々の製作課題について，それぞれ「要旨」（目的的価値）と「教材」（教授事項ないし作業手順）と「注意」（価値実現の方法）の3項目を示すといったことはなされなかった。すなわち，『教師用手工教科書』のように，小学校手工科の授業で教員や児童が，見てそのまま個々の製作課題がつくれるような製作手順のレベルでは，『理論及実際』は記されていない。無論，各学年・学期で「細工」とそこでの製作課題が順序と配当時数にまで至って「手工科教授細目」として示されており[8)]，製作課題の図も同書に載せられていることから，実践に裏付けられた内容であることは明らかである。

すなわち，『理論及実際』は，各「細工」については，樹立した手工科固有の目的的価値論と深められた価値実現の方法論との関連で論じられているものの，こうした目的的価値との照応関係の点で，「細工」だけでなく，個々の製作課題においても，実現すべき目的的価値の個別的・実体的な表現である教育目標とそうした教育目標を達成する手だては明示されていないという限界をもっていた。本章の冒頭で引用した同書に対する「生徒用書，或は講習用書として稍浩瀚」に過ぎるため，「今少しく簡潔なる一書を公に」との要望は，このことを意味していたともみることができる。

ここで，次章以降とのつながりを述べるなら，欧米留学後，留学で学び得た国際水準の研究成果を反映させるとともに，それをいわば実際にそのまま実践できる指導書レベルで記載した『新手工科教材及教授法』（1920年）を出版することによって，課題ないし周囲の要望にも応えることになる。

注

1）棚橋源太郎「岡山教授と私」『手工研究』157号岡山先生追悼号，1933年，pp. 43-46。
2）修業年限を示した第18条は，以下のように改正された。「尋常小学校ノ修業年限ハ六箇年トス／高等小学校ノ修業年限ハ二箇年トス但シ延長シテ三箇年ト為スコトヲ得」。
3）岡山秀吉「第三章　我が国手工科教授の発達」『初等中等手工科教材』蘆田書店，1929年，pp. 10-35。
4）菅生均「岡山秀吉の手工教育価値分析に関する一考察」『熊本大学教育学部紀要』人文科学　第33号，1984年，pp. 99-110。
5）棚橋源太郎『理科教授法』金港堂，1901年，p. 25。この書で棚橋は「教育的価値」について「智・情・意」の3つをあげている。なお，棚橋は1904年から1905年にかけて，小学校手工科についての「教育的価値」などに関する文章を『教育研究』（第1号～第13号）に連載している。ここで棚橋は，「智・情・意」の3つばかりでなく，「身体の陶冶」（表3-1の⑯）の側面からも述べているが，「技能」の実質的陶冶と形式的陶冶にはまったく言及していない。
6）当時，学級編成としては，単式多級制と複式多級制があった。「二学年以上の生徒を含む複式編成よりも同一学年の生徒のみから成る単式編成の方が望ましい」（城戸幡太郎他編『教育学事典　第一巻』岩波書店，1936年）とされており，岡山の記述からも，単式多級制は学年ごとの目的・方法・教授内容等が，複式多級制に比べてより詳細にみてとることができるため，この単式多級制での例示を用いた。
7）ここでは同一の教室・時間・教師といったことは問題にしない。
8）岡山秀吉『小学校に於ける手工教授の理論及実際』宝文館，1908年，pp. 197-246。

第4章

岡山秀吉の手工科教育論の展開過程における米国留学の意義

第1節　岡山の米国留学の足取り

1．はじめに

岡山秀吉は，文部大臣の命により，1911（明治44）年8月に欧米留学へと出発する。岡山は欧米留学後，アメリカ風の手工を日本に輸入したといわれている[1)]。

しかし，これまで岡山の米国留学については，その留学期間はおろか，留学中の足取りさえも明らかにされていない。そこで本章では，岡山の米国留学に関して，以下の2点を考察し，その意義を検討することにする。

第1に，岡山秀吉の米国留学中の足取りを可能な限り明らかにする。

第2に，そこから，岡山が特に注目した学校を確定し，そこで行われていた手工科に関わる教育実践の内容を明らかにする。すなわち，岡山が重要視した人物の論稿および学校のシラバスなどを用いて，彼らの教育論とそのカリキュラムの内容的特質を明らかにする。

当時，アメリカ合衆国では，電気照明が一般家庭にも普及し始めており，フォードがT型モデルをはじめとした大衆車の大量生産に乗り出した時期であった。あらかじめ結論的に述べれば，岡山は，こうした時代状況のなかでの米国の手工・産業科教育に注目し，留学期間の大半を米国で過ごした。そして，とりわけボストン・スロイド養成学校とコロンビア大学ティーチャーズ・カレッジ附属ホーレスマン校の教育実践の成果を学びとっていくことになる。

2. 岡山秀吉の米国留学の足取り

岡山は 1911 年 6 月に，文部大臣から「手工科研究ノ為満二ケ年間米国佛国及獨国へ留学ヲ命」[2)]じられ，官報によれば同年 8 月 31 日に出発し[3)]，1913（大正 2）年 11 月 2 日に帰国している[4)]。岡山の欧米留学の予定は，「先づ米国に航し主として紐育ボストン方面に一ヶ年を費し次に仏独に約八ヶ月間を学び残余四ヶ月を以て英瑞其他欧州各国の状況を視察」[5)] することとなっていた[6)]。

岡山は，欧米留学中に日本へ論稿を送っている。その内容は官報，雑誌『手工研究』や『教育研究』などにみることができる。また，帰国後も数多くの論稿を著書や教育関係の雑誌に載せている。表 4-1 に，岡山の欧米留学および欧米の手工教育に関する論稿を時系列にそって挙げた。

岡山が欧米留学中の様子や欧米手工に関して記した論稿は，管見の限り 53 点存在する。表 4-1 の 37）と 46）は著書であり，それ以外は雑誌論文である。このなかには岡山の講演内容を他の人物が速記したもの〔17)，18)，22)，24)，29)，34)，35)，45)〕を含んでいる。また，他者の論稿や欧米諸国の「規則」，「教授細目」を岡山自身が訳載したもの〔1)，39)，40)，41)，42)，47)，48)，50)，51)，52)〕も含んでいる。3）と 7)[7)]，8）と 11)，9）と 12）のようにまったくといっていいほど同じ内容が，数種の雑誌に掲載されているものも存在する。

表 4-1 からわかるように，岡山が留学前に，欧米手工に関して記した論稿は，1）のみである。論稿 1）は米国ボルチモアの手工科教授細目に関する調査報告書に附録として載せられていた参考書一覧を岡山が訳載したものである。岡山が留学前に記した欧米手工に関する論稿は他には見当たらない。

したがって，以前からその視野にあったとしても，少なくとも岡山が欧米手工に関して興味を示し，紹介及び見解を示すようになったのは，欧米留学に出発した以後のことである。これについては，「嘗て渡欧前の余が感想としては，

表 4-1　岡山秀吉の欧米手工に関する論稿一覧

1911 年
1)　9 月　「米国手工教授用書」『手工研究』第 11 輯　pp. 47-49
(欧米留学出発)
1912 年
2)　4 月　「通信」『手工研究』第 12 輯　pp. 66-67
3)　6 月　「米国手工教育の概況（一）」『教育研究』第 99 号　pp. 83-92
4)　7 月　「米国手工教育の概況（二）」『教育研究』第 100 号　pp. 169-177
5)　9 月　「紐育市のホーレスマン，スクールの状況（一九一一・一九一二）」『手工研究』第 13 輯　pp. 75-80
1913 年
6)　4 月　「通信」『手工研究』第 14 輯　pp. 33-35
7)　〃　「米国手工教育の概況」同上　pp. 35-43
8)　7 月　「米国小学校に於ける手工科教授の状況」『帝国教育』第 372 号　pp. 70-76
9)　8 月　「米国小学校手工教授の実況」『帝国教育』第 373 号　pp. 82-86
10)　〃　「岡山秀吉よりの御書翰」『手工研究』第 15 輯　p. 1
11)　11 月　「米国小学手工科研究報告」『教育時論』第 1028 号　pp. 24-29
12)　〃　「米国手工科研究報告（二）」『教育時論』第 1030 号　pp. 23-26
13)　〃　「米英及仏国ニ於ケル手工科研究報告」『現代教育』第 2 号　pp. 75-80
14)　〃　「英米及仏国に於ける手工科の研究」『帝国教育』第 376 号　pp. 69-78
(欧米留学帰国)
15)　12 月　「欧米に於ける手工教育の実況」『教育界』第 13 巻第 2 号　pp. 57-62
16)　〃　「欧米に於ける手工教育の実況（続）」『教育界』第 13 巻第 3 号　pp. 63-67
17)　〃　「英米の手工教育」『教育時論』第 1031 号　pp. 10-13
18)　〃　「独仏に於ける手工教育」『教育時論』第 1033 号　pp. 9-13
19)　〃　「米国小学校手工教育調査報告（官報転載）」『手工研究』第 16 輯　pp. 41-57
1914 年
20)　1 月　「高等小学手工科の振興策（一）」『教育研究』第 119 号　pp. 19-23
21)　〃　「欧米の中学校に於ける手工科の趨勢」『中等教育』第 20 号　pp. 17-22
22)　〃　「欧米大都市における手工教育と我が手工教育の将来」『初等教育研究雑誌 小学校』第 16 巻第 8 号　pp. 2-10
23)　2 月　「欧米手工教育の職業化」『現代教育』第 5 号　pp. 69-72
24)　〃　「欧米の大都市に於ける手工教育と我国手工教育の将来」『初等教育研究雑誌 小学校』第 16 巻第 10 号　pp. 59-65
25)　3 月　「英米独仏に於ける手工教育の特色（教育界十三ノ三）」『教育実験界』第 33 巻第 5 号　pp. 53-54
26)　〃　「欧米に於ける手工専科教員養成の状況」『手工研究』第 17 輯　pp. 1-4
27)　〃　「欧米の中学校に於ける手工科の趨勢（つづき）」『中等教育』第 21 号　pp. 12-18
28)　5 月　「欧米に於ける手工専科教員養成の状況（二）」『手工研究』第 18 輯　pp. 4-7
29)　〃　「欧米の大都市に於ける手工教育」同上　pp. 66-86
30)　〃　「高等小学校手工科の振興策（二）」『教育研究』第 123 号　pp. 19-23
31)　8 月　「高等小学校手工科の振興策（三）」『教育研究』第 126 号　pp. 30-36
32)　9 月　「高等小学校手工科の振興策（四）」『教育研究』第 127 号　pp. 27-32
33)　10 月　「欧米手工教育の概要」『教育研究』第 129 号臨時増刊　pp. 196-201
34)　〃　「欧米各国の手工科教員」『日本之小学教師』第 16 巻第 190 号　pp. 54-57
35)　11 月　「欧米各国の手工科教員（二）」『日本之小学教師』第 16 巻第 191 号　pp. 63-65
36)　12 月　「高等小学校の手工科振興策（五）」『教育研究』第 131 号　pp. 30-36

1915 年
37）　4 月　『欧米諸国手工教授の実況』教育新潮研究会
38）　〃　「英国小学上級部の手工科及び家事教授」『教育研究』第 136 号　pp. 41-46
39）　6 月　「加奈陀文部省手工科の設置及び維持に関する規則（一）」『教育研究』第 138 号 pp. 49-52
40）　7 月　「加奈陀文部省手工科の設置及び維持に関する規則」『教育研究』第 139 号　pp. 44-49
41）　〃　「完全なる手工科の設備（加奈陀文部省手工科規程抄訳）」『手工研究』第 24 輯 pp. 4-11
42）　8 月　「加奈陀文部省手工科の設置及び維持に関する規則（完）」『教育研究』第 140 号 pp. 30-34
43）　9 月　「各種記念日に関する米国小学校手工科作業」『教育研究』第 141 号　pp. 64-70
44）　11 月　「予が見たる欧米の職工」『手工研究』第 26 輯　pp. 22-31
45）　12 月　「欧米手工視察談」『図画教育』第 28 号　pp. 1-19
1916 年
46）　7 月　『新手工科教授』宝文館
47）　8 月　「紐育市小学校家事科教授細目」『教育研究』第 154 号　pp. 70-74
48）　9 月　「紐育市小学校家事科教授細目（二）」『教育研究』第 155 号　pp. 77-80
1917 年
49）　2 月　「欧米小学校に於ける手芸科及び家事科教授の状況」『教育研究』第 162 号 臨時増刊, pp. 197-206
50）　3 月　「ベンネツト氏独国技能科教授参観記（一）」『教育研究』第 163 号　pp. 9-14
51）　4 月　「ベンネット氏独国技能科教授参観記」『教育研究』第 164 号　pp. 11-17
1925 年
52）　5 月　「ベンネツト氏の手工科教材選択論」『手工研究』第 61 号　pp. 1-7
53）　10 月　「都市手工教育の発展と手工中央教室」『帝国教育』第 518 号　pp. 65-69

恐らく手工教育は却つて我が国の方が，欧米よりも発達しては居なからうかと思つてゐた。然るに実際彼の地へ渡つて見て，其の進歩発達に驚いたのである。」〔22）p. 2，17）p. 11〕といった岡山の記述からも読みとれるように，岡山は留学以前にはほとんど欧米諸国の手工についての実情を知らなかったとみられる。

こうした状況で，岡山は 1911 年 8 月 31 日に欧米留学に出発した〔3）p. 83，7）p. 35〕。岡山の留学中の足取りを知る資料としては，表 4-1 の 53 本の論稿の他にも，岡山以外の人物によってかかれた以下の 4 本がある。

・54）手工研究会編集部「岡山会長の略歴」『手工研究』第 67 号岡山会長還暦記念号　1925 年　はしがき

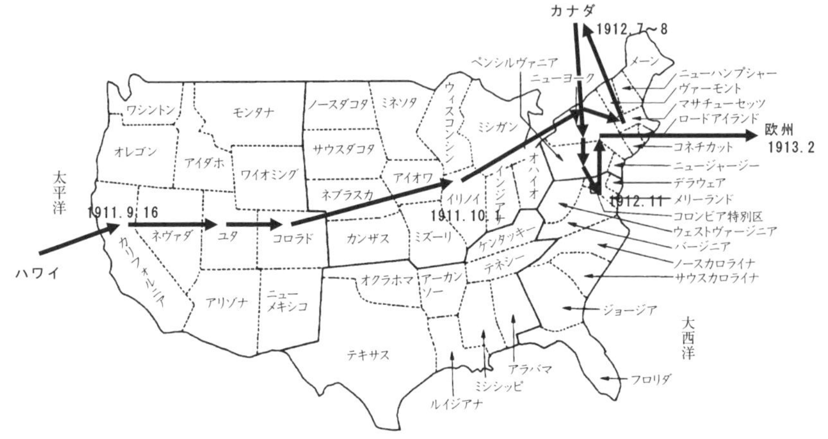

図 4-1　岡山秀吉の米国留学中の足取り

・55）岡田満「岡山君の紐育に於ける学生生活」『手工研究』同上　pp. 26-28

・56）日本手工研究会「年譜」『手工研究』第 157 号岡山先生追悼号　1934 年　はしがき

・57）棚橋源太郎「岡山教授と私」『手工研究』同上　pp. 43-46

以上の 57 本の資料によれば，岡山の米国留学中の足取りは，図 4-1 のようにまとめることができる。以下，この足取りにそって，米国の手工教育に対する岡山の見解をみていくことにする。

1）米国留学中の 1911 年の足取り

1911 年 8 月 31 日，岡山は「汽船春洋丸」にて，日本を出航した。途中，ハワイを経由し，9 月 16 日にカリフォルニア州サンフランシスコに到着している〔3）p. 83，7）p. 35〕。その後の経路については，論稿 2）に次のように記されている。

「桑港へ上陸以来桑港及その附近にてはカリフオルニヤ州立大学スタンフオード大学，カリフオルニア州立師範学校，同手工中学校及小学校を参観し次にソートレーキ市及デンバー市に歩を進めユタ州立大学及同附属小学及中学並にコロラド州立手工中学校を参観し去一日シカゴ市着当地には例の大学附属のクスール(ママ)オブエジユケーシヨンもあることにて大分望を嘱し昨日までにシカゴ大学及同附属即ち The School of Education の各部幼稚園，小学校，中学校，手工学校（これも附属学校の一部にてシカゴマニユアルツ(ママ)レーニングスクールと称す）並に当地美術学校を参観〔中略〕明日八日当地出発来る十月紐育に着の筈」(p. 66)。

すなわち，まずカリフォルニア州では「カリフオルニヤ州立大学スタンフオード大学，カリフオルニア州立師範学校，同手工中学校及小学校」[8] を参観した。

次に，ユタ州ソルトレイクへ向かった。ソルトレイクでは「ユタ州立大学及同附属小学及中学」を参観した。

次いで，コロラド州デンバーへと向かい，「コロラド州立手工中学校」を参観した。同校については論稿 3）に学生数，実習科目等の記述がみられる。

その後，シカゴへ向かっている。上記の論稿 2）の引用からは，岡山が「The School of Education」をはじめとしたシカゴの諸学校を，期待をもって参観したことがわかる[9]。なお，「シカゴ手工学校」と「シカゴ大学附属中学校」についても論稿 3）に学生数，実習科目等の記述がみられる。「シカゴ手工学校」は，1884 年２月にシカゴ商業会議所によって職業訓練（industrial training）のための学校の必要性から開校され，通称シカゴ・マニュアル・トレーニングスクールとよばれた学校である[10]。

その後，岡山はシカゴからニューヨークに向かった。棚橋源太郎によれば，ニューヨークに到着後，岡山は「手工中心で技芸教育に特に重き」をおいて「紐育，フィラデルフィアや，ワシントン，ボストン等各地の視察」〔57）p. 45〕をしている。論稿 57）において，棚橋はニューヨークで岡山と出会い，１ヵ月半の間，寝食を共にしたこと，さらにボストンで G. ラーソン（Gustaf

Larson）が校長であるボストン・スロイド養成学校（The Sloyd Training School, Boston）を訪問したことを述べている。岡山自身も，G. ラーソンとボストン・スロイド養成学校について，以下のように述べている。

「同氏は瑞典人にして，同国に有名なる，ナース，スロイド，セミナリーの卒業生中，特にその校長オットサロモン氏の，信用を受けし人なり。千八百八十八年，有力家の助力を得て，本校を設立し，瑞典式の手工即ちスロイドを基礎とし，更に自己の研究と，米国の事情に鑑み，之に幾多の改良を加へ，茲にアメリカン，スロイドなる，一組織を立つるに至りしなり。〔中略〕学科は，木工，金工，手工，理論，製図，教育学及び教授法にして，特に木工に重きを置けり。〔中略〕当校の授業は，教育学，教授法等を，他講師の受持てる外，殆んどラルスソン氏一己にて，教授するものなるに依る。当校の手工，即ちアメリカン，スロイドの特長は，その主義の全然教育的なること，工具の使用法を丁寧に授くること，物品を正確に作らしむること，作業を為すに正しき姿勢を保たしむること等にありて，予は曩に参観せるの際，その簡便に有効なる教育を施せる点に於て，幾多参考すべき点の存在せるを認めたれば，米国を去るの前，再びボストンに趣き（ママ），或時期間当校に学ぶの，希望を有し居れり。」〔(4) p. 177〕

すなわち，岡山はG. ラーソンがボストン・スロイド養成学校において実践していたアメリカン・スロイドの有効性を感じとり，多くの点を参考にできると考え，もう一度ボストン・スロイド養成学校を訪れたいと述べている。事実，後述するように，岡山は翌年の1912年に再度，この学校を訪れている。

ここで注目すべきことは，岡山がアメリカン・スロイドを「簡便に有効なる教育を施せる」ものとして評価していることである。そして，その内容としてアメリカン・スロイドが，① 教育的になされている点，② 丁寧な工具の使用法の教授がなされている点，③ 精確な物品の製作がなされている点，④ 作業中の正しい姿勢の保持を指導している点を，岡山は挙げている。

2）米国留学中の 1912 年の足取り

岡山は 1912 年 1 月から 12 月までの満 1 年間，ニューヨーク市ブルックリン区にあるプラット・インスティテュート（The Pratt Institute）の「本科手工師範科（Manual Training Course)」に「入学」し，手工科について修業した〔54)，56）はしがき〕。

プラット・インスティテュートについて，岡山は以下のように述べている。

「同校は，千八百八十七年，チヤーレス，プラット氏の設立する所に係り，米国にて有名なる学校の一なり。その内容は技能教科師範学校と，美術工芸学校とを合せたる如きものにて，その学部には，図画師範科，手工師範科〔中略〕ありて何れも一科を専門に修めしむ。〔中略〕校舎は，師範部兼事務所，機械部，電気部，応用化学部，家事部，裁縫部，体操場，生徒倶楽部，幼稚園，図書館等に分れ，何れも四階五階の堅牢なる煉瓦造りにて，要所にはエレベーターの設備あり。〔中略〕予は，昨冬より一月までは，当市諸学校の参観を兼ね，当校にありては専ら見学傍聴に従事し，二月より本科手工師範科の授業を受けつつあり。」〔4）pp. 174-175〕

プラット・インスティテュートの夏期休業中には，米国ボストンとカナダの調査を行っている。この休業中に岡山は再度，ボストン・スロイド養成学校を訪れたと考えられる[11)]。

1912 年の夏期休業中の視察が終了した後，岡山はニューヨークにもどり，翌年の 2 月に欧州へ出発するまで，ほとんどニューヨークに滞在していた。ただし，6）と 8）と 11）の記述から，10 月 13 日から 4 週間，ニューヨーク州一帯，ペンシルバニア州，ワシントン D. C. の調査のため，ニューヨーク市を離れ，11 月 9 日にニューヨーク市に戻っていることが読みとれる。論稿 6）は 11 月 3 日付けでワシントン D. C. 滞在中の岡山から，手工研究会宛てに送られた論稿である。この期間を考慮しても，岡山は欧米留学中，少なくとも 1 年 3 ヵ月間はニューヨークに滞在していたことになる。

このため，ニューヨークの手工教育に関する岡山の論稿は，他の地域と比較して数多く存在する。また，手工科についてだけでなく，論稿 47）のように「図画科」や「家事科」についてかかれているものもある。岡山は，米国ではニューヨークを中心に，「小学校」，「中学校」，「師範学校」，「高等手工教員養成所」など，各種の学校での手工教育について参観し，その数は「参観したる学校は紐育市に於ては十数個其の他に於ては各地一個若くは数個にして成るべく大小或は方法を異にせるものを見んことに勉めたり。」〔8）p. 70，11）p. 24, 19）p. 42〕と記述されているように，ニューヨークだけでさまざまな学校を10 校以上参観している。

さらに，ニューヨークにおいて参観した学校に関する記述は，コロンビア大学ティーチャーズ・カレッジおよび同大学附属ホーレスマン校（The Horace Mann Elementary School），「紐育州立アルバーニ，ノーマル，カレッジ」などのものがある。

コロンビア大学ティーチャーズ・カレッジは，ニューヨーク・ティーチャーズ・カレッジを前身とし，技術教育と家庭科教育の教員養成を目的として発足した機関である。米国で最初に大学教育として，これらの教師教育を実施した機関でもあり，C. A. ベネットが米国最初の手工教育の大学教授として，大学における手工教員養成制度の樹立に尽力した大学である[12)]。同校について岡山は論稿 4）に，次のように記している。

> 「インダストリアル，アート，コースと称し，多数ある科目中の一なり。本科，特別科（専科）の二種あり。本科は四ヶ年程の中学校卒業後二ヶ年間高程度の学校にて，教育を受けたる者を入学せしめ，之を（甲）中等程度の手工を修むるものと，（乙）初等程度の手工を修むるものとの二部に分ち，その修業年限は，何れも二ヶ年なり。〔中略〕各種木工，金工，製図等の教室，諸機械，器具の設備頗る完全なり。〔中略〕予は時々当校を参観し，特にボンサー教授の指導を受け居れり，彼の有名なるホレースマ（ママ）ン，スクールは，当校の附属にして，その手工科は，米国の諸学校に好模

範を示し居れり」(p. 174)

ここから，岡山は何度か同校を参観し，F. G. ボンサー（F. G. Bonser）と会い，意見を交わしたことがわかる。ボンサーは，「産業科教育の父」と称され，「コロンビア大学ティーチャーズ・カレッジの技術教育部門の教授，ならびに同附属スペイヤー校（The Speyer School）の校長として，産業科教育の樹立に努めた」[13]人物である。岡山が米国で訪問した各学校についての論稿のなかで，直接会って意見を交わした人物として名前が挙がっているのは，先のボストン・スロイド養成学校の G. ラーソンと，このコロンビア大学ティーチャーズ・カレッジの F. G. ボンサーのみである。

また，コロンビア大学ティーチャーズ・カレッジ附属ホーレスマン校は，C. A. ベネットの後任として C. R. リチャーズ（C. R. Richards）が 1908 年まで産業科の教育実践の構築に専念した学校である。ホーレスマン校について，岡山は 5）においてその施設・設備や幼稚園の要点，小学校第１～７学年の「手工図画科課程の大要」，ハイスクール第１～５学年の学科目等について紹介している。5）の論稿はタイトルからもわかるように，ホーレスマン校のみについてかかれているものである。このように，特定の学校についてかかれた雑誌論稿は他にはみあたらない。「手工図画科課程の大要」には，第１から第７学年のすべての学年の手工科と図画科の内容が紹介されている。

以上の点から，岡山の米国留学の足取りを追うことで，岡山は米国留学中，少なくとも，ボストン・スロイド養成学校とコロンビア大学ティーチャーズ・カレッジ附属ホーレスマン校の２校の教育実践を重要視していたといえる。

第2節　岡山が重要視した米国の手工・産業科教育の実践内容

1. はじめに

前節では，官報，『手工研究』誌や『教育研究』誌などを用いて，岡山秀吉の欧米留学，とりわけ米国留学中の足取りを明らかにし，そこから米国において岡山が特に注目した学校を確定した。

岡山は，当初1年の予定であった米国滞在を，半年も延ばした。このことは，岡山が米国の手工に関心をもったことを示唆していると考えられる。そして，米国において，岡山が注目した学校として，少なくとも，ボストン・スロイド養成学校とコロンビア大学ティーチャーズ・カレッジ附属ホーレスマン校の2校をあげることができた。

本節では，① これら2校における岡山の米国留学当時（1911～13年）の教育実践の内容を，当該校のシラバスおよびそこでの教育実践を担った人物の論稿に基づいて明らかにするとともに，② そうした教育実践に対し，岡山が注目した側面およびそれへの評価を明らかにすることを試みる。

2. ボストン・スロイド養成学校の教育実践

アメリカン・スロイドのいわば到達点[14]とされる1907年発行のG. ラーソンの著書である『文法級7～9学年用スロイド（*SLOYD FOR THE THREE UPPER GRAMMAR GRADES*）』には，「スロイドの定義」について，以下のように記されている。

「スロイドは，子どもが良いとみとめる目的のための精力的で知的な自己活動を，刺激し促進するように配列された道具の仕事である。」[15]

この定義からは，アメリカン・スロイドが子どもの自己活動を促すことを，そのねらいとしていることがわかる。子どもの自己活動の促進という点は，スロイドを，米国の状況を踏まえたうえで，その普及をはかるために，G. ラーソンがフレーベル主義の教育思想に依拠しながら強調した点である[16)]。スウェーデン・スロイドに比べて，子どもの自己活動の点が前面に押し出されている。

他方，カリキュラムの内容をみると，木工のみで編成されたスロイドの第７～９学年のそれは，学年ごとに編成されており，それぞれ週２時間の教授時間となっている。表4-2は，各学年のカリキュラムの内容をまとめたものである。

このカリキュラムでは，教材の選択・配列において，各学年で24～30の「一定の精神的，身体的努力を伴う道具の特定の使用法」である練習課題が設定され，かつ，この練習課題を繰り返し練習できるよう，モデルを選択し，段階的に配列している。また，道具がモデルごとに順を追って使用され，個人の進度の相違を想定して補助モデルが置かれている。こうした教材の選択・配列は，オペレーション＝複合法的なものであるといえる[17)]。

すなわち，ボストン・スロイド養成学校で行われていたアメリカン・スロイドの特徴は，一方で，定義においては子どもの自己活動を促すことを眼目としながら，他方で，木工の道具の使用法を，順を追ってかつ繰り返し教授するとともに，それをモデル＝物品製作の過程に位置づけた体系的な教授法がとられたものであった。

一方では自己活動の促進，他方では道具の使用法についての体系的な教授という，いわば二面性をもつG. ラーソンの教育実践に岡山は触れたわけである。では，そのどちらの側面を岡山秀吉はみてきたのか。岡山は既述のようにアメリカン・スロイドを，簡便でかつ有効な教育を施していると評価している。その中身として，① 教育的であり，かつ，② 工具の使用法を丁寧に授け，その上で，③ 物品を精確につくりあげ，しかも，④ 作業中に正しい姿勢を保持することまで指導を行っている点をあげていることから考えれば，木工における道具の使用法に関する体系的な教授法の側面をみていたといえる。

表 4-2　ボストン・スロイド養成学校におけるスロイドのカリキュラム（1907 年）

	新たな練習課題	繰り返される練習課題	モデル	新しい道具	木の種類	補助モデル
	スロイドの練習課題は一定の精神的，身体的努力を伴う，道具の特定の使用法	単調にならないようにしながら必要な練習を確保するよう導入される練習課題	練習課題の遂行に必要な努力を自主的にさせるような興味ある物品	手が思考に表現を与えるための物	物品の特性に適した国内材の種類	練習課題を個人の必要に適合させる様々な物品の種類
第七学年もしくは一年目	1. ナイフでの直線削り 2. ナイフでのななめ削り 3. ナイフでの横削り		1. くさび	1. 鉛筆 2. 定規 3. ナイフ	ホワイトパイン	植物の木札 鉛筆削り
	4. 鋸での縦びき 5. 狭い面の鉋削り 6. 直角をだす 7. 測定する	3，2	2. かん木の木札	4. 鋸 5. 粗鉋 6. スコヤ 7. けびき	白色木材	ウインドウスティック
	8. 削り台での木口削り 9. キリでの穴あけ 10. サンドペーパーがけ（ブロックを使用）	4，5，6，7，2	3. 帽子掛け	8. 小鉋 9. 削り台 10. 曲げ柄キリ 11. サンドペーパーブロック	白色木材	
	11. ナイフで円柱状面の切削 12. くぎ止め	4，5，6，7，8，9，1，2，3	4. ペンホルダー		米杉もしくはモミジバフウ	レターオープナー
	13. サンドペーパーがけ（ブロックを使用しない）					
	14. 角を直角に切断 15. 螺旋形のキリでの穴あけ	4，5，6，7，8，3，1，10	5. 道具掛け	12. 胴付き鋸 13. 螺旋形のキリ	白色木材	ペン立て
	16. 鋸での横びき 17. 広い面の鉋削り 18. 削り台なしの鉋削り	4，5，6，7，10	6. アイロン台	14. 横びき鋸	白色木材	ブランコの板
	19. 楕円づくり 20. 曲線の鋸びき 21. 南京鉋での切削	16，17，7，13，10	7. パンこね台	15. 回し鋸 16. 南京鉋	しなのき	スリーブボード
	22. くぎ打ち 23. 釘しめ	16，4，5，6，7，8，14，1，3，10	8. 台	17. げんのう 18. 釘しめ	白色木材	踏み台
	24. 直角接合の取り付けとくぎ打ち	16，4，5，6，7，8，17，18，10，22，23	9. 釘箱		白色木材	コーナー棚
第八学年もしくは二年目	1. 狭い面の鉋削り 2. 直角をだす 3. 測定する 4. ナイフでの曲線の切削 5. 小キリでの穴あけ 6. サンドペーパーがけ（ブロックを使用）		1. 鍵掛け用の板	1. 粗鉋 2. スコヤ 3. けびき 4. コンパス 5. ナイフ 6. 小キリ	白色木材	
	7. 鋸での縦びき 8. 曲線の鋸びき 9. 南京鉋での切削 10. サンドペーパーがけ（ブロックを使用しない）	1，2，3，4，5，6	2. コートハンガー	7. 鋸 8. 回し鉋 9. 南京鉋	しなのき	
	11. 鋸での横びき 12. 削り台での小鉋削り 13. 角を直角に切断 14. 穴あけ	7，1，2，3，4，6	3. 棚とブラシ掛け	10. 横びき鋸 11. 削り台 12. 小鉋 13. 胴付き鋸 14. 曲げ柄キリ	白色木材	吸い取り紙ばさみ（選択モデル）
	15. 相欠き接ぎ 16. くぎ打ち 17. 隠し釘	11，7，1，2，3，12，13，6	4. 十字型の台	15. のみ 16. げんのう 17. 釘しめ	白色木材	ペーパーナイフ（選択モデル）
	18. 広い面の鉋削り 19. 回し鋸での鋸びき 20. 直角接合の取り付けとくぎ打ち	11，7，1，2，3，12，6，16，17	5. ナイフとフォークとスプーン入れ	18. 回し鋸	白色木材	時計用の棚 手袋用の箱

	21. 面の接合 22. にかわづけ 23. クランプ止め	11, 7, 1, 2, 3, 18, 8, 9, 10, 6	6. パンこね台	19. 長台鉋 20. 家具づくり用クランプ	モミジバフウ しなのき	ペン・インク台
	24. 円柱の鉋削り 25. 心棒の取り付け 26. さら穴あけ 27. 木ねじ止め	11, 7, 1, 2, 3, 12, 10, 6	7. ローラーつきタオル掛け	21. さらぎり 22. ドライバー	白色木材	インク用定規
	13, 15, 19, 21, 25 を除く全練習課題の反復		8. 小卓		しなのき	
第九学年もしくは三年目	1. 鋸での縦びき 2. 狭い面の鉋削り 3. 直角をだす 4. 測定する		1. 50センチ定規	1. 鋸 2. 粗鉋 3. スコヤ 4. けびき	白色木材	花壇用の杭
	5. 削り台での木口削り 6. サンドペーパーがけ（ブロック使用）			5. 小鉋 6. 削り台		
	7. ナイフでの直線の切削 8. やすりがけ 9. サンドペーパーがけ（ブロック使用）	1, 2, 3, 4, 6	2. 皮砥の板	7. コンパス 8. ナイフ 9. 半丸やすり	モミジバフウ	げんのうの柄
	10. 鋸による横びき 11. のみでの切削 12. 穴あけ 13. さら穴あけ 14. 木ねじ止め	1, 2, 3, 4, 5, 6	3. 道具掛け	10. 横びき鋸 11. のみ 12. 胴付き鋸 13. 曲げ柄キリ 14. さらもみぎり 15. ねじ回し	白色木材	定規（選択）
	15. 広い面の鉋削り 16. 削り台なしの木口削り 17. 丸のみでの切削 18. すく	10, 1, 2, 3, 4	4. ペン・インク台	16. 丸のみ 17. 木づち 18. 家具用すき道具	モミジバフウもしくは黒クルミ	ペン皿
	19. 曲線の鋸びき 20. 直角接合の取付け 21. くぎ打ち 22. 隠し釘	10, 1, 15, 2, 3, 4, 16, 7, 8, 9, 6	5. 文具入れ	19. 廻挽鋸 20. げんのう 21. 釘しめ	モミジバフウもしくはマホガニー	
	23. 鉋でさねはぎづくり 24. 相欠き接ぎ 25. にかわづけ 26. クランプ止め	10, 1, 2, 3, 4, 11, 13, 14, 6	6. 卒業証書用の額縁	22. さねはぎ用鉋 23. クランプ	オークもしくは黒クルミ	額縁
	27. 平面のあり接ぎ	10, 1, 15, 2, 3, 4, 16, 19, 7, 8, 9, 6	7. 本棚		モミジバフウ	
	28. 平面の接合 29. だぼ接ぎ 30. 鉋での横削り	10, 1, 15, 2, 3, 4, 5, 16, 13, 14, 9, 6	8. テーブル	24. 長台鉋 25. 家具用クランプ	白色木材	靴みがき台

出所：G. Larson：*SLOYD FOR THE THREE UPPER GRAMMAR GRADES*, Boston, Massachusetts, Geo. H. Ellis Co., pp. 19-49, 1907 を基に作成。

3. コロンビア大学ティーチャーズ・カレッジ附属ホーレスマン校の教育実践

既述のように，岡山は，コロンビア大学ティーチャーズ・カレッジ附属ホーレスマン校について，論稿 5）において，その施設・設備や幼稚園の要点，小学校第１～７学年の「手工図画科課程の大要」，ハイスクール第１～５学年の学科目等について紹介している。その内，「手工図画科課程の大要」には，第１から第７学年のすべての学年の手工科と図画科の内容が紹介されている。以下は，手工科に関する記述の抜粋である。

「第一学級　単簡なる織物細工，粘土細工，木細工，にて物を製する
第二学級　織物の材料として羊毛の研究，簡単な織物の研究である。他は前年度と同一
第三学級　前年度の続き，製造されて来る煉瓦の研究，煉瓦をもつて家を作ることの研究
第四学級　前年度の織物の繊維についての研究，麻と絹との研究　手足で織ること。工場参観
第五学級　粘土で型を作ること。近時製造物の材料の研究。簡易なる製本の順序，紙の製造法。木工
第六学級　近時の建築工作図，に関する工具の研究
第七学級　木材に模様を彫ること。交通運輸の方法。手際のよき細工物に注意を向けしむること」

この内容と『ティーチャーズ・カレッジ記録』誌（*Teachers College Record*）[18] に掲載されたカリキュラムとを比較すると，内容的に一定程度確立していた1904年のホーレスマン校のカリキュラム（表4-3）をもとにした教育実践を，岡山はみたと考えられる[19]。

表4-3に示したように，このカリキュラムの特徴は，第１学年では「穴居期」と「部族狩猟期」，第２学年では「遊牧期」と「農耕期」，第３～５学年では「商業期」，第６・７学年では「工場生産期」の学習というように，学年が上がるにつれて歴史的に展開している点である。

そして，最終的には第６・７学年において，とくに男子では「工場生産期」の「現代産業」を，機械，建築，運輸の面から教えるというものである。機械

表 4-3　ホーレスマン校の産業科教育のカリキュラム

学年	時期	内容
第一学年	穴居期	・「Ab 物語」の場面の箱庭づくり，火おこし，石器・土器づくり ・生肉や貝を屋外で直火で焼いて食べる ・原始的な水の熱し方の実習
第一学年	部族狩猟期	・粘土でイグローやランプ，平和のきせるづくり ・そりやカヤックの製作，弓矢，漁獲用の網，ウィグワムづくり ・草葺き屋根小屋，ハンモック，はしごの製作 ・麦藁・い草でマットを編む　・カバ材でのカヌー製作 ・原始的な食糧の保存方法の学習　・鱈を牛乳とバターで料理
第二学年	遊牧期	・羊毛についての学習：剪毛・洗毛・染色・紡ぎ・織布 ・粘土のおもりをつけた紡錘づくり　・柵のあるキャンプ地の箱庭づくり ・バターやチーズ，プリンづくり
第二学年	農耕期	・鋤の模型づくり　・ラフィアで帽子づくり　・綿でナプキン，財布づくり ・トウモロコシでケーキ，お粥づくり　・粘土の煉瓦でプエブロづくり ・粘土で装飾した陶器，ろうそく立て，プエブロづくり
第三学年	商業期（交易時代）	○細工一般 ：交易路を表す箱庭づくり，ガリー船やバイキング船の製作 ：煉瓦づくり，陶器づくり，壁掛けを縫う，風向計づくり ：お茶やココアなどの主要産物の料理 ○籠細工：ラフィアでカゴを編む ○厚紙細工：箱，額縁，キャンドルシェード ○裁縫：クロスステッチの刺繍，カバンづくり
第四学年	商業期（植民地時代）	・織機製作　・テーブルカバーを縫う ・オーク，シュガーメープル材などの小枝の標本づくり ・ログハウスの模型製作　・煉瓦とモルタルで鋳造用のかまどづくり ・シュガーメープルのシロップづくり ・厚紙もしくはラフィアで額縁，カレンダー台，箱，カゴづくり
第五学年	商業期（家内工業期）	○籠細工：２色のカゴを編む ○刺繍：カバンにアップリケやクロスステッチの刺繍 ○陶器：ギリシャ模様装飾の陶器 ○金工：ティーポットスタンド，ろうそく立て ○木工：カレンダー台，針刺，額縁の製作
第六学年		【女子】－裁縫 ・製本　・人形の服づくり　・ラフィアで帽子づくり
第六学年	工場生産期	【男子】 ○機械要素 ：上水式水車の模型製作（ベルト・プーリ），風車とポンプの模型製作 ○現代建築の要素 ：エレベーター（ベルト装置），ステンドグラス製作 ：木材でのトラス構造の鉄道の駅の模型
第七学年		【女子】－裁縫 ○ミシン作業：料理の授業で着るエプロンの製作 ○手作業：刺繍つきのソファーカバー，ブックカバー，靴下のかがり
第七学年	工場生産期	【男子】 ○個人やグループでの木工のプロジェクト ：写真立て，ナイフ皮砥，コートハンガー，ネクタイラックの製作 ：グループで長椅子製作 ○現代の運輸についての学習 ：鉄道＝車両，線路，転轍機，信号の製作　・蒸気掘削機 ：橋＝トラス，吊り橋，はね橋　・運河，水門

出所：*Teachers College Record,* Vol. 5, No. 2, pp. 28-97, Vol. 7, No. 1, pp. 22-32, No. 4, pp. 10-15, pp. 98-104, Vol. 8, No. 1, pp. 29-34, No. 3, pp. 52-61, No. 4, pp. 50-66 を基に作成。

では，ベルト・プーリの機構を用いた上水式水車の模型製作や風車とポンプの模型製作を行う。建築では，ベルト装置のエレベーターの模型製作，トラス構造を用いた鉄道の駅の模型製作などを行う。運輸では，鉄道の車両や線路，転轍機，信号の模型製作や，蒸気掘削機，吊り橋やはね橋，運河や水門の模型製作を行う。製作を通して，子どもたちに当時の状況を追体験させるとともに，そこでの産業における問題について考えさせることを行っている。

このカリキュラムの骨格をつくったのは，C.R. リチャーズであった。C.R. リチャーズは，1904 年に教科名について，「手工科（Manual Training）ではなく産業科（Industrial Arts）という用語」[20] が使われるべきであることを論じている。リチャーズの構想した産業科のカリキュラムは，「現代文明の基礎としての産業」[21] の学習であり，その内容は，「衣・食・住の獲得に関わる産業の発展を，もっとも単純な原始の時代からたどらせ，現代文明との関係からそれらの意義を理解させ」[22] る意図をもつものであった。

なお，細谷俊夫が「1900 年にリチャーズという教授が工作を教える新しい方法について，このプロジェクトという言葉を用いるようになつ」[23] たという，リチャーズのプロジェクト法とは，たとえば「食糧の確保の原始的な方法を，当時の環境も含めて，考え」[24] たり，「現代建築において使用される単純な機械の原理と作業を考慮して，どんな材料がもっとも適するのか，どんな形がいいのか，といった問題をクラスで解決していく」[25] というものである。

すなわち，田中喜美も指摘しているように，「現代文明の基礎としての産業」を理解させるという産業科教育の目的との関連でいえば，人類の各発達段階において，衣・食・住の獲得に関わって人類が直面した産業としての生産に関する一定の問題状況として，子どもにあたえられるものであって，その問題状況を解決しようとする過程において，過去の人類の経験を子どもたちに再体験させるという意図のもとに構成されたものである[26]。目的を立て，計画を立てさせることから結果を検討させることまで，すべて子ども本位に行わせるW.H. キルパトリックのプロジェクト・メソッドとは同名異質のものであった。

そして，このリチャーズの産業科教育を発展させた人物が彼の後任である

F. G. ボンサーであった。ボンサーは産業科教育を以下のように定義づけた。

「1．物質的必要―衣・食・住など―を満足させるよう，使用価値を増大させるために，人間が自然物に加える諸変化，および，2．これらの変化に使用される諸手段が，個人生活や社会生活に及ぼす影響，の学習である」[27)]

すなわち，ボンサーは産業科の定義を，人間が自然物に加える諸変化に使用される諸手段である技術が，人間生活に及ぼす影響の学習であるとした。

つまり，岡山が訪問した1912年のホーレスマン校は，C. R. リチャーズによって構想された「現代文明の基礎としての産業」の学習がなされており，岡山が接触し何度も意見を交わしたボンサーは，その産業科教育を労働手段（＝技術）の変化が人間の生活様式に及ぼす影響の学習であると定義づけた。これらの点がホーレスマン校およびボンサーの取り組みの特徴である。

こうした取り組みに対しての岡山の言及は，管見の限り皆無である。しかし，岡山は，ボンサーと何度か意見を交わした上で，論評しないまでも，ホーレスマン校のカリキュラムを『手工研究』誌に全面掲載しているということは，この内容に対する一定の評価をあたえていたと考えられる。

第３節　小　括

本章では，第１節で，岡山秀吉の欧米留学，とりわけ米国留学中の足取りを明らかにし，そこから米国において岡山が特に注目した学校を確定した。第２節では，岡山が特に注目した学校における1911～13年当時（岡山の米国留学時）の教育実践の内容を，当該校のシラバスおよびそこでの教育実践を担った人物の論稿に基づいて明らかにするとともに，そうした教育実践において岡山が注目した側面を明らかにすることを試みた。

その結果，岡山の欧米留学に関わり，その特徴として以下の４点を指摘することができる。

第１に，岡山秀吉の米国留学の足取りは，1911年９月にカリフォルニア州に上陸し，その後ソルトレイクからシカゴ，そしてニューヨークへとアメリカ西海岸から東海岸へと横断する経路をとり，ニューヨークで 1 年以上を過ごし，1913 年の 2 月下旬に欧州へ向かった。岡山はニューヨークでプラット・インスティテュートの「本科手工師範科（Manual Training Course)」において 1 年間，修業していたこともあり，米国での手工教育の視察は主にニューヨークを拠点としていた。

当初 1 年の予定であった米国留学が 1 年半に延ばした滞在であったということは，岡山が米国の手工に関心をもったことを示唆していると考えられる。

第 2 に，岡山が米国において視察した学校は，各種広範にわたっているけれども，彼の論稿から判断すると，なかでもボストン・スロイド養成学校と，コロンビア大学ティーチャーズ・カレッジ附属ホーレスマン校の取り組みを岡山は高く評価している。

第 3 に，ボストン・スロイド養成学校では，G. ラーソンのアメリカン・スロイドについて岡山は，子どもの自己活動を促すという側面よりも，道具の使用法を順を追って，かつ繰り返し教授するとともに，それを物品製作の過程に位置づけた，木工の体系的な教授法の側面をより注目してみていた。そしてそれを「簡便に有効なる教育」であると評価した。

第 4 に，コロンビア大学ティーチャーズ・カレッジ附属ホーレスマン校のカリキュラムは，歴史的に展開しながら，最終的には「工場生産期」の「現代産業」を機械，建築，運輸の面から教えるという特徴をもっていた。このカリキュラムは，C. R. リチャーズによって構想されたものであり，彼は手工科から「現代文明の基礎としての産業」を学習させる産業科への転換を提唱した人物であった。さらに，F. G. ボンサーは産業科を，人間の生活様式に及ぼす労働手段の意義を教える教科として定義づけた。岡山は，このホーレスマン校の産業科教育の実践内容に対して，一定の評価をあたえていたと考えられる。

このように岡山は，米国の手工・産業科教育実践，とりわけ，ボストン・スロイド養成学校とコロンビア大学ティーチャーズ・カレッジ附属ホーレスマン校での取り組みに示唆を得て，1913 年 11 月に帰国する。こうした岡山の欧米留学の成果とその反映については，次章で論じることとする。

注

1）細谷俊夫『技術教育—成立と課題—』（育英出版，1944年，p. 151）ほか参照。
2）手工研究会編集部「岡山会長の略歴」『手工研究』第67号岡山会長還暦記念号，1925年，pp. 5-7。
3）1911年9月2日付けの官報第8461号に「文部省外国留学生東京高等師範学校教授岡山秀吉ハ昨一日出発セリ（文部省）」との記載がある。
4）1913年11月11日付けの官報第386号に「文部省外国留学生東京高等師範学校教授岡山秀吉ハ本月二日帰朝セリ（文部省）」との記載がある。
5）手工研究会「岡山理事の留学を祝す」『手工研究』第11集，1911年，はしがき
6）岡山の欧米留学に関する復命書などの公文書は見つけることができなかった。国立公文書館には，岡山秀吉に関する資料は，管見の限りひとつも所蔵されていない。
7）表4-1の3）と7）は写真の有無の差異はあるものの，記述内容はまったくといっていいほど同じものである。
8）岡山のいう「手工中学校」とは，岡山がその原語を「Manual Training High School」と記載していることから，一般的に「手工高等学校」とよばれるものであると考えられる。
9）表4-1の2）の引用部分から，「去一日」すなわち10月1日にシカゴに到着し，「シカゴ大学」と「同附属」の「The School of Educationの各部」の学校を参観した後，10月8日にニューヨークへ向けて出発したとよみとれる。また，引用中に「十月紐育に着の筈」とかかれているが，既に10月になっており，その記述の直前に「明八日」とかかれていることから，「十月」は「十日」の誤りではないかと考えられる。ここでいう「シカゴ大学附属」の「小学校」とは，かつてJ.デューイが1896年から創始した「実験学校」の後身であると考えられる。
10）Charles A. Bennett：*History of Manual and Industrial Education 1870 to 1917*, Peoria, Chas. A. Bennett Co., 1937, pp. 373-374.
11）表4-1の19）のp. 42に「客年夏期休業中加奈陀地方へ尚其の以前波士敦へ向つて為したる旅行中調査したる」と記載。
12）田中喜美『技術教育の成立と展開』多賀出版，1993年，p. 24，172。
13）同上，p. 283。
14）同上，p. 141。
15）G. Larson：*SLOYD FOR THE THREE UPPER GRAMMAR GRADES*, Boston, Massachusetts, Geo. H. Ellis Co., 1907, p. 7.
16）田中喜美　前掲書12），pp. 156-157。

17）田中喜美（前掲書 12，p. 152）および吉兼利恵「教育的スロイドの教授法に関する一考察」『技術教育学研究』（第 5 号，1989 年，p. 66）を参照。

18）*Teachers College Record*, The Columbia University Press, The Macmillan Company, New York.

19）1911 年以前に『ティーチャーズ・カレッジ記録』誌に載せられた手工科（Manual Training）のカリキュラムは，第 1 巻第 5 号（1900 年），第 5 巻第 2 号（1904 年），第 7 巻第 1・3・4 号（1906 年），第 8 巻第 1・3・4 号（1907 年）にみられるけれども，第 7 巻第 1 号以降のものは，1904 年の第 5 巻第 2 号のそれを，より詳述した内容となっている。

20）C. R. Richards：Is Manual Training a Subject or a Method of Instruction?, *Educational Review*, ＸＸⅦ, 1904, p. 373.

21）C. R. Richards：The Function of Handwork in the School, *Teachers College Record*, The Columbia University Press, The Macmillan Company, New York, Vol. 1, No. 5, 1900, p. 5.

22）C. R. Richards,：How Early May Handwork Be Made a Part of School Work, *NEA Addresses and Proceedings*, 1901, p. 106.

23）細谷俊夫「職業科とプロジェクト・メソード」『職業科』7 月号，1948 年，pp. 9-14。

24）Samuel T. Dutton, and Henry C. Pearson: The Curriculum of the Horace Mann Elementary School, *Teachers College Record*, The Columbia University Press, The Macmillan Company, New York, Vol. 5, No. 2　p. 42.

25）*Ibid*.,　p. 83.

26）田中喜美，前掲書 12），p. 294。

27）F. G. Bonser：Industrial Arts as a Factor in the Educational of the Citizen, *Teachers College Record*, The Columbia University Press, The Macmillan Company, New York, Vol. 23, No. 2,　1922,　pp. 121-125.

第5章

欧米留学後の岡山秀吉の手工科教育論の発展

第1節　手工科教育の目的的価値論の発展

1．はじめに

岡山秀吉は，欧米留学中，とりわけ米国の手工・産業科教育実践に注目していた。米国の手工・産業科教育実践においては，少なくとも，① ボストン・スロイド養成学校で実践されていた道具を体系的に教授するという方法を高く評価し，② コロンビア大学ティーチャーズ・カレッジ附属ホーレスマン校での「現代文明の基礎としての産業」の学習，すなわち，労働手段（＝技術）の発展が人間の生活様式に及ぼす影響の学習と定義づけられた産業科の教育実践に注目していた。

岡山は，欧米留学で学び得た国際水準の研究成果の反映とともに，目的的価値論との照応関係をもって個々の製作課題の作業・作製手順が詳細に記された，いわば小学校手工科の授業でそのまま実践できるレベルでの「手工科教授細目」を示す形で，『新手工科教材及教授法』（培風館，1920 年。以下，『新教材』と略記）を出版することによって，課題ないし周囲の要望に応えることになる。

ところで，岡山が帰国した際，日本の手工科教育をめぐる状況は，大きく様変わりしていた（第４期：手工科教育の多様化）。着実に地歩を築いていたはずの手工科の加設数が，一変して減少の一途を辿っていたのである。

岡山は，こうした手工科加設数の減少の原因を，以下の記述のように，①

日露戦争後の相次ぐ不況による緊縮財政と②1911（明治44）年のいわゆる高等小学校令改正の2点ととらえた。

「手工科は，偶然にも又一頓挫を来すべき機会に遭遇したのである。その第一原因は，我が国の国家経済が，日露戦役の瘡痕未だ癒えざるに際して著しく膨張し，殆んど始末のつかぬ有様となり，その結果として戊申詔書の煥発せらるるあり，社会は急に緊張し，普通教育に於ても大にその経費を削減し，為めに往々手工科を廃するものの出来たことと，政府が諸般事業の緊縮を計つた結果，前に再興して三十九年に第二回を，四十一年に第三回を，四十四年に第四回を募集したる我が国唯一の手工教員養成所たる，東京高師の図画手工専修科も，一時中止するのやむなきに到つたことこれである。／その第二の原因は，戊申詔書の御旨にそひ，普通教育をして一層虚を去り実に就かしむべく，明治四十四年七月勅令第二百十六号を以て，前記の小学校令中，高等小学校の課程を改正し，実業科目に重きを置き，大にその時間を増したことが，意外にも手工科の上に，大なる不幸を来したことこれである。〔中略〕手工は斯の如く重要視されたるに拘はらず，純然たる実業科目となつた為め，これまで加設していた学校でも，続々として廃止するものが現はれ，法令改正の精神とまったく反対の現象を呈したのであつた。〔中略〕四十四年小学校令改正後は，教授時間の激増・設備の困難・教員の払底及び英語が商業の一部となつた等のため，二三年間は全国高等小学校の大部分が，手工は女子のみに止め，男子の方はこれを廃止した。尚その結果は，尋常小学校の手工科にも悪影響を与へて，間接に大にその発達を阻害したのである。」[1)]

1910（明治43）年頃，日露戦争後の不況によって，日本の国家財政は行き詰まっていた。戦費のための公債償還のために，大蔵省は緊縮方針を掲げた。しかし，一方で，軍拡要求によって財政整理は困難を極めていた[2)]。「膨張する膨張する国力が膨張する，資本家の横暴が膨張する……いよいよ貧乏が膨張する」とうたわれた時期であった[3]。こうした状況下，一面で日露戦争後の疲弊した国家財政の回復をめざし，「勤倹」を掲げた戊申詔書[4]が発布された。

また，実業教育の推進のために，1911 年のいわゆる高等小学校令[5]において手工科が純然たる実業科目（手工・農業・商業の１科目選択必修＝農業や商業との兼修不可）として扱われ，教授時間が大幅に増加したことにより，施設・設備費などの経費のかかる上に，教員不足の問題を抱えていた高等科の手工科が続々と廃止される傾向にあった。尋常科でもこうした高等科の現状が悪影響をあたえていた。事実，手工科の加設数は，高等科では 1911 年をピークに激減，尋常小学校でもその翌年をピークに徐々に減少していく[6]。

さらに，手工研究会の会長であり，東京高等師範学校の前教授でもあった上原六四郎が，岡山の欧米留学中に亡くなっていた。岡山は，帰国後すぐに手工研究会の会長を引き受けるとともに，まずは法令改正へと力を注いでいく。上記の引用からもわかるように，小学校高等科での手工科が純然たる実業科目として扱われることになった上，教授時間数の大幅増加（最大６時間）と商業に英語が取り込まれたこと[7]を法令改正による手工科衰退の原因ととらえたのである。

具体的には，手工研究会の大会および初等教育研究会開催の全国図画手工教員協議会での決議を経て，文部当局への法令改正の建議を行うとともに，『欧米諸国手工教授の実況』（教育新潮研究会，1915 年），『新手工科教授』（宝文館，1916 年）などの著作において，欧米諸国の手工教育の実情を示しつつ，国際的な視点から，法令改正の必要性を論じていく。なお，法令改正の主張の要点は，① 尋常科において手工科を必修とすること，および ② 高等科においては，手工科を農業や商業と併せ課すことができるようにすること，③ 英語を商業から分離することの３点であった[8]。

また，法令上，高等科での最大６時間の手工科教授を行うために，諸外国の手工教育の現状を紹介しつつ，手工科の教員養成の問題についても論じている。具体的には，① 官公費によって，師範学校などに常設の手工講習所を設置し，尋常小学校正教員以上の資格者に６ヵ月から１年程度，実習・理論を授けて試験の上，高等小学校手工科教員の資格をあたえること，② 師範学校での手工科教授時間を増やすことで，将来的には高等小学校の手工科担当教員を専科教員とすることを掲げている[9)]。

このように，一方で法令改正へ取り組み，教員養成問題を論じるとともに，他方で，一貫して「理論と実地との一致」した「具案的例示」[10)] の必要性を強く感じていた岡山は，東京高等師範学校附属小学校で数年の実践を行った上で，1920（大正 9）年には，『新教材』において，留学後初めて手工科の教科課程が詳細に提示された「手工科教授細目」を示すことになる。なお，その後，「手工科教授細目」が提示されることはなかった[11)]。

ところで，『新教材』が著された 1920 年頃の日本の経済状況は，岡山が欧米留学から帰国した頃より，一層悪化していく。資本主義体制が独占化の体制に進み，一般大衆はあいつぐ不況で物価高に苦しみ，生活の低下ははなはだしかった。米騒動や労働争議・小作争議の増加，デモクラシー運動の出現した時期である。とりわけ 1919（大正 8）年の「小学校令」改正によって，高等科で農業や商業と手工科が兼修できるようになるまでは，手工科の加設意義が一般に理解されずに加設数は減少の一途を辿っていた。また，一方で，「新教育」が活発化するとともに，山本鼎による自由画教育運動が提唱された時期でもあった[12)]。

あらかじめ本章の結論を先に述べるなら，岡山は『新教材』において，『小学校に於ける手工教授の理論及実際』（1908 年。以下，『理論及実際』と略記）で表現した手工科教育の目的的価値（「教育的価値」）群を整理した「手工科教授の三任務」を示すことで，端的に手工科の意義を論じる。その特徴は，「現代工業」を文化として学ばせるという「生産的陶冶」の枠組みにあった。さらに，「創作力の育成」という目的的価値を新たに追加し，「細工」を再編する。そして，そうした目的的価値との照応関係の点で，「細工」だけでなく，個々の製作課題においても，実現すべき目的的価値の個別・実体的な表現である教育目標とそうした教育目標を達成させる手だての 2 側面を明示した。

本章では，こうした岡山の欧米留学後の手工科教育論の進展を，① 欧米留学による成果の反映と，② 個々の製作課題の作業・作製手順が詳細に記された，いわば小学校手工科の授業でそのまま実践できるレベルでの指導書の執筆という2つの視点からみていくことにする。

2. 手工科教育の目的的価値論の発展

既に第3章で論じたように，『理論及実際』が著された時点では，「教育的価値」とよばれる「構造体系化」された16の目的的価値群が設定されていた。

これに対して欧米留学後，岡山は新たに「手工科教授の三任務」という論を展開している。この「手工科教授の三任務」とは，①「一般的陶冶」，②「実用的陶冶」，③「生産的陶冶」である。

①「一般的陶冶」について岡山は，「手工科に於ける一般的陶冶は，身体或は心意の円満なる発達を意味する。〔中略〕手・眼を練習し，観察を高め，思考を練り，勤労・精確・忍耐等の習慣を養成するといふやうな方面である。〔中略〕製作発表の心意発展に及ぼす影響，及び筋肉運動が脳の発達に及ぼす価値等を重視するのであ」（『新教材』pp. 14-15）るとした。

すなわち，ここでいう「一般的陶冶」とは，精神と身体の調和的発達をはかりつつ，特に観察力等にみられる精神力の発展を主目的とした内面世界の育成を意味した[13)]。

②「実用的陶冶」について岡山は，「こは手工科に於て，日常生活に必須なる知識及び技能を授け，現実の社会生活を営むに便なる方面を言ふのである。〔中略〕社会は観察の修練とか，あるいは勤勉忍耐の良習慣の養成とかいふやうな，抽象的な事では満足せず，成るべく実用品を作り，具体的効果を収むることを要求するのである」（pp. 15-16）とした。

すなわち，ここでいう「実用的陶冶」とは，日常生活を営む上で役立つための具体的な知識や技能それ自体の獲得・形成を意味した。

③「生産的陶冶」について岡山は，「手工科教授は単に一般的の意味から生活上必須の知能を養ふのみならず，稍進んで職業教育に食ひ入り，成るべく個性に順応したる職業の準備教育を施し，個人の生産的能率を増進せしむると共

に，国家の産業を発展せしめ，国富を増大するの任務を有するものと思ふ。〔中略〕職業主義又は工業的陶冶説の如く，〔中略〕社会の漸く産業化し来れる時代の国民教育に於ては，こは誠に必要のことと思ふ」(pp. 16-17) とした。

ここでの「職業主義」とは，「職業は決してかかる一身一家の生活方便となすべきものではなく，社会国家に対する人間の義務として皆これを有すべきで〔中略〕小学校に於ては，児童をして職業の貴重なるを知らしむると共に，己が天賦に適する職業を選択し得る識見を得しめねばならぬ。〔中略〕然るに従来の文学的に偏せる教育に実業的分子を加味し，職業的常識及び職業の基礎的技能を養ふが故に，児童をして自己の長所に従って職業を選択せしめ同時にこれを営む能力を養はしむるに適する」(p. 9) ものである。すなわち，それは，「文学的」にかたよった教育に実業的な要素を加え，職業に関する知識と技能を養うことによって，子どもたちに職業の意義をわからせ，職業を選択し営む能力を身につけさせるべきとする主張である。

さらに「工業陶冶説」とは，「目下の工業は，古の単純な工業とは大に異り，頗る科学的に且社会的で，何人も知らざるべからざる文化の一部分に属し，教育上これ無くては科学の真価を味はしむることも，労働の価値を知らしむることも，将又社会的感情を発達させることもできない」(p. 10) ものである。すなわち，それは，「現代工業」をすべての人々が知らなければならない文化としてとらえ，教育上これがなくては科学の真価や労働の価値をわからせることも，社会的感情を発達させることもできないとする主張である (pp. 8-11)。

つまり，ここでいう「生産的陶冶」とは，一方で，職業の意義をわからせ，それを選択し営む能力の形成を目指すとともに，他方で，とりわけ「現代工業」をすべての人々が知らなければならない文化とし，「現代工業」に関する基本的な知識と技能を学ばせることを通して，科学の真価や労働の価値を判断できる能力を身につけさせることを意味していた。

さらに，この「手工科教授の三任務」と 16 の目的的価値（「教育的価値」）群との関係についていえば，先に「一般的陶冶」で引用した「手・眼を練習し，観察を高め，思考を練り，勤労・精確・忍耐等の習慣を養成する」という内容は，欧米留学前に，精神面の知の形式的陶冶，身体面の技能の形式的陶冶，意志の陶冶のなかにおかれた目的的価値の項目の内容となっている。ここから，主に形式的陶冶の面を一般的陶冶として整理したといえる。

同様に，「実用的陶冶」は，日常生活上に必須となる知識や技能の獲得・形成，「生産的陶冶」は，文化としての「現代工業」に関する基本的な知識と技能の獲得・形成をそれぞれ意味しており，これらは欧米留学前の知と技能の実質的陶冶，およびそれらによって育まれるとされた感情の陶冶の目的的価値の項目の内容を含み込んでいる。それゆえ岡山は，直接には，欧米留学前の実質的陶冶の面を「実用的陶冶」と「生産的陶冶」の２つの面から新たに整理したといえる[14)]。

そして岡山は，「手工科教授の三任務」のうち，尋常科の低学年段階では「一般的陶冶」に，尋常科第４・５学年から高等科段階では「実用的陶冶」に，尋常科第６学年から高等科段階では「生産的陶冶」に，それぞれ重きをおいて教授すべきとしている[15)]。

よって，「手工科教授の三任務」は，「一般的陶冶」から「実用的陶冶」，さらには「生産的陶冶」へと，重きをおく面を子どもの発達に応じて順次移していくべきものとして想定され，その内容は目的的価値（「教育的価値」）群を「一般的陶冶」，「実用的陶冶」，「生産的陶冶」の３つの面から整理したものであった。

すなわち，岡山は欧米留学前の「構造体系化」された「教育的価値」を，この「手工科教授の三任務」のもとに整理した。「教育的価値」の整理は，学年段階ごとに重きをおくべき面を明確にするためのものであり，かつ，そのために「手工科教授の三任務」を提示したといえる。

とりわけ，尋常科第６学年から高等科段階で重視すべきとされた「生産的陶冶」は，「現代工業」をすべての人々が知らなければならない文化とし，「現代工業」に関する基本的な知識と技能を学ばせることを通して，科学の真価や労働の価値を正しく認識・判断できる主体の形成を意図していた。この点は，コロンビア大学ティーチャーズ・カレッジ附属ホーレスマン校での「現代文明の基礎としての産業」の学習，すなわち労働手段の発展が人間の生活様式に及ぼす影響の学習であると定義づけられた産業科の教育実践から示唆を得たとみるべきであろう。

なお，この「手工科教授の三任務」を示した所以のひとつとしてあげられることは，手工科に対する社会からの理解を促すことにあったといえる。1916（大正5）年に『太陽』誌と『手工研究』誌でなされた与謝野晶子と谷山静生との手工科無用論議[16]をはじめとして，一般には，緊縮財政の最中に費用がかかる上に，「手工科は盲目的である」，「手工科の目的が明瞭でなく，之れに対する教授者の意見が支離滅裂である」，「人間生活の基礎的教科として必須的の性質を備へ居らざる故に，無智識でも下手でも人間生活に差支えない」というように，手工科は，その目的がいまだ，社会的に理解されていない，ないし，定まっていない現状にあった。手工科を主要教科とみなさない風潮は未だ根強かったのである。

> 「現在の手工教授は盲目的なり。／小学校教員十人中八人迄は手工科の価値を知らない。知らない所ではない，てんでくだらぬものとして研究しやうとせぬのである。大部分の人は之れを厄介視して居る，邪魔者扱ひにして一時間の授業を進行させるのに困じ果てて居るのである，甚だしきは手工教授を止めて算術か読方をやるといふ有様である。これは吾々が日々目撃して居るものの赤裸の告白である。」[17]

こうした社会的批判・風潮に抗して，岡山は，とりわけ「現代工業」を文化として学ばせるという「生産的陶冶」という新たな枠組みを，米国の産業科教育実践から示唆を得て提示することで，手工科教育を子どもに教授する意義を明確に表現したと考えられる。

第２節 「細工」の限定・集約・焦点化

1．はじめに

前節では，岡山が，手工科に対する社会からの理解を促すべく，米国の産業科教育実践に示唆を得て，欧米留学前の「教育的価値」群を，「手工科教授の三任務」のもとに整理したことを論じた。とりわけ，「現代工業」を文化として学ばせるという「生産的陶冶」の枠組みを提示したことに，岡山の目的的価値論の進展をみることができた。

本節では，欧米留学前に目的的価値との照応関係のもとに整えられていた「細工」の側の変化の有無とその意味を検討するとともに，岡山が留学前の課題ないし周囲の要望にいかに応えていったのかをみていくことにする。

2．「細工」の種類と配列

欧米留学前，岡山秀吉の手工科の教材編成は，手工業を教材の源泉に求めて，材料ごとに種別化された「細工」と称する教材単元を基本に成り立っていた。欧米留学後の教材編成も，欧米留学前と同様，その編成は紙細工，粘土細工，木工といった「細工」を基本に成り立っている点では変化がない。表5-1は，『新教材』にみられる教材編成について，各「細工」の配当学年，配当学期，配当時間数をまとめたものである。

同書では，尋常科において６学年，高等科において２学年の計８学年を通して手工科が課されることを想定して，各「細工」が配列・配当されている。

尋常科では，第１学年第１学期から第５学年第３学期までが男女共通の教授内容，それより上の学年，すなわち尋常科第６学年から高等科第２学年までは，男女別個の教授内容となっている。『理論及実際』（1908年）にみられた教材編成では，男女共通の教授内容が尋常科第４学年までであったのに対し，『新教材』では，第５学年にまで延びている。

表 5-1 「細工」の配当学年，配当学期，配当時間数（1920 年）

		尋常科																					高等科													
	学年	第1学年			第2学年			第3学年			第4学年			第5学年			男子 第6学年			女子 第6学年			男子 第1学年			男子 第2学年			女子 第1学年			女子 第2学年			合計	
	細工　学期	1	2	3	1	2	3	1	2	3	1	2	3	1	2	3	1	2	3	1	2	3	1	2	3	1	2	3	1	2	3	1	2	3	男	女
1	切抜	①7	②7	10	①7	②7	10	①7	②7	10																									72	
2	粘土細工	②7	①7		②7	①7		②7	①7		②12	①14		28																					96	
3	厚紙細工										①16	②14	20		28																				78	
4	竹細工															20																			20	
5	木工																28	28	20																76	
6	紙糸布細工																			28	28	20														76
7	木工及び製図																						56	56	40	56	56	40							304	
8	厚紙布片細工																												16	14	8					38
9	糸細工																												12	14	12	12	10			60
10	布片細工																															16	18	20		54
	合計	14	14	10	14	14	10	14	14	10	28	28	20	28	28	20	28	28	20	28	28	20	56	56	40	56	56	40	28	28	20	28	28	20	646	494

備考：表中の数字は「教授の時数」を示し，丸数字は「その学期間に於て課すべき順序」を示している。
糸細工とは「編物及縫取の類」，布片細工とは「糊細工の類」をいう。
切抜には「切抜（附折紙）」，厚紙細工には「厚紙細工附切抜」，厚紙布片細工には「厚紙布片細工附刺繍」を含めた。
出所：「第五章 手工科教材選択配列の綱領及び教材一覧」『新手工科教材及教授法』（pp. 37-50）を基に作成。

各学期の週数は，第1，2学期とも14週，第3学期を10週とされ，教授時間数は，「小学校令施行規則に基き」，尋常科では，男女とも第3学年までは週1時間，それ以上の学年では週2時間とし，高等科の男子では，第1，2学年とも週4時間，女子では，第1，2学年とも週2時間とされている(pp. 38-40)。8年間で，男子では合計646時間，女子では494時間が手工科にあてられていることになる。『新教材』の教材編成は8年間でなされているのに対し，『理論及実際』では9年間であったという違いはあるものの，手工科にあてられた教授時間数の合計は，男女ともほとんど違いはない。

ただし，その「細工」の種類は「手工科教授細目」(pp.57-237) をみると，『新教材』では，色板排，豆細工，組紙，紐結は扱われなくなっている。また，新たに製図を木工に併せて課し，厚紙細工に布片材料を加えて刺繍を施す厚紙布片細工を課している。厚紙細工と切抜，および木工と金工の内容をそれぞれ併せて課す製作課題もみられる。

学年ごとにみれば，尋常科第1学年から第3学年までは切抜と粘土細工中心の教材編成となっている。第4学年ではこれに加えて厚紙細工が，さらに第5学年では竹細工が加わる。第6学年の男子では木工を行い，高等科の男子では製図を木工に併せて課している[18)]。第6学年以上の女子では紙細工と糸細工と布片細工およびそれらを組み合わせた細工を行っている。

すなわち，欧米留学前になされていた各「細工」のうち，数種類の「細工」を削除するとともに，いくつかの「細工」の内容を組み合わせて教授する面がみられるようになった。また，学年ごとに教授される「細工」の種類は，とりわけ男子では尋常科第6学年以上で，木工中心となったといえる。なお，事実として，アメリカン・スロイドは，第7～9学年において，木工のみを課していることも注記しておく。

こうした変化の理由として，欧米留学後の著作である『欧米諸国手工教授の実況』(1915年) や『新手工科教授』(1916年) などに，以下の2点が指摘されている。

①「多種数を網羅せんとする風潮を改むること」

「教授細目に就て見るに，全国多数の小学校にありては，頗る多数例へば色板排べ・豆細工・粘土石膏細工・折紙・切抜・厚紙細工・組紙・紐結・縫取・編物・造花・竹細工・木工・金工等を，成るべく遺漏なく教へようとするものが少くない。素より小学校の手工は，一般的陶冶を為すを以て主要目的とし，特種的の教育を為すにあらざれば，其の範囲の廣きは寧ろ喜ぶべしと雖も，さればとて余りに多数の種類を網羅するが如きは，決して策を得たるものではない。即ちその度を過ぐれば，児童は僅かに各細工の端緒のみを窺うに止まり，これに対し何等の興味をも起すに至らないのである。されば前記の諸細工中より比較的価値の少なく思はるる種類を排斥するか，あるいは其の細工は之を他の細工に附帯して授くる如くし，重要と認むるものに対して，時間を多く配当するやうに改めねばならぬ。」[19]

②「各種の材料を統一するに勉むること」

「従来の排列にありて，手工の各材料は多くは孤立し，直進的・階段的になって居った。蓋しこは本科の技術方面を過重したると，教師が教授上成るべく世話のかからぬことを欲したる結果であらう。蓋しこの排列に於ては，技術の方面は兎も角も，児童の心意活動は大いに阻碍せられ，多くの場合に於て児童は，己が要求に満たない製作に従事せねばならぬこととなるのである。されば将来に於ては，諸材料を出来得るだけ混同し，円進的平行的に排列するやう務むべきである。」[20]

このように，岡山の主張は，当時，多数の「細工」の種類を教師が遺漏なく，網羅的に教えようとするがゆえに，個々の「細工」を触り程度で，十分に教授できずに，子どもの興味や関心をわかせるに至っていないことが少なくない風潮を鑑みて，従来よりも「細工」を限定する，もしくは材料を「混同」するなどして，ひとつの「細工」内に他の「細工」を取り入れることで，価値ある「細工」に時間を多く配当するように改める点にあった。

なお，色板排が課されなくなった経緯として，岡山は直接にはその理由は述べていないけれども，1915年の『手工研究』誌第25号には，朝比奈清作「色板排折紙二教材の可否を論ず」(pp. 30-32)，宮林英治「色板排折紙につきて」(pp. 32-37）といった論稿が掲載されている。いずれも，色板排と折紙は「実用的教材」ではなく，「労力の方より言へば余りに遊戯的」であって除外すべきことを論じている。ここから，少なくとも，『新教材』の出版される以前に，岡山が会長をしていた手工研究会で，色板排と折紙の教材としての教育効果について議論が持ち上がっていたことは確かで，こうした議論を反映していないとはいいきれないであろう。折紙についても留学前に比べて，配当時間数は減っていることも事実として挙げておく。

3.「細工」の役割の進展；「創作力の養成」の追加

欧米留学前には各「細工」がいくつかの目的的価値の実現を目指す役割を担いうるものとして位置づいていたことは既に述べた。欧米留学後も，この目的的価値の諸項目と各「細工」との照応関係は変わっていない。

たとえば，岡山秀吉『初等中等手工科教材』(蘆田書店，1929年）の「第二篇　普通手工教材」には，『理論及実際』のものと同様に，各々の「細工」の教授によって子どもに身につけさせうる知識や技能や習慣などが書かれており，かつ，その内容は，1908（明治41）年時点の表3-1（第3章）で示した手工科の目的的価値の項目のいくつかが組み合わさったものとして表現されている。表5-2は，表3-1の手工科の目的的価値と『初等中等手工科教材』にかかれている各「細工」との対応関係を示したものである[21]。

ここから欧米留学前の手工科の16の目的的価値群は，欧米留学以後も変わっていないことがわかる。

ただし，欧米留学後には，留学前の16あった目的的価値に加えて，新たに「創作力の養成」という項目が加わっている。これは表5-2の竹細工の4番目の「工大創作の能を養ふ」や木工の2番目の製作上の「工夫構成の能を養」うという項目など，欧米留学前の16の目的的価値の項目中には存在しなかっ

表 5-2　欧米留学後の各「細工」における手工科の目的的価値

細工	各「細工」の担いうる教育目標	頁	要素
豆細工	「各自の観念を容易に形体に発表し得る」	63	⑬
	「諸形体殊に立体に関する観念を与」える	63	①
	「図画に連絡」する	63	⑨
黍稈細工	「立体の観念を明確に」する	76	①
	「工夫構成の力を養」う	76	⑥
粘土細工	「思想中の何物かを表出する」	88	⑬
	「手と眼とを修練する」	88	⑮
紙細工			
1. 折紙	「精密の良習慣を養」う	135	⑪
	「庶物を模造する」	135	⑬
	「眼及び手を練磨」する	135	⑮
2. 切抜	「手と眼を錬磨」	148	⑮
	「工夫意匠を練る」	148	⑥
	「諸平面形の性質を理解」させる	148	①
	「綿密の習慣を養」う	148	⑪
	「色の配合に注意」させる	155	③
	「幾何形体を製作する」	155	⑬
3. 厚紙細工	「尺度」「三角定規・円規等」の使用に熟練させる	204	⑭
	「幾何学上の観念を与」える	204	①
	「幾何形体・器物・船車・建物等を作」る	204	⑫⑬
	「図画科・算術科に適当に連絡する」	204	⑨
竹細工	竹の工業的特性を「知らしめ」る	252	②④
	「手指の作用を修練」する	252	⑯
	「刃物の研ぎ方及びその使用法に習練」	252	⑭
	「工夫創作の能を養ふ」	252	なし
	日用品の製作に便利なことを「知らしめ」る	252	⑫
木工	「普通なる木工の技術を与」える	271	⑭
	製作上の「工夫構成の能を養」う	271	なし
	「実用的」な「製作品」をつくる	271	⑫
	「主要なる木工具の使用法を知らし」める	274	⑭
	「材料の性質用法に関し」て「説明を加」える	274	②
	「工業上必須の知識を与」える	274	④
	「工業に対する趣味を長」じる	274	⑧
	「体育に利益多きこと」	271	⑯
金工	金工に関する「技術の一斑を授け」る	363	⑭
	「金属の性質利用に関する知識を与」える	363	②④
	「実際生活上必要な」技術を授ける	363	⑫
	金工に関する「工具の用法を授け」る	364	⑭
	「工業の常識を与」える	364	④
	「工業の趣味を長」じる	364	⑧
石膏細工	「鋳金法に就いての一般的観念を与」える	390	④
	「工夫力の能を養」う	390	⑥
	「物体を精密に観察」させる	390	⑤
	「形体に関する観念」を与える	390	①
	「美感を発達」させる	390	⑦

備考：要素の欄の丸数字は表 3-1 の目的的価値の項目の丸数字に対応。
出所：「第二篇　普通手工教材」『初等中等手工科教材』(pp. 63-408) および表 3-1 を基に作成。

たもので，項目の丸数字の欄に“なし”と記述したものにあたる[22)]。ちなみに，表5-1に示したように，竹細工は尋常科第５学年第３学期以降，木工は尋常科第６学年第１学期以降に課される「細工」である。

この「創作力の養成」について，岡山は『新教材』の第３章「手工科教授の目的」で，「物品製作の能を養ふ」ためには第１に「創作力の養成に勉めること」が必要とし，「創作力の養成」について次のように述べている。

> 「創作力は社会国家の発達に大関係を有し社会萬般のもの苟も尋常平凡の域より蝉脱せんには，一としてこの力に依らないものはない。然るに我が国民は，模倣は巧なれども，創意の能は，甚だ乏しい方で，産業競争の劇(ママ)しき今日，他国と優を争ふには大にこれを発達せしめねばならぬ。又普通教育上手工科の必要なる所以の一は，本科が創作的能力の発達に適する故であるから大にこれに注意すること。」（pp. 19-20）

また，第４章「手工科教材の選択排列意見　第一　手工科教材の選択」では，これにともない，手工科教材の選択に関する基準の第１項目に「創作力を養ふに適するもの」があげられており，そこでは「創作力の養成」を「手工科教授の一大任務」（p. 25）としている。

以上の点から，「創作力の養成」とは，工業に関する創意的・構成能力の育成であるといえ，欧米留学後に岡山が，社会の工業化に適応していくうえで手工科において子どもたちに身につけさせるべきひとつの重要な目的的価値の項目として，新たに加えたものであると考えられる。

4.「細工」の選択・配列とそこにみられる手だての特徴

では，岡山は，こうした目的的価値の側面での特徴をもつ「細工」をどのように選択し，配列したのだろうか。岡山は，教材の選択について，以下の５項目をあげ，それぞれにいくつかの小項目を立てて論じている。

1.「創作力を養ふに適するもの」

①「課題を為すには，成るべく工夫を練るに適するものを以てし，又時々児童をして自ら題目を選ばしむること」

②「物理学上の知識を応用する製作品を多くすること」

③「材料を考案発表に適せしむること」

④「特に嗜好する製作を反復せしむること」

2.「技巧を錬磨するに適するもの」

①「普通的の技巧を養ふもの」

②「確実な技巧を養ふもの」

③「工具使用法の教授に力を用ふること」

3.「仕事に対し努力を為さしむるに適するもの」

①「児童心身の活動に自由を与ふるものなること」

②「所有欲を満足せしむるもの」

③「特に嗜好する製作を反復せしむること」

④「刃物研磨」

4.「工業常識を養ふに適するもの」

①「製図の教授にては，実地に，製作するものを描かしむるのみならず，幾分それよりも程度の高き器物・簡易機械の見取図設計図・家屋の間取図の類を描かしむること」

②「普通の機械工場に於て使用する便利な機械中，旋盤・機械鋸・揉錐機・金剛砂丸砥の如き一般的のものは，少数にてもこれを備へ，交代使用せしめて日新なる機械の用法効力等を実地に知らしむること」

③「時々各種の工業材料・工芸品・機械雛形の類を観察せしめ，あるいは工業学校・機械工場・物産陳列場等に児童を伴ひ，これを参観せしめて適宜の指導を与ふること」

5.「実際生活に適するもの」

①「成るべく日常実際に用ふるものを取ること」

②「土地の産業の情況に適せしむること」
③「職業の準備を為すに適せしむること」

『理論及実際』での選択要件と比較するならば，子どもの心身の発達を変わらず考慮している点をあげることができるとともに，その違いを3点指摘することができる。

第1に，既述のように，選択要件の第1項目に「創作力を養ふに適するもの」があげられたことである。ここから，岡山は，既述の新たな目的的価値として加えられた「創作力の養成」を「手工科教授の一大任務」として，相当程度意識していることがわかる。

第2に，技能教授に関して，さらに配慮するようになったことである。欧米留学前も身体面の技能の陶冶にかなり重きをおいていたけれども，留学後には，その手だてに関わる選択要件においても，相当程度意識するようになっている。道具の体系的な教授法というアメリカン・スロイドから得た示唆の反映とみることもできよう。

第3に，「仕事」や「工業常識」，「職業の準備」といった用語が増え，逆に「美術的要素」などの用語が無くなったことである。この点には，「生産的陶冶」の面の重視との関連，および，それへの示唆を得たホーレスマン校の産業科教育実践の影響をみることができよう。

すなわち，選択要件には，「創作力の養成」や「生産的陶冶」といった新たな目的的価値の側面に関連した変化と，そこには米国での教育実践から得た示唆の反映をみることができる。

なお，教材の配列要件，および模造法や創作法の3段階教授法などについては，とりわけ目立った変化はない。すなわち，『理論及実際』において表現されていたように，教材の配列については，子どもの身体の発達や心理的要求，取り扱う季節を考慮し，各「細工」には，掛図や標本の利用などの目的的価値の実現を促す手だてが変わらず位置づいている。

5. 欧米留学後の３つの変化の関係とその意味

以上のことから，とりわけ欧米留学後の変化として，(1)目的的価値（「教育的価値」）群の整理，(2)「創作力の養成」という目的的価値の項目の追加，(3)「細工」の限定・集約・焦点化の３点をみることができるとともに，そこには米国留学の成果の反映をみることもできた。

さらにいうならば，これら３つの変化は相互に関連していたといえる。

まず１点目の(1)目的的価値（「教育的価値」）群の整理に関して，既述のように，岡山は欧米留学前に重視していた実質的陶冶の側面を，欧米留学後，「実用的陶冶」と「生産的陶冶」に分節化することによって，その位置づけをより明確にした。これは見方をかえれば，欧米留学後，岡山は手工科において，「手工科教授の三任務」のひとつとするほど，社会の工業化に適応していくうえでの国民形成を目指す「生産的陶冶」を重視したといえる。

２点目の(2)「創作力の養成」という目的的価値の項目の追加は，「創作力の養成」とは工業に関する創意的・構成能力の育成であり，工業分野の職業の世界をその視点においている点で「生産的陶冶」との結びつきを強くもつ。

さらに，３点目の(3)「細工」の限定・集約・焦点化はこれに関連し，以下の岡山の記述から，「一般的陶冶」を過重しすぎていた点を改め，「実用的陶冶」と「生産的陶冶」に関連した「細工」を価値ある「細工」とし，これを増やすことをねらいとしたといえる。

> 「我が邦従来の手工教材が，種類過多，全国画一的，非実用的といふような弊に陥ったのは，全く陶冶的方面を過重し，実用的方面を忽にしたるに依ると思ふ。されば向後に於てはこれに鑑み，この欠点を補ふがために実用的教材を増やさねばならぬ。〔中略〕現在一般に行なって居る粘土・紙・糸・竹等の細工の上に，木工金工其の他之れに類するやうな，実用的にして，且つ工業を理解せしめ，興味を喚起し，工夫を要し，尚大に勤働を為さしむるやうな種類を増加することが，極めて必要である。」[23)]

実際に，既述した通り，尋常科第６学年の男子で課される「細工」が，欧米留学前では粘土細工・切抜・厚紙細工・竹細工であったのに対し，欧米留学後には粘土細工・切抜・厚紙細工を除外し，「実用的陶冶」と「生産的陶冶」に関連が強いとされる木工（竹細工を含む）のみとなっている。すなわち，欧米留学前には高等科のみで課されていた木工を，１年間早い尋常科第６学年から課すようになった。岡山が「従来の教材は，幾分技巧的美術的に傾き，物理を応用し，発明工夫の能を練るやうなものが不足であるから，〔中略〕これが為には成るべく早くより木工を課するやうにしたい。」[24] と述べており，２点目の変化（「創作力の養成」の追加）との関わりがみえる。

すなわち従来，形式陶冶主義に基づいた[25]「一般的陶冶」を目的とした「細工」が多く課されていた点を改め，「実用的陶冶」と「生産的陶冶」に関連した教材を数多くとり入れたといえる。

以上のことから，この岡山の欧米留学後の手工科教育論，とりわけ目的的価値の側面に関わる３点の変化は，欧米留学前にも重視していた実質的陶冶の面をさらに強調するという意図によるものであった。

さらにいえば，このことは，岡山が手工科と実業科工業（1926年に高等科に新設）との関係を，「両者を比較する時には，その目的に於て或は本質に於ては頗る相類似し，その異なる所は程度の差にある」[26] としているように，手工科が「一般的陶冶」だけでなく，むしろ「生産的陶冶」，すなわち文化としての「現代工業」の学習を介した科学の真価や労働の価値への判断能力の獲得・形成をその主眼としていることが，岡山の欧米留学後の手工科目的的価値論の変化の意図のさらなる根拠ともなろう。

6. 製作課題と目的的価値・価値実現の方法論との関連

以上，欧米留学後の目的的価値論とそれに関連した価値実現の方法論の展開，およびそれらに照応した「細工」の特徴をみてきた。最後に，留学前の課題ないし周囲の要望であった，製作課題と目的的価値・価値実現の方法との関連についてみていくことにする。

『新教材』の「第六章　手工科教授細目」は，尋常科第1学年から高等科第2学年までの8学年にわたって，各学年・学期ごとに，第1時間目から順を追って記されている。特筆すべきは，ここでの記述の形式である。記述の形式は，「週」，「教授事項」，「教授用品」，「教授上の注意」の4段組で記されている（第6章の図6-1を参照）。少なくとも，岡山に限らず手工科の書物において，こうした4段組で「手工科教授細目」が表現されたのは，『新教材』がはじめてである。

ここで，4段組であらわされた『新教材』の各段の記載内容について，高等科第1学年第1学期の第5週から第7週にわたって10時間をあてて課される「製作題目」（＝製作課題）である「置物台製作」を例にあげてみてみる。

「置物台製作」の2段目の「教授事項」は，以下のように表現されている（pp. 202-203）。

「一　各児童に前課の工作図を取出さしめ，問答によりて製作の順序方法を了得せしむ。
　二　各部の材料を切取り，次に上板を正しく削り，同板の四隅を各辺上五分を通して切落さしむ。
　三　脚四個と脚の対角撤二個とを削らしむ。
　四　相欠接合〔詳細図（一）（二）〕に依り，脚の撤二個を筋違に組合さしむ。
　五　各部分の材料成らば，鉄鋲を以て全体を接合し，適宜仕上げを施さしむ。」

ここから，「教授事項」には，教育目標＝内容が記されていることがわかる。

また，3段目の「教授用品」には，①「材料」，②「工具」，③「教鞭物」が示されている。①「材料」は，「桂又は厚朴の六分板及び四分板・六分鉄釘・ヤスリ紙」，②「工具」は，「鉄槌・四ツ目錐・二分鑿」，③「教鞭物」は「実物・相欠組手・大形工作図」と記されている。

また，４段目の「教授上の注意事項」として，以下の３点が記されている(pp. 202-203)。

「一　上板の四隅は兎角過度に切去るの慮あれば，この点に注意せしむ。
　二　釘附及び相欠接合部は，十分の注意を以て行はしむ。
　三　早く組立を終りたるものには，便宜着色装飾を行はしむ。」

このように個々の「製作題目」には，その製作手順に基づいて，教育目標＝内容である「教授事項」が明確に示されているとともに，その「教授事項」に対応させて，「教授上の注意事項」として，製作上の注意点や子どもの製作の進み具合の相違への対処の仕方が記されている。しかも，使用する材料・工具の種類や大きさだけでなく，「問答」を行うことや，子どもに提示する標本についても表記されている。

こうした４段組の記述形式を用いることで，個々の教材において教育目標とそれを達成させる手だての２側面を明確化したといえる。

さらに，こうした個々の教材と，先にみた手工科教育固有の目的的価値論と価値実現の方法論との関わりをみてみる。

「置物台製作」では，「教授事項」の記載から，上板や貫板の鉋削りや相欠接合の技能を身につけさせることを教育目標としている。こうした教育目標は，先の 17 の目的的価値（「教育的価値」）群との関わりでいえば，木工において担いうる主たる目的的価値である，⑭ 産業（特に工業）に関する基本的な製作技能の形成[27]（身体面の技能の実質的陶冶）に位置づくものであり，かつ，既に『理論及実際』出版時から，教材の選択・配列要件として論じられていた材料と工具と教授上の注意の３項目から教授の手だてを論じるとともに，標本の利用についても明確に位置づけている。

また，尋常科第１学年第１学期の第６週に課される「鳥居又は門」，第７週に課される「自由選題」（いずれも切抜）の「教授上の注意」には，下に引用したように，標本の利用の仕方や，批評の仕方，創作法を用いた個々の製作課題を課す場合の「題目」選定の仕方まで位置づけられている。すなわち，ここには「課題」,「実習」,「批評」といった３段階教授法の適用がみてとれる。

・「鳥居又は門」

「一　標本は参考に供するに止め，成るべく児童に考出せしむ。
　二　机間巡視中，児童の製作物にして，全児童の注意を促すに適するものを見ば，適宜一般に提示すること。」

・「自由選題」

「一　問答に依り暗示を与へて，適宜の題目を選定せしむ。
　二　教師の適当と思惟する数個の題目をあげて，選択に便するも可。
　三　実習中は特に個人指導につとむること。」

以上の点から，『新教材』では，手工科教育固有の目的的価値との照応関係の点で，「細工」だけでなく個々の製作課題も，実現すべき目的的価値の個別・実体的な表現である教育目標とそうした教育目標の達成を促す手だてが，手工科教育固有の目的的価値とその価値実現の方法論の枠組みのもとで，明確に位置づいているといえる。

第３節　小　括

本章では，『新教材』(1920年）の教材編成をもとに，欧米留学後の岡山秀吉の手工科教育論の変化を明らかにすることを試みた。

その結果，以下の３点を指摘することができる。

第１に，欧米留学の成果を踏まえた目的的価値論の発展がみられた点である。岡山は，欧米留学後，目的的価値群を整理し，「手工科教授の三任務」という論を展開する。

この「手工科教授の三任務」において，とりわけ注目すべきことは，「現代工業」を文化として学ばせることを通して，科学の真価や労働の価値を認識・判断できる主体形成をねらいとした「生産的陶冶」という枠組みを新たに提示し，とりわけ高学年において重視したことである。欧米留学前の『理論及実際』(1908 年) が著された時点では，身体面と精神面，知識と技能，形式的陶冶と実質的陶冶といった枠組みのもとに，16 の目的的価値の項目が「構造体系化」されていた。しかし，欧米留学からの帰国後，緊縮財政の影響もあって，未だ手工科教育の目的的価値が一般には理解されていなかった。

そこで，岡山は，留学中に視察した米国産業科教育実践から示唆を得て，形式陶冶―実質陶冶という枠組みを越えて，「現代工業」を文化として学ばせるという「生産的陶冶」を提示することによって，手工科教育を子どもに教授する意義を端的かつ明確に表現したと考えられる。

さらに，欧米留学後に重視された「生産的陶冶」に関連する教材として，工夫製作を位置づけるだけでなく，木工で製図を併せて課す際には，「実地に，製作するものを描かしむるのみならず，幾分それよりも程度の高き器物・簡易機械の見取図設計図・家屋の間取り図の類を描かしむること」とし，第三角法による正投影図を用いての電車や風車の製図を課している。また，製作における動力機械についても，「普通の機械工場に於て使用する便利な機械中，旋盤・機械鋸・揉錐機・金剛砂丸砥の如き一般的なものは，少数にてもこれを備へ，交代使用せしめて日新なる機械の用法効力等を実地に知らしむること」とし，すべての子どもたちに使用させるべきとしている。加えて，製作においてだけでなく，「時々各種の工業材料・工芸品・機械雛形の類を観察せしめ，或は工業学校・機械工場・物産陳列場等に児童を伴ひ，これを参観せしめて適宜の指導を与ふること」とし，工場見学を行うことの必要性も指摘している (p. 29)。

第２に，「創作力の養成」という新たな目的的価値を追加した点である。

当時の「創作力の養成」とは，「児童自身の創作力に訴えて，その芸術的表現活動を旺盛にする」[28] など，一般的には石野隆らの創作手工に代表される芸術的な手工としていわれるものであるとされているけれども，岡山のいう「創作力の養成」は，工業に関する創意的・構成能力の育成を示しており，岡山が留学後に「創作力の養成」という目的的価値を新たにかかげたことは，芸術的な手工への傾斜を示したものではなく，むしろ技術教育的色合いを強める変化であったといえる。このことは，『新教材』にみられる教材の選択・配列要件において，「仕事」や「工業常識」，「職業の準備」といった，いわば技術教育的な用語が増え，逆に「美術的要素」などの用語がみられなくなったこともその根拠となろう。

しかも，教材の選択要件の第１項目に「創作力を養ふに適するもの」があげられるとともに，教材配列において，あらかじめ設定された教材の一定数を行ったあとに，そこで教授した内容を応用して任意のものを作らせるという「自由選題」が位置づけられているなど，「創作力の養成」という目的的価値を実現する手だてがとられている。

第３に，欧米留学前からの課題について，目的的価値との照応関係の点で，「細工」だけでなく，個々の教材においても実現すべき目的的価値の個別・実体的な表現である教育目標とそうした教育目標の達成を促す手だての２側面が明示された。

つまり，岡山秀吉の欧米留学後の手工科教育論は，「現代工業」を文化として学ばせることを通して，科学の真価や労働の価値を認識・判断できる主体の形成をねらいとし，かつ，それを実現するための手だてが「細工」だけでなく，個々の製作課題のレベルにおいても整えられていたものであったといえる。

以上のように，岡山は，目的的価値の側面においては「生産的陶冶」という新たな枠組みを提示するとともに，「創作力の養成」を新たに目的的価値の項目に加えた。かつ，そうした目的的価値を実現する手だてをも個々の教材にわたって整えていた。こうした取り組みは，まさに工業分野の「技術および労働の世界への手ほどき」とみることができ，この点で，岡山の欧米留学後の手工科教育論は，その対象世界を手工業から「現代工業」へと発展させ，歴史促進的側面をもつものであったといえる。

これまで，岡山秀吉の欧米留学後の手工科教育論は，「自由で趣味的な」手工として，いわば否定的にとらえられてきた。たしかに，「一般的陶冶」の面に重きをおくべきとされた尋常科の第1学年から第4学年では,「製作題目」をみれば,切抜では動植物や人物,粘土細工では動植物の簡易彫刻などが課されており,ここから子どもの興味や関心を促すという意味で,「自由で趣味的な」手工が加わったとみることも不可能ではない[29]。しかし,上述の内容を考慮するならば,欧米留学後の岡山の手工科教育論に対する「自由で趣味的」な手工との評価は,一面的であるといわざるをえない。

なお,岡山は,『新教材』出版後も,『最新手工教材板金穿孔彫刻』(培風館,1922年),『最新手工　趣味の厚紙細工』(文書堂,1926年),『初等中等手工科教材』(蘆田書店,1929年)などの14点の著書をあらわし,『手工研究』誌や『帝国教育』誌などに86点にわたる論稿を掲載した。しかし,『新教材』出版後には「手工科教授細目」が一度もあらわされなかったことに象徴されているように,その後の著書や論文は,『新教材』の枠組みを越えるものではなかった。

以上,第1章での千葉師範時代から第5章の欧米留学後まで,岡山秀吉の手工科教育論の形成過程を辿ってきた。その結果,岡山の手工科教育研究の基軸は,一貫して手工科の教材づくりとその基礎理論の構築にあったとみることができる。そして,岡山の手工科教育論の到達点は,理論上,1920年に出版された『新教材』にあるととらえることができる。

そこで,第6章および第7章では,岡山の手工科教育論の到達点である『新教材』にみられる教材の特徴を,復元による教材解釈によって明らかにする。

注

1) 岡山秀吉『初等中等手工科教材』蘆田書店,1929年,pp. 26-27。
2) 坂野潤治『大正政変—1900年体制の崩壊—』(ミネルヴァ書房,1982年)ほか参照。
3) 国民教育研究所編『近代日本教育小史』(1973年,p. 120)ほか参照。
4) 1908年10月13日発布。
5) 小学校令中改正(勅令第216号),および小学校令施行規則中改正(文部省令第24号)。
6)『文部省年報』,および細谷俊夫『技術教育—成立と課題—』(育英出版,1944

年，p. 139)，原正敏「第 10 章　普通教育における技術教育―その変質と定着―」『日本科学技術史大系 9』（日本科学史学会編，第一法規出版，1965 年，p. 304）ほか参照。

7）1911 年「小学校令施行規則中改正」（文部省令 24 号）により，手工科の教授時間数に関しては，第 5 号表および第 6 号表の改正により，高等科において男子 6 時間，女子 2 時間（全学年）とされた。また，英語の取り扱いに関して，第 14 条第 2 項中，「又簡易ナル商用簿記ヲ授クヘシ」が「且簡易ナル商用簿記ヲ授クヘシ又土地ノ情況ニ依リ英語ヲ併セ授クルコトヲ得」と改正，第 33 条中，「又ハ英語」を削除し「商業，英語」が「商業」に改正された。

8）岡山秀吉『欧米諸国手工教授の実況』教育新潮研究会，1915 年，pp. 246-259。

9）同上，pp. 291-292 などを参照。

10）『新教材』序，p. 3。

11）『新教材』の出版後，岡山は 12 点の著書を出版するも，改訂増補版を除けば，「手工科教授細目」が著されたものはひとつもない。

12）国民教育研究所編　前掲書3）を参照。

13）坂口謙一「普通教育課程における形式陶冶主義工芸教育の成立―手工科の目的規定にみられる『眼及手』の練習の役割―」『技術教育・職業教育の諸相』大空社，1996 年，pp. 135-160。

14）欧米留学以前の感情の陶冶の面については，知と技能の実質的陶冶の内容を獲得することによって身につけることができるとされていたため，ここでは実用的陶冶と生産的陶冶にその内容が整理されたとみることができよう。

15）①「一般的陶冶」については「幼年の児童」，②「実用的陶冶」については「尋常科四年位からその以上の学年」，③「生産的陶冶」については「六学年」及び「高等小学校」において力を注ぐべきとしている（『新教材』　pp. 14-17）

16）谷山静生「晶子與謝野女史に呈す」『手工研究』第 27 号，1916 年，pp. 6-8。

17）朝比奈清作「色板排折紙二教材の可否を論ず」『手工研究』第 25 号，1915 年，pp. 30-32。

18）1911 年の小学校令施行規則中改正（文部省令第 24 号）により，第 12 条第 2 項目は「手工ハ紙，糸，粘土，麥稈，木，竹，金属等其ノ土地ニ適切ナル材料ヲ用ヒテ簡易ナル製作ヲ為サシメ高等小学校ニ於テハ簡易ナル製図ヲ併セ授クヘシ」と改正されており，製図を明確に位置づけたことはこれにも関連していると思われる。

19）岡山秀吉『新手工科教授』宝文館，1916 年，p. 207。

20）同上，p. 209。

21）岡山秀吉『初等中等手工科教材』（1929 年）には，『新教材』にみられる「細工」のほか，豆細工や黍稈細工，石膏細工に関しても，子どもに身につけさせうる知識や技能や態度等が論じられている。この点は，児童に課す「細工」は，産業等との関わりから地域によって適宜変化させてもよいとする論に基づき，さまざまな「細工」についても記載しているとみることができる。

22）なお，「創作力の養成」は，本書第3章にて示した表3-1の⑥「構想力と意匠の能力」の「工夫・意匠」と，目的的価値として重なる部分があるけれども，岡山の主張の意味合いや強調の度合いから，「創作力の養成」を新たな目的的価値の一項目としてとらえる方が妥当と判断した。

23）岡山秀吉『欧米諸国手工教授の実況』教育新潮研究会，1915年，pp. 270–271。

24）岡山秀吉　前掲書19)，p. 114。

25）岡山秀吉　前掲書19）に，「今日までの如き本科の創設時代に於て尚又一般教授の思潮が，形式的陶冶主義を取り居りし」(p. 272) と述べられている。

26）岡山秀吉「高等小学校の手工科と工業科」『手工研究』第72号，1926年，pp. 1–5。

27）丸数字は，本書第3章の表3-1に対応。

28）井上正作「石野隆の手工教育論」『福岡教育大学紀要』第34号　第5分冊，1984年，pp. 113–122。

29）岡山は，『新教材』「第6章　手工科教授細目」にて，たとえば，紙細工について，「従来の紙細工教材は，幾何形の模様・紋形・基本形体状の箱類等幾何学的に偏し，単調に流れた嫌があつたから，切抜には動植物・人物・風景等自在切抜の多量を加味」し，「その内容を豊富ならしむることに努めた」(p. 54) と述べている。

第6章

『新手工科教材及教授法』における紙細工の教材復元解釈にみる教授過程の特質

第1節　紙細工の技能教授過程の特徴

1. はじめに

前章まで，岡山秀吉の生涯を通した手工科教育論の理論的特質を，教材論の視点から検討してきた。

岡山は，欧米留学後，「生産的陶冶」という新たな枠組みを提示するとともに，「創作力の養成」を新たに目的的価値の項目に加えた。かつ，そうした目的的価値を実現する手だてをも個々の教材にわたって整えていた。さらに，岡山の欧米留学後の手工科教育論は，その対象世界を手工業から「現代工業」へと発展させ，歴史促進的側面をもつものであったといえる。こうした取り組みは，まさに工業分野の「技術および労働の世界への手ほどき」とみることができる。

本章では，こうした手工科教育論のもとでつくり出された個々の教材の特徴を，復元による教材解釈によって検証する。とりわけ，「手工科教授細目」が提示された最後の著作である『新手工科教材及教授法』（1920年。以下，『新教材』と略記）において，尋常科段階でもっとも多い授業時数が配当された紙細工に焦点をあてる。個々の紙細工にみられる教育目標を抽出することを通して，紙細工にみられる知識と技能面での教授過程の系統性を明らかにするとともに，その教育目標を子どもに教授する手だての配慮について解明する。

あらかじめ本章の内容を結論的に述べるならば，岡山は，一方で，①はさ

表 6-1 紙細工教材の「製作題目」一覧

⑴ 尋常科第１学年
・第１学期：「鋏の使用法—紙帯」(1-1-1)，「鋏の使用練習—暖簾」(1-1-2)，「鋏の使用練習—凧の尾」(1-1-3)，「紙鏈」(1-1-4)，「階梯」(1-1-5)，「鳥居又は門」(1-1-6)〔以上，切抜〕。
・第２学期：「国旗」(1-2-1)，「旗（形状任意）」(1-2-2)，「四角並べ」(1-2-3)，「三角並べ」(1-2-4)，「押風車」(1-2-5)〔切抜〕。
・第３学期：「紙鉄砲」(1-3-1)，「箱」(1-3-2)，「飛行機」(1-3-3)，「炭斗」(1-3-4)〔折紙〕，「長四角並べ」(1-3-5)，「凧又は凧揚げ」(1-3-6)，「橙と葉」(1-3-7)〔切抜〕。

⑵ 尋常科第２学年
・第１学期：「正四角形」(2-1-1)，「紋形四ツ目」(2-1-2)，「吹流—尺度使用練習」(2-1-3)，「旗（形状任意）」(2-1-4)，「草木の葉（自由選題）」(2-1-5)〔切抜〕。
・第２学期：「長方形」(2-2-1)，「同上練習（寸法を定む）」(2-2-2)，「方形（寸法を定む）」(2-2-3)，「色紙袋」(2-2-4)，「図案紅葉（考案任意）」(2-2-5)，「交差せる国旗（形状任意）」(2-2-6)〔切抜〕。
・第３学期：「雪達磨（意匠任意）」(2-3-1)，「樹木」(2-3-2)，「風車」(2-3-3)，「風景（野に樹木と家）」(2-3-4)，「風景（海と船）」(2-3-5)〔切抜〕。

⑶ 尋常科第３学年
・第１学期：「紙の裁方練習と色の配合標本」(3-1-1)，「草花（自由選題）」(3-1-2)〔切抜〕。
・第２学期：「正三角形」(3-2-1)，「菱形」(3-2-2)，「三角定規用方—六花菱又は麻の葉」(3-2-3)，「新年祝賀はがき（意匠任意）」(3-2-4)〔切抜〕。
・第３学期：「象（立体）」(3-3-1)，「立動物（自由選題）」(3-3-2)，「疾風汽車（意匠任意）」(3-3-3)，「額（意匠任意）」(3-3-4)〔切抜〕。

⑷ 尋常科第４学年
・第１学期：「角形の箱（装飾任意）」(4-1-1)，「風景（切抜建物）」(4-1-2)〔厚紙細工附切抜〕。
・第２学期：「舞蛇—円規の使用法」(4-2-1)，「六角コップ—円規使用練習」(4-2-2)〔厚紙細工〕。
・第３学期：「筆入—ボール紙切方及び小刀研磨練習」(4-3-1)，「橇」(4-3-2)，「手工用手箱（被蓋）」(4-3-3)〔厚紙細工附切抜〕。

⑸ 尋常科第５学年
・第１学期：なし。
・第２学期：「押葉挟」(5-2-1)，「家（考案任意）」(5-2-2)〔厚紙細工附切抜〕。
・第３学期：なし。

みや小刀等の工具を用いて，紙を折る，切る，のりづけするなどの技能を繰り返し，かつ系統的に位置づけ，② 幾何学形体を認識させることを重視するとともに，他方で，そうした製作上の要点や子どものつまずきやすい点をあらかじめ把握し，それを注意事項として的確に表現しているとみることができる。

本章では，『新教材』に著された紙細工の「製作題目」（＝製作課題）の内，早く課題ができあがった子どもに課す「補充課」と，「自由選題」[1]，および製作のための練習課題として位置づいているものを除いた必須の「製作題目」として課されている53点の「製作題目」（表6-1）の復元製作を行うことを通して得た作業分解票に基づいて検討していく。

第1節では，技能教授過程についてみていく。

2. 復元による教材解釈の実際

1）尋常科第1学年の紙細工の復元製作にみる技能教授過程の特徴

尋常科第1学年では，切抜の「製作題目」（＝製作課題）が15点，切抜に附帯させた折紙の「製作題目」が4点課される。

第1学期での紙細工は，色紙を半分に折って，その折り目にそってはさみで直線を切ることから始まる。

図6-1は，『新教材』に表現された「鋏の使用法—紙帯」（1-1-1）の該当箇所の写し（pp.57-58）である。記述の形式は4段に分けられている。1段目には「週」の時間[2]，2段目には，教授内容や製作手順等が示された「教授事項」と「製作題目」への配当予定時間数[3]，3段目には，使用する材料や道具や教師が準備する教鞭物が示された「教授用品」，4段目には，「教授上の注意事項」が示されている。

その内容として，2段目の「教授事項」の欄には，以下の4項目が示されている。

⑴ はさみの使い方を示範する。

⑵ 子どもにあたえた紙片を等分法により，3回折りたたんで8等分させる。

⑶ 紙の折り目をつめの甲で押さえて，明瞭に折り目の線を付けさせる。

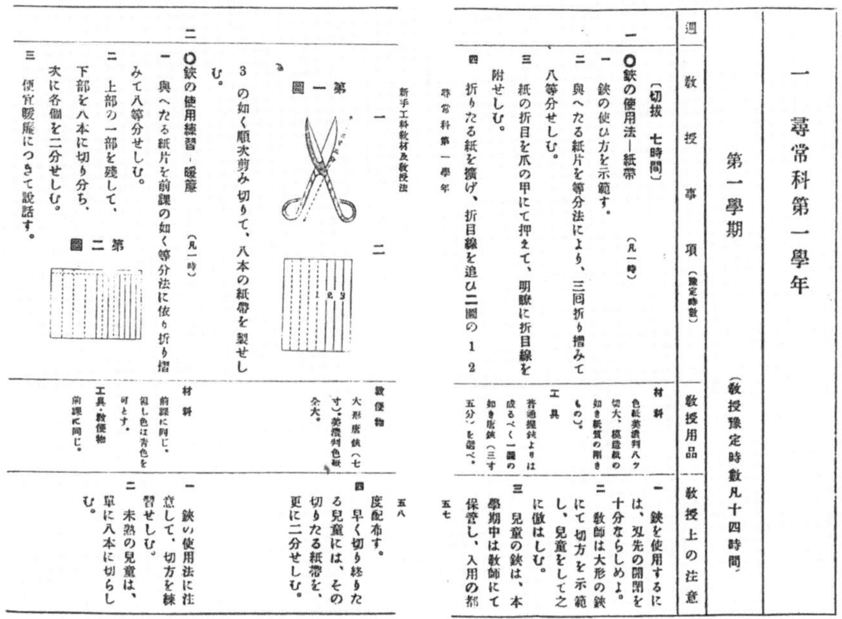

一 尋常科第一學年

第一學期 （教授豫定時數凡十四時間）

週 | 教授事項（豫定時數） | 教授用品 | 教授上の注意

一
〔切拔 七時間〕
○鋏の使用法―紙帶 （凡一時）
一 鋏の使ひ方を示範す。
二 與へたる紙片を等分法により、三回折り摺みて八等分せしむ。
三 紙の折目を爪の甲にて押えて、明瞭に折目線を附せしむ。
四 折りたる紙を擴げ、折目線を追ひ二圖の1 2 3の如く順次剪み切りて、八本の紙帶を製せしむ。

材料
色紙美濃判八ッ切大、（模造紙の如き紙質の剛きもの）。
工具
普通握鋏よりは成るべく一圖の如き唐鋏（三寸五分）を選べ。
敎便物
大形唐鋏（七寸）。美濃判色紙全大。

一 鋏を使用するには、刃先の開閉を十分ならしめよ。
二 教師は大形の鋏にて切方を示範し、兒童をして之に倣はしむ。
三 兒童の鋏は、本學期中は教師にて保管し、入用の都度配布す。
四 早く切り終りたる兒童には、その切りたる紙帶を、更に二分せしむ。

尋常科第一學年 五七

新手工科教材及教授法 五八

第一圖
一
二
1 2 3

二
○鋏の使用練習・暖簾 （凡一時）
一 與へたる紙片を前課の如く等分法に依り折り摺みて八等分せしむ。
二 上部の一部を殘して、下部を八本に切り分ち、次に各個を二分せしむ。
三 便宜暖簾につきて說話す。

第二圖

材料
前課に同じ。但し色は青色を可とす。
工具・敎便物
前課に同じ。

一 鋏の使用法に注意して、切方を練習せしむ。
二 未熟の兒童は、單に八本に切らしむ。

図 6-1 「鋏の使用法—紙帯」『新教材』の写し

⑷ 折った紙を広げ，折り目の線にそって，第一図の二の 1，2，3 の線の順番で切って，8 本の紙帯を製作する。

3 段目の「教授用品」の欄には，使用する材料として，「色紙美濃判八ッ切大（模造紙の如き紙質の剛きもの）」，工具は「普通握鋏よりは成るべく一図の如き唐鋏（七寸五分）を選べ。」と記されている。教鞭物として，「大形唐鋏（七寸）。美濃判色紙全大」が記されている。

4 段目の「教授上の注意」として，以下の 4 点が記されている。

1. はさみを使用する際には刃先の開閉を十分にさせること。
2. 教師は大形のはさみで切り方を示範し，児童にこれをまねさせる。
3. 児童のはさみは，第 1 学期中は教師が保管し，入用の都度渡す。
4. 早く切り終わった児童には，切った紙帯をさらに 2 分させる。

すなわち,「鋏の使用法―紙帯」(1-1-1) では,美濃判全大の色紙を用いて,教師が大型 (七寸) のはさみで切り方を示範した後,子どもが美濃判八ツ切大の色紙を縦に3回折りたたみ,その折り目にそって,はさみ (三寸五分) で切ることによって色紙を8等分する。

ここでは,① 紙を半分に折る,② 折り目にそってはさみで直線を切るという2つの教育目標 (「教授事項」) が位置づけられている。

次の「鋏の使用練習―暖簾」(1-1-2) では,子どもが美濃判八ツ切大の色紙を横にして,「鋏の使用法―紙帯」(1-1-1) と同様に折り目を付けた後,色紙の上部を一部残して切る。さらにそれぞれの紙帯を目分量で2等分 (計16等分) することによって,暖簾の形をつくる。作製後,暖簾についての説話をする。

この教材は,「教授上の注意」として,「鋏の使用法に注意して,切方を練習せしむ」ことが記されていることから,はさみの使用練習が主たる課題として位置づいていることがわかる。

ここでも,① 紙を半分に折る,② 折り目にそってはさみで直線を切るという2つの教育目標が位置づけられている。ただし,紙帯の幅は,12㎜から8㎜へと狭くなっている。また,紙帯を端まで切り落とさないという点でも,はさみを使用する技能として要求するレベルが上がっている。

さらに教授の手だてとして,暖簾を「製作題目」として用いて,製作後に暖簾の説話をすることで,単純なはさみの使用練習を強いるという方法を避けている点は注目に値する。

「鋏の使用練習―凧の尾」(1-1-3) は,色紙の上下端から交互に,かつ端を切り落とさないように切り込みを入れることによって,凧の尾の形をつくるものである。

「教授上の注意」として,紙を上端から切る場合には,紙を裏返して下から切ることや,折り目を正確に切るためには,紙が折り目で曲がっていないようにすることなどが記されている。また,教鞭物として,尾のついた凧の実物や図絵が必要とされている。

ここでも,凧の実物や図絵を準備し,子どもに提示することで,単純なはさみの使用練習を強いるという方法を避けている。さらに，刃先を下向きに使用したり，折り目で紙が曲がった状態で切ったりしないように教授上の注意を記している。これは，子どもが作業をする上で，過ちをおかしがちな点をあらかじめ把握し，注意事項として的確に表現しているといえる。

次の「紙鏈」(1-1-4) では，「教授上の注意」として，「糊の使用法につき適宜教授す」と記されていることから，① 紙を折る，② 折り目にそってはさみで直線を切るという 2 つの作業に加えて，③ のりづけをするという教育目標が位置づけられていることがわかる。

教授の手だてとして，できあがった子どもの「紙鏈」をつなげていくことで，教室の装飾にすることをあげている。

さらに，切った紙帯を輪にすると，はさみで真っ直ぐに紙帯を切れていない場合には，幅のズレが一目瞭然となる。はさみで折り目を正確に切ることができているか否かを，子ども自身に認識させることができるという利点をもつ。

その後の「階梯」(1-1-5) で注目すべき点として，① はさみで切る紙帯の紙幅が 4㎜とさらに狭くなっている点，② はしごのけたを目分量でのりづけすることによって目で等間隔をとることを養わせる点，「鳥居又は門」(1-1-6) では，加えて，標本は参考程度に扱い，なるべく自分で考え出した形を表現させる点をあげることができる。

以上のことから，尋常科第 1 学年第 1 学期に課される紙細工にみられる特徴として，以下の 4 点を指摘することができる。

第 1 に，尋常科第 1 学年第 1 学期に課される紙細工は，① 紙を折る，② 折り目にそってはさみで直線を切るという 2 つの教育目標が課されることから始まり，後に ③ のりづけをするという教育目標が加わる。

第 2 に，第 1 の点と関連して，さらに，② 折り目にそってはさみで直線を切るという 2 つの教育目標において，求められる技能レベルは，12㎜→ 8㎜ → 4㎜と紙の幅が狭くなるとともに，端まで切り落とさない，ズレが生じないよう正確に切るなど，徐々に上がっている。

さらに，はさみの使用について，「最初は正確に切るを旨として使用せしめ，漸次敏捷の度を加へしむる」（p.258）との岡山の見解から判断すれば，徐々に正確に，かつすばやく切り落とすことができるようになる意図も含まれていると考えられる。

第３に，教授の手だてとして，単純なはさみの使用練習を強いることを避けるために，製作物の実物を提示したり，教室の装飾に利用する方法をとっている。子ども自身に作業の正確性を認識させる方法も取り入れられている。

第４に，第３の点と関連して，さらに，子どもが作業をする上で，刃先の向きや折り目等の過ちをおかしがちな点をあらかじめ把握し，注意事項として的確に表現しているといえる。

こうした内容は第２学期まで引き続き，① 紙を折る，② 折り目にそってはさみで直線を切る，③ のりづけをするという３つの教育目標がすべての「製作題目」に位置づいている。

第３学期になると，「紙鉄砲」（1-3-1），「箱」（1-3-2），「飛行機」（1-3-3），「炭斗」（1-3-4）という４点の折紙がまず課される。この４点の「製作題目」は紙を折るという教育目標を重視したものであると考えられる。単に紙を半分に折るだけでなく，斜め方向に紙を折り曲げる〔「紙鉄砲」（1-3-1）〕，折り目の線にそって折り返す〔「箱」（1-3-2）〕といったように，紙を折るという作業の難度が上がっている。

こうした折紙の教授方法について，岡山は，「其の時間に教ふる折方の全体若くは中途位までを教師折り示して会得せしめ，次に児童自らをして記憶をたどり或は幾分考を加へつつ折らしむべきである」（p.258）としている。作り上げる上で，子ども自身が考えながら折ることに，折紙の意味をみいだしているといえる。

その後，再び「長四角並べ」（1-3-5），「凧又は凧揚げ」（1-3-6），「橙と葉」（1-3-7）といった切抜が課される。教育目標の点でみれば，「長四角並べ」（1-3-5），「凧又は凧揚げ」（1-3-6）は，第２学期までの切抜と同様に，引き続き ① 紙を折る，② 折り目にそってはさみで直線を切る，③ のりづけをするという３つの教育目標が位置づいている。

表 6-2　尋常科第1学年の紙細工の「製作題目」にみられる教育目標一覧

		「製作題目」																	
		尋一																	
		紙帯	暖簾	凧の尾	紙鏈	階梯	鳥居又は門	国旗	旗	四角並べ	三角並べ	押風車	紙鉄砲	箱	飛行機	炭斗	長四角並べ	凧又は凧揚げ	橙と葉
「教授事項」	紙を折る	○	○	○	○	○	○	○	○	○	○	○	○	○	○	○	○	○	
	はさみで折り目を切る	○	○	○	○	○	○	○	○	○	○	○					○	○	
	のりづけ				○	○	○	○	○	○	○	○				○	○	○	○
	輪郭を描く							○											○
	錐で穴をあける											○							
	はさみで輪郭を切り抜く							○											○

すなわち，教育目標の点からいえば，第1学年の切抜の「製作題目」では，「鋏の使用法—紙帯」（1-1-1）から「凧又は凧揚げ」（1-3-6）まで一貫して，① 紙を折る，② 折り目にそってはさみで直線を切る，③ のりづけをするという3つの教育目標に重点がおかれている。また，折紙では，子ども自身が「製作題目」を作り上げるために，考えながら ① 紙を折るという教育目標に重点がおかれているといえる。

なお，尋常科第2学年では，ひいた直線や曲線にそってはさみで切る作業が加わることになる。

この点からみれば，岡山はおそらく，「橙と葉」（1-3-7）を尋常科第2学年へのいわば橋渡し的な「製作題目」として位置づけたとみることができる。

2）尋常科第2学年の紙細工の復元製作にみる技能教授過程の特徴

尋常科第2学年では，切抜の「製作題目」が16点課される。

第1学期の最初に課される「正四角形」（2-1-1）では，新たに，④ 尺度（竹尺）と鉛筆を用いて直線をひき，⑤ そのひいた直線にそってはさみで切るという2つの教育目標が加わることになる。

第1学年では，形を切り出す際に，紙の折り目にそってはさみで切り出していたのに対し，第2学年では，尺度と鉛筆を用いて紙にひいた直線にそって，切り出すという違いがある。

この点は，「形を切出すには，最初は折目に依り，次には描線に依り，後には或る程度まで目分量に依りて為さしむるがよい。」(p.259) とする岡山の意図を反映しているとみられる。

表 6-3 は，作業分解票をもとに，尋常科第 2 学年の紙細工の「製作題目」にみられる教育目標についてまとめたものである。

この表から，「草木の葉（自由選題）」(2-1-5) と「図案紅葉（考案任意）」(2-2-5)，「雪達磨（意匠任意）」(2-3-1)，「樹木」(2-3-2) の 4 つの「製作題目」を除けば，① 紙を折る，② 折り目にそってはさみで直線を切る，③ のりづけをする，④ 尺度（竹尺）と鉛筆を用いて直線をひく，⑤ ひいた線にそってはさみで直線を切るという 5 つの教育目標が他のすべての「製作題目」に位置づいていることがわかる。

表 6-3　尋常科第 2 学年の紙細工の「製作題目」にみられる教育目標一覧

		「製作題目」															
		尋二															
		正四角形	紋形四ツ目	吹流	旗	草木の葉	長方形	同上練習	方形	色紙袋	図案紅葉	交差せる国旗	雪達磨	樹木	風車	風景(野)	風景(海)
「教授事項」	のりづけ	○	○	○	○	○	○	○	○	○	○	○	○	○	○	○	○
	尺度で直線をひく	○	○	○	○		○	○	○	○		○			○	○	○
	はさみで直線を切る	○	○	○	○		○	○	○	○		○			○	○	○
	尺度で長さを測る	○	○	○	○		○	○	○	○		○			○	○	○
	紙を折る	○	○		○		○	○	○	○		○		○	○		
	輪郭を描く				○	○					○	○	○	○		○	○
	はさみで輪郭を切り抜く				○	○					○	○	○	○		○	○
	はさみで切り込みを入れる						○	○	○			○			○		
	錐で穴をあける			○											○		

ここで除いた４つの「製作題目」は，草木や雪だるまなどの曲線を含む輪郭を描き，その輪郭の線にそってはさみで切るという教育目標が位置づいている。すなわち，第２学年では，主要には，① 紙を折る，② 折り目にそってはさみで直線を切る，③ のりづけをする，④ 尺度（竹尺）と鉛筆を用いて直線をひく，⑤ ひいた線にそってはさみで直線を切るという５つの教育目標を重要視しつつ，真っ直ぐ切るだけでなく，曲線を含む輪郭を描き，その輪郭の線にそってはさみで切るという教育目標も加えられているといえる。

その教授の手だての配慮としては，「吹流—尺度練習」(2-1-3)，「旗（形状任意)」(2-1-4)，「色紙袋」(2-2-4）を作製することで，単純に，尺度の読み方や，尺度で直線をひく，ひいた直線にそってはさみで切るといった練習を子どもに強いることを避けている。さらに「吹流—尺度練習」(2-1-3）では「端午の節句に，自家に飾らせる」(p.86）こと，「色紙袋」では「自由製作の必要に応ずるため，種々の色紙屑を貯ふる目的によりて作らしむ」(p.99）ことを記すなど，製品を実用することも意識している。

また，「草木の葉（自由選題)」(2-1-5)，「図案紅葉（考案任意)」(2-2-5)，「雪達磨（意匠任意)」(2-3-1）は題目名にもあらわされているように，はさみで曲線を含む輪郭を切りだす練習と同時に，児童各自の創意的・構成能力ないし工夫力の育成も考慮しているとみることができる。

3）尋常科第３学年の紙細工の復元製作にみる技能教授過程の特徴

第３学年では，必須の「製作題目」は切抜 10 点である。

第１学期は，「小刀用方—鉛筆削」，「小刀・裁板・裁定規用方—紙の裁方」，「紙の裁方練習と小刀の研磨」といった小刀の使用および研磨の方法についての練習が合計３時間課される。その後，「紙の裁方練習と色の配合標本」(3-1-1)，「草花（自由選題)」(3-1-2）といった「製作課題」が続く。

表 6-4 は，尋常科第３学年の切抜の必須の「製作題目」にみられる教育目標を作業分解票をもとにまとめたものである。

この表から，小刀で直線を切る，曲線を含んだ輪郭を小刀で切り抜く，紙の折り目を小刀で切る，小刀を研磨するといった小刀の使用・研磨に関わる練習が「製作題目」のなかに，かなりの程度，位置づいていることがわかる。

また，のりづけに関しても「菱形」(3-2-2) を除くすべての「製作題目」に位置づいている。尺度で長さを測る，尺度で直線をひくという教育目標も，前学年に引き続き位置づいている。

尺度に関しては，「三角定規用方―六花菱又は麻の葉」(3-2-3) 以降，竹尺だけでなく，三角定規の使用も位置づいている。「三角定規用方―六花菱又は麻の葉」(3-2-3) では，「教授上の注意」のひとつに，「九十度角六十度角及び三十度角の観念を明了ならしめ，三角定規の構造を理会(ママ)せしむ」(p.119) ことがあげられている。ここで作成する菱形の角度は30度と60度となっている。これに加えて，復元製作から，ひとつの菱形を切断して，4つの小さな菱形を製作する際に，三角定規を2枚使用して，平行線をひく用法も位置づいていることがわかった。

また，「草花（自由選題）」(3-1-2)，「新年祝賀はがき（意匠任意）」(3-2-4)，

表6-4　尋常科第3学年の紙細工の「製作題目」にみられる教育目標一覧

		「製作題目」									
		尋三									
		色の配合標本	草花	正三角形	菱形	三角定規用方	新年はがき	象	立動物	疾風汽車	額
「教授事項」	小刀の研磨	○	○	○	○	○	○	○	○	○	○
	のりづけ	○	○	○		○	○	○	○	○	○
	小刀で直線を切る	○	○	○	○	○	○			○	○
	尺度で直線をひく	○	○	○	○	○	○			○	○
	尺度で長さを測る	○		○	○	○	○			○	○
	輪郭を描く		○				○	○	○	○	○
	小刀で輪郭を切り抜く		○				○	○	○	○	○
	紙を折る			○	○	○					
	小刀で折り目を切る			○	○	○					
	小刀で切り込みを入れる			○	○						

「疾風汽車（意匠任意）」（3-3-3）など，児童各自の創意的・構成能力ないし工夫力の育成も考慮しているとみることができる。

4）尋常科第4・5学年の紙細工の復元製作にみる技能教授過程の特徴

尋常科第1学年から第3学年は，主として切抜の「製作題目」が課されていた。それに対し，尋常科第4・5学年では，厚紙細工の「製作題目」が主として課される。

第4学年では，まず「厚紙切方練習及び小刀研磨」が2時間課された後，「角形の箱（装飾任意）」（4-1-1），「自由選題（任意の箱）」，「風景（切抜建物）」（4-1-2）へと続く。表6-5は，尋常科第4・5学年の紙細工の「製作題目」にみられる教育目標を，作業分解票をもとにまとめたものである。

この表から，尋常科第4・5学年では，「舞蛇―円規の使用法」（4-2-1）が

表6-5　尋常科第4・5学年の紙細工の「製作題目」にみられる教育目標一覧

		「製作題目」								
		尋四							尋五	
		角形の箱	風景	舞蛇	六角コップ	筆入	橇	手工用手箱	押葉鋏	家
「教授事項」	小刀の研磨	○	○	○	○	○	○	○	○	○
	尺度で長さを測る	○	○	○	○	○	○	○	○	○
	小刀で直線を切る	○	○		○	○	○	○	○	○
	尺度で直線をひく	○	○		○	○	○	○	○	○
	のりづけ	○	○		○	○	○	○	○	○
	展開図をかく	○			○	○	○	○		○
	輪郭を描く		○	○	○		○	○		○
	小刀で輪郭を切り抜く		○	○			○	○		○
	紙を折る				○	○	○	○		○
	小刀で浅く切り込む	○			○	○	○	○		○
	目貼り				○	○	○	○		○
	上貼り					○	○	○	○	○
	裏貼り								○	

例外的ではあるけれども，直前の「製作題目」で課された教育目標に加えて，当該「製作題目」には，新たな教育目標が加わるという特徴をみてとることができる。これは，尋常科第１学年から第３学年においては，明確にはみられなかった特徴である。

岡山は欧米留学以前から，教材の配列案として，「下級生」には子どもの「心理的要求」を重視する「心理的排列」，「上級生」には「細工」や「製作題目」間のとりわけ技能取得に関わる「論理的関係」を重視する「論理的排列」をとるという，折衷案が適切と論じていた[4)]。

ここから，岡山のいう「論理的排列」とは，単に工具や材料の点で似通った「製作題目」を配列するのではなく，各「製作題目」において教授する技能要素を的確に把握し，その技能要素のレベルにおいて「製作題目」を配列するというものであったといえる。換言すれば，尋常科第４学年から，徐々に，「論理的排列」を重視し始めることがよみ取れるとともに，こうした教材配列の理論と実際の「製作題目」の配列は照応しているとみることができる。

さらに教育目標の内容的特徴をみるならば，尋常科第３学年でみられた教育目標のほか，新たに，展開図（部品図）を描く，小刀で浅く切り込んで折り目をつける，目貼り，上貼り，裏貼りといった教育目標がみられる。

また，材料の点からみれば，尋常科第１学年から第３学年までは主に色紙であったのに対し，第４学年からは厚紙を使用するようになり，しかも，「角形の箱（装飾任意）」（4-1-1）から「六角コップ―円規使用練習」（4-2-2）までは８オンスのボール紙，「筆入―ボール紙切方及び小刀研磨練習」（4-3-1）では 10 オンスのボール紙，「橇」（4-3-2）では良質の厚紙（板目板），「手工用手箱（被蓋）」（4-3-3）以降では 12 オンスのボール紙といったように，８オンス→ 10 オンス→ 12 オンスと，徐々に扱う厚紙が厚くなっている。すなわち，求められる小刀の使用技能レベルが扱う材料の面からも徐々に上がるように，「製作題目」が配列されているといえる。

5）紙細工における技能教授過程の特徴

以上，学年ごとに復元による教材解釈を経て，明らかになった技能教授過程の特徴をみてきた。

尋常科第1学年の紙細工は切抜とそれに附帯した折紙，第2，3学年は切抜，第4，5学年は厚紙細工となっていた。

第1に，技能面に関わる各「製作題目」の教育目標の特徴は，第1学年では，①紙を折る，②折り目にそってはさみで直線を切る，③のりづけをするという3点の教育目標が重視され，第2学年では，それに加えて，④尺度（竹尺）と鉛筆を用いて直線をひく，⑤ひいた線にそってはさみで直線を切るという5つの教育目標を重要視しつつ，真っ直ぐ切るだけでなく，曲線を含む輪郭を描き，その輪郭の線にそってはさみで切るという教育目標も加えられていた。しかも，たとえば，②折り目にそってはさみで直線を切るという教育目標において，求められる技能レベルは，12㎜→8㎜→4㎜と紙の幅が狭くなるとともに，端まで切り落とさない，ズレが生じないよう正確に切る，「漸次敏捷の度を加へしむる」など，徐々に上がっている。

第3学年からは，紙を切る工具が，はさみから小刀へと変わる。第3学年では，小刀で直線を切る，曲線を含んだ輪郭を小刀で切り抜く，紙の折り目を小刀で切る，小刀を研磨するといった小刀の使用・研磨に関わる練習が主たる教育目標とされていた。加えて，のりづけや三角定規の使用法も位置づくとともに，児童各自の創意的・構成能力ないし工夫力の育成も考慮されていた。

第4・5学年では，直前の「製作題目」で課された教育目標に加えて，当該「製作題目」には，新たな教育目標が加わるという「論理的排列」の特徴をみてとることができた。内容的には，尋常科第3学年でみられた教育目標のほか，新たに，部品図を描く，小刀で浅く切り込んで折り目をつける，目貼り，上貼り，裏貼りといった教育目標がみられる。また，材料の点からみれば，求められる小刀の使用技能レベルが扱う材料の面からも徐々に上がるように，「製作題目」が配列されているとみられた。

第2に，第1の点に関連して，教授の手だての特徴としては，尋常科第1

学年から第3学年では，子どもの「心理的要求」を考慮して，製作物の実物を提示したり，教室の装飾に利用するなどの方法によって，単純なはさみや小刀の使用練習を強いることを避けていたことがあげられる。

さらに，第4・5学年では，技能習得に関わる論理的関係を重視するようになり，「筆入―ボール紙切方及び小刀研磨」(4-3-1)，「手工用手箱（被蓋)」(4-3-3)，「押葉挟」(5-2-1）などの実用品を「製作題目」として位置づけつつ，しかも上述のように，直前の「製作題目」で課された教育目標に加えて，当該「製作題目」には，新たな教育目標が加わるという系統性をもって，技能を習得させる手だてを用いていた。

第3に，子どもが作業をする上で，過ちをおかしがちな点をあらかじめ把握し，注意事項として的確に表現しているとみることができた。

ところで，切抜，折紙，厚紙細工の担いうる目的的価値（「教育的価値」）の項目には，技能面に関わり，「手と眼を錬磨」することや，「尺度・三角定規・円規等」の使用の熟練，「庶物を模造する」，「幾何形体・器物・船車・建物等を作」ることがあげられていた〔第5章，表5-2〕。

こうした目的的価値との関わりでみれば，尋常科の紙細工は，はさみや小刀で紙を切ったり折ったりという作業によって目との協働作用を伴う手の巧緻性の発達を重視するとともに，三角定規やコンパスの使用を位置づけ，構想したものを表出し，実用品を製作するなど，教育目標を的確に具現化していたものであったということができよう。

第2節　紙細工の知識教授過程の特徴

1．はじめに

第1節では，岡山秀吉の手工科教育論の到達点とみることのできた『新教材』において，尋常科段階でもっとも多い授業時間数があてられた紙細工の技能教授過程の特徴を，復元による教材解釈を経て解明した。

その結果，紙細工では，はさみや小刀，竹尺や三角定規やコンパスなどの工具を用いた技能習得を物品の製作過程に重く位置づけ，最終的には，蓋付きの「手工用手箱」や「押葉挟」といった実用品を製作することのできる技能を養うとともに，眼との協働作用を伴う手の巧緻性の発達を意識した教材配列がなされていたことが明らかになった。

第2節では，知識教授過程に焦点をあてて検討していく。あらかじめ結論的に述べれば，色の配合や，とりわけ製作過程のなかで，幾何学形体を認識させることを重視していたとみることができる。紙細工53点のうち，幾何学形体の認識に関わる「製作題目」は15点にのぼる。「正四角形」（2-1-1）や「正三角形」（3-2-1）という「製作題目」だけでなく，「風車」（2-3-3）や「三角定規用方—六花菱又は麻の葉」（3-2-3）などの幾何学形体の名称が「製作題目」となっていないものも含まれている。

本節では，こうした幾何学形体の認識の手だてについてみていくことにする。

2. 復元による教材解釈の実際

1）尋常科第1・2学年の紙細工の復元製作にみる知識教授過程の特徴

第1節でみたように，尋常科第1学年では，「鋏の使用法—紙帯」（1-1-1）から，① 紙を折る，② はさみで折り目を切る，③ のりづけするといった技能教授を重視した「製作題目」が配列されていた。

一方，「四角並べ」（1-2-3）では，2種類の二寸五分（76㎜）平方の正方形の色紙をそれぞれ正確に4等分させる。さらに，切り出した2色の正方形を組み合わせて模様を構成する。この教材では，正方形を組み合わせることを通して，正方形の各辺の長さが等しいことを子どもに理解させることができる。

次の「三角並べ」（1-2-4）では，正方形の色紙を折りたたんで二等辺三角形を切り出す。さらに，切り出した二等辺三角形と正方形を組み合わせて模様を構成する。こうした作業を通し，二等辺三角形の両辺の角度が等しいことや正方形と三角形との関係を理解させる。

第２学年の「製作題目」である「正四角形」（2-1-1）では，わざと歪められた色紙を，① 対角方向に４枚に折りかさね，② 折り重ねた三角形の両辺上に竹尺で長さを測って，中心点から等距離のところに点をうち，③ 両点を直線でつなぎ，④ 引いた線にそってはさみで切断することで正方形を製作する。製作後，各角を相互に折り合わせ，あるいは各辺を尺度で測って，正方形の性質を探求させる。この教材では，正方形の製作過程を通して，正方形の４辺が等しいこと，対角線の長さが等しいことなどを理解させる。

次の「紋形四ツ目」（2-1-2）では，「正四角形」（2-1-1）と同様にして，正方形を切り出し，さらにそれを４等分し，その各々の正方形からさらに方孔を切り抜く。切り抜いた方孔と切り屑を比較することも課されている。

「長方形」（2-2-1）では，わざと歪められた色紙を，① 長辺があわさるように２つにおり，② 折った両端のズレの部分にはさみで切れ込みを入れて印をつけ，③ 紙を開いて印を竹尺で直線をひいて結び，④ その直線にそってはさみで正確に切らせる。⑤ 紙の位置をかえて短辺があわさるように２つに折り，⑥ 折った両端のズレの部分にはさみで切れ込みを入れて印をつけ，⑦ 紙を開いて印を竹尺で直線をひいて結び，⑧ その直線にそって正確に切らせる。この教材では，「正四角形」（2-1-1）や「紋形四ツ目」（2-1-2）とは異なる製作方法によって，長方形をつくりだす。

「同上練習（寸法を定む）」（2-2-2）では，「長方形」（2-2-1）と同様の方法で，寸法を定めて長方形を切り出す。作製後，長方形の辺と角を，各々相互に折り合わせたり，尺度で測ったりすることによって，形と大きさの正否を探求させ，相違がある場合には，さらに寸法を縮め，正確にできるまで切り直させる。

「方形」（2-2-3）の作製方法は，まず「長方形」（2-2-1）と同様の方法で，紙の歪みを正してから，折り合わせた短辺を二寸五分（76㎜）に定めて切り，寸法の定まった辺を他辺に折り合わせて，余分を切り取る。さきの「正四角形」（2-1-1）の作製方法を復習することを通して，「方形」（2-2-3）による正方形の製作方法の方が優れていることをわからせるとされている。

「風車」（2-3-3）は，「方形」（2-2-3）と同様な方法で正方形を作製した後に，対角線上に切り目を入れてつくりあげる。その際，対角に折り目をつけることで，正方形の性質への理解をさらに促すようになっている。

以上のように，尋常科第1・2学年では，紙をはさみで切ったり，折ったり，尺度で長さを測ったりしながら，幾何学形体そのものや幾何学形体をもとにした「製作題目」をつくりあげる過程において，二等辺三角形，正方形，長方形の性質を相互の関係を含めて理解させる手だてがとられていたといえる。

ところで，先の第1節で論じた技能教授過程との関連で述べれば，「草木の葉（自由選題）」(2-1-5)，「図案紅葉（考案任意）」(2-2-5)，「雪達磨（意匠任意）」(2-3-1)，「樹木」(2-3-2) は，いわば例外的なものとして位置づいていた。これら4つの「製作題目」および「風景（野に樹木と家）」(2-3-4)，「風景（海と船）」(2-3-5) は，知識教授過程という観点からみれば，図画科との連絡において，「色彩の観念」や線対称の観念を育成することが目指されていた。

たとえば，「図案紅葉（考案任意）」(2-2-5) では，図画科の教科書である文部省編纂『新定画帖』の27，29課に連絡して授けるとされ，「色の配合」に注意することが記されている。「樹木」(2-3-2) は，緑の色紙を半分に折り，そこに下絵を描いてはさみで切り抜く教材である。ここでは，線対称の観念の獲得が意識されている。「風景（野に樹木と家）」(2-3-4) では，「野（草色），天空（水色），樹木（緑色），家（淡樺色）の表はし方の一例を会得せしむ」とされ，その注意事項として「近くにあるものは大きく，遠きにあるものは小さく表はすべきを知らしむ」(p.104) と記されている。ここでは，色の観念とともに遠近法の観念の獲得が意識されている。

2）尋常科第3学年の紙細工の復元製作にみる知識教授過程の特徴

尋常科第3学年での幾何学形体の認識に関わる「製作題目」として，「正三角形」(3-2-1)，「菱形」(3-2-2)，「三角定規用方―六花菱又は麻の葉」(3-2-3) があげられる。

「正三角形」(3-2-1) では，小刀を用いて，美濃判八ツ切大の大きさの色紙模造紙を，第2学年で課した「長方形」(2-2-1) と同じ方法で，長方形を切り出した後，２つの長辺を折り合わせて中央に折り目をつけ，紙片のひとつの角を３等分する（ひとつの角を中央の折り目線まで折り返す）方法で正三角形をつくる。作製した正三角形を種々の方向に接合して，３辺および３角が互いに等しいことを理解させる。この教材では，正三角形の性質を，長方形との関係を含めて理解することができる。

「菱形」（3-2-2）では，「長方形」（2-2-1）と同じ方法で，小刀を用いて，長方形を切り出した後，２つの短辺をあわせて中央で折り，「正三角形」（3-2-1）と同じ方法で正三角形をつくり，紙を開く。これにより，菱形は四辺の長さが同じであること，対角が互いに等しいこと，対角線が軸となること，さらに菱形と正三角形の関係について理解させることができる。

「三角定規用方―六花菱又は麻の葉」（3-2-3）では，「菱形」（3-2-2）と同様の方法で，小刀を用いて，２つの色の異なる菱形をつくり，さらに，三角定規を平行移動させながらひとつの菱形を４つの小さな菱形に切り分ける。できあがった２色の菱形を３枚ずつ使用し，１枚おきに並べることで「六花菱」または麻の葉の模様をつくる。90度，60度，30度の角の観念を明瞭にさせ，三角定規の構造を理解させるとともに，正三角形と菱形と三角定規の関係を理解させるための「製作題目」として位置づいている。

このように，第３学年では，紙を小刀で切ったり，折ったりしながら，正三角形と菱形そのものや，それをもとにした「製作題目」をつくりあげる過程において，長方形→正三角形→菱形といった関係を含めて正三角形と菱形の性質を理解させる手だてがとられていたといえる。

さらに，第２学年同様，「紙の裁方練習と色の配合標本」（3-1-1）と「草花（自由選題）」（3-1-2）では，色彩の観念の養成が意識されている。「疾風汽車（意匠任意）」（3-3-3）では，「遠近法に，注意せしむ」（p.123）とされている。

3）尋常科第４・５学年の紙細工の復元製作にみる知識教授過程の特徴

尋常科第４・５学年での紙細工は，展開図をかき，小刀を用いて厚紙を切り，立体に組み立てる厚紙細工である。「風景（切抜建物）」（4-1-2）を除けば，ほとんどの「製作題目」が，幾何学形体の認識に関わるものとなっている。

「角形の箱（装飾任意）」（4-1-1）や「筆入―ボール紙切方及び小刀研磨」（4-3-1），「手工用手箱」（4-3-3），「家（考案任意）」（5-2-2）といった「製作題目」は，正方形や長方形の組み合わせからなる展開図を寸法通りにかき，それを小刀で切り抜き，折り目に浅く切り込みを入れ，立体として組み立てることで，一面が長方形から構成される直方体の性質を理解することができるものとなっている。

また，「六角コップ―円規使用練習」（4-2-2）は，円と内接する六角形との関係を理解させる教材となっている。

このように，尋常科第４・５学年では，第１から第３学年において認識を促した平面での幾何学の諸形体をもとに，展開図を描き，組み立てることを通して，立体として認識させる手だてがとられていたといえる。

また，例外的であった「風景（切抜建物）」（4-1-2）は，「色の配合に十分の注意を為さしむ」（p.129）とされている。さらに，「家（考案任意）」（5-2-2）では，使用する材料として「絵の具」があげられている。

4）紙細工における知識教授過程の特徴

以上，学年ごとに復元による教材解釈を経て，明らかになった知識教授過程の特徴をみてきた。その結果を以下の２点にまとめることができる。

第１に，製作を通して，幾何学形体を認識させることが重視されていた。

尋常科第１・２学年では，紙をはさみで切ったり，折ったり，尺度で長さを測ったりしながら，幾何学形体そのものやそれをもとにした製作課題をつくりあげる過程において，二等辺三角形，正方形，長方形の性質を相互の関係を含めて理解させる手だてがとられていた。

尋常科第３学年では，紙を小刀で切ったり，折ったりしながら，正三角形と菱形そのものや，それをもとにした製作課題をつくりあげる過程において，長方形→正三角形→菱形といった関係を含めて正三角形と菱形の性質を理解させる手だてがとられていた。

尋常科第４・５学年では，第１～３学年において理解を促した平面の諸形体をもとに，展開図を描き，組み立てることを通して，平面から立体へというつながりをもって，幾何学形体を認識させる手だてがとられていた。

第２に，草木・動物・風景・建物など，図画科との連絡で描いた見取り図や展開図などを切り抜いて，のりづけするまたは立体的に組み立てることで，線対称や点対称，色彩，遠近法等の観念の獲得を促していた。

たとえば，「草木の葉（自由選題）」(2-1-5)，「図案紅葉（考案任意）」(2-2-5)，「雪達磨（意匠任意）」(2-3-1)，「樹木」(2-3-2）など，第１節でみた技能教授過程においては，例外的なものとして位置づいていた「製作題目」も，知識教授過程という観点からみれば，図画科との連絡において，「色彩の観念」や線対称の観念を育成することが目指されていたといえる。

第3節　小　括

本章では，岡山秀吉の手工科教育論の到達点である『新教材』の紙細工にみられる個々の教材の特徴を，復元による教材解釈によって検証した。紙細工は，尋常科段階においてもっとも多い教授時間数が配当された「細工」である。

具体的には，個々の教材（＝製作課題）にみられる教育目標を抽出することを通して，紙細工にみられる知識と技能面での教授過程の系統性を明らかにするとともに，その教育目標を子どもに教授する手だての配慮を解明することを試みた。

その結果，以下の３点が明らかになった。

すなわち，第１に，子どもの心理的要求を考慮した「製作題目」を設定し，その作製過程のなかで，幾何学形体を認識させる手だてが位置づいていた点である。

尋常科第１～３学年では切抜，第４・５学年では厚紙細工が主に課されていた。尋常科第１～３学年においては，「凧」や「風車」や各種の幾何学模様などの「製作題目」を，紙をはさみ（第1・2学年）または小刀（第3学年）で切る，折る，尺度で長さを測るなどの作業を通して，正方形や長方形，正三角形，菱形などの幾何学形体について，相互関係を含んだ各々の性質を理解させる手だてが位置づいていた。さらに，尋常科第４・５学年では，第１～３学年において理解を促した平面の諸形体をもとに，展開図を描き，組み立てることを通して，平面から立体へというつながりをもって，幾何学形体を認識させる手だてがとられていた。

第２に，はさみや小刀等の使用に関する技能を，繰り返し，かつ，その習得レベルが段階的に上がるように「製作題目」が配列されていた点である。

たとえば，はさみの使用技能に関して，折り目を切る→直線にそって切る→目分量で切るというように段階的に教材が配列されるとともに，切る紙帯の幅を徐々に狭くする，精度を上げる，徐々に切る速度を増すなどの点も配慮されている。材料に関しても，色紙や模造紙からはじめて，８オンス→10オンス→12オンスのボール紙へと，薄く切りやすいものから，厚堅で切りにくいものへと順序立てられていた。

第３に，そうした技能の獲得を促すための手だての配慮が的確になされている点である。子どもの心理的要求を考慮して，製作物を教室や運動会の装飾に利用するなどの方法によって，単純なはさみや小刀等の使用練習を強いることを避けたり，「紙帯」や「風車」をはじめとして，加工精度を子ども自身が確認できるような工夫もなされていた。さらに，刃先を下向きに使用するなど，子どもが作業をする上で，過ちをおかしがちな点をあらかじめ把握し，それを注意事項として的確に表現しているとみることができた。

注

1）「自由選題」には，「諸課にて授けたる所を応用して，任意のものを作らしむ」として，「製作題目」自体が全くの任意であるものと，「草木の葉（自由選題）」（2-1-5）のように，定められた「製作題目」の範囲内で，いくつかの作品例や実物を参考にしながら製作課題を選ぶものがある。復元の対象から除外するのは，前者の「自由選題」のみである。

2）ここでの数字は第1学期の第1週に「鋏の使用法—紙帯」の製作を行うことを示している。
3）「(凡一時)」とは，「鋏の使用法—紙帯」の製作に授業時数の1時間を配当することを予定していることを示す。
4）『新教材』（pp. 34-35）および岡山秀吉『小学校に於ける手工教授の理論及実際』（宝文館，1908年，pp. 192-197）を参照。

第7章

『新手工科教材及教授法』における木工の教材復元解釈にみる教授過程の特質

第1節　木工の技能教授過程の特徴

1．はじめに

前章では，岡山秀吉によって，「手工科教授細目」が提示された最後の著作である『新手工科教材及教授法』（1920年，以下，『新教材』と略記）での紙細工教材における教授過程の特徴を，復元による教材解釈によって解明した。

既述のように，紙細工教材は，尋常科段階においてもっとも多い教授時間数を配当された「細工」であった。そして，紙細工教材等が主として課されていた尋常科に，上へとつながる形で，高等科で課されたもっとも代表的な「細工」が木工であった。

木工は，尋常科第6学年から最終学年である高等科第2学年まで課された教材である。とりわけ，高等科では，手工科のすべての教授時間が木工にあてられていた。

本章では，木工の教授過程の特徴を，復元による教材解釈によって解明することを試みる。具体的には，個々の木工にみられる教育目標を抽出することを通して，木工にみられる知識と技能面での教授過程の系統性を明らかにするとともに，その教育目標を子どもに教授する手だての配慮について解明する。

あらかじめ本章の内容を結論的に述べるならば，岡山は当時の木工の主たる技能要素を，繰り返し，かつあらたな要素を徐々に加えていくという系統性をもって，「製作題目」を配列するとともに，そうした製作過程のなかに，当時の木工技術に関わる道具や材料に関する一般常識を位置づけていた。しかも，「製作題目」の種類だけでなく，加工法や材料に関しても，子どもの身体の発達の程度や心理的要求を考慮していた。さらに，あらかじめ設定された教材の一定数を行ったあとに，そこで教授した内容を応用して任意のものを作らせるという「自由選題」が位置づけられているなど，創意的・構成能力の育成を育むことも意識しながら，子どもが「製作題目」を作り上げられるような手だてがとられていたとみることができる。

本章では，『新教材』に著された木工の「製作題目」のうち，早く課題ができあがった子どもに課す「補充課」と，「自由選題」，および製作のための練習課題として位置づいているものを除いた必須の「製作題目」として課されている13点の「製作題目」（表7-1）の復元製作を行うことを通して得た作業分解票に基づいて検討していく。

第1節では，技能教授過程についてみていく。

表7-1　木工の「製作題目」一覧

⑴ 尋常科第6学年
・第1学期：「木札—鋸及び直角定規の使用法」(6-1-1),「置物台—木口台使用法・釘附法」(6-1-2)。
・第2学期：「突貫玩具」(6-2-1),「混色独楽—廻挽鋸の使用法」(6-2-2)。
・第3学期：なし。

⑵ 高等科第1学年
・第1学期：「門札—平板の正しき作り方」(7-1-1),「置物台製作」(7-1-2),「鉛筆削箱」(7-1-3)。
・第2学期：「釜外－鑿の使用法」(7-2-1),「押糊板—蟻指」(7-2-2)。
・第3学期：「手箱製作—三枚組」(7-3-1)。

⑶ 高等科第2学年
・第1学期：「筆立（大さ任意）」(8-1-1)。
・第2学期：「押上ポンプ」(8-2-1),「応接室用台」(8-2-2)。
・第3学期：なし。

2. 復元による教材解釈の実際

1）尋常科第６学年の木工の復元製作にみる技能教授過程の特徴

尋常科第６学年で課される木工での必須の「製作題目」は，「木札―鋸及び直角定規の使用法」(6-1-1)，「置物台―木口台使用法・釘附法」(6-1-2)，「突貫玩具」(6-2-1)，「混色独楽―廻挽鋸の使用法」(6-2-2) の４点である。

当該学年では，最初に練習課題として「鉋の使用法及び研磨法」が４時間課される。ここでは，① 鉋の各部の名称の教授，② 鉋の刃の出し入れの練習，③ 薄板の木端と木口を削る練習，④ 鉋の刃とぎの方法の教授とその練習等が行われる。

その後，「木札―鋸及び直角定規の使用法」(6-1-1) が課される。ここでは，① 植物札などの工作図を描き，② 桂の薄板を，直角定規を用いてけがきをし，③ 小鋸で縦挽きと横挽きをし，④ 小鉋で木端削りと木口削りをし（場合によって平面削り)，⑤ 紙やすりをかけ，⑥ 四ツ目錐で穴をあける。

とりわけ，「製作題目」名から，鋸と直角定規の使用法の教授を重視した教材であるといえる。その他，２点の特徴をあげることができる。

１点目は，材料についてである。材料は，なるべく廃物を利用するとされている。これは，当時の緊縮財政を考慮してのものであると考えられる。

２点目は，工作図についてである。「教授上の注意」の２点目に，工作図は「本学年では一層正確を期」すことが記されている。これは，尋常科第４・５学年の厚紙細工で課されていた展開図を描くことの延長とみることができる。すなわち，ここに紙細工教材とのつながりの一端をみてとることができる。

次の「置物台―木口台使用法・釘附法」(6-1-2) では，① 工作図を描き，② 厚さ二分五厘程度の桂の板（または厚朴）に，棚となる大小２個の方形板を直角定規を用いてけがき，③ 小鋸で縦・横挽きをし，④ 小鉋の木端削りをし，⑤ 直角木口台を用いて木口削りをし，⑥ 竹の割片４本に四ツ目錐で棚を付ける場所に２個ずつ穴をあけて，⑦ 各材料を紙やすりで磨いた後，⑧ げんのう（小）で釘を打つ。

ここでは，「製作題目」名から，直角木口台を用いた鉋の木口削りと釘打ちを重視した教材であることがわかる。

さらに，「混色独楽―廻挽鋸の使用法」(6-2-2) でも，同様に，「製作題目」名から，廻挽鋸の使用が重視されていることがわかる。

これらの教育目標を尋常科第６学年での「製作題目」についてまとめたものが表 7-2 である。

この表から，当該学年では，① 工作図を描き，② 曲尺と直角定規を用いてけがき，③ 両刃鋸（小）で縦・横挽きをし，④ 小刀で切削し，⑤ 紙やすりをかけるといった教育目標が共通して課されていることがわかる。

なお，第３学期では，20 時間すべてが「自由選題（理科の実験応用に関する物品)」の製作にあてられている。ここでは，「参考題目」として，「梃子・天

表 7-2　尋常科第６学年の「製作題目」にみられる教育目標一覧

		「製作題目」			
		尋六			
		木札	置物台	突貫玩具	混色独楽
「教授事項」	工作図	○	○	○	○
	曲尺と直角定規でのけがき	○	○	○	○
	紙やすりがけ	○	○	○	○
	両刃鋸での縦挽き	○	○	○	○
	両刃鋸での横挽き	○	○	○	○
	クリ小刀での切削	○	○	○	○
	鉋での木端削り	○	○	○	
	鉋での木口削り	○	○		
	四ツ目錐での穴あけ	○	○	○	
	げんのうでの釘打ち		○	○	
	筋罫引でのけがき			○	
	回錐での穴あけ			○	
	鼠歯錐での穴あけ				○
	廻挽鋸での切削				○

秤・棹秤」などを挙げ，あらかじめ子どもに希望の「題目」を選定させて，工作図を描かせ，それを教師が検閲した後，製作の順序や方法などを子どもに考案させ，その計画にしたがって，「常に工夫及び自己批正に勉め」させながら製作させるとされている。

2）高等科第１学年の木工の復元製作にみる技能教授過程の特徴

高等科第１学年で課される木工での必須の「製作題目」は，「門札―平板の正しき作り方」(7-1-1)，「置物台製作」(7-1-2)，「鉛筆削箱」(7-1-3)，「釜外―鑿の使用法」(7-2-1)，「押糊板―蟻指」(7-2-2)，「手箱製作―三枚組」(7-3-1）の６点である。

なお，高等科では，たとえば「置物台製作」(7-1-2）の直前に「置物台製図」，「手箱製作―三枚組」(7-3-1）の直前に「手箱製図」が課されるほか，教育目標の第１項目に工作図を描くことが課されるなど，ほとんどの「製作題目」において，その製作物についての製図が課されるようになっている。これは，1911（明治 44）年の「小学校令施行規則」（文部省令第 24 号）の改正により，製図が課されることになったことに関連していると考えられる[1)]。

当該学年では，最初に練習課題として「板削―鉋使用練習」が４時間課される。ここでは，① 鉋台の各部の名称，② 鉋台の表面の削り方，③ 鉋台と鉋身との関係，④ 鉋の平面削り，⑤ 鉋の研磨が課されている。

その後，「門札―平板の正しき作り方」(7-1-1）が課される。高等科第１学年での木工を「製作題目」名から判断すれば，「釜外―鑿の使用法」(7-2-1)，「押糊板―蟻指」(7-2-2)，「手箱製作―三枚組」(7-3-1）など，鑿の使用法や蟻指や三枚組手の加工が位置づけられている。こうした加工法は，当時の木工においても代表的な加工法であった。

高等科第１学年での各「製作題目」において課される教育目標についてまとめたものが表 7-3 である。

この表から，① 製図，② 曲尺と直角定規，筋罫引を用いたけがき，③ 両刃鋸での縦・横挽き，④ 鉋での木口・木端・平面削り，⑤ 紙やすりがけといった教育目標が共通して課されていることがわかる。

また，その教授の手だてについていえば，「鉛筆削箱」(7-1-3) では，釘打ちの技能に関して，「教授上の注意」として，「箱を釘附にする際の釘孔は，側板の厚さの中央よりは，少し内手より外方に向けて穿つものなること。」(p.203) との記載がされている。この釘打ちの方法は，木檜恕一『木材の加工及仕上』(博文館，1920 年) に，「隅打附接」の説明として「此の場合の釘は外方に向かつて打ち込み，接合部の開かんとする力に充分なる抵抗を与へねばならぬ」(p. 146) とかかれているように，木口端の割れを防ぐための方法である。当時の釘打ちの方法として一般常識とされていた。

表 7-3　高等科第 1 学年の「製作題目」にみられる教育目標一覧

		「製作題目」					
		高一					
		門札	置物台製作	鉛筆削箱	釜外	押糊板	手箱製作
「教授事項」	製図	○	○	○	○	○	○
	曲尺と直角定規でのけがき	○	○	○	○	○	○
	紙やすりがけ	○	○	○	○	○	○
	両刃鋸での縦挽き	○	○	○	○	○	○
	両刃鋸での横挽き	○	○	○	○	○	○
	鉋での木端削り	○	○	○	○	○	○
	鉋での木口削り	○	○	○	○	○	○
	筋罫引でのけがき	○	○	○	○	○	○
	鉋での平面削り	○	○	○	○	○	○
	胴付鋸での横挽き		○		○	○	○
	鑿の打込み		○		○	○	○
	鼠歯錐での穴あけ	○			○	○	
	四ツ目錐での穴あけ		○	○			○
	鑿でのさらい				○	○	○
	げんのうでの釘打ち		○	○			
	木槌での木釘打ち				○		○
	畔挽鋸での切削					○	

さらに，「鉛筆削箱」(7-1-3) では，箱の側板の組み方が一般のものとは多少異なっている。一般には，４枚の側板を底板に接合する場合，側板の厚さを考慮して，底板の繊維方向の側板２枚を板厚分短く加工して組み立てる。しかし，ここでは，４枚とも同じ長さに加工して，第149図〔附録「鉛筆削箱」(7-1-3) の作業分解票〕のように組み合わせている。これにより，組み立てた後に，底板からはみ出た側板を鉋で削って修正することができる〔作業ステップ No. 11,12〕。一般に難しいとされる箱物の製作において，子どもの技能を考慮して，組立後にも修正できるような配慮がなされているといえる。

また，「釜外―鑿の使用法」(7-2-1) の材料は，樅または桂となっている。「釜外」とは，料理時に火にかける鍋の種類を替えるために，かまどで熱くなった五徳を他の大きさの五徳と取り替える際に五徳を引っかける道具として，当時使用されていたものである。

通常，「釜外」は檜などのいわば実用品材料から作られる。しかし，岡山は，子どもの身体の発達や技能レベルを考慮して，いわば教育用材料である桂ないし樅（モミ）を，あえて使用したとみることができる。

このように，製作過程のなかに，当時の工業技術に関わる代表的な加工法が位置づけられている。しかも，それだけでなく，子どもの身体の発達の程度を考慮し，加工法や使用する材料をいわば教育用に翻案するといった，子どもが「製作題目」を作り上げられるような手だてがとられていたとみることができる。

3）高等科第２学年の木工の復元製作にみる技能教授過程の特徴

高等科第２学年で課される木工での必須の「製作題目」は，「筆立（大さ任意)」(8-1-1)，「押上ポンプ」(8-2-1)，「応接室用台」(8-2-2) の３点である。

ここでは高等科第２学年第２学期で課される「押上ポンプ」(8-2-1) を事例として，やや詳しく論じることにする。

図7-1は，『新教材』の当該「製作題目」の箇所の写し (p.225, 227) である。２段目の「教授事項」の欄には以下の６項目が示されている。

⑴ 児童に６時間を配当して設計製図をさせた図を取り出させ，その図をみな

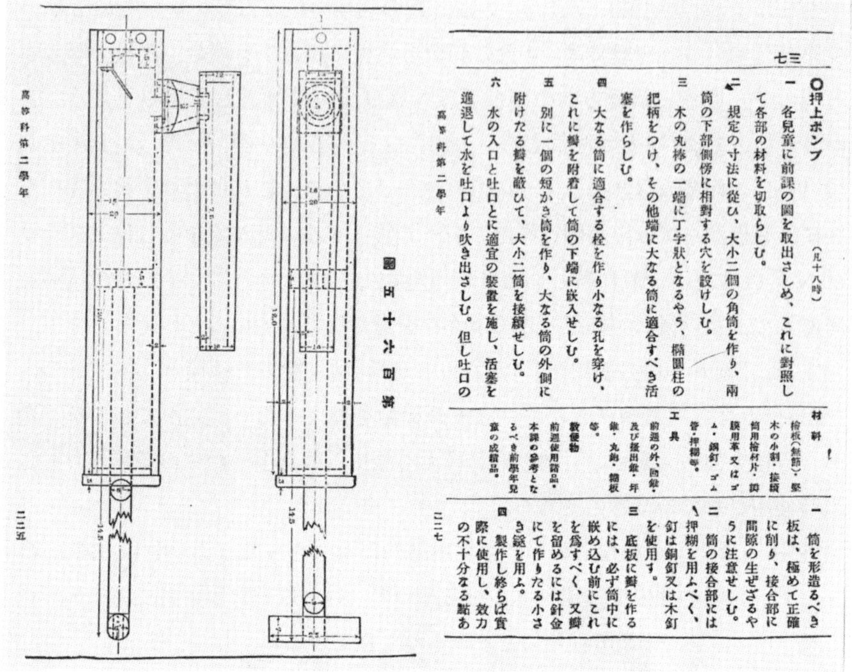

七三

○押上ポンプ　（凡十八時）

一　各兒童に前課の圖を取出さしめ、これに對照して各部の材料を切取らしむ。

二　規定の寸法に從ひ、大小二個の角筒を作り、兩筒の下部側傍に相對する穴を設けしむ。

三　木の丸棒の一端に丁字狀となるやう、楕圓柱の把柄をつけ、その他端に大なる筒に適合すべき活塞を作らしむ。

四　大なる筒に適合する栓を作り小なる孔を穿け、これに瓣を附着して筒の下端に嵌入せしむ。

五　別に一個の短かき筒を作り、大なる筒の外側に附けたる瓣を蔽ひて、大小二筒を接續せしむ。

六　水の入口と吐口とに適宜の裝置を施し、活塞を進退して水を吐口より吹き出さしむ。但し吐口の

材料　檜板（無節）・堅木の小割・接續筒用檜材片・鞘膜用革又はゴム・鋼釘・ゴム管・押糊等。

工具　前週の外、回錐・及び接出錐・平錐・丸鉋・鋸板等。

教便物　前週使用諸品。本課の參考となるべき前學年兒童の成績品。

一　筒を形造るべき板は、極めて正確に削り、接合部に間隙の生ぜざるやうに注意せしむ。

二　筒の接合部には押糊を用ふべく、釘は鋼釘又は木釘を使用す。

三　底板に瓣を作るには、必ず筒中に嵌め込む前にこれを爲すべく、又瓣を留めるには針金にて作りたる小さき鎹を用ふ。

四　製作し終らば實際に使用し、效力の不十分なる點あ

高等科第二學年　二二七

圖五十六百第

高等科第二學年　二二五

図 7-1 「押上ポンプ」『新教材』の写し

から各部材を切り出させる。

(2) 規定の寸法通りに大小 2 個の角筒をつくり，両筒の下部の一側面に相対する穴をあけさせる。

(3) 木の丸棒の一端に T 字状になるように楕円柱の柄をつけ，もう一端に大きい方の筒に適合するピストンをつくらせる。

(4) 大きい方の筒に適合する栓をつくって小孔をあけ，これに弁を附着して筒の下端にはめ込ませる。

(5) 別に 1 個の短筒をつくり，大きい方の筒の外側につけた弁を覆って大小 2 個の筒を接合させる。

(6) 水の入口と吐口に適宜の装置を施し，ピストンを進退して水を吐口より吹き出させる。ただし，吐口の孔が小さければ水は高く噴水する。

３段目の「教授用品」の欄には，使用する材料として「檜板（無節）・堅木の小割・接続筒用檜材片・弁膜用革またはゴム・銅釘・ゴム管・押糊等」，工具として「前週の外[2]，回錐及び掻出錐・坪錐・丸鉋・糊板等」が記されている。

また，４段目の「教授上の注意事項」として，以下の４点が記されている。

1. 筒を形作るべき板は，極めて正確に削り，接合部に間隙が生じないように注意する。

2. 筒の接合部には押しのりを用い，釘は銅釘または鉄釘を使用する。

3. 底板に弁を作るには，必ず筒中にはめ込む前に行い，弁を留めるには針金で作った小さい鋲を用いる。

4. 製作後，実際に使用し，効力の不十分な点があれば修正する。

以下，上記の『新教材』の記載をもとにして，実際に復元による教材解釈を経て得た作業分解票（8-2-1）によって明らかになった点について論じる。

まず第１に，製作上，必須となる作業について論じる。

作業分解票に記したように，「押上ポンプ」の復元製作には 23 の作業ステップが必要であった。ここには，「教授事項」の欄には明記されていないけれども，製作上必須となる作業が含まれていた。すなわち，筒やピストン部材の鉋の平面削りや木口削り，木端削り，柄の部材の通しホゾ加工，短筒や筒のふたの溝加工等の作業が製作上，必要不可欠である。

この点について『新教材』に記載されている教育目標（「教授事項」）の項目にそっていえば，⑶では単に「木の丸棒」と示されているが，「教授用品」の材料の欄には「堅木の小割」を使用することが記載されていることから，棒には角材を用いることがわかる。この角材から鉋で正四角柱を削りだし，その両端に通しホゾ加工を施した後に，さらに鉋で正八角柱を削りだし，紙やすりで丸棒へと仕上げる作業が含まれている〔作業ステップ No. 11〕。

また，⑸では２つの筒を接続する短筒には，上下に溝を加工してはめ込む作業が課されていることが図面から読みとれる〔作業ステップ No. 15〕。同様に大きい方の筒のふたの部分にも溝加工を施す必要がある〔作業ステップ No. 18〕。

作業分解票（8-2-1）

製作課題	押上ポンプ	学年・期	高等科第２学年　第２学期　男子
材料	檜板（無節）， 堅木の小割， 接続筒用檜材片， 弁膜用革またはゴム， 銅釘，ゴム管，押しのりなど	教授時数	18時間
工具	筋罫引　曲尺 直角定規　下端定規 鉋　丸鉋 両刃鋸　小刀 胴付き鋸 二分鑿もしくは二分溝鉋 げんのう　へら 押しのり板　掻出錐 回錐　四つ目錐 坪錐　紙やすり	作業	・工作図の作図 ・曲尺と直角定規でのけがき ・両刃鋸での縦挽きと横挽き ・鉋での平面，木端，木口削り ・筋罫引でのけがき ・四ツ目錐での穴あけ ・げんのうでの釘打ち ・胴付き鋸での横挽き ・鑿での溝加工 ・回錐，坪錐での穴あけ ・丸鉋削り ・紙やすりがけ
略図または完成写真			

第百六十五圖

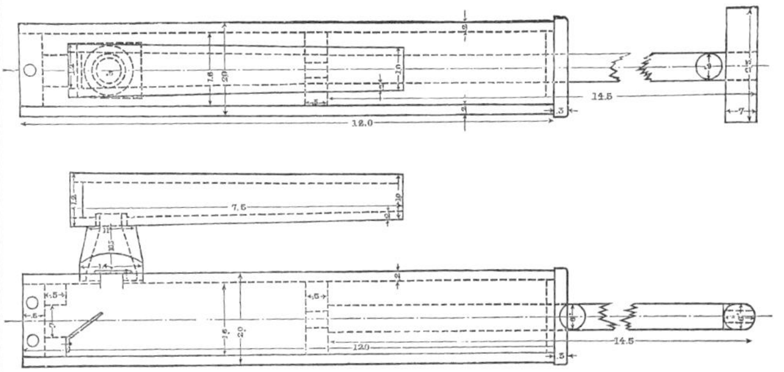

(8-2-1)

No.	作業ステップ	急所
1	工作図を描く	前課の「ポンプ設計製図」にて作図。
2	鉋での平面削り	板厚は各々，筒の側板用：板厚二分（6㎜），大筒の天板と底板：五分（15㎜），小筒の底板：三分（9㎜）。極めて精確に削る。
3	基準面の設定	板厚に垂直になるよう鉋で木端削りを行い，第1，第2基準面を設定する。
4	2つの角筒のけがき	大筒：十二寸×一寸八分（364 × 55㎜）の側板4枚，二寸（61㎜）平方の天板，一寸六分（48㎜）平方の底板。小筒：長さ七寸五分（227㎜）・上底八分（24㎜）・下底一寸（30㎜）の側板4枚，八分（24㎜）平方の底板（傾斜付き）。
5	鋸での縦挽きと横挽き	けがき線にそって，2つの角筒の部材を切り出す。
6	鉋での木端・木口削り	製作物の利用目的上，隙間をつくらないよう，精確に仕上げる。小筒の底板は，やや傾斜をつけて削る。
7	穴あけのけがき	直径五分（15㎜）の穴を，大筒の側板1枚に端から二寸（61㎜）の所と小筒の側板1枚に端から八分（24㎜）のところにけがく。直径六分（18㎜）の穴を大筒の天板の中心にけがく。
8	穴あけ	回錐（もしくは揉出錐と小刀）を使用。
9	スペーサーの作成	大筒の内のりに合うように厚さ五分（15㎜）のスペーサーを3枚程度作成。後にピストン部材として利用。
10	組立	大筒の天板と底板を残して2つの筒を組み立てる。大筒の組立にはスペーサーを使用。すべて内側が木裏となるよう留意。
11	角材の切削	①正四角柱の削出。②一端に三分（9㎜）平方の，もう一端に七分×三分（21 × 9㎜）のホゾ頭のけがきと加工。③鉋で正八角柱の削出。④紙やすりで丸棒の直径が六分（18㎜）になるように，仕上げる。
12	柄の接合	柄の部材に七分×三分（21 × 9㎜）の通しホゾ加工をして接合する。
13	弁のとりつけ	大筒の底板に回錐で直径五分（15㎜）の穴をあけ，内面に厚さ2㎜のゴム板を小釘で取り付ける。外面は竹筒を押しのりで取り付け，ゴム管をつなぐ。
14	大筒の底板の接合	のりをつけて，各辺に2箇所ずつ四ツ目錐で穴をあけて釘打ちをする。板厚に注意。
15	短筒の作成	大筒との接合部には17 × 20㎜程度の空間が必要。小筒との接合部には15 × 15㎜の空間を確保。それぞれ上下に溝加工を施す。
16	弁のとりつけ	大筒の穴の外側に厚さ2㎜のゴム板を取り付ける。
17	短筒の接合	溝接合をした短筒を大小2つの筒に接合する。かなり強度面が弱いため，補強材を取り付ける。
18	大筒の天板の加工	大筒の天板に溝加工を施し，大筒にはめ込む。ただし，まだ接着はしない。
19	ピストン部材の接合	スペーサーをピストン部材として利用。①中心に五分（15㎜）平方の通しホゾのけがきと加工をする。②天板を通してから丸棒と接合する。
20	仮組立	調整がきくように，大筒の天板は接着せずに組み立てる。
21	試行	実際にピストンとして機能するか試行する。
22	ピストンの調整	鉋や紙やすりを使用して，材料の水膨張具合を確かめつつ調整する。
23	紙やすりがけ	仕上げに全体に紙やすりをかける。
教授活動の順序と特徴		(1)①大小の筒の作製，②丸棒とピストンの作製，③弁の取り付け，④組立，⑤調整。 (2) 筒を形作るべき板は，極めて正確に削り，接合部に隙間が生じないように注意する。 (3) 筒の接合部には押しのりを用い，釘は銅釘または鉄釘を使用する。 (4) 底板に弁を作るには必ず筒中にはめ込む前に行い，弁を留めるには針金で作った小さい鎹を用いる。 (5) 製作後，実際に使用し，効力の不十分な点があれば修正する。
教材解釈の視点		① 新たな「教授事項」としては，溝鉋と丸鉋の使用法を課している。 ② とりわけ鉋削りにおいて，かなりの精度が要求される。ポンプであるが故，隙間を生じないようにつくらなければならない。 ③ 水で材料が膨張するため，その具合も見切って調整する必要がある。 ④ 以上の点に関連して，「教授上の注意事項」が同書に的確に書かれている。

さらに，⑹では「水の入口と吐口とに適宜の装置を施」すとされているが，この「装置」については，他に説明はなされていない。そこで，材料に「ゴム管」と示されていることから，小竹を大きい方の筒の底板に穴をあけて接合し，ゴム管とのつなぎ目とした〔作業ステップ No. 13〕。

第２に，加工精度の点について論じたい。

「押上ポンプ」が実際に使用できるようにつくりあげるためには，相当程度の加工技能が要求される。いくつか例をあげるならば，「教授事項」（＝教育目標）の項目の⑵の大小２つの筒の作製にあたっては，各４枚の部材を組み合わせていく。この部材の加工には，曲尺と筋罫引を用いてけがきを行い，両刃鋸での縦挽きと横挽きをし，鉋を用いて平面・木端・木口削りを行う必要がある。とりわけ，鉋削りの加工においてはかなりの精度を要求される。大きい方の筒の平面削りでは，組み立てた後に内側でピストンを移動させるため，僅かでも凸凹を残してしまえば，ピストンの動きに支障がでる。木端削りでは，大小２つの筒とも，組み立てた際に僅かでも隙間があれば水漏れをおこす原因となる〔作業ステップ No. 6〕。

また，筒の組立にあたっては，ピストンとの関係で内側の空間に大きさのズレが生じないよう，スペーサーを補助具として用いて行う必要がある〔作業ステップ No. 9, 10〕。さらに，筒の作製に関連して，⑶のピストン部材の加工においてもさらなる精度を要求される。もちろん，大きい方の筒に内接するようにピストンを加工しなければならないわけであるが，ポンプであるが故に水にぬらしたときの部材の膨張具合も考慮しなければならない。ここでは記載通り，材料には水に強い檜を用いている。それでも水を含んだ状態では大きい方の筒とピストンの間の膨張による誤差が生じる。したがって，大方組み立て上がってから，試行をして，ピストンは効力が落ちない程度で，かつスムーズに動くように微調整を行う必要がある〔作業ステップ No. 20–22〕。加えて，水による膨張に関連する点として，筒の部材は組立において内側がすべて木裏になるよう組み合わせる必要がある。

また，⑸の２つの筒を接合する短筒には，両端に溝加工を施して接合するわけであるが，実際には大小２つの筒の板厚は二分（6㎜）であり，その板厚におさまるように溝加工を施さなければならない。しかも，相当程度ゆるみなくおさまるよう加工しない限りは，構造上，強度面からすぐにはずれてしまう〔作業ステップ No. 15〕。

第３に，「教授上の注意事項」の記載内容について論じたい。

実際に復元してみると，「教授上の注意事項」の項目の記載内容が，子どもたちを指導する上で，適切で要領を得たものであることがわかった。記述のように，筒の鉋削りは相当程度の加工精度が要求される。したがって，筒から水が漏れないようにするためには，図 7-1 の４段目の第１項目に記されているように，あらかじめ，「筒を形造るべき板は，極めて正確に削り，接合部に間隙の生ぜざるやうに注意」することが不可欠である。また，第２項目ののりの使用も義務づける必要がある。第４項目の「製作し終らば実際に使用し，効力の不十分なる点あらば修正せしむ。」という記載についても，実際に試行をしながらピストンの微調整を行うことの必要性を的確に示していると考えられる。

3．木工における教材配列の論理と加工技能レベル

1）岡山秀吉の理想とした木工と時代状況

以上，尋常科第６学年から高等科第２学年まで，復元による教材解釈によって学年ごとにみられる技能教授過程の特徴をみてきた。

ここでは，尋常科第６学年から高等科第２学年までを通してみた技能教授過程の特徴をみていく。

表 7-4 は，復元した 13 の「製作題目」の各々に含まれた教育目標をまとめたものである。この表には，『新教材』に記載されていないけれども，「製作題目」をつくりあげる上で必要不可欠となる教育目標についても記してある。

表 7-4 の列項目は，以下のような手順で並べた。① 高等科段階での９つの「製作題目」に含まれる教育目標を析出した。② すると，いずれの「製作題目」にも含まれる教育目標があり，かなり多数に含まれる教育目標もあった。③

表 7-4　木工の「製作題目」にみられる教育目標一覧

	配当学年	尋六				高一						高二		
	「製作題目」	木札	置物台	突貫玩具	混色独楽	門札	置物台製作	鉛筆削箱	釜外	押糊板	手箱製作	筆立	押上ポンプ	応接室用台
	木の種類（板厚）	廃物の薄板（4.5mm）	厚朴・桂（7.5mm）	厚朴・桂（4.5mm）	雑木板（9mm）	檜・樅（15mm）	桂・厚朴（10.5mm）	杉・樅・厚朴（7.5mm）	樅・桂の角柱（27mm）	檜・ヒバ・桂（15mm）	檜・桂・厚朴（7.5mm）	桂・厚朴（7.5mm）	檜（6mm）	ブナ・桂・厚朴（15mm）
	サイズ	36×121×4.5mm	106×106×212mm	174×270×15mm	91×91×136mm	182×76×15mm	150×150×150mm	136×136×37.5mm	27×273×106mm	91×242×33mm	182×273×91mm	91×91×121mm	460×61×129mm	364×273×455mm
「教授事項」	製図	△	△	△	△	△	○	○	○	○	○	○	◎	◎
	曲尺と直角定規でのけがき	○	○	○	○	○	○	○	○	○	○	◎	◎	◎
	紙やすりがけ	○	○	○	◎	○	○	○	○	○	○	○	◎	○
	両刃鋸での縦挽き	△	△	△	△	○	○	○	○	○	◎	◎	◎	◎
	両刃鋸での横挽き	△	△	△	△	○	○	○	○	○	◎	◎	◎	◎
	鉋での木端削り	△	△	△		○	○	○	◎	◎	◎	◎	●	●
	鉋での木口削り	△	△			○	○	○	◎	◎	◎	◎	●	●
	筋罫引でのけがき			○		○	○	○	◎	◎	◎	◎	◎	◎
	鉋での平面削り					○	○	○	◎	◎	◎	◎	●	●
	胴付き鋸での横挽き						○		○	○	○	○	◎	◎
	四ツ目錐での穴あけ	△	△	○			○	○			◎	◎	◎	◎
	鑿の打込み						○		◎	◎	◎	◎	◎	◎
	鑿でのさらい								○	○	○	○	◎	◎
	鼠歯錐での穴あけ				○	○			○	○			○	○
	木槌での木釘打ち								○		○	○		○
	げんのうでの釘打ち		△	△			○	○					◎	
	畔挽鋸での切削									○		○		○
	丸鉋での切削											○	○	○
	廻挽鋸での切削				○							○		○
	溝鉋での切削											○		
	回錐での穴あけ			○									○	
	坪錐での穴あけ												○	
	際鉋での加工													○
	釘締での釘の打ち込み													○
	留定規でのけがき													○
	クリ小刀での切削	○	○	○	○									

備考：

「鉋の使用法及研磨法」,「板削」,「方柱」などの製作のための練習課題として位置づいている「製作題目」は，ここでは省く。

鉋の刃とぎは，尋常科第6学年の最初の「教授題目」(「鉋の使用法及び研磨法」)においてあげられており，その後は刃こぼれが生じた場合等，適宜行うとされている。

△は加工精度があまり問われていない段階を示す。

○は組立にさほどの影響がでない，もしくは組立後に修正がきく段階を示す。

◎は仕上がりに影響が出てしまう段階を示す。

●はさらに一段と高い精度が要求され，組み立てること自体に無理が生じてしまう段階を示す。

そこで教育目標が各「製作題目」に含まれる程度にしたがい，頻度数の多いものから少ないものへの順序に教育目標を並べ換えた。

ここで，高等科での「製作題目」に含まれる程度にしたがい，教育目標を並べたことには根拠がある。岡山は木工の教授について以下のように述べている。

「こは工業の知識技能及び工業趣味の養成，創作的或は応用的能力の錬磨等，各種の方面から見て最も有益な教材であつて，理想としては尋常科第五学年より加へたいのであるけれども，設備経費等の関係に顧みて六学年から課すことにした。故に事情の許す所に於ては，五学年から課するがよい。又尋常科に於て特にこれを簡易木工としたるは目下尚手工特別教室を設くるものは，頗る僅少であるから，普通教室に於てもこれを実行せしめんと欲したるに依るのである。」（『新教材』p.55）

すなわち，木工は工業に関する知識・技能の獲得や工業への積極的感情の養成，創作力の育成など，さまざまな能力を育成する上でもっとも有益な教材であり，理想としては尋常科第５学年から教授したいけれども，当時の設備や経費の関係上，やむなく６学年から教授することにしたとしている。また本来，木工は手工特別教室で教授したいけれども，当時，尋常科において特別教室を設けているところは非常に僅かであったため，尋常科では簡易木工として，普通教室においても教授できるように考案したことを述べている。

三羽光彦の研究によれば，『新教材』の著された1920（大正９）年当時の高等科進学率は53.32％[3)]であったとされる。この点から察すると，岡山は理想としては手工特別教室で木工を教授したいけれども，特別教室が無いために尋常科でもっとも有益な教材である木工を教授しないとなれば，少なくない子どもたちがその教育を享受できないことになってしまう。そこで，尋常科でも木工を教授できるように考案したと考えられる。したがって，ここから，尋常科での木工の教授内容は，いわば次善の策として考案されたものであって，高等科での木工の教授内容がより岡山の理想とする教授内容に近いものであると考えられる。

以上の点から，表7-4では高等科での「製作題目」に含まれる程度にしたがい，教育目標を並べた。

この点に関連して，岡山は欧米留学後に動力機械の導入を唱導したことは知られているけれども，動力機械を使用する「製作題目」は『新教材』にはみられない。当時の動力機械の学校への普及状況は，『新教材』が著される前年の1919（大正8）年に東京高等師範学校に木金工旋盤や帯鋸盤等の動力機械がはじめて導入され[4]，1927（昭和2）年当時でさえ，小学校に動力機械が設備されている学校が0.4％程しかなかった[5]。動力機械を使用する「製作題目」がみられないのはこうした普及状況が背景にあるものと思われる。

しかし，以下の記述内容からもわかるように，岡山が動力機械を子どもたちに使用させることを主張していたことは確かである。

> 「機械工具は，概して大形のもの或は高価のものにて，これを小規模なる小学校又は師範学校の手工科に適用すること難く，為に手工科に於ては，多くは依然旧代の幼稚なる手道具のみを使用せる有様である。然しながら斯の如きは，現代教育の思潮に反し又将来我が工業の発達に応ずる所以でない。即ち将来の手工科に於ては，成るべく便利なる工具を選用し，在来のものにして改良を加ふべきはこれを加へ，又或る度まで簡易機械を併用して，児童の工業的常識及び工業趣味を涵養するに勉むることが必要であると思ふ。」[6]

2）木工の論理性

表7-4から，各「製作題目」に含まれる教育目標は，「鉛筆削箱」（7-1-3）はやや例外的であるけれども，高等科では，まず「門札—平板の正しき作り方」（7-1-1）においては製図，曲尺と直角定規でのけがき，紙やすりがけ，両刃鋸での縦挽きと横挽き，鉋での木端削りと木口削りの教育目標が課され，「置物台製作」（7-1-2）ではそれらの教育目標に加えてげんのうでの釘打ち，四ツ目

錐での穴あけ，胴付き鋸での横挽き，鑿の打ち込み（相欠接合）といった教育目標が課されている。また，「釜外―鑿の使用法」（7-2-1）では，通しホゾ加工，「押糊板」（7-2-2）では蟻指加工，「手箱製作―三枚組手」（7-3-1）では三枚組手，「応接室用台」（8-2-2）では留接合というように，「釜外―鑿の使用法」（7-2-1）以降の「製作題目」では，難度が高い，代表的な接合部の加工法が順に加えられている。

すなわち，「製作題目」の配列は，高等科での２年間を通して，直前の「製作題目」に含まれたほとんどの教育目標が当該「製作題目」に含まれており，かつ，それに加えて新たな教育目標が複合されているという系統性をもって組み立てられているといえる。

また，いわば次善の策として配列された尋常科第６学年の「製作題目」においても，基本的には製図，曲尺と直角定規でのけがき，紙やすりがけ，両刃鋸での縦挽きと横挽き，鉋での木端削りと木口削り，四ツ目錐での穴あけ，げんのうでの釘打ち，クリ小刀での切削が共通の教育目標として課されている。

なお，「混色独楽―廻挽鋸の使用法」（6-2-2）のように，こうした教材の系統性という点で例外的なものもある。また，「製作題目」の種類として，大方が生活や生産に関わる製作物であるのに対し，「押上ポンプ」（8-2-1）のように，「理科」的な製作物も取り入れられている。

これは岡山の教材配列に関する論理に関連する。岡山は教材の配列に関して，各学年各学期に対し，まず「論理的排列」によって，予定する基本的教材を配当してその大系を定め，次に心理的要求に顧み，適所に「偶発的・応用的若しくは趣味的教材」を配当することを論じている（『新教材』p.33）。ここでいう「論理的排列」に関して，岡山は次のように説明している。

「諸製作物の相互間には自ら論理的関係が存して居つて，一の比較的簡単な製作は常に他の製作の要素となり，或は基礎たるば如き性質を有するものである。故に本科教材の排列に当つては，成るべく一の製作はその前に課したるものより導き出され，同時に次に来る製作に対しての準備とな

り基礎となるやうなすがよい。」(p.33)

一方で，岡山は次のようにも述べている。

「本科教材の排列は，製品相互間の論理的関係を追ふと同時に，児童の心理的要求に合わさねばならぬ。然らざれば児童をして愉快に学習せしめ，或いはその個性を十分に発達せしむること難く，従つて本科の価値の大部分を減却せしむるものである。而して心理的要求に合すには，1．児童の心意発達の順序に合し，先づ直観的ものより始めて漸次想像思考を要するものに進むべきである。〔中略〕2．製作に対し深き興味を感ぜしむため，成るべく彼等の家庭に於ける遊戯及び他教科の教授との連絡を保つこと。3．児童の個性を満足せしめ，且つその発展を計るため，自由製作の時間を存置し，児童各個の希望を容れて彼等が熱望する製作に従事せしむること等に注意するのである。」(pp.33-34)

すなわち，教材自体の論理性だけでは，子どもが楽しく学習し，その個性を十分に発達させることが困難であるから，子どもの「心意発達」の順序や，製作に対する「興味」なども考慮して，家庭の遊戯や他教科の教授内容等に関連する教材を取り入れることをも論じている。

したがって，こうした記述からも，岡山の教材は教材自体の論理性を第一義としながら，子どもの「心意発達」や興味をも考慮して教材の系統化をなしえているといえる。しかも教材の配列は，とりわけ高等科では直前の「製作題目」に含まれたほとんどの教育目標が当該「製作題目」に含まれており，かつ，それに加えて新たな教育目標が複合されているという系統性をもって組み立てられており，そこには岡山の明確な意図を読みとることができる。

3）加工技能レベル

次に加工技能レベルの問題について論じたい。

先の表7-4の記号の差異は，鉋での木端削りや四ツ目錐での穴あけといった，個別の教育目標に関して，各「製作題目」で求められる加工技能レベルの差異を示している。

△は加工精度があまり問われていない段階である。○は組立にさほどの影響がでない，もしくは組立後に修正がきく段階である。◎は仕上がりに影響が出てしまう段階である。●はさらに一段と高い精度が要求され，組み立てること自体に無理が生じてしまう段階である。

技能レベルについては，鉋での木端削りを例にあげれば，「木札―鋸及び直角定規の使用法」（6-1-1）では小鉋で単に削ってみるという体験的なレベルにとどまっているけれども，「置物台製作」（7-1-2）では，桂もしくは厚朴の板を，筋罫引と鉋を用いてなるべく精確に削ることが課されている。ただし，組立には一定程度の加工精度があれば支障はない。これが「釜外―鑿の使用法」（7-2-1）になると，角材の木端削りとなり，その面を基準に通しホゾのけがきと加工を行うため，木端削りの精度が仕上がりに影響してくるレベルである。「押上ポンプ」（8-2-1）では，さらに精度が要求される。しかも既述のように，ポンプであるが故，隙間をまったくつくらないようにしなければならない上に，水に濡らしてからの材料の膨張の程度も考慮しなければならないため，非常に高度な技能が要求される。

ここから，個別の教育目標での各々の加工技能のレベルはいくつかの段階を追って精度を要求し，最終的には材料の膨張具合をも見切って加工できる程度の技能が獲得できるように教材が配列されている。材料の面では，最初は廃物の薄板から桂・厚朴といった工作材料へ，さらに檜などの建築材料へと配列されている。

4）木工にみる技能教授過程の特徴

以上の点から，『新教材』における木工教材の復元を通して，技能教授の側面から検討した結果，その教授過程の特質を以下の3点にまとめることができる。

第1に，「製作題目」については，「鉋の使用法及研磨法」，「板削」，「方柱」（角材から正四角柱を削り出す）などの製作のための練習課題を含みながら，基本的には，生活や生産に関わる製作品や，玩具，理科実験器具などの製作品を取りあげている。

第2に，各「製作題目」には『新教材』には記載されていないけれども，製作上必須となる教育目標（「教授事項」）が含まれており，こうした教育目標をも含めると，とりわけ高等科段階では直前の「製作題目」に含まれたほとんどの教育目標が当該「製作題目」に含まれており，かつ，それに加えて新たな教育目標が複合されているという系統性をもって組み立てられている。

さらにそうした教育目標の内容は，斜め釘や相欠接ぎ，通しホゾ，蟻指，三枚組手等，現実の木工の代表的な加工法を取り入れつつ，材料や加工の手順において，必ずしもそのままではなく，子どもの身体の発達や「心理的要求」を考慮することで，いわば教育用に翻案されている。

また，個別の教育目標での各々の加工技能のレベルも，ともかく体験してみるレベルから段階を追って精度を要求し，最終的には材料の膨張具合をも見切って加工できる程度の技能が獲得できるように教材が配列されている。

上記の2点において，教材自体の論理性を第一義としながら，子どもの発達をも考慮して教材の系統化をなしえようとする岡山の明確な意図を読みとることができる。

第3に，『新教材』には，各「製作題目」の作製の手順にそって，指導上の注意事項や要点が「教授上の注意」として記載されている。これらの記載は，実際に復元しないと理解が及ばず，見落としがちであるけれども，そうした注意事項や要点の指摘は，子どもを実際に指導する上で適切で要領を得たものである。

第２節　木工の知識教授過程の特徴

1．はじめに

第１節では，『新教材』において，とりわけ高等科段階においてすべての教授時間が配当された木工の技能教授過程の特徴を，復元による教材解釈を経て解明した。

その結果，とりわけ高等科段階では直前の「製作題目」に含まれたほとんどの教育目標が当該「製作題目」に含まれており，かつ，それに加えて新たな教育目標が複合されているという系統性をもって組み立てられていた。

さらにそうした教育目標の内容は，斜め釘や通しホゾ，蟻指，三枚組手等，現実の木工技術の代表的な加工法を取り入れつつ，材料や加工の手順において，子どもの身体の発達や心理的要求を考慮することで，いわば教育用に翻案されていた。

第２節では，知識教授過程に焦点をあてて検討していく。あらかじめ結論的に述べれば，製作過程のなかに，技能教授と関連させて，当時の木工技術に関わる工具や材料に関する一般常識とともに理科や図画科や算術科と関連する知識を位置づけていた。さらに，組立の段取り作業等において，復元して気づく，子どもが工夫しないと実現できない課題や，見通しを立てて作業に臨むことが必須となるような「製作題目」の配置，それ以前の学習した知識や技能を駆使して製作する課題である「自由選題」の位置づけなど，子どもの創意的・構成能力の育成を促す配慮が教材に込められていた。

2．復元による教材解釈の実際

1）尋常科第６学年の木工の復元製作にみる知識教授過程の特徴

尋常科第６学年で課される木工での必須の「製作題目」は，「木札―鋸及び直角定規の使用法」(6-1-1)，「置物台―木口台使用法・釘附法」(6-1-2)，「突貫玩具」(6-2-1),「混色独楽—廻挽鋸の使用法」(6-2-2)の4点である。

当学年では，最初に練習課題として「鉋の使用法及び研磨法」が4時間課される。ここでは，知識教授に関して鉋の各部の名称を教授している。

その後，知識教授に関して，とりたてて注目できるのは，「置物台—木口台使用法・釘附法」(6-1-2)である。当該教材では，部品加工をした後，2枚の棚板と4本の脚材を釘を打って組み立てる。組立の際，先に1枚の棚材と4本の脚材を釘打ちしてしまうと，2枚の棚板の大きさが違うため，歪みが生じてしまう。よって，まず1本の脚材に2枚の棚板を接合する手順で始めないとうまく組み立てることができない。ここでは，組立の段取りの知識がかなり重要なファクターとして位置づけられている。

次に，「混色独楽—廻挽鋸の使用法」(6-2-2)での「ニュートン氏七色板」の使用についてである。当該教材では，コマを製作後，円板上に7色の色紙を貼り，回転させて，「物理に示せる種々の混色の実験を行はしむ」。ここでの「ニュートン氏七色板」とは，ニュートン光学における赤・橙・黄・緑・青・藍・紫の7色であると推測できる。ここでは理科とりわけ物理での光の混色についての理解が促されている。

さらに，第3学期では，「自由選題（理科の実験応用に関する物品)」を製作する。ここでは，「梃子・天秤・桿秤〔さおばかり〕・光線の反射実験器・電信機」などの「理科」の実験応用に関する物品の製作・利用が課されている。ここでも「理科」的知識の理解を促す，ないし，「理科」的知識の応用が位置づけられている。

2）高等科第1学年の木工の復元製作にみる知識教授過程の特徴

高等科第1学年で課される木工での必須の「製作題目」は，「門札—平板の正しき作り方」(7-1-1),「置物台製作」(7-1-2),「鉛筆削箱」(7-1-3),「釜外—鏨の使用法」(7-2-1),「押糊板—蟻指」(7-2-2),「手箱製作—三枚組」(7-3-1)の6点である。

当該学年では，最初に練習課題として「板削—鉋使用練習」が4時間課される。ここでは，知識教授に関して，鉋台の各部の名称や鉋台と鉋身との関係等が教授されている。

その後，知識教授に関して，とりたてて注目できるのは，「門札─平板の正しき作り方」（7-1-1）後の「特に製図につきて」において，「コンパス・烏口・分度器・製図板及び丁字定規・雲形定規・消護謨等製図用機械器具の名称構造・使用法等の知識」や「製図に用ふる線の種類・寸法の記入法等を復習し，之等の事項を一層明確ならしむ」とされている点である。ここでは，コンパスやＴ型定規をはじめとした製図用具の名称や構造，使用法に関する知識を教授し，図画科で教授する製図教材（文部省編纂『新定画帖』第２，９，18 課）との連絡に注意して，実線や点線や鎖線などの製図で用いる線の種類と寸法記入の方法等を復習することが課されている（『新教材』p.199）。

次に，「置物台製作」（7-1-2）では，先の「置物台─木口台使用法・釘附法」（6-1-2）と同様，組立の段取りの知識がかなり重要なファクターとして位置づけられている。さらに，脚材との棚板の接合部の切り落としに関して，曲尺の角目の使用法の教授がなされていると想定できる。

また，「方柱」において，角材の鉋削りの順序と方法を授けている。その後，「押糊板─蟻指」（7-2-2）では，「蟻指は釘の使用を厭ふ個所，或は板の反張を防ぐために用ふる肝要の指口」であるとして，蟻指加工の意義と用法および加工法について教授している。

さらに，第３学期の終わりに，「自由選題（理科に連絡したる慣性試験器・梃子・輪軸・滑車・斜面等）」を課している。ここでも「理科」的知識の理解を促す展開として位置づけられている。

3）高等科第２学年の木工の復元製作にみる知識教授過程の特徴

高等科第２学年で課される木工での必須の「製作題目」は，「筆立（大さ任意）」（8-1-1），「押上ポンプ」（8-2-1），「応接室用台」（8-2-2）の３点である。

「筆立（大さ任意）」（8-1-1）の次には，「自由選題（平底船・ボート・ヨット・軍艦・水雷艇等）」が課される。その後，第２学期では，「特に製図につきて」

において，製作に使用する材料の表示方法や図の名前，日付，製図者の氏名等の文字と輪郭線を記入する方法等について教授している。

次に，「押上ポンプ」（8-2-1）は，第1節で詳しく述べたように，その製作過程において，ピストンや弁の調節を通して水圧などの機械要素の理解を促すことが位置づけられている。

「応接室用台」（8-2-2）では，第1に，正投影図から側板の寸法を導き出す必要がある。「工作図」には，「応接室用台」の高さについては記されているものの，傾斜の異なる側板を留加工するため，それぞれの側板は，実際には，傾けて接合する分，「工作図」に記された高さよりも長い寸法が必要となる〔附録「応接室用台」（8-2-2）の作業分解票の図一，二のA，Bの部分〕。ここでは，算術科の知識を応用し，三平方の定理等から側板として用いる材料の寸法を導き出すことが求められている。

第2に，組立においては，鑿や畔挽鋸を用いて溝加工を施した天板に，留加工を施した側板4枚をはめ込み，各側板をのりづけする。この際，いきなり側板4枚をのりづけして天板にはめ込むという単純作業とはならない。天板にぴったりとはまるように，かつ側板の接合部に隙間が生じないようにするには，側板どうしをのりづけする前に，あらかじめ天板に側板をはめ込んでみて，天板の溝を調整しなければならない。こうして調整を施した後に，のりづけを行う必要がある。

さらに，そうしてのりづけを行った後，のりが固まるまで歪みなく固定しておく必要がある。この固定は，写真〔作業分解票（8-2-2）〕のように，ひもを側板の周りに通し，すべての側面に同等の力が加わるように割り箸で徐々にひもを締めていく。

すなわち，「応接室用台」（8-2-2）では，算術科の知識の応用とともに，見通しを立てて作業に臨む，さらに組立など，子ども自身が工夫して作り上げるといった創意的・構成能力が求められているといえる。

4）木工における知識教授過程の特徴

以上，学年ごとに復元による教材解釈を経て，明らかになった知識教授過程の特徴をみてきた。その結果を以下の３点にまとめることができる。

第１に，技能教授との関わりにおいて，材料や工具，加工法，製図に関する一般的知識を教授している点である。たとえば「押糊板―蟻指」（7-2-2）では，「蟻指は釘の使用を厭ふ個所，あるいは板の反張を防ぐために用ふる肝要の指口」であるとして，蟻指加工の用法と加工法だけでなく，蟻指加工を行う必要性やその意義についても教授していた。

第２に，理科や図画科や算術科で教授した知識を，製作を通して実地に応用している点である。「混色独楽―廻挽鋸の使用法」（6-2-2）ではニュートン光学における光の混色，「自由選題」では，てこの原理等，「押上ポンプ」（8-2-1）では，ピストンや弁と水圧との関係など，理科とりわけ物理に関する知識が教授されていた。また，「応接室用台」（8-2-2）では，材料の寸法取りにおいて算術科で教授した知識の応用がなされていた。「特に製図につきて」では，図画科での製図の ① コンパスやＴ型定規をはじめとした製図用具の名称や構造，使用法，② 実線や点線や鎖線等の製図で用いる線の種類と寸法記入の方法，③ 製作に使用する材料の表示方法や図の名前等に関する知識を復習させていた。

第３に，子どもの創意的・構成能力の育成を促す配慮が教材に込められていた点である。たとえば，「置物台―木口台使用法・釘附法」（6-1-2）や「置物台製作」（7-1-2），「応接室用台」（8-2-2）においては，部品を調整し，試行錯誤しながら組み立てたり，組立の作業段取りをつけながら組み立てていくことが求められていた。すなわち，組立の段取り作業などにおいて，復元して気づく，子どもが工夫しないと実現できない課題や，見通しを立てて作業に臨むことが必須となるような「製作題目」が配置されているといえる。また，あらかじめ設定された「製作題目」の一定数を行った後には，「自由選題」がおかれている。そこでは，それ以前に学習した知識や技能を駆使することが求められていた。

第3節　小　括

本章では,『新教材』の木工にみられる個々の教材の特徴を, 復元による教材解釈によって検証した。木工は, 高等科段階においてすべての教授時間数が配当された「細工」である。

具体的には, 個々の木工にみられる教育目標を抽出することを通して, 木工にみられる知識と技能面での教授過程の系統性を明らかにするとともに, その教育目標を子どもに教授する手だての配慮の具体を解明することを試みた。

その結果, 以下の3点が明らかになった。

第1に,「鉛筆削箱」や「押上ポンプ」といった各「製作題目」には『新教材』には記載されていないけれども, 復元した結果, 木工に必須となる教育目標（「教授事項」）が含まれていることが判明した。そして, こうした教育目標を視野に入れて解釈すると, とりわけ高等科段階の「製作題目」には, 教材配列において, その直前の「製作題目」に含まれたほとんどの教育目標が当該「製作題目」に含まれ, かつ, 新たな教育目標が加えられ複合されているという系統性をもって組み立てられていた。

第2に, 同時に, 組立の作業段取りなどにおいて, 復元して気づく, 子どもが工夫しないと実現できない課題や, 見通しを立てて作業に臨むことが必須となるような, たとえば応接室用台といった「製作題目」の配置や, あらかじめ設定された「製作題目」の一定数を行った後には「自由選題」がおかれ, そこでは, それ以前に学習した知識や技能を駆使することが求められる教材が位置づけられているなど, 子どもたちの創意的・構成能力の育成を促す配慮が, 教材に込められていた。

第3に,『新教材』には, 各「製作題目」の作製にそって, 指導上の注意事項や要点が「教授上の注意」として記載されている。これらの記載は, 実際に復元しないと理解が及ばず, 見落としがちであるけれども, そうした注意事項や要点の指摘は, 子どもを実際に指導する上で, 適切で要領を得たものであった。

注

1）手工科に関わり，第12条第1項目には「工業ノ趣味ヲ長ジ」が加えられ，第2項目中の「簡易ナル細工ヲ授クヘシ」の語句が「簡易ナル製作ヲ為サシメ高等小学校ニ於テハ簡易ナル製図を併セ授クヘシ」と改められた。

2）ここでの「前週」とは直前の「製作題目」である「筆立」の製作時を示す。

3）三羽光彦『高等小学校制度史研究』法律文化社，1993年，p. 282。三羽は『文部省年報』からこの数字を導き出している。

4）原正敏「第10章　普通教育における技術教育」『日本科学技術史大系　第9巻・教育2』第一法規出版，1965年，p. 306。原によれば，「大正8年，東京高等師範に動力機械（木金工旋盤・帯鋸盤・丸鋸盤・金切鋸盤・ボール盤・研削盤など）が設備」された。

5）手工科研究部「今後の手工教育（二）」『教育研究』第311号，1927年，pp. 31-37。

6）岡山秀吉『新手工科教授』宝文館，1916年，p. 256。

結　章

岡山秀吉の手工科教育論の歴史的意義

本研究では，戦前日本の手工科教育論の到達水準を示唆する岡山秀吉の手工科教育論に焦点をあて，その特質と歴史的意義を解明することを試みた。

1. 岡山秀吉の手工科教育論の形成過程

まず，岡山秀吉の手工科教育論の形成過程をたどるならば，以下のようにまとめることができる。

岡山は，高等商業学校附属商工徒弟講習所の研究科に入学して上原六四郎に師事した後，千葉県尋常師範学校勤務時代（1893年~1896年）に，手工科を，上原と同様に，「普通教育」の枠組みのなかで，一般陶冶的側面と職業陶冶的側面を直接・間接の関係において併せもつ教科ととらえ，手工業の技術を教材の源泉とした。また，それを「教育の原理」や「児童年齢」に適するよう再構成した「細工」を単元に教材を選定し開発していった。

手工科の実施の手だてが示されず，手工科を行う学校がほとんどなかった状況下に，岡山は，まずもって，木工，厚紙細工，粘土細工等，13種の「細工」を，実地の教育効果を確かめた上で提示した。

その後，岡山は，秋田市工業徒弟学校の校長の任を経て，1899（明治32）年に高等師範学校に移る。同校に勤務し始めたすぐ翌年から，岡山は附属小学校で手工科の研究実践をはじめる。岡山は，この時期，高等師範学校附属小学校において，数年間，実践を経ることを通して，千葉県尋常師範学校勤務時代に「細工」を教材単元として提案したものをもとに，尋常科から高等科へと8年間一貫した形で（女子は高等科の裁縫科につながる形で），1時間ごとの「細工」

および製作課題にまでわたって教材を編成していった。

小学校現場に広範に影響をあたえ，その後の手工科教育の基礎的なパターンをつくったとされる文部省編纂『小学校教師用　手工教科書』（1904年）は，こうした千葉県尋常師範学校勤務時代に岡山が構想・提示したカリキュラムと，それに基づく高等師範学校附属小学校での実践に裏付けられてつくられた。しかし，この時点では，未だ手工科教育固有の目的的価値が定まっていなかった。

その後，岡山は手工科固有の目的的価値論を樹立することに力を注いでいく。1902（明治35）年以降，岡山は，「教育的価値」とよばれる目的的価値について論じていく。そして，この「教育的価値」論は1908（明治41）年の『小学校に於ける手工教授の理論及実際』によって定着する。

岡山は，この「教育的価値」を，精神面と身体面，知識と技能，形式的陶冶と実質的陶冶といった枠組みによって，「構造体系化」した。しかも，こうして「構造体系化」された目的的価値群は，それ自体のみで成り立っていたわけではない。教材単元である「細工」が，当該「細工」で実現すべき目的的価値との照応関係のもとに位置づいていた。すなわち，岡山は，この時期，各「細工」ごとに実現すべき目的的価値を，当該「細工」およびそこでの教材を開発・選定しながら，いわば双方向の検討を反省的に繰り返すことを通して，彼の手工科教育論を作り上げていったといえる。

しかし，この段階での岡山は，こうした目的的価値との照応関係の点で，「細工」だけでなく，そこでの個々の製作課題においても，実現すべき目的的価値の個別的・実体的な表現である教育目標とそうした教育目標を達成する手だての2側面を明示するまでには至らなかった。

その後，岡山は，1911（明治44）年から満2年間，欧米に留学する。留学において，岡山は，なかでも，① ボストン・スロイド養成学校で実践されていた道具の体系的な教授法を評価し，② コロンビア大学ティーチャーズ・カレッジ附属ホーレスマン校での「現代文明の基礎としての産業」の学習，すなわち，労働手段（＝技術）の発展が人間の生活様式に及ぼす影響の学習であると定義づけられた産業科の教育実践に注目していた。

こうした米国の手工・産業科教育に示唆を得て，岡山は帰国した。ところで，岡山の帰国後，手工科をめぐる状況は様変わりしていた。1911年の「小学校令」改正と緊縮財政により，従前着実に地歩を築いていた手工科の加設数が，減少の一途を辿っていた。

かかる状況下，岡山は，一方で，文部省当局への建議を行うなど，法令改正へと取り組むとともに，他方で，「理論と実地との一致」した「具案的例示」の必要性を強く感じていた。

そこで，再び東京高等師範学校附属小学校での研究実践を経て，1920（大正9）年に，『新手工科教材及教授法』を著した。同書には，手工科の教科課程を詳細に示した「手工科教授細目」が掲載されており，その記載方法は，個々の製作課題ごとに，実現すべき目的的価値の個別的・実体的な表現である教育目標とそうした教育目標を達成する手だてを示すというものであった。

また，『新手工科教材及教授法』では，目的的価値に関わり，「現代工業」を文化として学ばせるという文脈を手工科に設定するとともに，「教育的価値」とよばれた目的的価値群を「手工科教授の三任務」として整理し，手工科教育が担うことのできる役割を，「一般的陶冶」，「実用的陶冶」，「生産的陶冶」の3つの枠組みによって再構成することを試みた。さらに，創意的・構成能力の育成という目的的価値を追加し，「細工」の限定・集約・焦点化をはかった。

ここで，とりわけ注目すべきは，「生産的陶冶」である。それは，一方で，職業の意義をわからせ，それを選択し営む能力の形成を目指すとともに，他方で，「現代工業」はすべての人々が知らなければならない文化であるとし，「現代工業」に関する基本的な知識と技能を学ばせることを通して，科学の真価や労働の価値を判断できる能力を身につけさせることを意図していた。かつ，その手だてとして，岡山は，動力機械の使用や工場見学，工夫製作などを積極的に位置づけることを試みた。

この「生産的陶冶」の枠組みは，米国の手工・産業科教育実践からの示唆を得たものであるといえ，手工科の対象世界を手工業から「現代工業」へと発展させた点で歴史促進的側面をもつとともに，「現代工業」を文化としてとらえることによって，工業化しつつある社会における主体形成をめざしていたといえる。

『新手工科教材及教授法』出版後，岡山は，『最新手工教材　板金穿孔彫刻』（1922年）や『初等中等手工科教材』（1929年）などを著すことによって，欧米の手工教材を紹介するとともに，日本での特色ある新教材をつくり出すことを提唱することに力を注いだ。しかし，『新手工科教材及教授法』出版後には，「手工科教授細目」が一度も著されなかったことに象徴されているように，その後の著作や論文は，『新手工科教材及教授法』の枠組みをこえるものではなかった。

つまり，『新手工科教材及教授法』（1920年）に，岡山秀吉の手工科教育論の到達点をみることができる。

2. 岡山秀吉の手工科教材の復元による解釈

次に，こうした岡山の手工科教育論の成果を，実際に彼が選定した教材を復元することを通して検証した。すなわち，岡山の手工科教育論の到達点が著された『新手工科教材及教授法』における紙細工と木工に焦点化し，復元による教材解釈によって，個々の教材の内に予定された教育目標（岡山のいう「教授事項」）を抽出し，その系統性を明らかにするとともに，教育目標を達成する手だての配慮を明らかにすることを通して，彼の手工科教育論の特徴を教材レベルでの具体性をもって明らかにすることを試みた。

1）紙細工の教授過程の特質

その結果，尋常科でもっとも多くの時数が配当されていた紙細工に関しては，以下の3点が明らかになった。

すなわち，第1に，子どもの心理的要求を考慮した「製作題目」を設定し，その作製過程のなかで，幾何学形体を認識させる手だてが位置づいていた点である。

尋常科第1～3学年では切抜，第4・5学年では厚紙細工が主に課されていた。尋常科第1～3学年においては，「凧」や「風車」や各種の幾何学模様等の「製作題目」を，紙をはさみ（第1・2学年）または小刀（第3学年）で切る，折る，尺度で長さを測るなどの作業を通して，正方形や長方形，正三角形，菱形等の幾何学形体について，相互関係を含んだ各々の性質を理解させる手だてが位置づいていた。さらに，尋常科第4・5学年では，第1～3学年において理解を促した平面の諸形体をもとに，展開図を描き，組み立てることを通して，平面から立体へというつながりをもって，幾何学形体を認識させる手だてがとられていた。「製作題目」名からはわからないけれども，復元することによって，岡山は『小学校教師用　手工教科書』（1904年）執筆後も，幾何学形体の認識を重く位置づけていたことが明らかになった。

第2に，はさみや小刀等の使用に関する技能を，繰り返し，かつ，その習得レベルが段階的に上がるように「製作題目」が配列されていた点である。

たとえば，はさみの使用技能に関して，折り目を切る→直線にそって切る→目分量で切るというように段階的に教材が配列されるとともに，切る紙帯の幅を徐々に狭くする，精度を上げる，徐々に切る速度を増すなどの点も配慮されている。材料に関しても，色紙や模造紙からはじめて，8オンス→10オンス→12オンスのボール紙へと，薄く切りやすいものから，厚堅で切りにくいものへと順序立てられていた。

第3に，そうした技能の獲得を促すための手だての配慮が的確になされている点である。子どもの心理的要求を考慮して，製作物を教室や運動会の装飾に利用するなどの方法によって，単純なはさみや小刀等の使用練習を強いることを避けたり，「紙帯」や「風車」をはじめとして，加工精度を子ども自身が確認できるような工夫もなされていた。さらに，刃先を下向きに使用するなど，子どもが作業をする上で，過ちをおかしがちな点をあらかじめ把握し，それを注意事項として的確に表現しているとみることができた。

2）木工の教授過程の特質

また，木工に関して，以下の3点が明らかになった。

すなわち，第1に，「鉛筆削箱」や「押上ポンプ」といった各「製作題目」には『新手工科教材及教授法』には記載されていないけれども，復元した結果，木工に必須となる教育目標が含まれていることが判明した。そして，こうした教育目標を視野に入れて解釈すると，とりわけ高等科段階の「製作題目」には，教材配列において，その直前の「製作題目」に含まれたほとんどの教育目標が当該「製作題目」に含まれ，かつ，新たな教育目標が加えられ複合されているという系統性をもって組み立てられていた。

第2に，同時に，組立の作業段取りなどにおいて，復元して気づく，子どもが工夫しないと実現できない課題や，見通しを立てて作業に臨むことが必須となるような，たとえば応接室用台といった「製作題目」の配置や，あらかじめ設定された「製作題目」の一定数を行った後には「自由選題」がおかれ，そこでは，それ以前に学習した知識や技能を駆使することが求められる教材が位置づけられているなど，子どもたちの創意的・構成能力の育成を促す配慮が，教材に込められていた。

第3に，『新手工科教材及教授法』には，各「製作題目」の作製にそって，指導上の注意事項や要点が「教授上の注意」として記載されている。これらの記載は，実際に復元しないと理解が及ばず，見落としがちであるけれども，そうした注意事項や要点の指摘は，子どもを実際に指導する上で，適切で要領を得たものであった。

3. 岡山秀吉の手工科教育論の特質と意義

1）本研究の課題に対して

ところで，本研究の課題は，先行研究との関連から，第1に，手工科教育，とりわけ岡山秀吉研究において，一般陶冶―職業陶冶，形式陶冶―実質陶冶という分析概念に由来する，すなわち，手工科教育の教育目標論をめぐる事実認識とその評価の違いに由来する見解の相違を克服するために，教育目標それ自体だけでなく，その教育目標を実現する手だてをめぐる問題を同時に掬い取り，評価することが課題であった。

第２に，岡山の手工科教材の評価をめぐって，教材論を対象化することなしに議論されている，すなわち，教材は教育目標を達成するための手段として，教育目標から教材へという一方向のみの視野しかもたない分析の準拠枠を前提としていることに由来する見解の相違を克服するために，教育目標から教材へ，同時に，教材から教育目標へという双方向の検討ができる教材論の準拠枠を構築し，それに基づき，岡山の手工科教育論を検討することが課題であった。

第３に，岡山の手工科教育論において，手工科教育で実現すべき価値が，政治的価値や経済的価値よりも，子どもの発達を促すという発達的価値に重点がおかれていたとする見解を検証し，その内実を明らかにすることが課題であった。

そして，本研究では，検討の結果，上記の３つの課題に対し，それぞれ以下の点を明らかにすることができたと考えられる。

第１の課題に対し，岡山の手工科教育論は，一般陶冶と職業陶冶，形式陶冶と実質陶冶，各々のいずれかを主な目的的価値に設定するという枠組みで論じられたものではなかった。

岡山は，千葉県尋常師範学校勤務時代から，手工科を，一般陶冶的側面と職業陶冶的側面を直接・間接の関係において併せもつ教科ととらえ，その後，形式陶冶と実質陶冶を合理的に位置づけていった。すなわち，形式陶冶と実質陶冶のどちらか一方の側面を重視するのではなく，ものをつくりだす過程のなかに，目との協働作用を伴う手の巧緻性の発達を促すといった形式陶冶の側面と，幾何学形体に関する知識や構想したものを物体として表せる製作技能や工業に関する基本的な製作技能を獲得・形成させるといった実質陶冶の側面の価値の実現を併せてはかるとともに，学年が上がるにつれて徐々に実質陶冶の側面に重点を移していくという，目的的価値の設定とそれらの発展の見通しを，遅くとも 1908（明治 41）年の時点で岡山はもちえていた。

さらに，1920（大正 9）年には，手工科が担うべき役割を，「一般的陶冶」，「実用的陶冶」，「生産的陶冶」という３つの枠組みで再構成した。すなわち，「現代工業」を文化として学ばせるという文脈を手工科に設定するとともに，基本的には，形式陶冶の側面を「一般的陶冶」として括り，実質陶冶の側面を「実用的陶冶」と「生産的陶冶」の２つの面に分節化して整理した。そして，岡山は，８年間を通して，下から上へと積み上げる形で，「一般的陶冶」から「実用的陶冶」へ，さらにこれら２側面の目的的価値の実現を前提としながら，最終的には，「生産的陶冶」の側面の価値実現を位置づけた。

換言すれば，岡山の手工科教育論の特徴は，「生産的陶冶」の側面を手工科に位置づけたことにある。ここから，形式陶冶と実質陶冶のいずれを主たる目的的価値に設定していたかという分析概念では，岡山の新たな見解を評価することはできない。

つまり，岡山の手工科教育論の特徴は，形式陶冶と実質陶冶を対立概念としてではなく，それを止揚した「生産的陶冶」概念を導き出したことにある。手工科教育の目標論は，細谷俊夫の分析概念を越えて，理論化されていた。

また，この点に関連して，第２の課題に対し，岡山は，教材単元である「細工」と手工科教育において子どもに実現すべき目的的価値との照応関係を明らかにし，それをもとに目的的価値群の設定とそれらの発展の見通しをもって教材を配列していた。

そうした教材配列の特徴は，目的的価値の個別・実体的な表現である教育目標が，たとえば木工では，技能面に関して，直前の「製作題目」に含まれたほとんどの教育目標が当該「製作題目」に含まれ，かつ，新たな「教授事項」が加えられ複合されているという系統性をもって組み立てられていた。

しかも，そうした教育目標を達成する手だてが，東京高等師範学校附属小学校での研究実践を踏まえることによって，子どもが過ちをおかしがちな点や製作上の要点を，あらかじめ的確に把握し，それを教授上の注意や要点として「教授上の注意」として記載するなど，整えられていた。

手工科教育の時期区分の第１，２期の代表的な研究者であった上原六四郎や棚橋源太郎の手工科教育論が，手工科教育の目的的価値論を展開するにとどまり，教授の手だてを示しえなかったこととは対照的に，第３～５期の代表的研究者であった岡山は，そうした手工科教育の目的的価値論と教材単元である

「細工」との照応関係，換言すれば，目的的価値から「細工」へ，同時に，「細工」から目的的価値へという双方向の関係のもとに反省的に検討を繰り返すことで教材をつくりだすとともに，その教材づくりの基礎理論を構築していったといえる。

つまり，岡山の教材論は，まさに教育目標と教材との検討の双方向性をもった理論であり，遅くとも 1920 年には，こうした教材づくりの基礎理論を構築していた事実は，歴史的に高く評価されるべきであろう。

第３の課題に対し，岡山は，つねに現実の工業技術に直に触れ，その技術を会得することを通して教材を選定・開発していた。東京高等師範学校に勤務するようになってからも，蔵前高等工業附属職工徒弟学校の板金工場で 2，3 週間にわたって毎日午後３時間程度，実習をしたり，「蔵前の富坂町辺の小さな塗物屋」で漆を習っていたという[1)]。欧米留学中も「ヂューエリー（錨工細工)」を研究していたことが『手工研究』誌に記されている[2)]。

しかも，岡山は，そうした現実の工業技術を教育の分野にそのまま適用するのではなかった。たとえば，木工の代表的な加工法である蟻指加工を施す「釜外」の材料を，生産品としては一般に檜などが使用されるけれども，加工のしやすさを考えて，あえて桂などのいわば教育用材料を使用したり，製作後に製作物の手直しができるよう組立の方法を再構成したり，ときには玩具を「製作題目」に取り入れるなど，子どもの心理的要求や身体の発達の程度を考慮して，「製作題目」や使用する材料，組立方法などを，いわば教育の分野に翻案することを通して，教材を開発し，編成していった。

「製作題目」の種類も，たとえば紙細工では，「吹流」や「凧」や「風車」など，木工では「突貫玩具」（マジックハンド）や「跳り人形」（ハンペルマン）といった，子どもの心理的要求を考慮したものが取り入れられていた。しかも，こうした「製作題目」も，技能習得の系統性からはずれるものではなかった。また，紙細工では，製作物を教室や運動会の装飾に利用するなどの方法によって，はさみや小刀等の単純な使用練習を強いることを避けるといった工夫もなされていた。

さらに，製作の方法に関しても，作製すべき「製作題目」を提示し，それを模造させるという課題のみを配列していたわけではない。子どもが工夫しないと実現できない課題や，見通しを立てて作業に臨むことが必須となるような「製作題目」の配置，あらかじめ設定された「製作題目」の一定数を行った後には「自由選題」がおかれ，そこでは，それ以前に学習した知識や技能を駆使することが求められる教材が位置づけられているなど，子どもたちの創意的・構成能力の育成を促す配慮も，教材に込められていた。

つまり，導入期の手工が，民間の経済力の強化と勤労愛好精神の育成をねらいに導入され，経済上や実用上の価値だけを目的においた「功利的手工」であったのに対し，岡山は「普通教育上完全なる人物」を育成すべく，「現代工業」を文化として学ばせるという文脈を手工科に設定し，子どもの心理的要求や身体の発達の程度，目的的価値の実現を促す手だてなどの配慮をもって，子どもの発達を促す，まさに教育的価値を具体物として体現する教材をつくりあげていた。これこそ，まさに「子どもの発達に着目した教育的手工」とよばれるゆえんであり，その内実である。

2）総　括

以上のことから，岡山秀吉の手工科教育論の特質と成果は，以下のように総括できる。

第１に，岡山の手工科教育論の核心は，生涯を通して，手工科教育の教材づくりとその基礎理論の構築にあり，その理論は，教材の源泉を，地域産業など，現実の手工業や工業技術に求めつつ，同時に，教材づくりの過程においては，子どもの身体の発達や心理的要求を考慮し，使用する材料や組立方法を再構成するなど，手工業や工業技術を，教育の分野へと翻案するというものであった。

岡山は，現実の手工業や工業技術に直に触れ，その技術を会得することを通して，教材を選定した。しかも，岡山は，そうした現実の手工業や工業技術を教育の分野にそのまま適用するのでなく，① 子どもにとって意味をもつ「製作題目」として教材を構成，② 教育目標を次第に複合させる「製作題目」の系統的配置，③ 子どもの創意的・構成能力を促す配慮を込めた「製作題目」づくり，④ 各「製作題目」の作製にそって記載された，子どもを実際に指導する上で的確で要領を得た「教授上の注意」の客観化，といった措置を加えて，教材として開発し，配列した。

第２に，岡山は，上記のような手工科教材づくりとその基礎理論の構築の試みを通して，教材単元である「細工」と手工科教育において実現すべき目的的価値の照応関係を明らかにし，尋常科第１学年から高等科第２学年までの８年間の手工科教育の教科課程を，個々の教材レベルにわたって，下から上へと一貫して積み重ねていく形で編成することを，1920年代初頭の日本において実現した。岡山秀吉の手工科研究の結実であると考えられるこの成果は，理論的にも歴史的にも高く評価されるべきである。

第３に，岡山秀吉の手工科教育論の特質と成果を，このようにとらえるとき，その限界も明らかになる。すなわち，岡山の手工科教育研究の特質は，実際につくることを起点とし，そこから，教材単元である「細工」に対応させた目的的価値に即して，教材として開発，当該教材の意義や教授法を整理し，完成させ，また，その過程で「細工」と目的的価値の照応関係を反省的に再検討していくというものであったと考えられる。

換言すれば，開発された個々の教材のなかで教授・学習されるべき技能や知識は，結果としては合理的に位置づけられていた事実は確認できたが，それはあくまでも結果である。教え学ぶべき対象物として，何をどこまで位置づけるか，また，なぜその対象物を教え学ばねばならないかなどの問題を，それら自体として問うという研究の枠組みを，岡山はもちえていなかった。すなわち，岡山は，手工科教育の教育目標論を理論問題として構成することはなかった[3)]。

岡山秀吉の手工科教育研究の特質と成果，さらには，そこからみえる彼の残した問題は，日本近代教育史の歴史的遺産として，われわれが引き取るべき課題を明示していると思われる。

3) 残された手工科教育史研究の課題

本研究は，戦前日本の手工科教育論の到達水準を解明すべく，岡山秀吉の手工科教育論の特質とその歴史的意義について明らかにすることを試みた。

では，岡山の後継者の阿部七五三吉（1873年～1941年）[4] の手工科教育論はいかなるものであったのだろうか。それは，一言でいえば，上原から継承し発展させた岡山の「教育的手工」を引き継ぐものではなく，いわば阿部によって「教育的手工」は断絶する。

阿部は手工科を「精神作用と眼と手指との結合ならびに勤労の教育」ととらえ，「製作能力の陶冶を主としてゐる形式的陶冶の教科」と論じている。岡山が提唱した，形式陶冶―実質陶冶という枠組みを止揚し，現代工業を文化として学ばせるという「生産的陶冶」の枠組みを，阿部は継承しなかった。

さらに，阿部の手工科教材編成は，たとえば，幾何学形体に関する製作課題の登場の順序が，長方形〔紙細工〕→正方形〔紙細工〕→立方体〔豆細工〕→正三角形〔紙細工〕という並びになっている。フレーベルや岡山は，球→立方体→方形・三角形となっていることと比べると，当時の幾何学形体認識の順序として，教育学的に不自然な並びで製作課題を配列している。また，木工の技能習得に関して，尋常科５年生段階で，ベニヤ板と丸木で「腰かけ製作」を行っているにもかかわらず，その後の尋常科第６学年になってから，「鋸の使用法」を課すなど，系統的な技能習得に難のある配列となっている。すなわち，目的的価値論においても教材編成においても後退してしまう。

阿部は「皇国の人」であり，手工教育について，「百発百中の皇軍の空劇弾は，霊肉一助に陶冶したる神技の結果なり。〔中略〕愈々非常時局到来して而して熟練工乏し。国民皆兵工　是時勢の要求。手工作業教育策興　此機，何んぞ哲理説明を要せんやである。」[5]，「今や過去の勤労忌避の教育は精算してよろしく東亜永遠の平和のために国防充実よろしく国民教育上眼と手とを練成する手工教育は将にこの機会をもつて振興の時期到来と会員諸君の奮起を願ひたい。」[6] と述べるなど，軍教一致の方針のもとで手工科の存続に力を注いでいった。これらの面が，岡山秀吉の時代に「教育的手工」であった手工科が，その後，国民学校期に滑空機などの軍事教材を取り入れ，機械化国防協会と連携するなど[7)]，教育内容が変質していく路線を敷いてしまったとみられる[8)]。

ただし，ここで留意すべきは，阿部は，高等師範学校手工専修科の第１回卒業生であり，すなわち，上原と岡山の教え子であった。かつ，上原と岡山に次ぎ，３代目の手工研究会の会長の任も務め，「手工教育の志士」と称され[9)]，手工科教育の発展を思い，力を尽くした人物であった。それにもかかわらず，第２次世界大戦に向かう戦時下特有の空気のなかで，彼の主張した手工科教育論は，国粋主義・精神主義的なものであり，戦争との親和性を強めていくものであった。

そこには，技術教育のもつ固有の問題が存在している。技術教育は生産技術を教え学ぶ対象とする以上，生産力拡充・国際競争・軍事といった点に，結びつけられてしまうというジレンマをもたざるをえない。本論のなかでもみてきたように，手工科は，1886（明治 19）年に高等小学校に加設されて以降，何度も浮き沈みを経験してきた。そのなかで，文部省関係者をはじめとして手工科の振興が叫ばれ，加設数が増加する時，そこには，日清・日露戦争＝手工科教育の再建，第２次世界大戦＝国民学校芸能科工作の必修など，生産力拡充・国際競争・軍事といったファクターが常にからんでいた。

普通教育としての技術教育は，「技術および労働の世界への手ほどき」という，“技術を見る目”を養うことなどを伴う，いわばガバナンスのための国民教養である。しかし，その実施が制度（＝ガバメント）として学校教育に位置づけられ，実施が推奨される場合には，国際競争力や軍事といったファクターを背景にもつ国策として進められるケースを含む可能性が多分にある。普通教育としての技術教育は，いかにして「技術および労働の世界への手ほどき」という側面を全うに展開できるであろうか。そのための鍵はどこにあるのだろうか。

たとえば，上原，岡山と続いた「教育的手工」としての手工科教育論は，阿部の時代に断絶したとみられるが，この点は，これまでの近代学校教育史の枠組みを超えた，国策と技術教育という固有問題を交えて解き明かしていく必要がある。そして，この国策と技術教育の問題の解明において，手工科は，興味深い研究対象として未だ多くの示唆をあたえてくれるであろう。今後の新たな研究の課題としたい。

注

1）内海静「手工科建設者岡山教授の追想」『手工研究』第157号岡山先生追悼号，1933年，pp. 55-58。

2）岡田満「岡山君の紐育に於ける学生生活」『手工研究』第67号岡山会長還暦記念号，1925年，pp. 26-27。

3）ちなみに，同時期のアメリカ合衆国では，コロンビア大学ティーチャーズ・カレッジで，C. R. リチャーズに師事したR.W. セルヴィッジが，「民主主義を担う市民の育成」という観点から，現実の労働を対象とし，その普遍的側面を抽出すべく，労働過程の側面からみた生産労働の基本単位である「単位要素作業」を概念化し，それを中核として，作業分析の方法論を，『熟練職教授法』（1923年）としてまとめる。さらにセルヴィッジは，1930年にかけて，各種「熟練職養成」から中等教育諸学校までにも適用可能な技術教育研究の科学的方法論として，その具体的手だてを整備していく。（田中喜美・木下龍『アメリカ合衆国技術教育教員養成実践史論』学文社，2010年。）

4）阿部は1905（明治38）年に東京高等師範学校助教授兼訓導となり，1925（大正14）年から1935（昭和10）年まで同校教授を務めた。

5）阿部七五三吉「巻頭言」『手工研究』第209号，1937年，p. 1。

6）阿部七五三吉「巻頭言」『手工研究』第226号，1939年，p. 1。

7）和田学「戦時体制下の日本にあらわれた工作科の研究(1)」『美術教育学』第32巻，2011年，pp. 479-492，「戦時体制下の日本における模型工作教育の出現」（『芸術研究報』筑波大学芸術系　第32巻，2011年，pp. 83-93）ほか参照。

8）平舘善明「阿部七五三吉の手工科教育論に関する一考察」日本産業教育学会第54回大会口頭発表　名古屋大学，2013年10月。

9）唐澤富太郎編『図説　教育人物事典—日本教育史のなかの教育者群像』中巻，ぎょうせい，1984年，pp. 870-871。

OKAYAMA Hidekichi's Educational Theory of Manual Training in Japan before World War II

Obihiro University of Agriculture and Veterinary Medicine
HIRADATE Yoshiaki

1. Back Ground of This Research

In Japan, we have the contemporary matter that children have difficulty having dreams and aims because we feel various social deadlocks exist. The Japanese government aims at the cultivation of an occupational view and a labor view at elementary schools to improve this matter. But since it has not been successful at cultivating these views at elementary schools in Japan after World War II, it is difficult to make the suitable curriculum.

On the other hand, there was the manual training course that was an educational subject of technology education as general education at elementary schools and lower secondary schools from 1890 to 1940. It is said that technology education as general education aims at "an initiation to technology and to the world of work" (UNESCO), manual training course is a suitable object to solve this contemporary problem.

In preceding research, it has been proposed that a manual training course was introduced to bear the national policy during the time when Japan was becoming an imperialistic nation. For example,

HOSOYA Toshio (*The Introduction of Technology Education*, 1978) pointed out that the manual training course was established as the measure during the depression for individuals and bore the policy of the expansion of the productive power of the industry field after the Russo-Japanese War. HARA Masatoshi (The Awakening and Frustration of Technology Education for primary education, *The Outline of Japanese Science and Technology History*, vol. 9, 1965) pointed out that the aim of the manual training course was for the moral discipline; to cultivate the labor attitude that is maintained with painful labor as an integral part of the nation policy of "measures to enrich and strengthen the country, promotion of industry". Because the contents of manual training during its introduction were valued critically as stated above, the research regarding manual training after the introduction period has not been completely carried out.

2. The Purpose and Method of This Research

The persons who developed manual training education in Japan are TEJIMA Seiichi, UEHARA Rokushiro, OKAYAMA Hidekichi, ABE Shimekichi, among others. We focus our research on OKAYAMA Hidekichi (1865-1933), because he is said "the person of making manual training education's contents", and the curriculum made by him is called "educational manual training". But little is known about the contents of "educational manual training".

OKAYAMA gave thirty years of service at Tokyo Higher Normal School (THNS) where teachers in charge of manual training course at normal schools were trained. (Normal schools are called teachers colleges now.) THNS was the most famous and important school for the training of normal school's teachers. There were seventeen authorized textbooks for manual training, eleven of them were written by OKAYAMA. He had studied abroad in the West to inspect Manual and Industrial education's theory and curricula from 1911 to 1913, and he showed improvement on the theory of manual training based on the curriculum in the West.

The purpose of this research is to clear the content characteristics of "educational manual training" by analyzing his theory of teaching materials and restoring his teaching materials of woodwork. In this paper, we define teaching materials as involving educational objects and methods.

Specifically, we analyzed them by the following three ways.

(1) We focused on "the educational value" which were the key words written on OKAYAMA's literature (*The Teaching theory and practice of Manual Training for elementary schools*, 1908) and clarify the characteristics of the key word. From there, I clarify the characteristics of his theory of teaching materials.

(2) We descried where he visited and what he was interested in, to make obvious the Manual and Industrial education's theories and curricula that OKAYAYA inspected in the U.S.A., and to consider the influence of OKAYAMA's visit to the West on his educational theory of manual training.

(3) Three steps took: First, we made the operation-process-sheet that conforms with the description of OKAYAMA's literature (*New Educational Subjects and Teaching Methods of Manual Training*, 1920). In the second place, we restored the teaching materials by using materials and tools of those days. And third, we examined the contents of the operation-process-sheet again.

3. Conclusion

The following results were obtained:

(1) The key word called “educational value” meant the educational object that considered the development of specific child abilities.

One side of OKAYAMA’s theory of teaching materials of manual training was to show the educational objects that systematized many sides of the development of a child. Material discipline and formal discipline were rationally positioned on each side. It was pointed out in the preceding research that the aim of manual training was to cultivate the formal discipline of children, but contrary to preceding research, the results in this paper indicated that OKAYAMA also aimed to cultivate material discipline.

On the other side, OKAYAMA’s theory involved the educational methods that realized these educational objects while urging children's development through eighth grade. These were supported by educational practice.

(2) The two practices of Manual and Industrial education in the U.S.A., judged as important by OKAYAMA, were that of the Sloyd Training School, Boston and of the Horace Mann Elementary School attached to Teachers College, Columbia University when he studies abroad.

In the Sloyd Training School, Boston, OKAYAMA was not interested in the aspect of children’s self-activity, but did emphasize the systematic aspect of tool instruction in American Sloyd.

The curriculum of the Horace Mann Elementary School had the characteristic to teach “modern industry”. This curriculum was influenced by the idea of C. R. Richards. He advocated the conversion from the Manual Arts to the Industrial Arts aimed at teaching “the industry as the foundation of civilization of today". F. G. Bonser who was the successor to Richards, defined Industrial Arts as the subject to teach the significance of industry for the way of life of the human being.

After studying abroad in the West, OKAYAMA worked out the framework of "productive discipline". It meant that "modern industry" was the culture in which all the people had to know, and while children learned the fundamental knowledge and skill about "modern industry", they were going to develop the ability to judge scientific real value and worth of labor correctly.

(3) OKAYAMA's teaching materials of woodwork were the name plate, the ornament stand, the top, the magic hands, the casket, the jar of pencils, the forcing pump, and so on.

Some operations were needed for children to make these teaching materials. For example, planing edge and end, crosscutting with backsaw, scribing with engineering square, lap joint, dovetail joint, mortise and tenon. These operations that were included with the proper teaching material were included with the next teaching material and the new operations were joined to the next one. The skill level proceeded, passing through some stages, from the level of experience to the level of being able to estimate the expansion of materials and process them accurately. If we cannot process the materials accurately in making the forcing pump, water leaking occurs in the pump and we cannot use it.

That is to say, through restoring OKAYAMA's teaching materials of woodwork, it was determined that he clearly worked out and positioned educational objects in teaching materials, and arranged teaching materials systematically. These were arranged so that ability to estimate the expansion of materials and process them could be learned. Furthermore, when we would teach children such skills using his literature, we could understand the precise point that should be taught.

(4) For the points mentioned above, The “cultivation of an occupation view and a labor view”, which is a contemporary matter, OKAYAMA’s educational theory gives the suggestion that “modern industry” is a culture, and we should teach the fundamental knowledge and skills about “modern industry”, while urging children’s development.

附　録

資料 1　岡山秀吉の略歴および著作目録

略　歴

1865年11月		三重県一志郡高岡村大字日置奥田茂兵衛次男として生れる
1887年11月	22歳	三重県小学校初等科教育免許状を受領し，一志郡柚原小学校訓導となる
1889年11月	24歳	高等商業学校附属商工徒弟講習所において手工科修業（1890年4月迄）
12月		三重県一志郡久居町東鷹跡町士族岡山の養子となる
1890年5月		東京工業学校において手工科修業（中途1年間帰郷休学）（1893年2月迄）
1891年8月	25歳	婚姻
1893年3月	27歳	千葉県尋常師範学校助教諭に着任
4月		尋常師範学校手工科教員免許状を受領
		千葉県小学校教員検定委員を命じられる（1894・95年，同委員）
1894年9月	28歳	千葉県尋常師範学校舎監を兼任
1895年5月	29歳	第4回内国勧業博覧会審査第一部品評人を命じられる
1896年4月	30歳	秋田県秋田市工業徒弟学校教諭兼校長に着任
1899年5月	33歳	高等師範学校手工専修科助教授に着任
1900年1月		女子高等師範学校附属小学校手工科の授業を嘱託される（1905年3月迄）
1901年6月	35歳	小学校教師用手工教科書編纂を上原六四郎と共に文部省から嘱託される
1902年5月	36歳	東京府教育品展覧会審査委員を嘱託される
1903年5月	37歳	同年開設の師範学校，中学校，高等女学校教員夏期講習会講師を文部省より嘱託される（1906年迄）
1906年3月	40歳	東京高等師範学校教授に着任
1907年4月	41歳	東京勧業博覧会審査を東京府より嘱託される
1908年12月	42歳	文部省視学委員を命じられる（1910年迄）
1911年6月	45歳	手工科研究のため満2ヵ年米国仏国及び独国へ留学を命じられる
8月		欧米留学発途
		留学中，女子の手工に関する調査を東京女子高等師範学校より嘱託される
1912年1月		満1年間，米国において，手工科を修業
1913年11月	48歳	帰国
1914年3月		第18回視学講習会講師を文部省より嘱託される
4月		東京大正博覧会審査官を農務省より嘱託される
		第1回師範学校，中学校，高等女子校教員等の講習会講師を文部省から嘱託される（第3回迄，同講師）
6月		文部省視学委員を命じられる（1915・16・21年，同委員）
1915年9月	49歳	小学校教員手工科講習会講師を文部省から嘱託される
1918年6月	52歳	東京盲学校手工科の授業を嘱託される
1922年6月	56歳	小学校教員講習会講師を文部省より嘱託される
1929年6月	63歳	東京高等師範学校講師を嘱託される
1933年5月	67歳	死去

著作目録

1893 年
6 月　「手工の教育に就て」『千葉教育雑誌』第 15 号　pp. 3-9
1894 年
1 月　「小学校手工科教授方法」『千葉教育雑誌』第 22 号　pp. 16-20
1897 年
7 月　『普通木工教科書』金港堂
1901 年
9 月　『高等師範学校附属小学校　手工科教授細目』同文館（高等師範学校附属小学校第二部編纂）
1902 年
1 月　「手工科教授法（第一回）」『国民教育』第 1 号　pp. 34-37
「手工科教授法」『教育実験界』第 9 巻第 1 号　pp. 9-13
「手工科教授法（第二回価値論つづき）」『教育実験界』第 9 巻第 2 号　pp. 3-5
2 月　「手工教授法（第二回，価値論ツヅキ）」『国民教育』第 2 号　pp. 26-31
「手工科教授法（第三回価値論つづき）」『教育実験界』第 9 巻第 3 号　pp. 3-5
「手工科教授法（第四回，価値論つづき）」『教育実験界』第 9 巻第 4 号　pp. 9-11
3 月　「手工教授法」『国民教育』第 3 号　pp. 15-18
「手工科教授法（第五回，価値論つづき）」『教育実験界』第 9 巻第 6 号　pp. 10-12
4 月　「手工教授法（第四回）」『国民教育』第 4 号　pp. 20-21
5 月　「手工教授法（第五回）」『国民教育』第 5 号　pp. 22-24
「手工教授法（第六回）」『教育実験界』第 9 巻第 9 号　pp. 10-12
「手工教授法（第七回）」『教育実験界』第 9 巻第 10 号　pp. 34-37
6 月　「手工教授法（第六回）」『国民教育』第 6 号　pp. 17-20
7 月　「手工教授法（第七回）」『国民教育』第 7 号　pp. 12-15
「手工科教授法（第八回）」『教育実験界』第 10 巻第 1 号　pp. 15-17
8 月　「手工科教授法（第九回，意的方向のつづき）」『教育実験界』第 10 巻第 3 号　pp. 7-9
9 月　「手工科教授法（第八回，意的方面つづき）」『国民教育』第 9 号　pp. 13-16
1903 年
7 月　『尋常高等小学手工製作図』二原堂（上原六四郎との共著）
8 月　「小学校に於ける手工科」『日本之小学教師』第 5 巻第 56 号　pp. 9-11（編

者筆記）

10月　「小学校に於ける手工科（承前）」『日本之小学教師』第5巻第58号 pp. 7-10　（編者筆記）

11月　「手工用具と其の成績品及び工芸材料と其の製作品標本」『教育界』第3巻第2号　pp. 71-78

1904年

1月　「小学校に於ける手工科（承前）」『日本之小学教師』第6巻第61号 pp. 20-23

「手工科教授上の諸問題」『教育実験界』第13巻第1号　pp. 48-51（棚橋源太郎との共著）

2月　「手工科教授上の諸問題」『教育実験界』第13巻第3号　pp. 46-48（棚橋源太郎との共著）

「手工科教授上の諸問題」『教育実験界』第13巻第4号　pp. 40-43（棚橋源太郎との共著）

4月　「手工科教授の実際（一）」『教育研究』第1号　pp. 20-24

「手工教授法（続）」『千葉教育雑誌』第144号　pp. 9-13（富田駒吉筆記）

5月　「手工教授の実際（二）」『教育研究』第2号　pp. 32-37

6月　「手工科理科教授資料（簡易実用鍍金法）」『教育研究』第3号　pp. 49-54

7月　文部省編纂『小学校教師用　手工教科書』（上原六四郎との共同執筆）

「手工科教授の実際（三）」『教育研究』第4号　pp. 54-58

9月　「手工科教授の設備」『教育研究』第6号　pp. 44-51

10月　「手工科教授の設備（承前）」『教育研究』第7号　pp. 40-44

12月　「手工教授の設備（承前）」『教育研究』第9号　pp. 68-73

1905年

1月　「手工科教授の設備（承前）」『教育研究』第10号　pp. 83-89

「手工科教授の目的」『東京教育雑誌』第181号　pp. 1-11

2月　「手工科教授の設計例」『教育研究』第11号　pp. 45-47

3月　「手工教授の設計例（承前）」『教育研究』第12号　pp. 52-56

4月　「手工教授の設計例（承前）」『教育研究』第13号　pp. 51-61

7月　『手工科教授書』宝文館（棚橋源太郎との共著）

9月　「図画教授資料（透視画法）（一）」『教育研究』第18号　pp. 56-60

10月　「図画教授資料（透視画法）（二）」『教育研究』第19号　pp. 28-32

11月　「図画教授資料（透視画法）（三）」『教育研究』第20号　pp. 51-56

1906年

1月　「図画教授資料（透視画法）（四）」『教育研究』第22号　pp. 32-37

4月　「粘土細工品の軽便なる焼方及び釉薬に就きて」『教育研究』第25号 pp. 28-33

7月　『手工科教授細案』宝文館（棚橋源太郎との共著）
8月　「幼稚園恩物につきて」『教育研究』第29号　pp. 51-57

1907年

7月　『講習用書　手工科教授法講義』宝文館
「研究議事録」『手工研究』第1輯　pp. 1-22（議事の発言者の一人）
「手工科教授視察録」同上　pp. 54-69
8月　『六学年小学校　図画手工連絡教授の実際』同文館（阿部七五三吉との共著）
10月　『師範教育　手工教科書』金港堂
11月　「小学校手工科特別教室の施設」『教育研究』第44号　pp. 19-22
12月　「手工教授上児童用に属する工具及び材料は如何に用意するを以て適当とすべきか」『手工科の実施について』手工館　pp. 1-5

1908年

1月　「手工研究会討議会議事速記録」『手工研究』第2輯　pp. 1-21（議事の発言者の一人）
「図画手工連結教授」同上　pp. 25-29
「日本手工原論著者の手工教授書に対する批評を駁す」同上　pp. 82-89
「日本手工原論著者の手工科教授書に対する批評を駁す（一）」『教育研究』第46号　pp. 90-95
2月　「日本手工原論著者の手工教授書に対する批評を駁す（二）」『手工研究』第3輯　pp. 93-103
3月　「日本手工原論著者の手工教授書に対する批評を駁す（完）」『手工研究』第4輯　pp. 85-95
4月　「日本手工原論著者の手工教授書に対する批評を駁す（二）」『教育研究』第49号　pp. 63-68
5月　『小学校に於ける手工教授の理論及実際』宝文館
『岡山秀吉講述　手工科教授法』同文館
「日本手工原論著者の手工教授書に対する批評を駁す（三）」『教育研究』第50号　pp. 59-61
7月　「講演　図画と手工との連絡に就て」『図画教育』第13号　pp. 5-7
「日本手工原論著者の手工教授書に対する批評を駁す（四）」『教育研究』第52号　pp. 67-71
10月　「日本手工原論著者の手工教授書に対する批評を駁す（五・完）」『教育研究』第55号　pp. 69-72
「世界各国に於ける近世手工教授の発達」『初等教育研究雑誌　小学校』第6巻第2号　臨時増刊　pp. 83-88
12月　『師範学校手工教科書　前・後』実業教科研究組合（上原六四郎・阿部七

五三吉との共著）
「講演　図画と手工との連絡に就て（続）」『図画教育』第 14 号　pp. 1-4

1909 年

1 月　「手工教授と工夫力の養成」『教育研究』第 58 号　pp. 38-42
5 月　「講演　図画と手工との連絡に就て（承前）」『図画教育』第 15 号　pp. 1-3
6 月　『手工科教材及教授法』宝文館
「長野新潟両県視察の結果　手工教授の時弊を論ず」『帝国教育』第 323 号　pp. 33-36
7 月　「文部省開催の師範学校教育科講習会の実地授業研究（承前）　第一部尋常第五学年手工教授」『教育研究』第 64 号　pp. 27-30
8 月　「手工教授上の諸問題（上）」『教育研究』第 65 号　pp. 11-15
9 月　「講演　図画と手工との連絡に就て（続き）」『図画教育』第 16 号　pp. 5-7
10 月　「中学校に手工科を加ふるを可とす」『教育界』第 8 巻第 12 号　pp. 6-10
10 月　「手工研究会討議会議事速記録」『手工研究』第 5 輯　pp. 1-34（議事の発言者の一人）
「長野新潟二県手工科教授視察録」同上　pp. 54-69
11 月　「手工教授上の諸問題（中）」『教育研究』第 68 号　pp. 28-32
12 月　「三重県一志郡立成尋常高等小学校を観る」『教育研究』第 69 号　pp. 82-88

1910 年

1 月　「手工教授上の諸問題（下）」『教育研究』第 70 号　pp. 27-32
2 月　「手工研究会討議会議事速記録」『手工研究』第 6 輯　pp. 1-21
「中学校に手工科を加ふべし」『手工研究』同上　pp. 24-31
「女子の手工教材につきて」『初等教育』第 20 号　pp. 26-28
5 月　「手工科教授雑感」『手工研究』第 7 輯　pp. 3-9
7 月　「手工科教授の状況」『帝国教育』第 336 号　pp. 32-41
8 月　「東京高等師範学校附属小学校に於ける図画手工科実施要領」『手工研究』第 8 輯　pp. 1-8（阿部七五三吉との共著）
「質疑応答」同上　pp. 52-55
11 月　「図案の基礎」『教育研究』第 80 号　pp. 26-31
12 月　「色彩教授に就て」『手工研究』第 9 輯　pp. 8-15
「色彩の教授について」『教育研究』第 82 号　pp. 29-34

1911 年

4 月　「手工教授上注意すべき諸点」『初等教育研究雑誌　小学校』第 11 巻第 1 号　pp. 14-17
7 月　「神奈川，三重，愛知，静岡四県手工科教授状況」『帝国教育』第 348 号 pp. 59-66
9 月　「米国手工教授用書」『手工研究』第 11 輯　pp. 47-49

「神奈川，三重，愛知，静岡県四県手工科教授状況」同上　pp. 70-80

1912年

4月　「通信」『手工研究』第12輯　pp. 66-67

6月　「米国手工教育の概況（一）」『教育研究』第99号　pp. 83-92

7月　「米国手工教育の概況（二）」『教育研究』第100号　pp. 169-177

9月　「紐育市のホーレスマン，スクールの状況（一九一一・一九一二）」『手工研究』第13輯　pp. 75-80

1913年

4月　「通信」『手工研究』第14輯　pp. 33-35

「米国手工教育の概況」同上，pp. 35-43

7月　「米国小学校手工教授の状況」『帝国教育』第372号　pp. 70-76

8月　「米国小学校手工教授の実況」『帝国教育』第373号　pp. 82-86

「岡山秀吉よりの御書翰」『手工研究』第15輯　p. 1

11月　「米国小学手工科研究報告」『教育時論』第1028号　pp. 24-29

「米国手工科研究報告（二）」『教育時論』第1030号　pp. 23-26

「米英及仏国ニ於ケル手工科研究報告」『現代教育』第2号　pp. 75-80

「英米及仏国に於ける手工科の研究」『帝国教育』第376号　pp. 69-78

12月　「欧米に於ける手工教育の実況」『教育界』第13巻第2号　pp. 57-62

「欧米に於ける手工教育の実況（続）」『教育界』第13巻第3号　pp. 63-67

「英米の手工教育」『教育時論』第1031号　pp. 10-13

「独仏に於ける手工教育」『教育時論』第1033号　pp. 9-13

「米国小学校手工教育調査報告（官報転載）」『手工研究』第16輯　pp. 41-57

1914年

1月　「高等小学手工科の振興策（一）」『教育研究』第119号　pp. 19-23

「欧米の中学校に於ける手工科の趨勢」『中等教育』第20号　pp. 17-22

「欧米大都市における手工教育と我が手工教育の将来」『初等教育研究雑誌　小学校』第16巻第8号　pp. 2-10

2月　「欧米手工教育の職業化」『現代教育』第5号　pp. 69-72

「欧米の手工教育と我国手工教育の将来」『初等教育研究雑誌　小学校』第16巻第10号　pp. 59-65

3月　「英米独仏に於ける手工教育の特色（教育界十三ノ三）」『教育実験界』第33巻第5号　pp. 53-54

「欧米に於ける手工専科教員養成の状況」『手工研究』第17輯　pp. 1-4

「欧米の中学校に於ける手工科の趨勢（つづき）」『中等教育』第21号　pp. 12-18

5月　「高等小学校手工科の振興策（二）」『教育研究』第123号　pp. 19-23

「欧米に於ける手工専科教員養成の状況（二）」『手工研究』第18輯

pp. 4-7
「欧米の大都市に於ける手工教育」同上　pp. 66-86
7月　「開会の辞」『手工研究』第19輯　pp. 3-4
8月　「高等小学校手工科の振興策（三）」『教育研究』第126号　pp. 30-36
9月　「高等小学校手工科の振興策（四）」『教育研究』第127号　pp. 27-32
10月　「欧米手工教育の概要」『教育研究』第129号　臨時増刊　pp. 196-201
10月　「補充問題　手工科教授の目的を論ず・手工科教材の選択について・手工科教授の注意」同上　pp. 201-211
10月　「欧米各国の手工科教員」『日本之小学教師』第16巻第190号　pp. 54-57
11月　「欧米各国の手工科教員（二）」『日本之小学教師』第16巻第191号　pp. 63-65
12月　「高等小学校の手工科振興策（五）」『教育研究』第131号　pp. 30-36
12月　「小学校手工科法令の改正に関する建議の件報告」『手工研究』第20輯　pp. 5-10

1915年
1月　「国産奨励について」『教育研究』第132号　pp. 89-90
2月　「手工科の振興に就いて」『手工研究』第21輯　pp. 10-15
3月　「手工科新教材（観覧車共同製作）」『手工研究』第22輯　pp. 38-43
4月　『欧米諸国手工教授の実況』教育新潮研究会
「英国小学上級部の手工科及び家事教授」『教育研究』第136号　pp. 41-46
5月　「本会の事業に就いての所感二三」『手工研究』第23輯　pp. 7-9
6月　「加奈陀文部省手工科の設置及び維持に関する規則（一）」『教育研究』第138号　pp. 49-52
7月　「加奈陀文部省手工科の設置及び維持に関する規則」『教育研究』第139号　pp. 44-49
「高等小学校手工科法令を改正せられんことを文部当局に望む」『教育実験界』第36巻第1号　pp. 23-26
「完全なる手工科の設備（加奈陀文部省手工科規程抄訳）」『手工研究』第24輯　pp. 4-11
「文部省開催手工講習会に於ける協議会状況」同上　pp. 45-60（議事の発言者の一人　七生報筆記）
8月　「加奈陀文部省手工科の設置及び維持に関する規則（完）」『教育研究』第140号　pp. 30-34
9月　「各種記念日に関する米国小学校手工科作業」『教育研究』第141号　pp. 64-70
11月　「手工科新教材選材選択改良意見」『手工研究』第25輯　pp. 1-8
「文部省開催手工講習会に於ける協議会状況（前号の続き）」同上　pp. 42-

49（議事の発言者の一人　七生報筆記）
「文部省手工科の受験に就て」『手工研究』同上　pp. 55-56
「予が見たる欧米の職工」『手工研究』第26輯　pp. 22-31
12月　「欧米手工視察談」『図画教育』第28号　pp. 1-19

1916年

1月　「手工科金属製品の装飾＝簡易鍍金法」『現代教育』第29号
2月　「文部省主催小学校教員手工科講習会所感」『手工研究』第27輯　pp. 1-6
3月　「簡易実験普通塗物術講義（一）」『手工研究』第28輯　pp. 24-34
5月　「粘土細工に関する調査」『教育研究』第151号　pp. 80-85
「簡易実験普通塗物術講義（二）」『手工研究』第29輯　pp. 21-33
7月　『新手工科教授』宝文館
「手工教育振興の好機」『手工研究』第30輯　pp. 1-6
「手工科の勧め」『日本之小学教師』第18巻第211号　pp. 47-51
8月　「紐育市小学校家事科教授細目」『教育研究』第154号　pp. 70-74
9月　『手工科新教材集成　紙細工篇』宝文館
「紐育市小学校家事科教授細目（二）」『教育研究』第155号　pp. 77-80
「手工科教授上一般陶冶と職業的陶冶に就いて」『手工研究』第31輯　pp. 1-3
「簡易実験普通塗物術講義（三）」同上　pp. 49-59
11月　「手工科設備の改善を望む」『手工研究』第32輯　pp. 2-3
「簡易実験普通塗物術講義（四）」同上　pp. 37-44
「手工科」『工業生活』第2巻第1号　pp. 205-207

1917年

1月　「五十年間の手工科教授の回顧」『教育研究』第160号　pp. 113-118
2月　「欧米小学校に於ける手芸科及び家事科教授の状況」『教育研究』第162号　臨時増刊　pp. 197-206
「発明界の発達と理科及び手工科教授」『手工研究』第33輯　pp. 1-4
「簡易実験普通塗物術講義（五）」同上　pp. 39-48
3月　「ベンネット氏独国技能科教授参観記（一）」『教育研究』第163号　pp. 9-14
「手工教授の振作を望む」『手工研究』第34輯　pp. 1-6
「簡易実験普通塗物術講義（六）」同上　pp. 51-58
4月　「ベンネット氏独国技能科教授参観記」『教育研究』第164号　pp. 11-17
5月　『手工科新教材集成　粘土細工篇』宝文館
「簡易実験普通塗物術講義（七）」『手工研究』第35輯　pp. 51-58
7月　「拙著手工科新教材集成の活用に就いて」『手工研究』第36輯　pp. 1-4
8月　「簡易実験普通塗物術講義（八）」同上　pp. 23-32
「高等小学校の手工科を革新せよ」『帝国教育』第421号　pp. 32-37

9月　「手工科教室の設備」『現代教育』第49号　pp. 61-68
「新定小学校手工科教授要目」『手工研究』第37輯　pp. 25-38
「簡易実験普通塗物術講義（九）」同上　pp. 59-65
10月　「手工科教室の設備（承前）」『現代教育』第50号　pp. 58-63
11月　「手工科の振興に関し文部当局諸君及び臨時教育会議員諸君に本文の一読を乞ふ」『手工研究』第38輯　pp. 1-5
「簡易実験普通塗物術講義（完）」同上　pp. 44-51

1918年
2月　「手工科振興に関し特に師範学校手工教育諸君の奮起を望む」『手工研究』第39輯　pp. 1-3
「手工科教室の設備」同上　pp. 13-24
4月　「師範学校図画手工の選択科問題に就いて」『手工研究』第40輯　pp. 1-4
「手工科教授の方法に就いて」同上　pp. 8-17
7月　「木工を課する必要及び注意」『手工研究』第41輯　pp. 1-3
9月　「木工教授の必要及教授上の注意」『教育研究』第182号　pp. 54-58
11月　「木工玩具電車の架設」『教育研究』第184号　pp. 20-24
12月　「上原先生追憶録」『手工研究』第42輯上原先生銅像建設記念号　pp. 12-20

1919年
2月　「手工教材風車研究」『教育研究』第187号　pp. 11-15
「今後の手工教育」『手工研究』第43輯　pp. 1-4
「木工焼絵法」同上　pp. 38-42
4月　「手工教材飛行機の二三」『教育研究』第190号　pp. 23-29
『手工科新教材集成　簡易木工篇』宝文館
5月　「手工科発展より見たる小学校令改正評」『手工研究』第44輯　pp. 1-5
12月　「手工科教授の任務」『手工研究』第46輯　pp. 1-5

1920年
2月　「現下の手工教授に対する所感」『教育研究』第202号　臨時増刊　pp. 157-165
「手工に関する法令改正の建議につきて」同上　pp. 246-249
「第一問　作業，製作，工業，手工の意義調査報告」同上　pp. 254-257（議事の発言者の一人）
9月　『新手工科教材及教授法』培風館
12月　「全国師範学校長会議に於ける手工科振興演説」『手工研究』第48輯　pp. 1-6

1921年
3月　「大正九年度文部省中等教員検定試験に対する各科受験委員の感想と同今後受験者に対する注意　手工科　手芸科」『教育界』第20巻第5号

pp. 19-22
6月　「手工科成績に就いて」『図画と手工』第30号　pp. 10-13
7月　「文部省手工科夏期講習会への出席を希望す」『手工研究』第49輯　pp. 1-3
「手工及手芸科文検受験者のために」同上　pp. 71-73

1922年
1月　「第五拾輯の発刊に題す」『手工研究』第50輯　pp. 1-3
3月　『最新手工教材　板金穿孔彫刻』培風館
5月　「東京市児童図画手工成績品展覧会に就いての感想」『手工研究』第51輯　pp. 14-17
「海外及東京市児童図画手工成績品展覧会に就ての感想」『教育界』第21巻第5号　pp. 105-107
6月　『木材着色・ワニス・ペンキ・漆・蒔絵　塗物術』大倉書店
9月　「鍛工の要訣（一）」『手工研究』第52輯　pp. 18-21
12月　「技能科振興の必要」『手工研究』第53輯　pp. 1-4
「講述　本多博士の研究に拠る鋼の焼入」同上　pp. 14-21 （細田昇一筆記）

1923年
4月　「鍛工の要訣（二）」『手工研究』第54輯　pp. 20-24

1924年
1月　「震災雑感」『手工研究』第56輯　pp. 1-5
9月　「手工科を必須科と為すことに関し文政審議委員諸公の穏当なる審議を希望し併せて文部当局者の再考を望む」『手工研究』第58輯　pp. 1-5（岡山秀吉外評議員十五名連名）

1925年
1月　「時事問題の二三（師範手工設備改善・動力整備・創作と模倣・芸術教育と手工科）」『手工研究』第59輯　pp. 1-6
3月　「文検手芸科について」『文検世界』第11巻第3号　pp. 3-5
4月　「本誌の月刊に題す」『手工研究』第60輯　pp. 1-2
5月　「ベンネット氏の手工科教材選択論」『手工研究』第61号　pp. 1-8
6月　「師範学校規程と同校手工科教授要目改正所感」『手工研究』第62号　pp. 1-4
「斉藤金造君の欧米視察に趣かるるを祝す」　同上　p. 39
7月　「文検手芸科受験者のために」『手工研究』第63号　pp. 23-25
8月　「大正十四年度の手工科文検について」『手工研究』第64号　pp. 20-23
9月　「都市手工教育の発展策」『手工研究』第65号　pp. 1-4
10月　「都市手工教育の発展と手工中央教室」『帝国教育』第518号　pp. 65-69
12月　「御挨拶」『手工研究』第67号岡山会長還暦記念号　pp. 3-4

1926年

1月　『最新手工　趣味の厚紙建築』文書堂
「高等小学校改善上実業科目につき岡田文相閣下に望む」『手工研究』第68号　pp. 1-4

3月　「手工科教授実際方面の進歩」『教育研究』第300号記念号　pp. 58-62

4月　「銅及び真鍮の着色法」『手工研究』第70号　pp. 17-20

5月　「必修科となった高等小学校の手工科に就いて」『手工研究』第71号　pp. 4-7

6月　「高等小学校の手工科と工業科」『手工研究』第72号　pp. 1-5

8月　「新令に依る高等小学校の手工科及び工業科の教材配当」『手工研究』第74号　pp. 1-10
「高等小学校の手工科と工業科」『帝国教育』第528号　pp. 11-15

10月　「鍛工の要訣　三」『手工研究』第76号　pp. 5-10

11月　「鍛工の要訣　四」『手工研究』第77号　pp. 12-17

12月　『新令準拠　高等小学手工科指導書』蘆田書店
『改訂増補　手工科教材及教授法』宝文館

1927年

2月　「米国ベンネット氏述　手工科教授の三模式的方法」『手工研究』第80号　pp. 1-6

4月　『新手工教科書　上・下』培風館（阿部七五三吉・伊藤信一郎との共著）

4月　「新手工教科書の発刊に就て」『手工研究』第82号　pp. 1-4

5月　「ベネット氏述　手工科教授三模式的方法」『教育研究』第314号　pp. 150-153

6月　『訂正増補　木材着色・ワニス・ペンキ・漆・蒔絵　塗物術附金属着色法』大倉書店
「構作原理の一班」『手工研究』第84号　pp. 1-6

8月　『新令準拠　続　高等小学手工科指導書』蘆田書店

9月　「手工教育の根本的改善――師範学校手工科規程の改正を要す」『手工研究』第87号　pp. 1-6

10月　「木彫の実技練習要領」『手工研究』第88号　pp. 1-7

11月　「本会前評議委員森利平君逝く」『手工研究』第89号　p. 33

12月　「手工及工業科担任教員の養成に関し師範学校規程の改正を望む」『帝国教育』第544号　pp. 53-60

1928年

1月　「木工用刃物研磨の研究　一」『手工研究』第91号　pp. 1-11

2月　「新案鉋の紹介」『手工研究』第92号　p. 42

3月　『改訂増補　新手工科教材及教授法』培風館

4月　「快走船諏訪丸の由来と製作の感想」『手工研究』第94号　pp. 15-16
7月　「地下児童倶楽部室の建築」『手工研究』第97号　pp. 8-14
8月　「師範学校制度の改正に対して希望を述べ併せて師範学校長会の提案に係る『師範学校学科課程改善案』を評す」『手工研究』第98号　pp. 1-10
10月　「高等小学校の手工科と工業科」『工政』10月号　pp. 2-5
11月　「御大典を祝し第壱百号の発刊に当つて所感を述ぶ」『手工研究』第100号　pp. 1-4
12月　「全国児童手工成績品審査所感」『手工研究』第101号　pp. 1-5

1929年
3月　「手工と工業との関係を述べ工業教育の精神に及ぶ」『手工研究』第104号　pp. 1-5
5月　『初等中等手工科教材』蘆田書店
6月　「教授方法（学習指導）の新研究　上」『手工研究』第107号　pp. 6-9
7月　「高等小学校の手工及工業教育上現下に於ける諸重要問題に就て」『教育研究』臨時増刊　手工・工業教育の研究号　345号　pp. 43-56
「退官の御挨拶」『手工研究』108号　pp. 1-2
8月　「作業的教科の学習指導法」『初等教育研究雑誌　小学校』第47巻第5号　pp. 23-25
10月　「教授方法（学習指導）の新研究　下（第百七号の続）」『手工研究』第111号　pp. 1-6
「作業的教科の学習指導」『初等教育研究雑誌　小学校』第48巻第1号　pp. 99-102

1930年
1月　「年頭に際し手工教育の改善を要望す」『手工研究』第114号　pp. 1-5
4月　「欧米に於ける新教育の代表的研究所と手工教育」『手工研究』第117号　pp. 1-7
6月　「板金工実習三題」『手工研究』第119号　pp. 4-9
「文検手芸科受験者の為に」『文検世界』第16巻第6号
7月　「右に対する所感」『中等教育』第68号　pp. 38-51
8月　「中学校作業科教授要目」『手工研究』第121号　pp. 1-11
11月　「女子手工芸教育の刷新について」『手工研究』第124号　pp. 1-8

1931年
2月　「中学校作業科の設備と其費用」『手工研究』第127号　pp. 1-8
4月　「中学校作業科の設備と其の費用」『帝国教育』第584号　pp. 60-65
6月　「工具機械の歴史的研究（一）」『手工研究』第131号　pp. 1-7
10月　「手工」東京文理科大学編『創立六十年』　pp. 250-566
11月　「手工教育の郷土化について」『手工研究』第136号　pp. 1-4

1932年

2月　「工具機械の歴史的研究（二）」『手工研究』第139号　pp. 1-6

3月　「工具機械の歴史的研究（三）」『手工研究』第140号　pp. 7-13

4月　「工具機械の歴史的研究（四）」『手工研究』第141号　pp. 1-5

5月　「工具機械の歴史的研究　五」『手工研究』第142号　pp. 1-6

6月　「工具機械の歴史的研究　六」『手工研究』第143号　pp. 1-8

「手芸科受験者への注意」『文検世界』第18巻第6号　pp. 5-7

7月　「工具機械の歴史的研究　七」『手工研究』第144号　pp. 1-4

10月　『改訂　新手工教科書　上・下』培風館（阿部七五三吉・伊藤信一郎との共著）

12月　「手工の教育」『岩波講座教育科学　第15冊』岩波書店

12月　「作業科に就て」『手工研究』第149号　pp. 3-5

1933年

1月　『竹工・指物・玩具・挽物・彫刻・塗装　木工術』弘道閣（阿部七五三吉・伊藤信一郎との共著）

「師範学校手工科の改善を望む」『構成教育』第2巻第10号　pp. 3-5

3月　「文検手工科予備受験者のために」『構成教育』第2巻第12号　pp. 3-5

「工具機械の歴史的研究　八」『手工研究』第152号　pp. 3-8

4月　「文検作業科の受験について」『手工研究』第153号　p. 3

「工具機械の歴史的研究　九」　同上　pp. 4-8

10月　『女子師範学校　手工教科書　前・後』培風館（阿部七五三吉・伊藤信一郎との共著）

資料２　作業分解票

作業分解票（1-1-1）

<table>
<tr><td>製作課題</td><td>鋏の使用法―紙帯
〔切抜〕</td><td>学年・期</td><td>尋常科第１学年・第１学期</td></tr>
<tr><td rowspan="2">材料</td><td rowspan="2">色紙美濃判八ツ切大，模造紙の如き紙質の剛きもの</td><td>教授時数</td><td>１時間</td></tr>
<tr><td rowspan="2">作業</td><td rowspan="2">・紙を半分に折る
・はさみで折り目を切る</td></tr>
<tr><td>工具</td><td>唐ばさみ（三寸五分）</td></tr>
<tr><td colspan="2">略図または完成写真</td><td colspan="2"></td></tr>
</table>

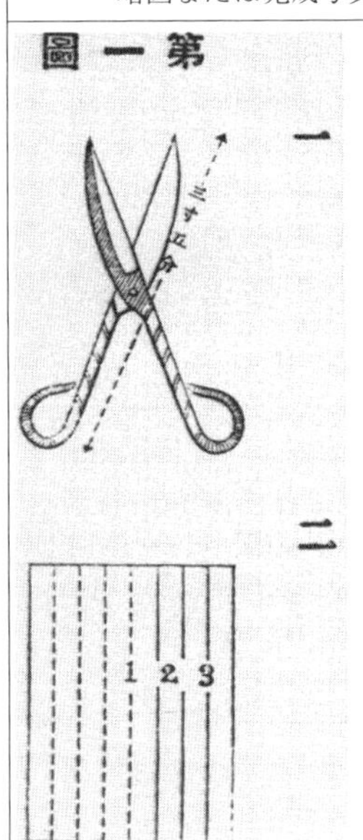

(1-1-1)

No.	作業ステップ	急所
1	はさみの使い方の示範	刃先の開閉を十分にさせる。
2	紙を折る	等分法によって3回折りたたんで8等分にする。(紙は縦長に)
3	折り目をつける	紙の折り目を爪の甲で押さえて，明瞭に折り目線をつける。
4	はさみで折り目を切る	折った紙を広げて，折り目線を図の1, 2, 3の順に切る。(12㎜間隔)
5		
6		
7		
8		
9		
10		
11		
12		
13		
14		
15		
16		
17		
18		
19		
20		
21		
22		
23		
教授活動の順序と特徴	**教授上の注意** (1) はさみを使用するには，刃先の開閉を十分にさせる。 (2) 教師は大型の鋏で切り方を示範し，児童に模倣させる。 (3) 児童の鋏は，本学期中（尋常科第1学年第1学期）は，教師が保管し，必要の場合に配布する。 (4) 早く切り終わった児童には，切った紙帯をさらに2分させる。 **教鞭物** 大型唐ばさみ（七寸），美濃判色紙全大	
教材解釈の視点	紙を半分に折り，その折り目をはさみで切るところから始まる。	

作業分解票（1-1-2）

製作課題	鋏の使用練習—暖簾〔切抜〕	学年・期	尋常科第１学年・第１学期
材料	色紙美濃判八ツ切大，模造紙の如き紙質の剛きもの	教授時数	１時間
		作業	・紙を半分に折る ・はさみで折り目を切る
工具	唐ばさみ（三寸五分）		
略図または完成写真			

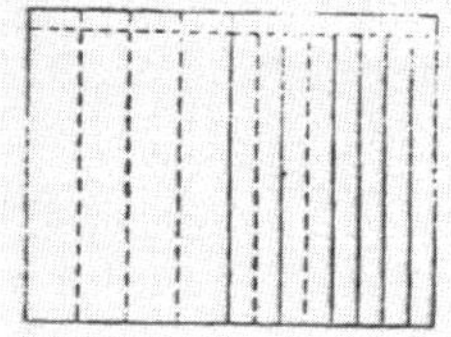

(1-1-2)

No.	作業ステップ	急所
1	紙を折る	等分法によって３回折りたたんで横に８等分にする。(紙は横長に)
2	折り目をつける	紙の折り目を爪の甲で押さえて，明瞭に折り目線をつける。
3	はさみで折り目を切る	折った紙を広げて，上部を一部残して，折り目線を順に切って８等分する。(16mm間隔)
4	はさみで折り目を切る	さらに，それぞれを２等分する。(８mm間隔)
5	説話	暖簾についての説話をする。
6		
7		
8		
9		
10		
11		
12		
13		
14		
15		
16		
17		
18		
19		
20		
21		
22		
23		
教授活動の順序と特徴	**教授上の注意** (1) はさみの使用法に注意して，切り方を練習させる。 (2) 未熟の児童には，８等分まででよい。 **教鞭物** 大型唐ばさみ（七寸），美濃判色紙全大	
教材解釈の視点	８等分から16等分する際には折り目がないため，目分量で等分する必要があ。	

作業分解票（1-1-3）

<table>
<tr><td>製作課題</td><td>鋏の使用練習—凧の尾〔切抜〕</td><td>学年・期</td><td>尋常科第1学年・第1学期</td></tr>
<tr><td rowspan="2">材料</td><td rowspan="2">色紙美濃判八ツ切大1枚
のり</td><td>教授時数</td><td>1時間</td></tr>
<tr><td rowspan="2">作業</td><td rowspan="2">・紙を半分に折る
・はさみで折り目を切る</td></tr>
<tr><td>工具</td><td>唐ばさみ（三寸五分）</td></tr>
<tr><td colspan="2">略図または完成写真</td><td colspan="2"></td></tr>
</table>

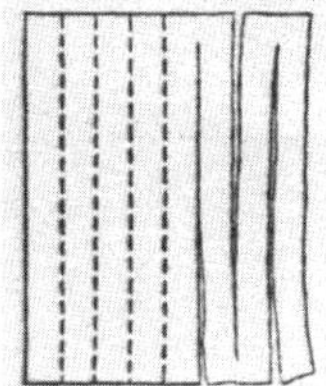

(1-1-3)

No.	作業ステップ	急所
1	紙を折る	等分法によって3回折りたたんで8等分にする。
2	折り目をつける	紙の折り目を爪の甲で押さえて，明瞭に折り目線をつける。
3	はさみで折り目を切る	紙の上下の端から交互に切りこみ，1条のビラ紙（凧の尾）とする。(12mm間隔)
4	（のりづけ）	途中で切れたら，のりで接合する。
5		
6		
7		
8		
9		
10		
11		
12		
13		
14		
15		
16		
17		
18		
19		
20		
21		
22		
23		
教授活動の順序と特徴	**教授上の注意** (1) 紙の上端から切る場合には，紙を裏がえして，上下を逆にする。 (2) 折り目の上を正確に切るには，紙が折り目で曲っていないように，よく注意する。 **教鞭物** 大型唐ばさみ（七寸），美濃判色紙全大，尾をつけた凧，図絵	
教材解釈の視点	①端まで切り落とさない点で難易度が上がっている。 ②凧の実物や図絵を用意することで，単にはさみで切る練習というイメージをなくしている。	

作業分解票（1-1-4）

<table>
<tr><td>製作課題</td><td>紙鏈〔切抜〕</td><td>学年・期</td><td>尋常科第１学年・第１学期</td></tr>
<tr><td rowspan="2">材料</td><td rowspan="2">模造紙美濃判八ツ切１枚，色は児童の半数に赤，半数に緑，のり</td><td>教授時数</td><td>１時間</td></tr>
<tr><td rowspan="2">作業</td><td rowspan="2">・紙を半分に折る
・はさみで折り目を切る
・のりづけする</td></tr>
<tr><td>工具</td><td>唐ばさみ（三寸五分）</td></tr>
<tr><td colspan="2">略図または完成写真</td><td colspan="2"></td></tr>
</table>

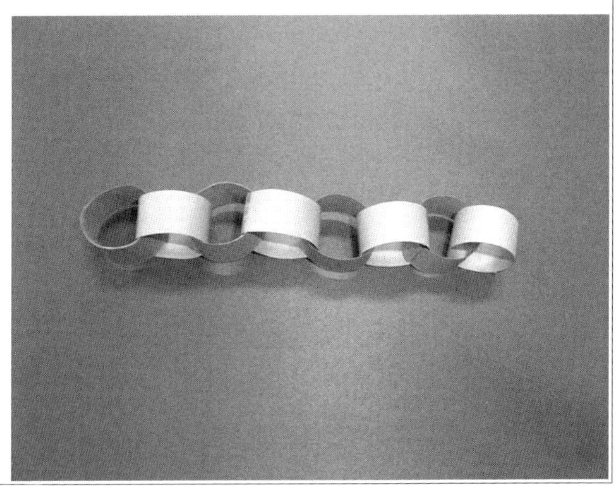

(1-1-4)

No.	作業ステップ	急所
1	紙を折る	等分法によって３回折りたたんで横に８等分にする。
2	折り目をつける	紙の折り目を爪の甲で押さえて，明瞭に折り目線をつける。
3	はさみで折り目を切る	折り目線にそって，正確に切り，８本の紙帯をつくる。(16㎜間隔)
4	のりづけ	各紙帯の両端をのりづけしつつ，交互に組み合わせて鏈にする。
5	のりづけ	教師は早く仕上げた児童と協力して，各児童の分を別の紙帯でつなぎ，これを２条の長い鏈にする。
6		
7		
8		
9		
10		
11		
12		
13		
14		
15		
16		
17		
18		
19		
20		
21		
22		
23		
教授活動の順序と特徴	**教授上の注意** (1) ２条の長い鏈は，教室の壁面又は天井下に懸垂して，教室の装飾とする。 (2) 各児童に赤と緑のそれぞれの紙を交付するも可。 (3) のりの使用法について便宜教授する。 **教鞭物** 紙鏈の大型標本	
教材解釈の視点	①輪を作ることで紙帯を真っ直ぐ切れているか，のりづけの際に子どもが認識できる。新たにのりづけが加わる。 ②教室の装飾に使用することで，はさみの単純な使用練習を避けている。模造紙の色も，装飾を考えて，それぞれ赤と緑の長い鏈を作れるように，２色を用意している。	

作業分解票（1-1-5）

<table>
<tr><td>製作課題</td><td>階梯〔切抜〕</td><td>学年・期</td><td>尋常科第1学年・第1学期</td></tr>
<tr><td rowspan="2">材料</td><td rowspan="2">青色紙美濃判十二切大1枚，貼り付け台紙美濃判四ツ切大，のり，のり紙（のりづけ用新聞紙片）</td><td>教授時数</td><td>1時間</td></tr>
<tr><td rowspan="2">作業</td><td rowspan="2">・紙を半分で折る
・はさみで折り目を切る
・のりづけをする</td></tr>
<tr><td>工具</td><td>唐ばさみ（三寸五分）</td></tr>
<tr><td colspan="2">略図または完成写真</td><td colspan="2"></td></tr>
<tr><td colspan="4">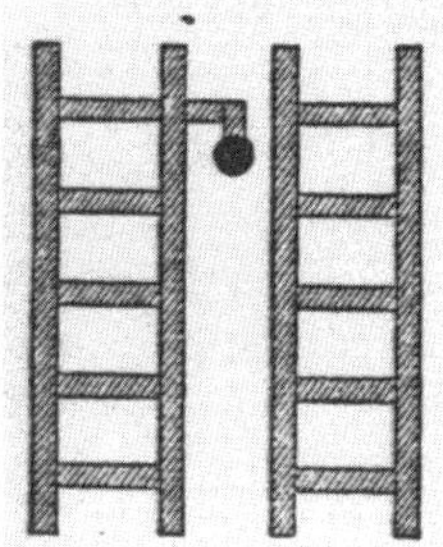</td></tr>
</table>

(1-1-5)

No.	作業ステップ	急所
1	紙を折る	等分法によって3回折りたたんで横に8等分にする。
2	折り目をつける	紙の折り目を爪の甲で押さえて，明瞭に折り目線をつける。
3	はさみで折り目を切る	折り目線にそって，正確に切り，8本の紙帯をつくる。(8mm間隔)
4	はさみで目分量で切る	紙帯を便宜により，さらに細分する。(4mm間隔)
5	のりづけ	紙帯を並べて，台紙上に鳥居又は門の形を貼り付ける。
6		
7		
8		
9		
10		
11		
12		
13		
14		
15		
16		
17		
18		
19		
20		
21		
22		
23		
教授活動の順序と特徴	**教授上の注意** (1) のりは紙片の要所のみに薄くさせる。 (2) のりは新聞紙片上にてつけ，決して机の上面ではつけさせないこと。 (3) 羅紗紙の類で、立体的（同じものを2個作り，上半分を貼り合わせて下部を開いて立たせる）に作らせることも可。 (4) 階梯の構成について，①幅と高さの割合は適当，②貫の数は任意で各階段を等距離にすることに注意する。 **教鞭物** 大型の標本，又は図絵	
教材解釈の視点	目分量で等間隔に貼り付けることで，目で等間隔をとることを養う。	

作業分解票（1-1-6）

<table>
<tr><td>製作課題</td><td>鳥居又は門〔切抜〕</td><td>学年・期</td><td>尋常科第1学年・第1学期</td></tr>
<tr><td rowspan="2">材料</td><td rowspan="2">美濃判十二切大1枚，紙の色は任意。貼り付け台紙美濃判四ツ切大，のり，のり紙（のりづけ用新聞紙片）</td><td>教授時数</td><td>1時間</td></tr>
<tr><td rowspan="2">作業</td><td rowspan="2">・紙を半分で折る
・はさみで折り目を切る
・のりづけをする</td></tr>
<tr><td>工具</td><td>唐ばさみ（三寸五分）</td></tr>
<tr><td colspan="2">略図または完成写真</td><td colspan="2"></td></tr>
</table>

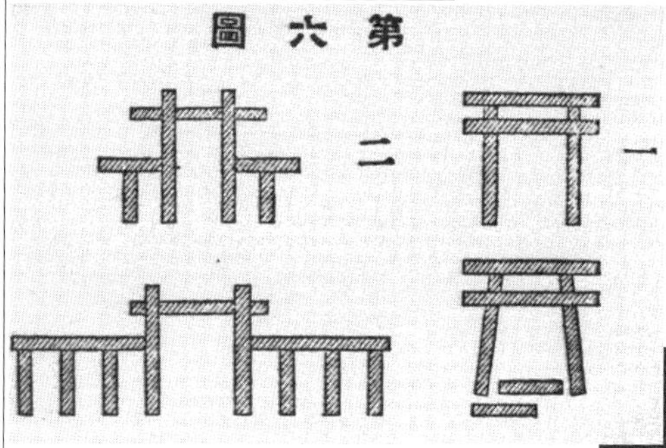

(1-1-6)

No.	作業ステップ	急所
1	問答	鳥居又は門の観念を明瞭にさせ，そのうち任意のひとつを考出させる。
2	折り目をつける	等分法によって3回折りたたんで横に8等分にする。
3	折り目をつける	紙の折り目を爪の甲で押さえて，明瞭に折り目線をつける。
4	はさみで折り目を切る	折り目線にそって，正確に切り，8本の紙帯をつくる。
5	はさみで目分量で切る	紙帯を便宜により更に細分する。(4㎜間隔)
6	のりづけ	紙帯を並べて，台紙上に鳥居又は門の形に貼り付ける。
7		
8		
9		
10		
11		
12		
13		
14		
15		
16		
17		
18		
19		
20		
21		
22		
23		
教授活動の順序と特徴	**教授上の注意** ⑴ 標本は参考に供するに止め，なるべく児童に考出させる。 ⑵ 机間巡視中，児童の製作物のうち，全児童に注意を促すのに適するものを見たら，便宜全体に提示すること。 ⑶ 形態について十分に考えさせる。 **教鞭物** 大型の標本，又は図絵	
教材解釈の視点	①目で等間隔を養うとともに，自分の考出した形を表出する。 ②児童の心理的要求を意識している。	

作業分解票（1-2-1）

<table>
<tr><td>製作課題</td><td>国旗〔切抜〕</td><td>学年・期</td><td>尋常科第1学年・第2学期</td></tr>
<tr><td rowspan="2">材料</td><td rowspan="2">赤色紙片，半紙四ツ切大1枚，のり，のり紙，竹ひご，えんどう豆</td><td>教授時数</td><td>1時間</td></tr>
<tr><td rowspan="2">作業</td><td rowspan="2">・紙を半分に切る
・はさみで折り目を切る
・はさみで曲線を切る
・のりづけする</td></tr>
<tr><td>工具</td><td>唐ばさみ（三寸五分）</td></tr>
<tr><td colspan="2">略図または完成写真</td><td colspan="2"></td></tr>
</table>

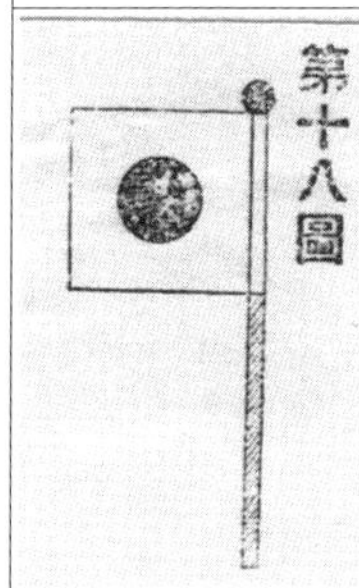

(1-2-1)

No.	作業ステップ	急所
1	――――――	国旗と円形の観念を与える。
2	紙を折る	赤紙を２つに折る。
3	はさみで折り目を切る	赤紙を２つにはさみで２分して正方形をつくる。
4	円を描く	正方形からとれる最大の円を赤紙の裏に描く。
5	はさみで曲線を切る	はさみで２枚とも切り抜く。
6	のりづけ	別に用意した半紙の両面に円形の赤紙を貼って旗にする。
7	組み立て	竹ひごに旗を貼って，その頭に水に浸したえんどう豆を刺す。
8		
9		
10		
11		
12		
13		
14		
15		
16		
17		
18		
19		
20		
21		
22		
23		
教授活動の順序と特徴	**教授上の注意** (1) 曲線の切り方は始めて教授するため，丁寧にその模範を示す。 (2) 竹片又は竹ひご，水に浸したえんどう豆を用いる。 (3) 本学期（尋常科第１学年第２学期）から，児童のはさみは各自に保管させる。 **教鞭物** 大型唐ばさみ，美濃全紙とそれに相当する赤色紙，のり	
教材解釈の視点	① 曲線をはさみで切る。 ② 竹籤をつかって，国旗らしくみせる工夫。 ③ 豆細工を意識しているのでは？	

作業分解票（1-2-2）

<table>
<tr><td>製作課題</td><td>旗（形状任意）〔切抜〕</td><td>学年・期</td><td>尋常科第1学年・第2学期</td></tr>
<tr><td rowspan="2">材料</td><td rowspan="2">半紙四ツ切1枚，各種の色紙片，のり，のり紙，竹ひごとえんどう豆，もしくは共同で取りつける麻糸</td><td>教授時数</td><td>1時間</td></tr>
<tr><td rowspan="2">作業</td><td rowspan="2">・紙を半分に切る
・はさみで折り目をおる
・のりづけする</td></tr>
<tr><td>工具</td><td>唐ばさみ（三寸五分）</td></tr>
<tr><td colspan="2">略図または完成写真</td><td colspan="2"></td></tr>
</table>

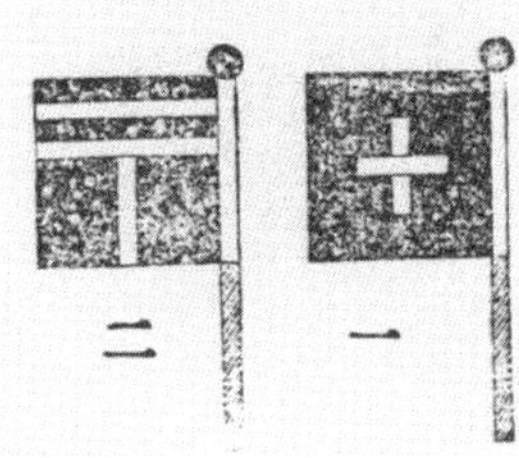

(1-2-2)

No.	作業ステップ	急所
1	――――	各種の旗を集めた掛図を示して，児童に好みのものを選ばせる。
2	紙を折る	必要な模様に折る。
3	はさみで折り目を切る	必要な模様を切り出す。
4	のりづけ	別に用意した紙の両面に切り出した模様を貼って旗にする。
5	組み立て	篾竹に旗を貼って，その頭に水に浸したえんどう豆を刺す。
6		
7		
8		
9		
10		
11		
12		
13		
14		
15		
16		
17		
18		
19		
20		
21		
22		
23		
教授活動の順序と特徴	**教授上の注意** (1) 製作品を共同の長い飾り旗に仕上げる場合には，適宜これを教室・運動会会場などの装飾に応用させる。 (2) 教師はあらかじめ長い麻糸を用意し，早く仕上げた児童のものから順次これにのりづけし，共同のひとつの長い飾り旗とするのも可。	
教材解釈の視点	① 児童の心理的要求に応じた教材。 ② 技能的には前課同様。 ③ 教授上の注意がポイント。	

作業分解票（1-2-3）

製作課題	四角並べ〔切抜〕	学年・期	尋常科第1学年・第2学期
材料	色の配合のよい2種の色紙片（二寸五分平方），貼り付け台紙，のり，のり紙	教授時数	1時間
工具	唐ばさみ（三寸五分）	作業	・紙を折る ・はさみで折り目を切る ・のりづけする
略図または完成写真			

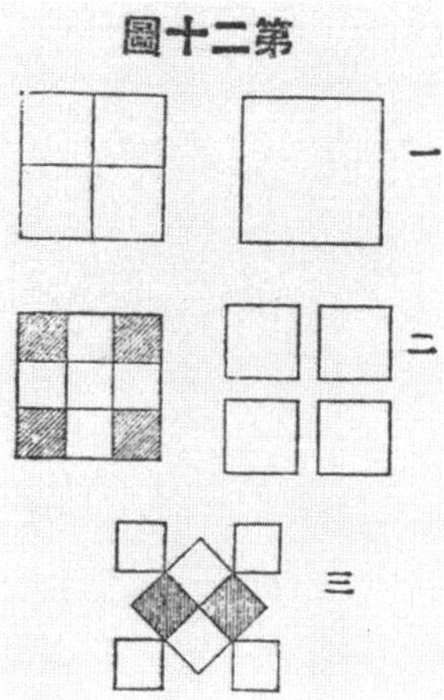

(1-2-3)

No.	作業ステップ	急所
1	紙を折る	2種の正方形色紙のそれぞれを縦横に折りたたんで折り目をつける。
2	はさみで折り目を切る	折り目にそって切断して，各色紙を任意の数に等分させる。(4，9，16等分)
3	のりづけ	切断した色紙で，各自，模様を構成し，台紙に貼り付ける。
4		
5		
6		
7		
8		
9		
10		
11		
12		
13		
14		
15		
16		
17		
18		
19		
20		
21		
22		
23		
教授活動の順序と特徴	**教授上の注意** (1) 材料紙は正方形にして与えて，正しく等分させる。 (2) はさみを正しくかつ速やかに使用させることに努める。 (3) 正しく貼り付けさせる。台紙には方眼紙を使用することも可。 **教鞭物** 場合により，参考として2，3の配列例を示すも可。	
教材解釈の視点	① 配色を意図している。 ② 正方形を組み合わせることで全ての辺の長さが等しいことを認識させる。 ③ 正しく切らないと組み合わせがずれる。子ども自身が切断の正確さを認識できる。 ④ ここでは，正確に切るだけでなく，素早く切ることが要求されている。	

作業分解票（1-2-4）

<table>
<tr><td>製作課題</td><td>三角並べ〔切抜〕</td><td>学年・期</td><td>尋常科第１学年・第２学期</td></tr>
<tr><td rowspan="2">材料</td><td rowspan="2">色の配合のよい２種の色紙片（二寸五分平方），貼り付け台紙，のり，のり紙</td><td>教授時数</td><td>１時間</td></tr>
<tr><td rowspan="2">作業</td><td rowspan="2">・紙を折る
・はさみで折り目を切る
・のりづけする</td></tr>
<tr><td>工具</td><td>唐ばさみ（三寸五分）</td></tr>
<tr><td colspan="2">略図または完成写真</td><td colspan="2"></td></tr>
</table>

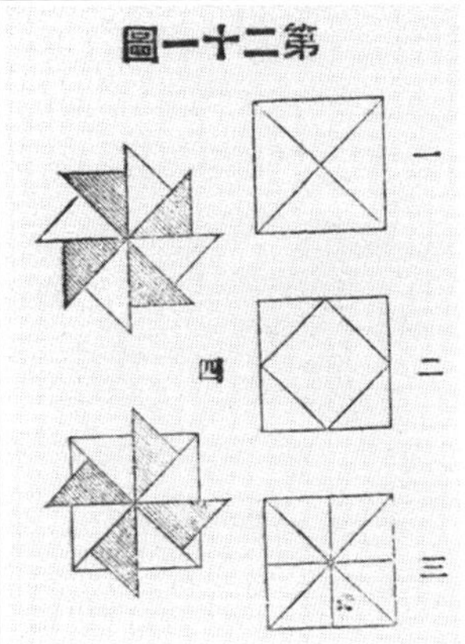

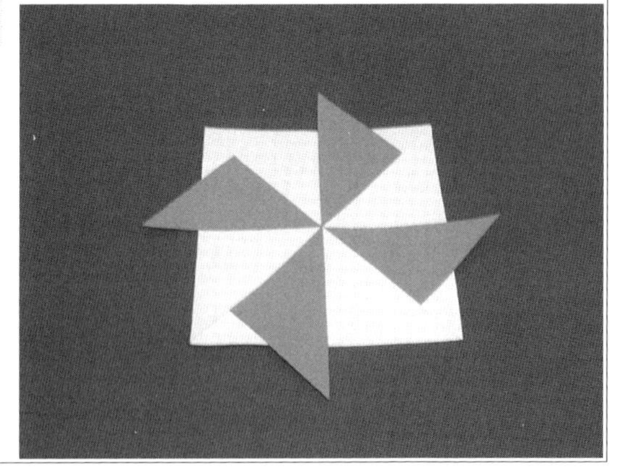

(1-2-4)

No.	作業ステップ	急所
1	紙を折る	2種の正方形色紙のそれぞれを多数の二等辺三角形に折りたたんで折り目をつける。
2	はさみで折り目を切る	折り目にそって切断する。
3	のりづけ	切り出した三角形で模様をつくり，台紙に貼り付ける。
4		
5		
6		
7		
8		
9		
10		
11		
12		
13		
14		
15		
16		
17		
18		
19		
20		
21		
22		
23		
教授活動の順序と特徴	**教授上の注意** 材料紙のそれぞれは，これを同数に等分させることなく，1枚を大型に，他の1枚を小型に切り分けて，大小の三角形を交える。なお，場合によって，正方形と三角形を交えて模様を作らせるのも可。 **教鞭物** 場合により，参考として2，3の配列例を示すも可。	
教材解釈の視点	① 両辺の角度が等しいことを認識させる。 ② 大きさを変えることで，相似についても認識できる。 ③ 正方形から三角形を折ることで，三角形と正方形の関係がわかる。 ④ 重ねることで切断の正確性がわかる。 ⑤ 配色を意図している。	

作業分解票（1-2-5）

製作課題	押風車〔切抜〕	学年・期	尋常科第1学年・第2学期
材料	白紙と2，3種の色紙片，ボール紙の細条，竹ひご，えんどう豆，のり，のり紙	教授時数	2時間
工具	唐ばさみ（三寸五分），錐	作業	・紙を折る ・はさみで折り目を切る ・のりづけする ・錐で穴あけをする
略図または完成写真			

第二十二圖

一

二

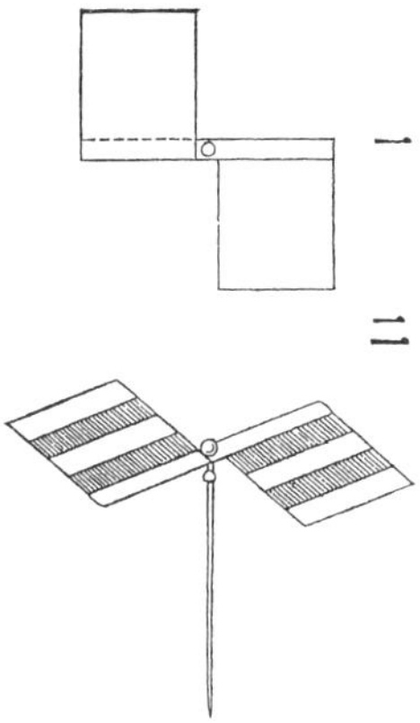

(1-2-5)

No.	作業ステップ	急所
1	――――――	実物を示して，構造と製作法を理解させる。
2	紙を折る	2，３種の色紙を用いて必要な模様を折る。
3	はさみで折り目を切る	必要な模様を切り出す。
4	のりづけ	白紙に切り出した模様を貼りつけ，翼とする。
5	のりづけ	ボール紙の細条に白紙を左右点対称に貼り付ける。
6	穴あけ	錐で細条の中央に穴をあける。
7	組み立て	穴に竹ひごを貫き，えんどう豆を翼の上下にさして，位置を定める。
8		
9		
10		
11		
12		
13		
14		
15		
16		
17		
18		
19		
20		
21		
22		
23		
教授活動の順序と特徴	**教授上の注意** (1) ボール紙の細条と竹ひごは，適当に切って与え，えんどう豆は水に浸したものを２粒ずつ与える。 (2) 製作が終わったら，運動場で各児童に製作品の試運転をさせる。 (3) ボール紙はやや丈夫なものを可とする。 **教鞭物** 大型の標本	
教材解釈の視点	① 工夫製作―心理的要求を意識した教材。 ② 形だけでなく，動かすことができる。	

作業分解票（1-3-1）

<table>
<tr><td>製作課題</td><td>紙鉄砲〔折紙〕</td><td>学年・期</td><td>尋常科第１学年・第３学期</td></tr>
<tr><td rowspan="2">材料</td><td rowspan="2">半紙全大又はこれに近い大きさの紙</td><td>教授時数</td><td>１時間</td></tr>
<tr><td rowspan="2">作業</td><td rowspan="2">・紙を折る</td></tr>
<tr><td>工具</td><td></td></tr>
<tr><td colspan="2">略図または完成写真</td><td colspan="2"></td></tr>
</table>

第二十四圖

一

二　ロ　三

イ

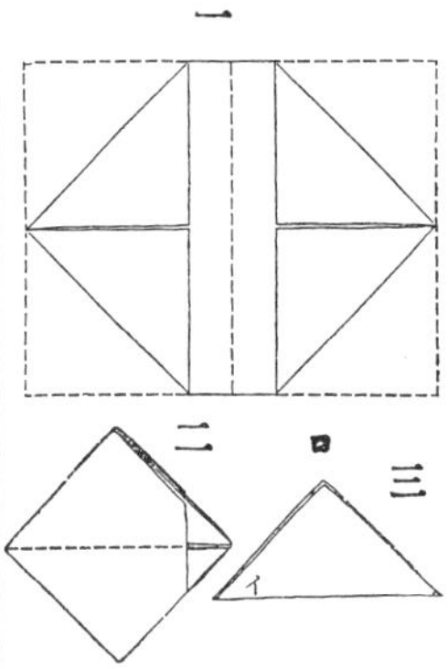

(1-3-1)

No.	作業ステップ	急所
1	紙を折る	図の（一）のように紙の四隅を中央に向けて折る。
2	紙を折る	（一）の中央の点線で２つ折りにする。
3	紙を折る	両脇を折り込み，（二）のようにする。
4	紙を折る	（二）の点線で二つ折りにし，（三）のようにする。
5		（三）のイ点をしっかりつかみ，下方に強く打って音を発する。
6		
7		
8		
9		
10		
11		
12		
13		
14		
15		
16		
17		
18		
19		
20		
21		
22		
23		
教授活動の順序と特徴	**教授上の注意** (1) 文部省『小学校教師用 手工教科書』61 図を参照。 (2) 材料紙は正しく切って与え，精密に折らせる。 (3) 1 回試し終わったら，これを崩して何回の反復練習をさせる。 (4) 音が発する理由を便宜説明すること。 **教鞭物** 折り方を明示するための表裏のわかりやすい大型の色紙と留め鋲	
教材解釈の視点		

作業分解票（1-3-2）

<table>
<tr><td>製作課題</td><td>箱〔折紙〕</td><td>学年・期</td><td>尋常科第１学年・第３学期</td></tr>
<tr><td rowspan="2">材料</td><td rowspan="2">美濃判四ツ切大の任意の色紙（なるべく質の堅いもの），のり，のり紙</td><td>教授時数</td><td>１時間</td></tr>
<tr><td rowspan="2">作業</td><td rowspan="2">・紙を折る</td></tr>
<tr><td>工具</td><td></td></tr>
<tr><td colspan="2">略図または完成写真</td><td colspan="2"></td></tr>
</table>

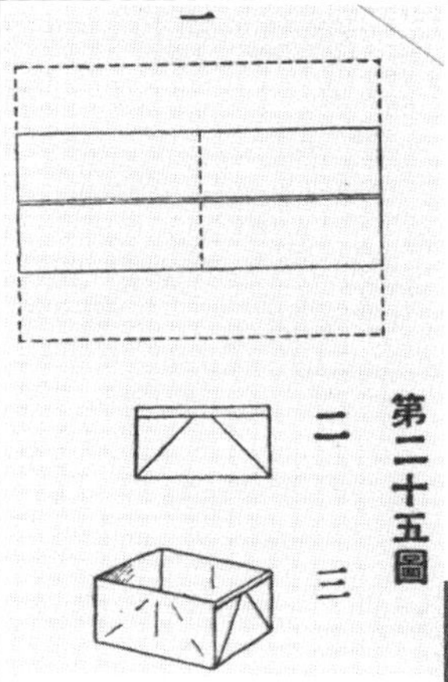

一

二

三

第二十五圖

(1-3-2)

No.	作業ステップ	急所
1	紙を折る	図の（一）のように紙の両側が，中央で合わさるように折り込む。
2	紙を折る	（一）を中央から裏面に２つに折り，さらにその各部を折り伏せ，かつ折りたたんで（二）のようにする。
3	紙を折る	（二）の上方を広げつつ，底を突き上げて（三）の箱を得る。
4	のりづけ	折り広げた箱の両端の口縁の部分を，のりでつけて堅牢にする。
5		
6		
7		
8		
9		
10		
11		
12		
13		
14		
15		
16		
17		
18		
19		
20		
21		
22		
23		
教授活動の順序と特徴	**教授上の注意** ⑴ １回試し終わったら，これを崩して反復練習をさせる。 ⑵ 箱は製作後，各児童の机の中に備えて，実用させる。 ⑶ 文部省『小学校教師用 手工教科書』17 図を参照。 **教鞭物** 折り方を明示するため，表裏のわかりやすい大型の色紙と留め鋲	
教材解釈の視点		

作業分解票（1-3-3）

<table>
<tr><td>製作課題</td><td>飛行機〔折紙〕</td><td>学年・期</td><td>尋常科第１学年・第３学期</td></tr>
<tr><td rowspan="2">材料</td><td rowspan="2">美濃判四ツ切大又は半紙半切大（なるべく質の重厚な洋紙）</td><td>教授時数</td><td>１時間</td></tr>
<tr><td rowspan="2">作業</td><td rowspan="2">・紙を折る</td></tr>
<tr><td>工具</td><td></td></tr>
<tr><td colspan="2">略図または完成写真</td><td colspan="2"></td></tr>
</table>

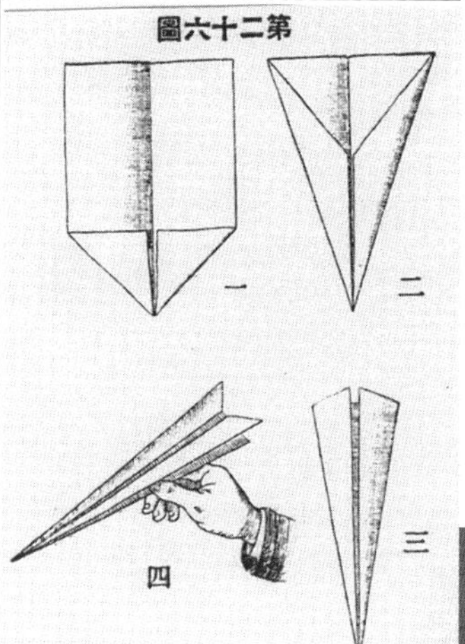

(1-3-3)

No.	作業ステップ	急所
1	紙を折る	紙を縦に半分に折って，折り目をつけ，下隅を中央線まで図の（一）のように折り曲げる。
2	紙を折る	（一）の下方の両辺をまた中央線まで折り曲げて（二）のようにする。
3	紙を折る	さらに同様に折り曲げて（三）のようにする。
4	紙を折る	（三）を中央で折りたたみ，後方に半分ずつ折る。
5	――――	上を下に向けて，その中央部を（四）のように持って，投げて遠く飛ばさせる。
6		
7		
8		
9		
10		
11		
12		
13		
14		
15		
16		
17		
18		
19		
20		
21		
22		
23		
教授活動の順序と特徴	**教授上の注意** (1) 図は簡単な折り方の一例を示しただけである。種々異なる折り方があるので，１種類教授した後は，適宜，他の飛行機について研究させる。 (2) 製作後，運動場において，飛行競争を行わせるも可。 (3)『手工科新教材集成 紙細工篇』55図を参照。 **教鞭物** 大型につくった紙飛行機の数種，折り方示範用大型紙，留め鋲	
教材解釈の視点		

作業分解票（1-3-4）

製作課題	炭斗〔折紙〕	学年・期	尋常科第１学年・第３学期
材料	青色の模造紙又は白紙の半紙半切大，のり	教授時数	１時間
		作業	・紙を折る
工具			
略図または完成写真			

第二十七圖

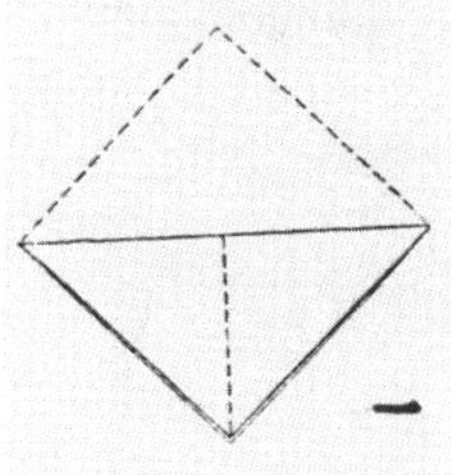

一

二

三

(1-3-4)

No.	作業ステップ	急所
1	――――	長方形の紙から，正方形を切り出す方法を教授する。
2	紙を折る	図の（一）のように三角形に2度たたんで折る。
3	紙を折る	開くように折って，反対側も同様にして，正方形にする。
4	紙を折る	凧形に折りこむ。反対側も同様。
5	紙を折る	折りこんだ辺を開くように折りたたむ。反対側も同様。
6	紙を折る	折った面が内側に隠れるように，軸にそって折り返す。反対側も同様。
7	紙を折る	折り目にそって，凧形になるように，両端を折りこむ。反対側も同様。
8	紙を折る	箱の底となる部分に折り目をつける。
9	紙を折る	反対のとがった方を，4つとも中心に向かって折り曲げる。
10	紙を折る	とがった部分を4方向に広げつつ，底を突き上げて，炭斗かごの形を得る。
11	――――	折り上がったら，崩して更に折り方を反復練習する。
12		
13		
14		
15		
16		
17		
18		
19		
20		
21		
22		
23		
教授活動と特徴の順序	**教授上の注意** (1) 材料紙は場合により，教師が切って与えるのも可。 (2) 四側に垂れる三角形の部分は，折り方練習の後，細かく口縁に折り曲げて，のりでつけさせる。 (3) 製作品は家庭に持ち帰らせて，実用させる。 **教鞭物** 折り方示範用青色大型紙，文部省『小学校教師用 手工教科書』190図を参照。	
教材解釈の視点		

作業分解票（1-3-5）

<table>
<tr><td>製作課題</td><td>長四角並べ〔切抜〕</td><td>学年・期</td><td>尋常科第1学年・第3学期</td></tr>
<tr><td rowspan="2">材料</td><td rowspan="2">色の配合のよい2種の色紙美濃判十六切大を各1枚，貼り付け台紙，のり，のり紙</td><td>教授時数</td><td>1時間</td></tr>
<tr><td rowspan="2">作業</td><td rowspan="2">・紙を折る
・はさみで折り目を切る
・のりづけする</td></tr>
<tr><td>工具</td><td>はさみ</td></tr>
<tr><td colspan="2">略図または完成写真</td><td colspan="2"></td></tr>
</table>

第二十八圖

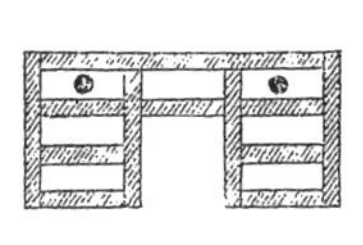

二

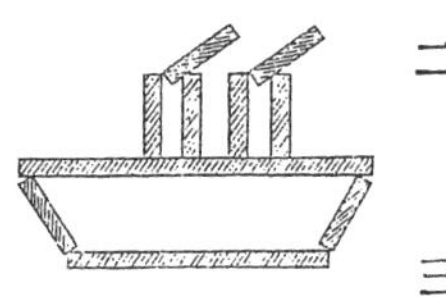

三

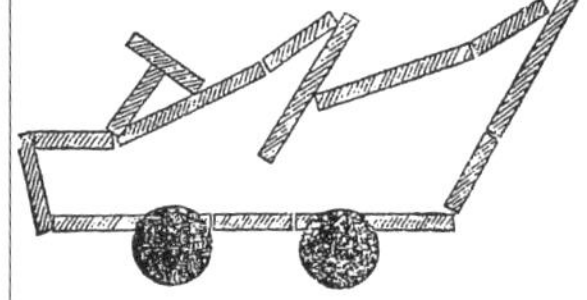

(1-3-5)

<table>
<tr><th>No.</th><th>作業ステップ</th><th>急所</th></tr>
<tr><td>1</td><td>紙を折る</td><td>色紙を縦横に折りたたんで，長方形の折り目をつける。(8㎜×50㎜)</td></tr>
<tr><td>2</td><td>はさみで折り目を切る</td><td>折り目を正しく切断して，多数の小さな長方形をつくる。</td></tr>
<tr><td>3</td><td>のりづけ</td><td>小さな長方形で，任意の模様または形態を構成して貼り付ける。</td></tr>
<tr><td>4</td><td></td><td></td></tr>
<tr><td>5</td><td></td><td></td></tr>
<tr><td>6</td><td></td><td></td></tr>
<tr><td>7</td><td></td><td></td></tr>
<tr><td>8</td><td></td><td></td></tr>
<tr><td>9</td><td></td><td></td></tr>
<tr><td>10</td><td></td><td></td></tr>
<tr><td>11</td><td></td><td></td></tr>
<tr><td>12</td><td></td><td></td></tr>
<tr><td>13</td><td></td><td></td></tr>
<tr><td>14</td><td></td><td></td></tr>
<tr><td>15</td><td></td><td></td></tr>
<tr><td>16</td><td></td><td></td></tr>
<tr><td>17</td><td></td><td></td></tr>
<tr><td>18</td><td></td><td></td></tr>
<tr><td>19</td><td></td><td></td></tr>
<tr><td>20</td><td></td><td></td></tr>
<tr><td>21</td><td></td><td></td></tr>
<tr><td>22</td><td></td><td></td></tr>
<tr><td>23</td><td></td><td></td></tr>
<tr><td>教授活動の順序と特徴</td><td colspan="2">教授上の注意
(1) はさみを正しく使用することを趣旨として教授する。
(2) 小さな長方形を煉瓦とみて，煉瓦塀，煉瓦建物，煉瓦道などを模倣させるのも可。
教鞭物
大型のはさみと色紙</td></tr>
<tr><td>教材解釈の視点</td><td colspan="2"></td></tr>
</table>

作業分解票（1-3-6）

<table>
<tr><td>製作課題</td><td>凧又は凧揚げ〔切抜〕</td><td>学年・期</td><td>尋常科第1学年・第3学期</td></tr>
<tr><td rowspan="2">材料</td><td rowspan="2">青色紙美濃判十二切大1枚，色紙片（適宜），貼り付け台紙，のり，のり紙</td><td>教授時数</td><td>1時間</td></tr>
<tr><td rowspan="2">作業</td><td rowspan="2">・紙を折る
・はさみで折り目を切る
・のりづけする</td></tr>
<tr><td>工具</td><td>はさみ</td></tr>
<tr><td colspan="2">略図または完成写真</td><td colspan="2"></td></tr>
</table>

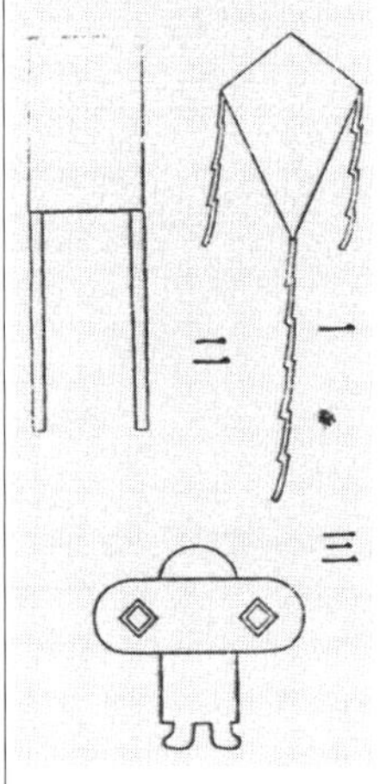

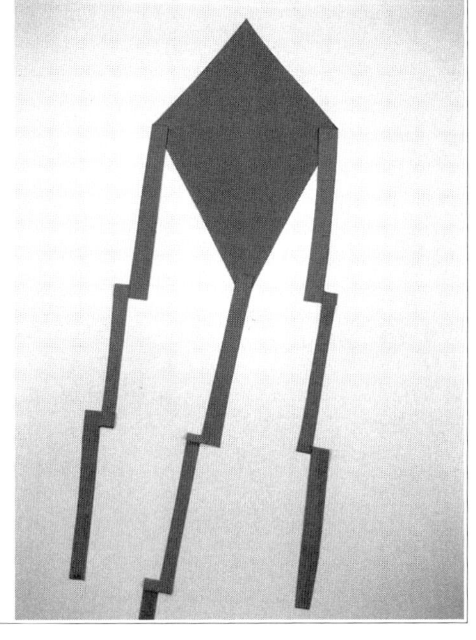

(1-3-6)

No.	作業ステップ	急所
1	紙を折る	凧の形あるいは凧揚げを想起し，その作り方を工夫させる。
2	はさみで折り目を切る	各自の工夫に依り，色紙を用いて凧の形または凧の飛揚の態を切り出す。
3	のりづけ	台紙に貼り付ける。
4		
5		
6		
7		
8		
9		
10		
11		
12		
13		
14		
15		
16		
17		
18		
19		
20		
21		
22		
23		
教授活動の順序と特徴	**教授上の注意** (1) 便宜，糸目や揚糸などを，飛揚の場合には場所の風景をも，鉛筆にて書き添えさせる。 (2) 凧には色紙片で，適宜，模様を施させる。 **教鞭物** 大型のはさみと色紙	
教材解釈の視点		

作業分解票（1-3-7）

製作課題	橙と葉〔切抜〕	学年・期	尋常科第1学年・第3学期
材料	樺色と緑色との小紙片各1枚，貼り付け台紙，のり，のり紙	教授時数	1時間
工具	はさみ	作業	・輪郭で描く ・はさみで輪郭を切り抜く ・のりづけする
略図または完成写真			

第三十圖

二

一

(1-3-7)

No.	作業ステップ	急所
1	――――――	標本を示し，各部の形状と大きさを観察させる。
2	作図	鉛筆で輪郭を描く。
3	はさみで輪郭を切り抜く	鉛筆の線に沿って切る。
4	のりづけ	台紙に貼り付ける。
5		
6		
7		
8		
9		
10		
11		
12		
13		
14		
15		
16		
17		
18		
19		
20		
21		
22		
23		
教授活動の順序と特徴	**教授上の注意** (1) 曲線よりなる形状の美を感じさせ，曲線の切り方を練習させることを趣旨とする。 (2) 早く仕上げた児童には，余分な紙片を与えて，さらに類似のものを作らせる。 (3) この種の製作は，先ず鉛筆にて輪郭を書き，次にその線にそって切る。 **教鞭物** 大型標本，示範用はさみと色紙	
教材解釈の視点		

作業分解票（2-1-1）

<table>
<tr><td>製作課題</td><td>正四角形〔切抜〕</td><td>学年・期</td><td>尋常科第2学年・第1学期</td></tr>
<tr><td rowspan="2">材料</td><td rowspan="2">色紙美濃判十二切大2枚（1枚は練習用，わざとゆがめて切って与える），のり，のり紙</td><td>教授時数</td><td>1時間</td></tr>
<tr><td rowspan="2">作業</td><td rowspan="2">・紙を折る
・直線をひく
・はさみで直線を切る
・のりづけする</td></tr>
<tr><td>工具</td><td>はさみ，竹尺</td></tr>
<tr><td colspan="2">略図または完成写真</td><td colspan="2"></td></tr>
</table>

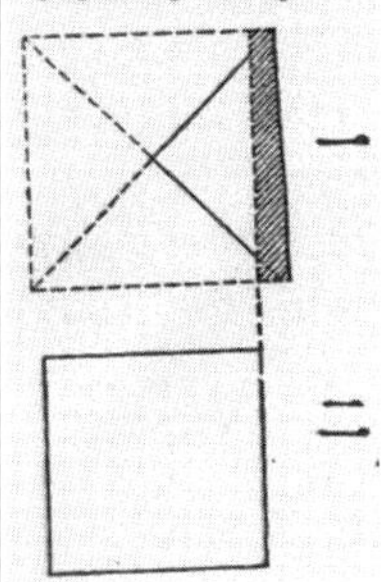

(2-1-1)

No.	作業ステップ	急所
1	紙を折る	図の（一）のように，材料紙を対角の方向に4枚折り重ねる。
2	竹尺で長さを測る	折り重ねた三角形の両辺上，竹尺で中心点から等距離の所に点を打つ。
3	鉛筆で直線をひく	両点を竹尺を用いて線でつなぐ。
4	はさみで直線を切る	引いた線にそって切断する（二）。
5	のりづけ	製品を手帳に貼り付ける。
6		
7		
8		
9		
10		
11		
12		
13		
14		
15		
16		
17		
18		
19		
20		
21		
22		
23		
教授活動の順序と特徴	**教授上の注意** (1) 本学年以上での切抜の製作品は，手帳に貼って整頓する。 (2) できあがった正方形の各辺，あるいは各角を相互に折り合わせ，あるいは角辺を尺度で測って，正方形の性質を探求させる。 **教鞭物** 大型のはさみ，美濃判色紙全大	
教材解釈の視点	① 切る方向を間違えるとズレが生じる。 ② 正確に正方形を作るには，作りやすい方法ではない。竹尺で長さを測って線をひくという尺度の使用練習を重視しているとみられる。 ③ 正四角形の対角線の長さが等しいことを理解できる。	

作業分解票（2-1-2）

<table>
<tr><td>製作課題</td><td>紋形四ツ目〔切抜〕</td><td>学年・期</td><td>尋常科第2学年・第1学期</td></tr>
<tr><td rowspan="2">材料</td><td rowspan="2">美濃判色紙十二切大2枚（1枚は練習用，わざとゆがめて切って与える），のり，のり紙</td><td>教授時数</td><td>1時間</td></tr>
<tr><td rowspan="2">作業</td><td rowspan="2">・紙を折る
・竹尺で長さを測る
・直線をひく
・はさみで直線を切る
・のりづけする</td></tr>
<tr><td>工具</td><td>はさみ，竹尺</td></tr>
<tr><td colspan="2">略図または完成写真</td><td colspan="2"></td></tr>
<tr><td colspan="4">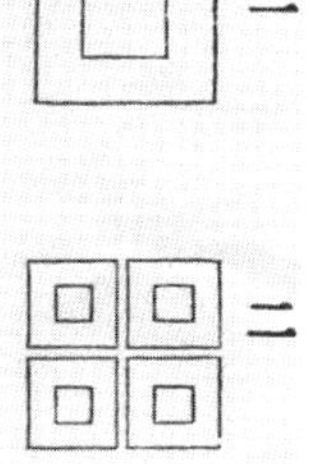</td></tr>
</table>

(2-1-2)

No.	作業ステップ	急所
1	紙を折る	材料紙を対角の方向に４枚折り重ねる。
2	竹尺で長さを測る	折り重ねた三角形の両辺上，竹尺で中心点から等距離の所に点を打つ。
3	鉛筆で直線をひく	両点を竹尺を用いて線でつなぐ。
4	はさみで直線を切る	引いた線にそって切断する。
5	紙を折る	できあがった正方形を４個の正方形に等分するように折る。
6	はさみで折り目を切る	折り目にそって，はさみで切る。
7	紙を折る	各正方形を対角の方向に４枚折り重ねる。
8	竹尺で長さを測る	折り重ねた三角形の両辺上，竹尺で中心点から等距離の所に点を打つ。
9	鉛筆で直線をひく	両点を竹尺を用いて線でつなぐ。
10	はさみで直線を切る	折り重ねた三角形の中部に方孔を切り抜く
11	のりづけ	広げて貼り付ける。
12		
13		
14		
15		
16		
17		
18		
19		
20		
21		
22		
23		
教授活動の順序と特徴	**教授上の注意** (1) 方孔の大きさは切断前に竹尺で定めさせる。 (2) 製品の正否を悟らせるために，切りぬいた方孔と切りくずとを対照させる。 **教鞭物** 大型のはさみ，美濃判色紙全大 図（一）と（二）の大型標本	
教材解釈の視点	切り出した小さな正方形をさらに折ることで，切断の正確性が認識できる。	

作業分解票（2-1-3）

製作課題	吹流一尺度使用練習〔切抜〕	学年・期	尋常科第２学年・第１学期
材料	赤の模造紙美濃判四ツ切大１枚，画用紙またはボール紙帯，糸，竹ひご，のり，のり紙	教授時数	１時間
		作業	・紙を折る ・竹尺で長さを測る ・直線をひく ・はさみで直線を切る ・のりづけする ・錐で厚紙に穴をあける
工具	はさみ，竹尺，錐		
略図または完成写真			

第三十七圖

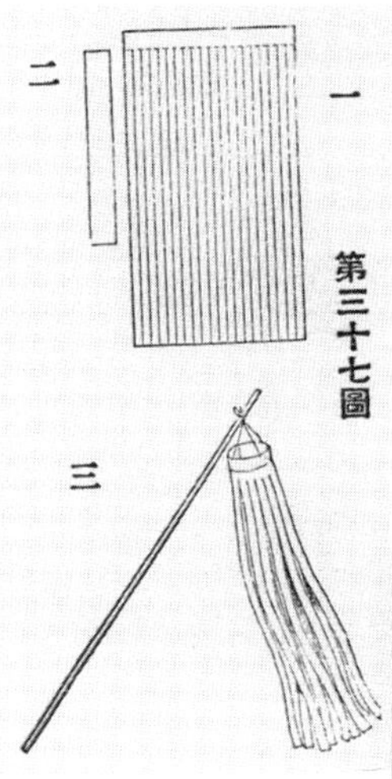

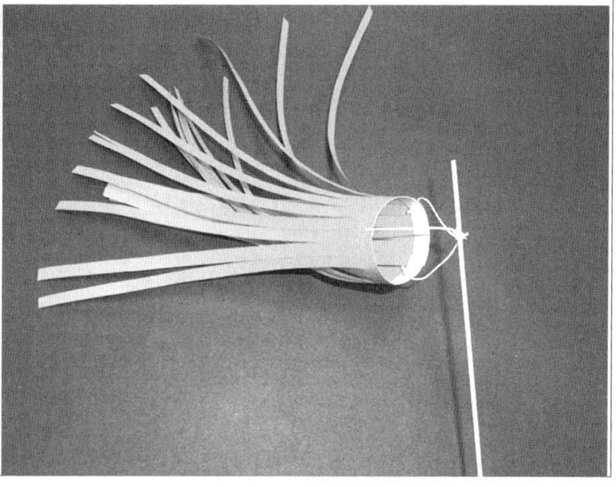

(2-1-3)

No.	作業ステップ	急所
1	竹尺で測定する	材料紙の上下端を二分（6mm）ずつに測って点を打つ。
2	鉛筆で直線をひく	鉛筆の先を細く削って，上下端のそれぞれの点をむすんで平行線を正確にひく。
3	はさみで直線を切る	上端三分（9mm）を除き，下部をひいた線にそって切る。
4	のりづけ	上端に厚紙帯（二）を貼り，これを曲げて環にする。
5	穴あけ	環の３カ所に錐で穴をあける。
6	組み立て	穴に糸を通して，これを竹ひごに取りつける。
7		
8		
9		
10		
11		
12		
13		
14		
15		
16		
17		
18		
19		
20		
21		
22		
23		
教授活動の順序と特徴	**教授上の注意** (1) 尺度（竹尺）の寸法の読み方を練習させる。 (2) 精密に寸法を測り，鉛筆を細かく削って正しく線をひかせる。ただし，紙条は場合により，三分幅で分割させるのも可。 (3) 製作品は端午の節句に，家に飾らせる。 **教鞭物** 説明用工具材料，相当標本	
教材解釈の視点		

作業分解票（2-1-4）

製作課題	旗（形状任意）〔切抜〕	学年・期	尋常科第2学年・第1学期
材料	色紙片数種，台紙として半紙半切大1枚，のり，のり紙，竹ひご，麻糸，えんどう豆	教授時数	1時間
工具	はさみ，竹尺	作業	・紙を折る ・竹尺で長さを測る ・直線をひく ・はさみで直線を切る ・はさみで折り目を切る ・のりづけする
略図または完成写真			

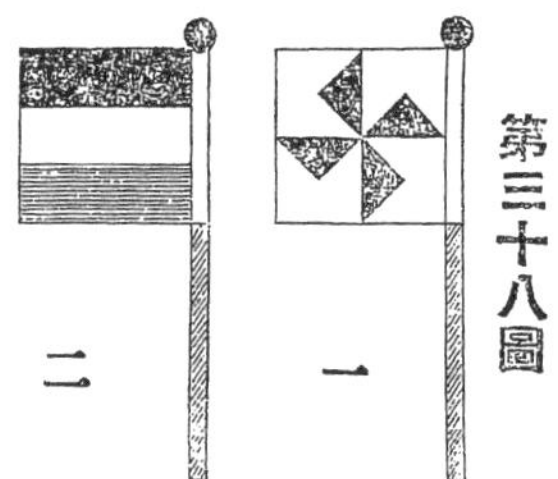

(2-1-4)

No.	作業ステップ	急所
1	紙を折る	材料紙を対角の方向に4枚折り重ねる。
2	竹尺で長さを測る	折り重ねた三角形の両辺上，竹尺で中心点から等距離の所に点を打つ。
3	鉛筆で直線をひく	両点を竹尺を用いて線でつなぐ。
4	はさみで直線を切る	ひいた線にそって切断する。
5	紙を折る	各正方形を対角の方向に4枚折り重ねる。
6	竹尺で長さを測る	折り重ねた三角形の両辺上，尺度で中心点から等距離の所に点を打つ。
7	鉛筆で直線をひく	両点を竹尺を用いて線でつなぐ。
8	はさみで直線を切る	ひいた線にそって切断する。
9	はさみで折り目を切る	折り目をはさみで切って，4つの正三角形を切り出す
10	のりづけ	正方形の折り目にそって図の（一）のように，三角形をのりづけする
11	のりづけ	竹ひごに旗をのりづけする。竹ひごを少し旗より上に余らせておく。
12	豆をつける	竹ひごの先にえんどう豆をつける。
13		
14		
15		
16		
17		
18		
19		
20		
21		
22		
23		
教授活動の順序と特徴	**教授上の注意** 旗は第1学年第2学期第8週（1-2-1）に課した方法に準じて竹ひごにつけさせ，もしくは同9週（1-2-2）のように，一学級の児童分を長い麻糸に取りつけて一連の飾り旗とさせる。 **教鞭物** 旗の掛図	
教材解釈の視点	同学年・学期に課した正方形の作り方（正四角形）と正三角形（紋形四ツ目）の製作方法の復習・複合となっている。	

作業分解票（2-1-5）

製作課題	草木の葉（自由選題） 〔切抜〕	学年・期	尋常科第２学年・第１学期
材料	緑色紙美濃判十六切大２枚，のり，のり紙	教授時数	１時間
		作業	・鉛筆で輪郭（曲線）を描く ・はさみで輪郭を切り抜く
工具	はさみ，竹尺，錐		
略図または完成写真			

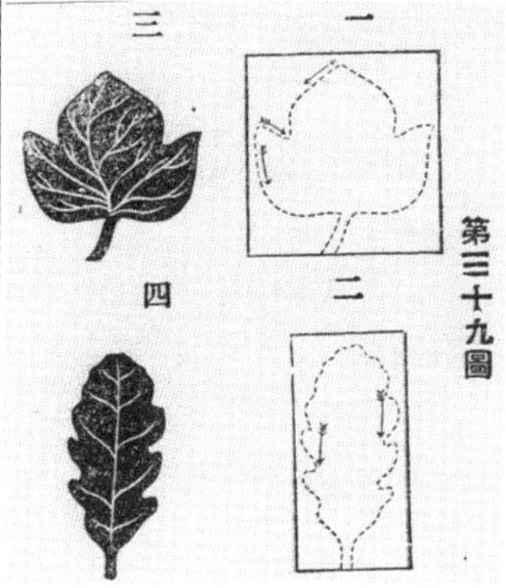

(2-1-5)

No.	作業ステップ	急所
1	――――	参考とすべき実物もしくは作例の1，2を示して，任意に選題させる。
2	作図	図の（一）と（二）に準じて，鉛筆で輪郭を描く。
3	はさみで輪郭を切り抜く	線にそって曲線を切る。
4	――――	必要に応じて鉛筆で（三）と（四）のように，葉脈を書き入れる。
5	のりづけ	手帳に貼り付ける。
6		
7		
8		
9		
10		
11		
12		
13		
14		
15		
16		
17		
18		
19		
20		
21		
22		
23		
教授活動の順序と特徴	**教授上の注意** 曲線を適当に，切る方法を授けることを趣旨とする。はさみは（一），（二）の矢印の方向に用いると便利であることを理解させる。 **教鞭物** 参考標本及びこれと併示すべき実物	
教材解釈の視点	はさみで曲線を切る練習	

作業分解票（2-2-1）

<table>
<tr><td>製作課題</td><td>長方形〔切抜〕</td><td>学年・期</td><td>尋常科第2学年・第2学期</td></tr>
<tr><td rowspan="2">材料</td><td rowspan="2">色紙美濃判八ツ切大1枚（わざとゆがめて切ったもの），のり，のり紙</td><td>教授時数</td><td>1時間</td></tr>
<tr><td rowspan="2">作業</td><td rowspan="2">・紙を半分に折る
・はさみで切り込みを入れる
・直線をひく
・はさみで線にそって切る
・のりづけ</td></tr>
<tr><td>工具</td><td>はさみ，竹尺</td></tr>
<tr><td colspan="2">略図または完成写真</td><td colspan="2"></td></tr>
<tr><td colspan="4">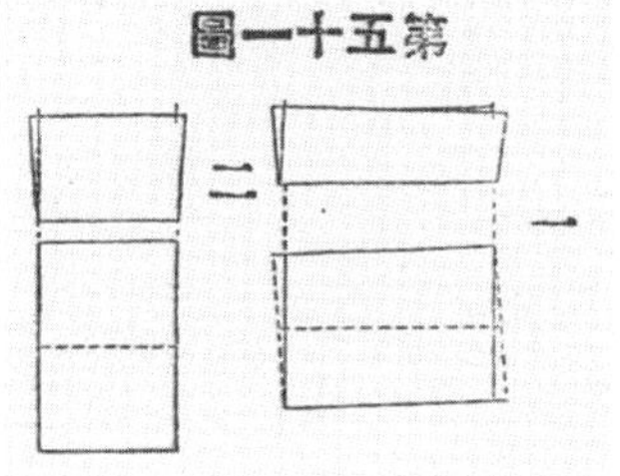

</td></tr>
</table>

(2-2-1)

No.	作業ステップ	急所
1	紙を折る	用紙の長辺がほぼ合わさるように２つに折る。
2	切り込みを入れる	折った両端に，折り目の辺から，ズレの部分を除くべく，わずかにはさみで切り込みを入れる。
3	鉛筆で直線をひく	紙を開き，切り込みを印にして，折り目と直角になるように線をひく。
4	はさみで線にそって切る	図の（一）のように，ひいた線にそって正確に切らせる。
5	紙を折る	紙の位置を90度かえて，（二）のように短辺が合わさるように２つに折る。
6	切り込みを入れる	折った両端に，折り目の辺から，ズレの部分を除くべく，わずかにはさみで切り込みを入れる。
7	鉛筆で直線をひく	紙を開き，切り込みを印にして，折り目と直角になるように線をひく。
8	はさみで線にそって切る	ひいた線にそって正確に切らせる。
9	のりづけ	手帳に貼り付ける。
10		
11		
12		
13		
14		
15		
16		
17		
18		
19		
20		
21		
22		
23		
教授活動の順序と特徴	**教授上の注意** (1) 第１学期同様，切抜の製作品を手帳に貼って整頓させる。 (2) 本課は総じて紙のゆがみを直す場合に応用し，その用途は広いため，丁寧に教授する。 (3) 鉛筆は十分に細く削って用いる。 **教鞭物** 説明用の紙とはさみ，大型の標本	
教材解釈の視点	① 切り込みを入れることで，表裏両面に印をつけられる利便がある。ただし，切り込みは，ほんのわずかにする必要がある。 ② 本の記載はないけれども，鉛筆で直線をひく際には，折り目に直角にひくことがポイントになる。	

作業分解票（2-2-2）

<table>
<tr><td>製作課題</td><td>同上練習〔寸法を定む〕〔切抜〕</td><td>学年・期</td><td>尋常科第２学年・第２学期</td></tr>
<tr><td rowspan="2">材料</td><td rowspan="2">色紙美濃判十二切大１枚，練習用の反古紙（わざとゆがめて切って与える），のり，のり紙</td><td>教授時数</td><td>１時間</td></tr>
<tr><td rowspan="2">作業</td><td rowspan="2">・紙を半分に折る
・はさみで切り込みを入れる
・竹尺で長さを測る
・直線をひく
・はさみで線にそって切る
・のりづけ</td></tr>
<tr><td>工具</td><td>はさみ，竹尺</td></tr>
<tr><td colspan="2">略図または完成写真</td><td colspan="2"></td></tr>
<tr><td colspan="4"></td></tr>
</table>

(2-2-2)

No.	作業ステップ	急所
1	紙を折る	用紙の長辺が合わさるように２つに折る。
2	竹尺で長さを測る	折った辺を，幅三寸五分（106mm）になるように，竹尺で測って印をつける。
3	切り込みを入れる	印にわずかに切り込みを入れる。
4	鉛筆で直線をひく	紙を開き，切り込みを印にして，折り目と直角になるように線をひく。
5	はさみで線を切る	ひいた線にそって正確に切らせる。
6	紙を折る	紙の位置を90度変えて，短辺が合わさるように２つに折る。
7	竹尺で長さを測る	折った辺を，幅二寸五分（76mm）になるように，竹尺で測って印をつける。
8	切り込みを入れる	印にわずかに切り込みを入れる。
9	鉛筆で直線をひく	紙を開き，切り込みを印にして，折り目と直角になるように線をひく。
10	はさみで線を切る	ひいた線にそって正確に切らせる。
11		でき上がった長方形は，折り合わせ，竹尺で測り，形と大きさの正否を確かめる。相違があれば，寸法を縮めて正確にできるまで，作業を繰り返す。
12	のりづけ	手帳に貼り付ける。
13		
14		
15		
16		
17		
18		
19		
20		
21		
22		
23		
教授活動の順序と特徴	**教授上の注意** (1) 寸法を測る時と，線をひく時には，尺度（竹尺）の用法に注意させる。 (2) はさみが線の上からはずれないように十分に注意して切らせる。 (3) できあがった長方形の辺と角を相互に折り合わせる，あるいは尺度で測って，形と大きさの正否を探求させ，相違があればさらに寸法を縮め，正確にできるまで切り直させる。 **教鞭物** 説明用の紙とはさみ，大型の標本	
教材解釈の視点	寸法を測って切り出すことで，ズレが認識しやすい。ズレを何度もやり直させることがポイント。	

作業分解票（2-2-3）

<table>
<tr><td>製作課題</td><td>方形（寸法を定む）
〔切抜〕</td><td>学年・期</td><td>尋常科第２学年・第２学期</td></tr>
<tr><td rowspan="2">材料</td><td rowspan="2">色紙美濃判十二切大１枚，のり，のり紙</td><td>教授時数</td><td>１時間</td></tr>
<tr><td rowspan="2">作業</td><td rowspan="2">・紙を半分に折る
・はさみで切り込みを入れる
・竹尺で長さを測る
・直線をひく
・はさみで線にそって切る
・のりづけ</td></tr>
<tr><td>工具</td><td>はさみ，竹尺</td></tr>
<tr><td colspan="2">略図または完成写真</td><td colspan="2"></td></tr>
</table>

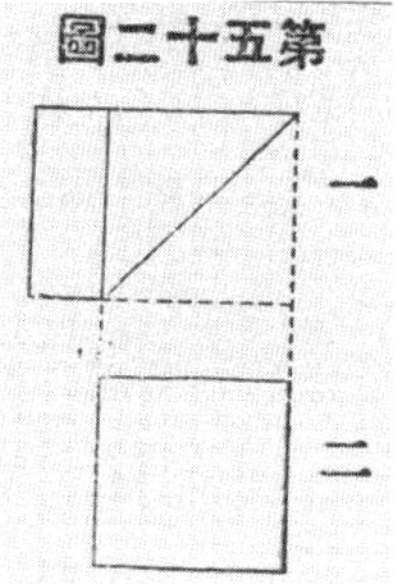

(2-2-3)

No.	作業ステップ	急所
1	紙を折る	用紙の長辺があわさるように２つに折る。
2	切り込みを入れる	折った両端に，折り目の辺から，ズレの部分を除くべく，わずかにはさみで切り込みを入れる。
3	鉛筆で直線をひく	紙を開き，切り込みを印にして，折り目と直角になるように直線をひく。
4	はさみで直線を切る	ひいた線にそって正確に切らせる。
5	紙を折る	紙の位置を 90 度変えて，短辺が合わさるように２つに折る。
6	竹尺で長さを測る	折った辺を，幅二寸五分（76㎜）になるように，竹尺で測って印をつける。
7	切り込みを入れる	印にわずかに切り込みを入れる。
8	鉛筆で直線をひく	紙を開き，切り込みを印にして，折り目と直角になるように直線をひく。
9	はさみで直線を切る	引いた線にそって正確に切らせる。
10	紙を折る	寸法の定まった辺を他辺に図の（一）のように折り合わせる。
11	鉛筆で直線をひく	折り合わせて余分な部分に線をひく。
12	はさみで直線を切る	線にそって正確に切る。
13	のりづけ	手帳に貼り付ける。
14		
15		
16		
17		
18		
19		
20		
21		
22		
23		
教授活動の順序と特徴	**教授上の注意** (1) 第１学期第２週（2-1-1）に課した方形の製法を復習して本課におよび，本課が先の方法よりも優れていることを知らせる。 (2) 手早い児童には別の紙片を与え，適宜寸法を定めて練習させる。 **教鞭物** 説明用の紙とはさみ，大型の標本	
教材解釈の視点	第２学年第１学期の正四角形（2-1-1）の復元時に指摘したズレの生じやすさは，教授上の注意の(1)に挙がっているように，岡山は認識していることがわかる。	

作業分解票（2-2-4）

製作課題	色紙袋〔切抜〕	学年・期	尋常科第2学年・第2学期
材料	白色の模造紙美濃判半切大1枚，のり，のり紙	教授時数	2時間
工具	はさみ，竹尺	作業	・紙を折る ・直線をひく ・はさみで線にそって切る ・のりづけ

略図または完成写真

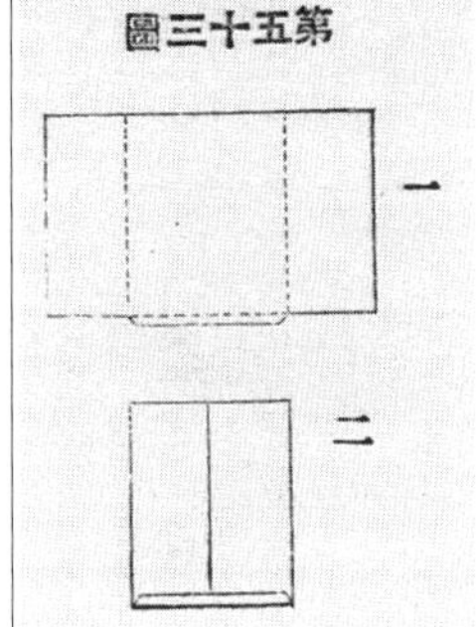

(2-2-4)

No.	作業ステップ	急所
1	――――――	自由製作の必要に応じるため，種々の色紙屑を蓄える目的で，作らせる。
2	紙を折る	紙の左右を図の（一）の点線より折り，中央において紙端を二分（6㎜）程度重ねる。
3	鉛筆で直線をひく	底の左右を切り落とす部分を線でひく。
4	はさみで直線を切る	はさみで直線を切る。
5	のりづけ	中央の重ね目にのりづけをした後，底の部分を折り曲げてのりづけする。
6		
7		
8		
9		
10		
11		
12		
13		
14		
15		
16		
17		
18		
19		
20		
21		
22		
23		
教授活動の順序と特徴	**教授上の注意** (1) 切抜の作業で生じた色紙の残余，あるいは屑片はすべてこの袋に蓄え，以後，切抜の作業には，常にこれを携帯させる。 (2) 袋の表面に施す模様は，各自に工夫させる。 **教鞭物** 説明用の紙とはさみ，大型の標本	
教材解釈の視点		

作業分解票（2-2-5）

<table>
<tr><td>製作課題</td><td>図案紅葉（考案任意）〔切抜〕</td><td>学年・期</td><td>尋常科第２学年・第２学期</td></tr>
<tr><td rowspan="2">材料</td><td rowspan="2">各種の色紙屑，貼り付け台紙（黄色紙半紙判半切大），のり，のり紙</td><td>教授時数</td><td>１時間</td></tr>
<tr><td rowspan="2">作業</td><td rowspan="2">・輪郭を描く
・はさみで輪郭を切り抜く
・のりづけ</td></tr>
<tr><td>工具</td><td>はさみ，竹尺</td></tr>
<tr><td colspan="2">略図または完成写真</td><td colspan="2"></td></tr>
<tr><td colspan="4">圖四十五第

</td></tr>
</table>

(2-2-5)

No.	作業ステップ	急所
1	作図	赤や緑などの色紙に数個の楓の葉をかく。
2	はさみで輪郭を切り抜く	作図した形を切り抜く。
3	のりづけ	色紙の台紙上にならべて，色の配合と葉の位置を定めて貼り付ける。
4	のりづけ	貼り付けた色紙台紙を手帳に貼り付ける。
5		
6		
7		
8		
9		
10		
11		
12		
13		
14		
15		
16		
17		
18		
19		
20		
21		
22		
23		
教授活動の順序と特徴	**教授上の注意** (1) あらかじめ各種の色紙屑を児童に配布し，前課で作成した色紙袋に貯えさせておく。 (2) 文部省編纂『新定画帖』27，29 図に関連させて授ける。 **教鞭物** 説明用の紙とはさみ，大型の標本	
教材解釈の視点		

作業分解票 (2-2-6)

<table>
<tr><td>製作課題</td><td>交差せる国旗
(形状任意)〔切抜〕</td><td>学年・期</td><td>尋常科第2学年・第2学期</td></tr>
<tr><td rowspan="2">材料</td><td rowspan="2">水色，赤，黄，白などの紙片，のり，のり紙</td><td>教授時数</td><td>1時間</td></tr>
<tr><td rowspan="2">作業</td><td rowspan="2">・紙を半分に折る
・はさみで切り込みを入れる
・竹尺で長さを測る
・直線をひく
・はさみで線にそって切る
・輪郭を描く
・はさみで輪郭を切り抜く
・のりづけ</td></tr>
<tr><td>工具</td><td>はさみ，竹尺</td></tr>
<tr><td colspan="2">略図または完成写真</td><td></td><td></td></tr>
</table>

(2-2-6)

No.	作業ステップ	急所
1	紙を折る	用紙の長辺が合わさるように２つに折る。
2	切り込みを入れる	折った両端に，折り目の辺から，ズレの部分を除くべく，わずかにはさみで切り込みを入れる。
3	鉛筆で直線をひく	紙を開き，切り込みを印にして，折り目と直角になるように線をひく。
4	はさみで直線を切る	引いた線にそって正確に切らせる。
5	紙を折る	紙の位置を90度変えて，短辺があわさるように二つに折る。
6	竹尺で長さを測る	折った辺を，幅二寸五分（76㎜）になるように，竹尺で測って印をつける。
7	切り込みを入れる	印にわずかに切り込みを入れる。
8	鉛筆で直線をひく	紙を開き，切り込みを印にして，折り目と直角になるように線をひく。
9	はさみで直線を切る	ひいた線にそって正確に切らせる。
10	紙を折る	寸法の定まった辺を他辺に折り合わせる。
11	鉛筆で直線をひく	折り合わせて余分な部分に線をひく。
12	はさみで直線を切る	線にそって正確に切る。
13	鉛筆で輪郭を描く	円を赤紙の裏に描く。
14	はさみで輪郭を切り抜く	はさみで，円および柄となる紙片を切り出す。
15	のりづけ	手帳又は台紙上に並べて位置を正し，その後に貼り付ける。
16		
17		
18		
19		
20		
21		
22		
23		
教授活動の順序と特徴	**教授上の注意** (1) 文部省編纂『新定画帖』25図に関連させて教授する。 (2) 旗の白地と円の大きさの割合によく注意させる。 (3) 国旗の観念を確かめ，発表の形態を工夫させる。 **教鞭物** 説明用の紙とはさみ，大型の標本	
教材解釈の視点		

作業分解票（2-3-1）

製作課題	雪達磨(意匠任意)〔切抜〕	学年・期	尋常科第2学年・第3学期
材料	白洋紙美濃判八ツ切大1，2枚，灰色の台紙1枚，各種の色紙屑，のり，のり紙	教授時数	1時間
		作業	・輪郭を描く ・はさみで輪郭を切り抜く ・のりづけする
工具	はさみ，竹尺		
略図または完成写真			

(2-3-1)

No.	作業ステップ	急所
1	作図	雪達磨の形について考え，白紙に描かせる。
2	はさみで輪郭を切り抜く	白紙の下絵を切り抜く。
3	はさみで輪郭を切り抜く	目，口などを相当の色紙で切り抜く。
4	のりづけ	貼り付ける
5	――――	図の（一）のように，灰色などの適当の台紙に貼り付ける，もしくは（二）のように，前後2枚を合わせてこれを立たせる。
6		
7		
8		
9		
10		
11		
12		
13		
14		
15		
16		
17		
18		
19		
20		
21		
22		
23		
教授活動の順序と特徴	**教授上の注意** (1) 手帳に貼るには，一度，灰色の台紙に貼り付けさせる。 (2) （二）は前部と後部の2枚を切り，上部のみ2枚のりづけし，下部を開いて立たせるように考案する。もっともこの場合の用紙は質の堅きを可とする。	
教材解釈の視点		

作業分解票（2-3-2）

<table>
<tr><td>製作課題</td><td>樹木〔切抜〕</td><td>学年・期</td><td>尋常科第２学年・第３学期</td></tr>
<tr><td rowspan="2">材料</td><td rowspan="2">緑色紙美濃判八ツ切大１枚，水色の台紙１枚，のり，のり紙</td><td>教授時数</td><td>１時間</td></tr>
<tr><td rowspan="2">作業</td><td rowspan="2">・紙を折る
・輪郭を描く
・はさみで輪郭を切り抜く
・のりづけする</td></tr>
<tr><td>工具</td><td>はさみ，竹尺</td></tr>
<tr><td colspan="2">略図または完成写真</td><td colspan="2"></td></tr>
</table>

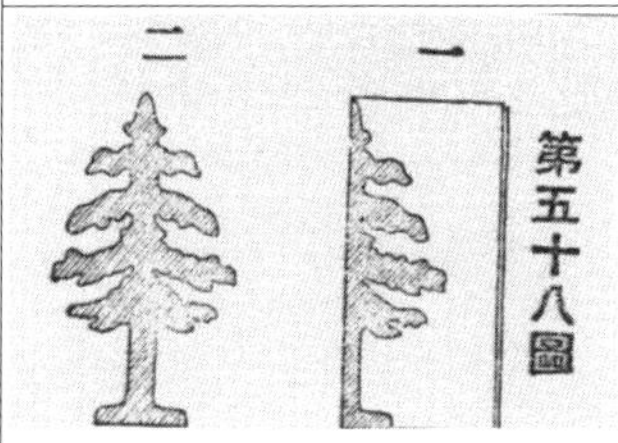

(2-3-2)

No.	作業ステップ	急所
1	――――	作例を示し，樹木の表し方を会得させる。
2	紙を折る	用紙を２つに折る。
3	作図	図の（一）のように，片面に下絵を描く。
4	はさみで輪郭を切り抜く	切り抜く。
5	のりづけ	適当な台紙に貼り付けて，手帳に貼らせる。
6		
7		
8		
9		
10		
11		
12		
13		
14		
15		
16		
17		
18		
19		
20		
21		
22		
23		
教授活動の順序と特徴	**教授上の注意** (1) 前課同様，立体的に作らせるのも可。 (2) 早く仕上げた児童には，他の色紙屑で，任意に練習をさせる。 **教鞭物** 樹木の切抜標本	
教材解釈の視点	線対称の概念を教授。	

作業分解票（2-3-3）

製作課題	風車〔切抜〕	学年・期	尋常科第2学年・第3学期
材料	桃色紙美濃判十二切大1枚，割竹，えんどう豆，のり，のり紙	教授時数	2時間
工具	はさみ，竹尺，錐	作業	・紙を折る ・はさみで印（切り込み）をつける ・直線をひく ・はさみで直線を切る ・はさみで折り目を切る ・のりづけする ・錐で穴をあける
略図または完成写真			

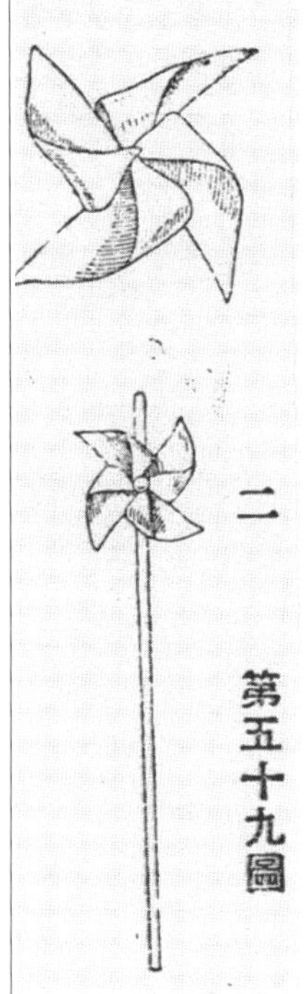

(2-3-3)

No.	作業ステップ	急所
1	紙を折る	用紙の長辺が合わさるように２つに折る。
2	切り込みを入れる	折った両端に，折り目の辺から，ズレの部分を除くべく，わずかにはさみで切り込みを入れる。
3	鉛筆で直線をひく	紙を開き，切り込みを印にして，折り目と直角になるように線をひく。
4	はさみで直線を切る	ひいた線にそって正確に切らせる。
5	紙を折る	紙の位置を90度変えて，短辺が合わさるように２つに折る。
6	竹尺で長さを測る	折った辺を，竹尺で長さを測って印をつける。
7	切り込みを入れる	印にわずかに切り込みを入れる。
8	鉛筆で直線をひく	紙を開き，切り込みを印にして，折り目と直角になるように線をひく。
9	はさみで直線を切る	ひいた線にそって正確に切らせる。
10	紙を折る	寸法の定まった辺を他辺に折り合わせる。
11	鉛筆で直線をひく	折り合わせて余分な部分に線をひく。
12	はさみで直線を切る	線にそって正確に切る。
13	はさみで折り目を切る	各頂点から中心に向かって半分程切り込む。
14	のりづけ	4個の先端が少し中心で重なるように貼り付ける。
15	はさみで切る	他の先端の一部分を切り取り，全体の形を整える。
16	穴あけ	錐で中心に穴をあける。
17	組　立	割竹もしくは竹ひごと，柔軟にしたえんどう豆で図の（二）のように取りつける。
18		
19		
20		
21		
22		
23		
教授活動の順序と特徴	**教授上の注意** (1) 風車の回転する理由を会得させる。 (2) 早く仕上がった児童には，数個つくらせる。 (3) 製作後，運動場にて，製作品の試運転をさせる。 **教鞭物** 大型の標本	
教材解釈の視点	①「方形」の復習。 ②「方形」をさらに対角線で折ることで正確さを認識できる。	

作業分解票（2-3-4）

製作課題	風景(野に樹木と家)〔切抜〕	学年・期	尋常科第2学年・第3学期
材料	草色と水色紙美濃判八ツ切大各1枚，各種の色紙屑，のり，のり紙	教授時数	2時間
工具	はさみ，竹尺	作業	・竹尺で長さを測る ・直線をひく ・はさみで線を切る ・輪郭を描く ・はさみで輪郭を切り抜く ・のりづけする
略図または完成写真			

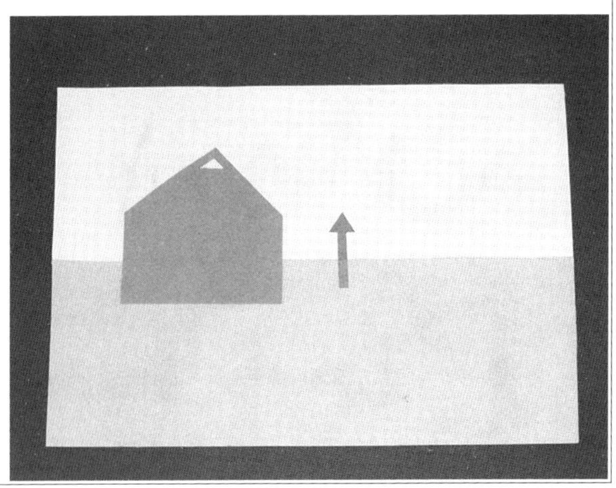

(2-3-4)

No.	作業ステップ	急所
1	――――	標本を示し，野（草色），天空（水色），樹木（緑色），家（淡樺色）の表し方の一例を会得させる。
2	作図	各色紙の裏に下絵を描く。
3	はさみで輪郭を切り抜く	下絵にそって切り抜く。
4	のりづけ	台紙または手帳に空，野，家，樹木の順序に貼らせる。
5		
6		
7		
8		
9		
10		
11		
12		
13		
14		
15		
16		
17		
18		
19		
20		
21		
22		
23		
教授活動の順序と特徴	**教授上の注意** (1) 材料の草色と水色の切り方は，美濃判を縦横に４分したものをさらに縦に２分して与えること。 (2) 樹木の数株を配置する場合には，近くにあるものは大きく，遠くにあるものは小さく表すべきを知らせる。 (3) 樹木の形と株数，家の形などの配置は，児童の任意に定めさせる。 (4) 標本を示し，野（草色），天空（水色），樹木（緑色），家（淡樺色）の表し方の一例を会得させる。 **教鞭物** 平易に作った作例の１，２個	
教材解釈の視点	① 製図につながる遠近法の教授。 ② 色彩の観念を教授。	

作業分解票（2-3-5）

製作課題	風景（海と船）〔切抜〕	学年・期	尋常科第２学年・第３学期
材料	水色と樺色紙各美濃判八ツ切大１枚，各種の色紙屑，のり，のり紙	教授時数	１時間
工具	はさみ，竹尺	作業	・尺度で長さを測る ・直線をひく ・はさみで線を切る ・輪郭を描く ・はさみで輪郭を切り抜く ・のりづけする
略図または完成写真			

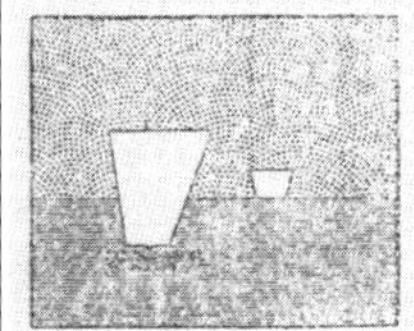

(2-3-5)

No.	作業ステップ	急所
1	作図	各色紙の裏に下絵を描く。
2	はさみで輪郭を切り抜く	下絵にそって切り抜く。
3	のりづけ	台紙または手帳に空，海，船の順序に貼らせる。
4		
5		
6		
7		
8		
9		
10		
11		
12		
13		
14		
15		
16		
17		
18		
19		
20		
21		
22		
23		
教授活動の順序と特徴	**教授上の注意** (1) 風景の製作にあたっては，特に色の調和に注意させる。 (2) 船の種類と数は，児童の任意に定めさせる。 (3) 標本を示し，海（水色），天空（樺色）の表し方の一例を会得させる。 **教鞭物** 平易に作った作例の1，2個	
教材解釈の視点	① 色彩の観念を教授。 ② 遠近法の教授。	

作業分解票（3-1-1）

製作課題	紙の裁方練習と色の配合標本〔切抜〕	学年・期	尋常科第３学年・第１学期
材料	模造紙色紙（青，黄，赤，樺，緑，紫の６種）美濃判十六切大各１枚，相当台紙６枚，のり，のり紙	教授時数	２時間
		作業	・竹尺で長さを測る ・直線をひく ・小刀で線にそって切る（裁定規を使用） ・のりづけする ・小刀の研磨
工具	小刀，裁板，裁定規，竹尺，砥石（青砥は３人に対し１個の割合）		

略図または完成写真

乙　　甲

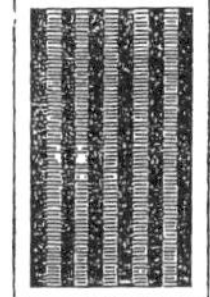

第六十六圖

(3-1-1)

No.	作業ステップ	急所
1	竹尺で長さを測る	3枚の色紙に各幅二分（6㎜）の間隔で印をつける。
2	鉛筆で直線をひく	印をもとに線をひく。
3	小刀で直線を切る	2枚重ねて線にそって切断する。
4	のりづけ	台紙6枚に6種の色紙帯を図のように配当し，1枚に2色ずつ1本おきに貼り付ける。
5		
6		
7		
8		
9		
10		
11		
12		
13		
14		
15		
16		
17		
18		
19		
20		
21		
22		
23		
教授活動と特徴の順序	**教授上の注意** (1) 本課には最良の色紙を使用する。また，そのため，これを貼り付けるにはのりを少量にする。 (2) 適宜，製作品をこの2倍の大きさにし，児童3人で一組（一人2枚ずつ）を作らせるのも可。 (3) 紙の裁ち方の技能を正確にさせることを趣旨として授ける。 (4) 貼り付ける紙帯を直接手帳に貼ってもよい。 (5) 図の甲と乙とを交互に比較して，配色の及ぼす影響（甲：反対色は派手，乙：類似色は地味）が大きいことを会得させる。 **教鞭物**：大型の切抜の配色標本，色の指教図	
教材解釈の視点	配色についても教授しているけれども，小刀の使用練習がメイン。	

作業分解票（3-1-2）

<table>
<tr><td>製作課題</td><td>草花（自由選題）〔切抜〕</td><td>学年・期</td><td>尋常科第3学年・第1学期</td></tr>
<tr><td rowspan="2">材料</td><td rowspan="2">色紙：葉緑色（長さ五寸・幅二寸五分程度），花紅色（長さ四寸・幅二寸程度）各1枚，のり，のり紙</td><td>教授時数</td><td>2時間</td></tr>
<tr><td rowspan="2">作業</td><td rowspan="2">・直線をひく
・小刀で直線を切る（裁定規を使用）
・輪郭を描く
・小刀で輪郭を切り抜く
・小刀の研磨
・のりづけする</td></tr>
<tr><td>工具</td><td>小刀，裁板，裁定規，竹尺，砥石（青砥は3人に対し1個の割合）</td></tr>
<tr><td colspan="2">略図または完成写真</td><td colspan="2"></td></tr>
</table>

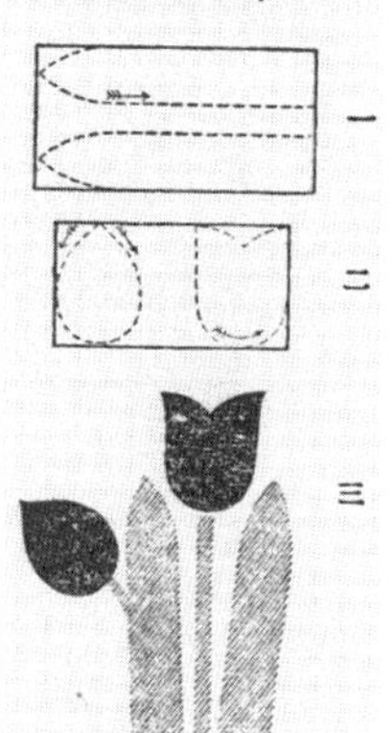

(3-1-2)

No.	作業ステップ	急所
1	作図	図の一，二に準じて，材料紙の上に輪郭をかく。
2	小刀で輪郭を切り抜く	小刀の先で切り抜く。
3	のりづけ	葉花の配置を適当に定めて，貼り付ける。
4		
5		
6		
7		
8		
9		
10		
11		
12		
13		
14		
15		
16		
17		
18		
19		
20		
21		
22		
23		
教授活動の順序と特徴	**教授上の注意** (1) 小刀での直線の切り抜きは初めて課すので，これに対する小刀の用法を丁寧に教授する。 (2) 児童は，はさみで切ることが容易であるが，練習の必要上，小刀を使用させる。 (3) 葉花の形態は，児童各自の工夫によって定める。 **教鞭物** 作例２，３種	
教材解釈の視点	小刀による曲線の切り抜きの仕方を教授。	

作業分解票（3-2-1）

製作課題	正三角形〔切抜〕	学年・期	尋常科第3学年・第2学期
材料	模造紙色紙美濃判八ツ切大2枚，のり，のり紙	教授時数	2時間
工具	小刀，裁板，裁定規，竹尺，砥石	作業	・紙を折る ・小刀で印をつける ・小刀で折り目を切る（裁定規を使用） ・のりづけする ・小刀研磨

略図または完成写真

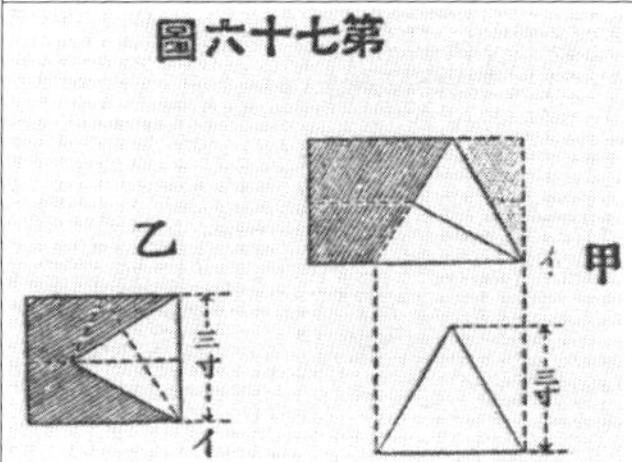

(3-2-1)

No.	作業ステップ	急所
1	紙を折る	用紙の長辺が合わさるように2つに折る。
2	小刀で印をつける	折った両端に，折り目の辺から，ズレの部分を除くべく，わずかに小刀で切り込みを入れる。
3	鉛筆で線をひく	紙を開き，切り込みを印にして，折り目と直角になるように線をひく。
4	小刀で直線を切る	ひいた線にそって正確に切らせる。
5	紙を折る	紙の位置を90度変えて，短辺が合わさるように2つに折る。
6	切り込みを入れる	折った両端に，折り目の辺から，ズレの部分を除くべく，わずかに小刀で切り込みを入れる。
7	鉛筆で線をひく	紙を開き，切り込みを印にして，折り目と直角になるように線をひく。
8	小刀で直線を切る	ひいた線にそって正確に切らせる。
9	紙を折る	長方形の2長辺を密集して中央に折り目をつけ，紙片の一角を3等分する方法で，正三角形をつくる。
10	のりづけ	製作品を手帳または台紙に貼る。
11		
12		
13		
14		
15		
16		
17		
18		
19		
20		
21		
22		
23		
教授活動の順序と特徴	**教授上の注意** (1) 文部省『小学校教師用 手工教科書』180図を参照し，文部省『新定画帖』に連絡して教授する。 (2) 60度と30度の観念を明瞭にさせる。 (3) 早くできあがった児童には，別の紙片を与えて練習させる。 (4) 紙の裁ち方と小刀の研磨の仕方を復習することに注意する。 (5) 図の甲は高さを限定する場合，乙は辺の長さを限定する場合に用いる。 (6) 正三角形を種々の方向に折り合わせて，3辺と3角の等しいことを会得させる。 **教鞭物** 示範用の裁板，裁定規，小刀，大判の色紙	
教材解釈の視点	長方形の作り方を復習している。	

作業分解票（3-2-2）

製作課題	菱形〔切抜〕	学年・期	尋常科第３学年・第２学期
材料	色紙半紙判八ツ切大２枚，のり，のり紙	教授時数	２時間
工具	小刀，裁板，裁定規，竹尺，砥石	作業	・紙を折る ・小刀で折り目を切る ・直線を小刀で切る（裁定規を使用） ・小刀研磨
略図または完成写真			

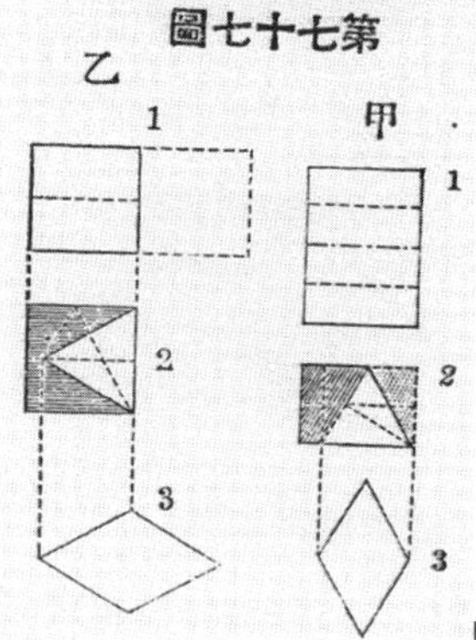

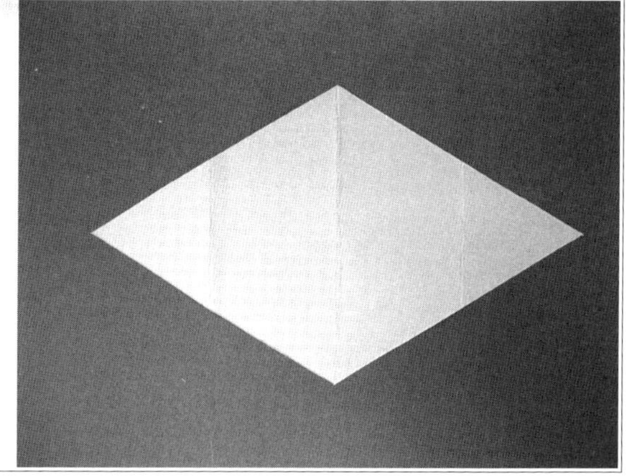

(3-2-2)

No.	作業ステップ	急所
1	紙を折る	用紙の長辺が合わさるように２つに折る。
2	小刀で印をつける	折った両端に，折り目の辺から，ズレの部分を除くべく，わずかに小刀で切り込みを入れる。
3	鉛筆で線をひく	紙を開き，切り込みを印にして，折り目と直角になるように線をひく。
4	小刀で直線を切る	ひいた線にそって正確に切らせる。
5	紙を折る	紙の位置を 90 度変えて，短辺が合わさるように２つに折る。
6	切り込みを入れる	折った両端に，折り目の辺から，ズレの部分を除くべく，わずかに小刀で切り込みを入れる。
7	鉛筆で線をひく	紙を開き，切り込みを印にして，折り目と直角になるように線をひく。
8	小刀で直線を切る	ひいた線にそって正確に切らせる。
9	紙を折る	図の甲の１のように４つに折り重ねる。
10	紙を折る	２つに折り重ね，それぞれを甲の２のように折り曲げる。
11	竹尺で直線をひく	甲の２の余分な部分に線をひく。
12	小刀で直線を切る	余分な部分を小刀で切り落とす。
13	小刀で直線を切る	外枠を切り落とす。
14		
15		
16		
17		
18		
19		
20		
21		
22		
23		
教授活動の順序と特徴	**教授上の注意** (1) 文部省『小学校教師用 手工教科書』231 図を参照し，文部省『新定画帖』17 課に連絡して教授する。 (2) 菱形と正三角形の関係を明らかにする。 (3) 菱形は，模様の基礎として応用が広く利くため，確実に会得させる。 (4) 図の甲は菱形の辺の長さを限定する場合，乙は幅を限定する場合に適用する。 (5) 大型に切った菱形を提示し，これを種々に折り重ねて，4 辺が同じ長さであること，対角が互いに等しいこと，対角線が軸となることなどをわからせる。 **教鞭物** 説明用の西の内判色紙２枚，大型の菱形	
教材解釈の視点		

作業分解票（3-2-3）

<table>
<tr><td>製作課題</td><td>三角定規用方一六花菱又は麻の葉〔切抜〕</td><td>学年・期</td><td>尋常科第３学年・第２学期</td></tr>
<tr><td rowspan="2">材料</td><td rowspan="2">色の配合のよい２種の色紙（幅一寸八分・長さ三寸五分程度）各１枚，のり，のり紙</td><td>教授時数</td><td>２時間</td></tr>
<tr><td rowspan="2">作業</td><td rowspan="2">・三角定規での菱形の作図
・紙を折る
・小刀で折り目を切る（裁定規を使用）
・のりづけする
・小刀研磨</td></tr>
<tr><td>工具</td><td>小刀，裁板，裁定規，三角定規，砥石</td></tr>
<tr><td colspan="2">略図または完成写真</td><td colspan="2"></td></tr>
</table>

圖八十七第

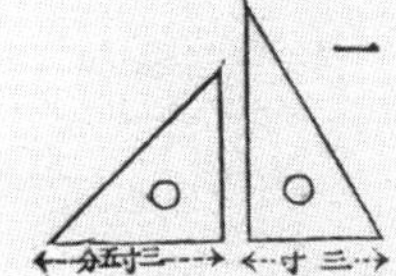

二

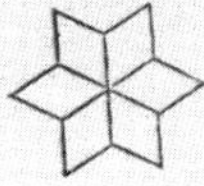

(3-2-3)

No.	作業ステップ	急所
1	三角定規を用いた作図	三角定規を用いて，六花菱または麻の葉の図を描かせる。
2	小刀による切断	色の異なる2個の菱形を作り，各辺に平行に中央から切断して，各々4つの小さな菱形をつくる。三角定規での平行移動。
3	のりづけ	小さな菱形を3つずつとり，これを1枚おきに貼り付けて，六花菱または麻の葉を仕上げる。
4		
5		
6		
7		
8		
9		
10		
11		
12		
13		
14		
15		
16		
17		
18		
19		
20		
21		
22		
23		
教授活動の順序と特徴	**教授上の注意** (1) 90度，60度，30度の角の観念を明瞭にする，三角定規の構造を理解させる。 (2) 菱形の鋭角6つを図のように1点に集めるときは，平面を形成することを了解させる。 (3) 以後，機会あるごとに三角定規を応用させる。 (4) 正三角形と菱形と三角定規との関係をわからせ，三角定規の用法を授ける。 **教鞭物** 黒板用大型三角定規とT型定規	
教材解釈の視点	① 三角定規を用いての平行移動。 ② 前課では折って菱形を切り出したのに対し，本課では三角定規を使って作図し，切り出している。	

作業分解票（3-2-4）

<table>
<tr><td>製作課題</td><td>新年祝賀はがき
（意匠任意）〔切抜〕</td><td>学年・期</td><td>尋常科第３学年・第２学期</td></tr>
<tr><td rowspan="2">材料</td><td rowspan="2">各種の色紙片，のり，のり紙，葉書判の台紙</td><td>教授時数</td><td>２時間</td></tr>
<tr><td rowspan="2">作業</td><td rowspan="2">・尺度（竹尺・三角定規）で長さを測る
・直線をひく
・直線を小刀で切る（裁定規を使用）
・輪郭をかく
・輪郭を小刀で切り抜く
・のりづけ
・小刀研磨</td></tr>
<tr><td>工具</td><td>小刀，裁板，裁定規，尺度（竹尺・三角定規），砥石</td></tr>
<tr><td colspan="2">略図または完成写真</td><td colspan="2"></td></tr>
<tr><td colspan="4"></td></tr>
</table>

(3-2-4)

No.	作業ステップ	急所
1	尺度を用いた作図	羽子板，門松，扇などの模様を各自，任意に作図する。
2	小刀で輪郭を切り抜く	直線と曲線を小刀で切り抜く。
3	のりづけ	葉書に切り抜いた模様を貼り付ける。
4		
5		
6		
7		
8		
9		
10		
11		
12		
13		
14		
15		
16		
17		
18		
19		
20		
21		
22		
23		
教授活動の順序と特徴	**教授上の注意** (1) 製作に先立ち，選題に十分の考慮をさせる。 (2) 2時間継続して1個を仕上げることとし，各自に十分な意匠を凝らせる。 (3) 便宜，門松，七五三飾り，羽子板などの題目について，暗示を与える。 **教鞭物** 黒板用大型三角定規とT型定規	
教材解釈の視点	① 2学期最後という，季節を考慮した製作品。 ② 色遣いに気を配ることになる。	

作業分解票（3-3-1）

<table>
<tr><td>製作課題</td><td>象（立体）〔切抜〕</td><td>学年・期</td><td>尋常科第３学年・第３学期</td></tr>
<tr><td rowspan="2">材料</td><td rowspan="2">適当の色の羅紗紙（長さ五寸・幅四寸程度）2枚，のり，のり紙</td><td>教授時数</td><td>２時間</td></tr>
<tr><td rowspan="2">作業</td><td rowspan="2">・輪郭を描く
・小刀で輪郭を切り抜く（羅紗紙）
・のりづけする
・小刀の研磨</td></tr>
<tr><td>工具</td><td>小刀，裁板，尺度，砥石</td></tr>
<tr><td colspan="2">略図または完成写真</td><td colspan="2"></td></tr>
<tr><td colspan="4">第八十圖

</td></tr>
</table>

(3-3-1)

No.	作業ステップ	急所
1	作図	相当する手本から象の形を材料紙に描写させる。
2	小刀での切断	図の輪郭を丁寧に切り抜く。
3	作図	切り出したものを手本として，同じ大きさの象の形をもう一つ材料紙に描写させる。
4	小刀での切断	図の輪郭を丁寧に切り抜く。
5	のりづけ	切り出した２枚を胴体の上部のみ，のりづけする。
6		目，耳，牙を書き入れる。
7		胴体の中部以下を開いて立てる。
8		
9		
10		
11		
12		
13		
14		
15		
16		
17		
18		
19		
20		
21		
22		
23		
教授活動の順序と特徴	**教授上の注意** (1) 児童ははさみで切る方がかえって容易であるが，練習の必要上，小刀を使用させる。 (2) 小刀の研磨に一層注意させる。 (3) ２枚を合一するのは，胴体の上部のみに止めさせる。 **教鞭物** 象を大型に描いた掛図，または手本用の印刷物	
教材解釈の視点	①　子どもの興味や心理的要求を考慮した製作課題と思われる。 ②　要点は，研磨を含めた小刀の使用練習。	

作業分解票（3-3-2）

<table>
<tr><td>製作課題</td><td>立動物（自由選題）〔切抜〕</td><td>学年・期</td><td>尋常科第３学年・第３学期</td></tr>
<tr><td rowspan="2">材料</td><td rowspan="2">適当の色の羅紗紙（長さ五寸・幅四寸程度）２枚，のり，のり紙</td><td>教授時数</td><td>２時間</td></tr>
<tr><td rowspan="2">作業</td><td rowspan="2">・輪郭を描く
・小刀で輪郭を切り抜く（羅紗紙）
・のりづけする
・小刀の研磨</td></tr>
<tr><td>工具</td><td>小刀，裁板，尺度，砥石</td></tr>
<tr><td colspan="2">略図または完成写真</td><td colspan="2"></td></tr>
</table>

(3-3-2)

No.	作業ステップ	急所
1	作図	ロバ，虎，獅子，牛，馬，犬など（任意）の形を材料紙に描写させる。
2	小刀での切断	図の輪郭を丁寧に切り抜く。
3	作図	切り出したものを手本として，同一の形（トラ）を材料紙に描写させる。
4	小刀での切断	図の輪郭を丁寧に切り抜く。
5	のりづけ	切り出した2枚を胴体の上部のみ，のりづけする。
6		目，口，模様などを書き入れる。
7		胴体の中部以下を開いて立てる。
8		
9		
10		
11		
12		
13		
14		
15		
16		
17		
18		
19		
20		
21		
22		
23		
教授活動の順序と特徴	**教授上の注意** (1) 図画科で描き方を取り扱えればよりよい。 (2) 材料には白色画用紙を用い，適宜彩色させるのも可。 (3) 場合により各児童の作ったものを集め，箱庭的動物園を共同製作させる。 **教鞭物** 各種の動物を集めた掛図や画帖，雑誌の挿絵などの参考物	
教材解釈の視点	教授上の注意(3)は，子どもの心理的要求の観点からみて，非常に優れたものと感じる。	

作業分解票（3-3-3）

製作課題	疾風汽車(意匠任意)〔切抜〕	学年・期	尋常科第3学年・第3学期
材料	黒色紙葉書大1枚，黄色片，のり，のり紙	教授時数	2時間
工具	小刀，裁板，裁定規，尺度，砥石	作業	・輪郭を描く ・小刀で輪郭を切り抜く ・小刀で線にそって切る（裁定規使用） ・のりづけする ・小刀の研磨
略図または完成写真			

甲

第八十二圖

乙

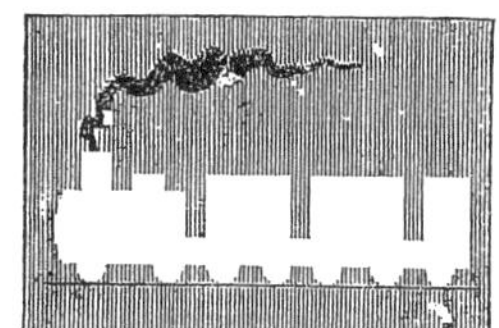

(3-3-3)

No.	作業ステップ	急所
1	作図	疾走する汽車の外形を描く
2	小刀での切断	輪郭を小刀で切り抜く
3	小刀での切断	車体に切り目を入れて，客車，炭車の部分をわかるようにする。
4	作図	ライトの部分を黄色紙で，煙の部分を黒紙で描く
5	小刀での切断	切り抜く
6	のりづけ	葉書大の白紙の台紙に貼り付ける。
7		
8		
9		
10		
11		
12		
13		
14		
15		
16		
17		
18		
19		
20		
21		
22		
23		
教授活動の順序と特徴	**教授上の注意** (1) 疾走の状態を表すため，遠近法に注意する。 (2) 大体は標本に準じさせ，細部は児童の考案に任せる。 (3) 車窓とライトを表す黄色紙は，黒紙に先に貼らせる。 **教鞭物** 参考として大型に作った汽車の切抜標本	
教材解釈の視点	汽車をモチーフとしながら，遠近法の教授をしている。	

作業分解票（3-3-4）

製作課題	額（意匠任意）〔切抜〕	学年・期	尋常科第3学年・第3学期
材料	額面用厚紙，種々の色紙片，のり，のり紙	教授時数	2時間
工具	小刀，裁板，裁定規，尺度，砥石	作業	・尺度で長さを測る ・尺度で直線をひく ・小刀で線にそって切る（裁定規使用） ・輪郭を描く ・小刀で輪郭を切り抜く ・のりづけする ・小刀の研磨
略図または完成写真			

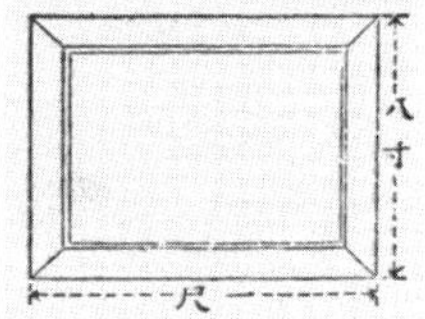

(3-3-4)

No.	作業ステップ	急所
1	作図	尺度を使って，厚紙から縦八寸（242mm），横一尺（303 mm）をとる。
2	小刀での切断	裁定規を使って，切り抜く。
3	作図	尺度を使って，額の縁を色紙もしくは模様紙でとる。
4	小刀での切断	裁定規を使って，切り抜く。
5	のりづけ	縁を貼り付ける。
6	作図	これまでの製作品を応用し，風景や動物など，任意の形を色紙に描く。
7	小刀での切断	切り抜く。
8	のりづけ	額縁内に貼り付ける。
9		
10		
11		
12		
13		
14		
15		
16		
17		
18		
19		
20		
21		
22		
23		
教授活動の順序と特徴	**教授上の注意** (1) 文部省『新定画帖』に連絡して教授する。 (2) 額は壁面などに掲げられるように，堅固に仕上げさせる。 (3) 本課は当学年（尋常科３年）の「卒業製作」として，十分に力作させる。 **教鞭物** 参考として昨年の児童の成績品。	
教材解釈の視点	① 家などに飾らせる。 ②「卒業製作」となっている。	

作業分解票（4-1-1）

<table>
<tr><td>製作課題</td><td>角形の箱（装飾任意）
〔厚紙細工附切抜〕</td><td>学年・期</td><td>尋常科第4学年・第1学期</td></tr>
<tr><td rowspan="2">材料</td><td rowspan="2">八オンス許りの茶又は白ボール紙約五寸五分平方1枚，色紙屑，のり，のり紙，加工用厚紙片</td><td>教授時数</td><td>6時間</td></tr>
<tr><td rowspan="2">作業</td><td rowspan="2">・展開図を描く
・尺度で直線をひく
・小刀で直線を切る
・尺度で長さを測る
・のりづけ
・小刀の研磨</td></tr>
<tr><td>工具</td><td>裁板，定規，小刀，尺度，砥石</td></tr>
<tr><td colspan="2">略図または完成写真</td><td colspan="2"></td></tr>
</table>

第八十五圖

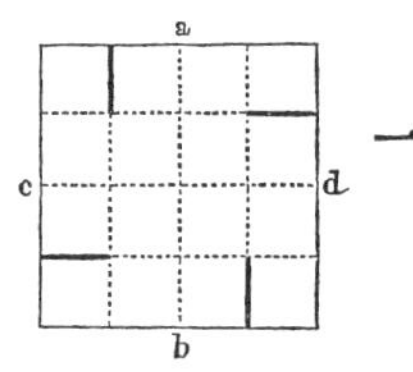

一

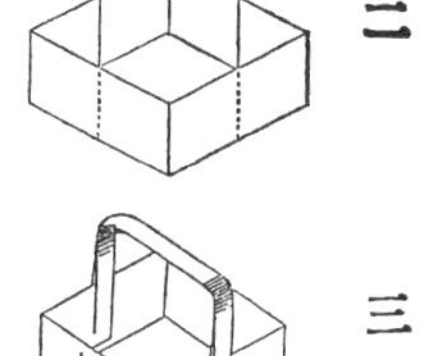

二

三

(4-1-1)

No.	作業ステップ	急所
1	展開図を描く	図の（一）のように1辺五寸二分の正方形を正確に描く。
2	小刀で切断	（一）の外周を小刀で切断する。
3	小刀で切断	（一）の実線部分を小刀で切断する。
4	小刀で切り込みを入れる	底の部分と側面との境目を小刀で浅く切りこむ。
5	厚紙を折る	側面を折り曲げる。
6	のりづけ	四隅を重ね目をのりづけする。
7	のりづけ	提手をつける。
8		
9		
10		
11		
12		
13		
14		
15		
16		
17		
18		
19		
20		
21		
22		
23		
教授活動の順序と特徴	**教授上の注意** (1)『新定画帖』2課に連絡して授け，工作図を理解させ，これをつくる素地を養うことに注意する。 (2) 箱は規定の寸法に従い，正確に作ることを旨とさせる。ただし，取っ手をつけて岡持となし，手掛を通して煙草盆に擬し，両輪と轅を付けて箱車となす等の加工には，十分に工夫させる。 **教鞭物** 解体自在な提示模型，大型工作図	
教材解釈の視点	厚紙に浅く切りこみを入れる。	

作業分解票（4-1-2）

<table>
<tr><td>製作課題</td><td>風景（切抜建物）
〔厚紙細工附切抜〕</td><td>学年・期</td><td>尋常科第4学年・第1学期</td></tr>
<tr><td rowspan="2">材料</td><td rowspan="2">赤，黒，黄，緑，水色，草色などの色紙片，白色台紙，半紙全大1枚，のり，のり紙</td><td>教授時数</td><td>6時間</td></tr>
<tr><td rowspan="2">作業</td><td rowspan="2">・尺度で長さを測る
・直線をひく
・小刀で直線を切る
・輪郭をかく
・輪郭を切り抜く
・のりづけする
・小刀の研磨</td></tr>
<tr><td>工具</td><td>裁板，定規，小刀，尺度，砥石</td></tr>
<tr><td colspan="2">略図または完成写真</td><td colspan="2"></td></tr>
<tr><td colspan="4">圖七十八第

</td></tr>
</table>

(4-1-2)

No.	作業ステップ	急所
1	作図	台紙に建物の下書きをする。
2	輪郭を描く	各種色紙に建物の風景の部品を描く。
3	小刀での輪郭の切り抜き	小刀で輪郭を切り抜く。
4	のりづけ	奥に見えるであろうものから，また大きい部品から順にのりづけする。
5		
6		
7		
8		
9		
10		
11		
12		
13		
14		
15		
16		
17		
18		
19		
20		
21		
22		
23		
教授活動の順序と特徴	**教授上の注意** (1) 大体を標本に準じさせ，建物の種類（学校・社寺・住宅など），庭園趣向，樹木の形状などは，児童の好みに任せる。 (2) 配色に十分に注意させる。 **教鞭物** 大形建物の切抜標本	
教材解釈の視点	図画との関連。遠近法。	

作業分解票（4-2-1）

製作課題	舞蛇―円規の使用法〔厚紙細工〕	学年・期	尋常科第4学年・第2学期
材料	良質の画用紙，台の木片と針金	教授時数	4時間
		作業	・コンパスの使用 ・小刀で曲線を切る ・尺度で長さを測る ・小刀の研磨
工具	裁板，小刀，尺度（三角定規）コンパス，砥石		
略図または完成写真			

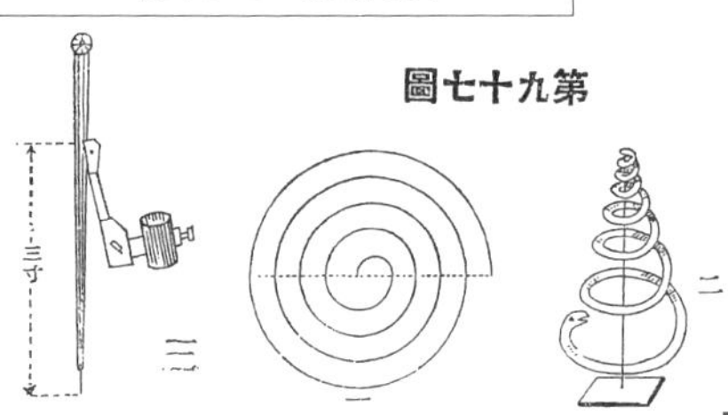

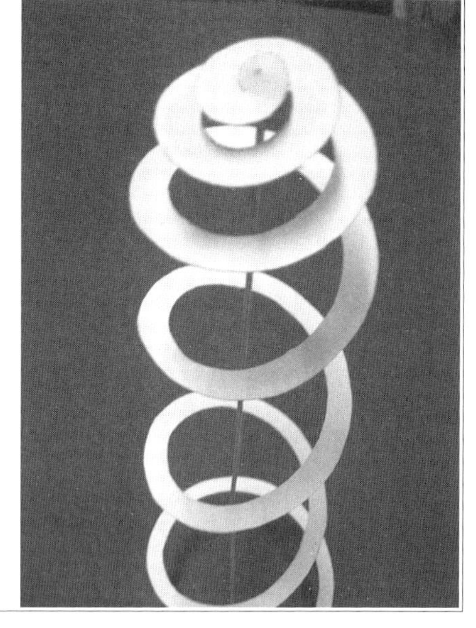

(4-2-1)

No.	作業ステップ	急所
1	コンパスの使用	コンパスの用法を授ける。
2	コンパスの使用	コンパスの用法にしたがって，材料紙上に図の（一）のように渦線を描く。
3	尺度で長さを測る	5㎜ずつ印をつける。
4	小刀で曲線を切る	小刀で精密に線上を切り放つ。
5	小刀で曲線を切る	小刀で頭と尾の形を作り，鉛筆で目の点をつける。
6	組み立て	台板上に針金を立てて，尖端に紙蛇の尾端を支えさせる。
7	火であぶる	下から火で熱して徐々に蛇が回旋するようにする。
8		
9		
10		
11		
12		
13		
14		
15		
16		
17		
18		
19		
20		
21		
22		
23		
教授活動の順序と特徴	**教授上の注意** ⑴ コンパスの構造用方を会得させ，以後の作業には機会あるごとにこれを使用させる。 ⑵ 良好なる渦線を得るまで，幾度も反復して描かせる。 ⑶ 正しい曲線の裁方練習を旨として，小刀を丁寧に使用させる。 ⑷『手工科新教材集成 紙細工篇』67図参照。 ⑸ 各自に回旋を試みさせ，かつ，その理由を会得させる。 **教鞭物** 示範用材料紙・大型コンパス・舞蛇標本	
教材解釈の視点	舞蛇をモチーフに，コンパスの構造と使用法を理解させることに力点がおかれている。	

作業分解票（4-2-2）

<table>
<tr><td>製作課題</td><td>六角コップ―円規使用練習〔厚紙細工〕</td><td>学年・期</td><td>尋常科第4学年・第2学期</td></tr>
<tr><td rowspan="2">材料</td><td rowspan="2">八オンスの白ボール紙，目貼反古，色紙片，のり，のり紙</td><td>教授時数</td><td>4時間</td></tr>
<tr><td rowspan="2">作業</td><td rowspan="2">・部品図を描く
・コンパスと三角定規の使用
・小刀で直線を切る
・小刀で切り込みを入れる
・目貼をする
・小刀の研磨</td></tr>
<tr><td>工具</td><td>裁板，小刀，尺度（三角定規），コンパス，砥石</td></tr>
<tr><td colspan="2">略図または完成写真</td><td colspan="2"></td></tr>
<tr><td colspan="4">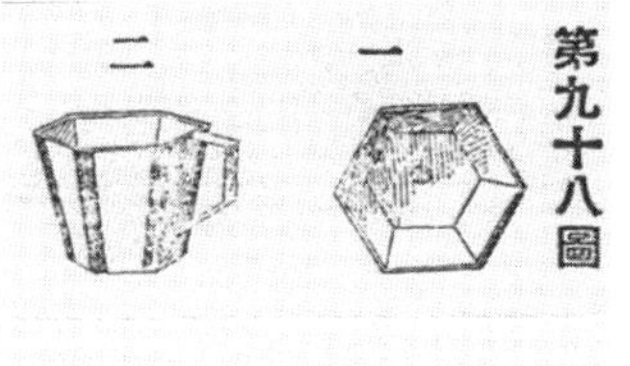

</td></tr>
</table>

(4-2-2)

No.	作業ステップ	急所
1	部品図の作図	規定の寸法にしたがい，コンパスと三角定規を用いて材料紙に展開図を描き，これと実物の関係を会得させる。
2	小刀で直線を切る	工作図にしたがい，側と底とを正確に切り取る。
3	小刀で切り込みを入れる	側の稜となるべき部分に浅く切り込みを入れる。
4	目貼をする	反古で目貼を施す。
5	――――	任意の装飾を施す。
6		
7		
8		
9		
10		
11		
12		
13		
14		
15		
16		
17		
18		
19		
20		
21		
22		
23		
教授活動の順序と特徴	**教授上の注意** (1) コンパスと三角定規の使用練習を旨とする。 (2) 寸法と角度が確実であることに努めさせる。 (3) 早く仕上げたものには，他の紙で図の（二）のような把手をつけさせる。 **教鞭物** 示範用工具および材料	
教材解釈の視点		

作業分解票（4-3-1）

製作課題	筆入ーボール紙切方及び小刀研磨練習 〔厚紙細工附切抜〕	学年・期	尋常科第4学年・第3学期
材料	十オンスボール紙（片面に白紙を貼ったもの），半紙，反古，色紙模様紙，のり，のり紙	教授時数	6時間
工具	裁板，小刀，尺度（三角定規），はさみ，砥石	作業	・尺度で長さを測る ・尺度で直線をひく ・鉛筆で展開図を描く ・線にそって厚紙を小刀で切断する ・小刀で切り込みを入れる ・紙を折る ・目貼りをする ・上貼りをする ・のりづけ　　・小刀の研磨
略図または完成写真			

第百圖

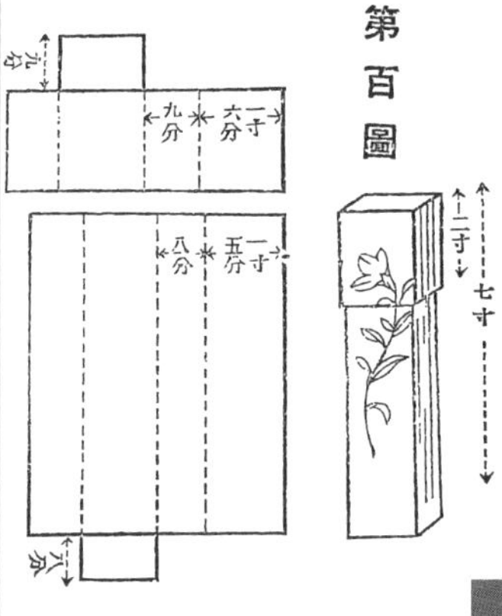

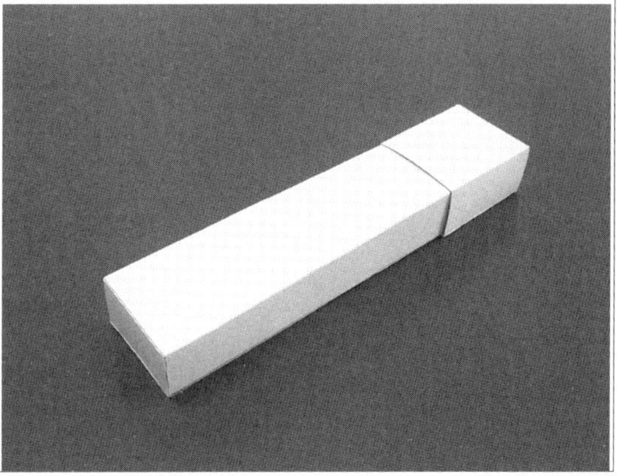

(4-3-1)

No.	作業ステップ	急所
1	鉛筆で展開図を描く	ふたの展開図を描く。一寸六分（48mm）×九分（27mm）×九分（27mm）
2	鉛筆で展開図を描く	本体の展開図を描く。一寸五分（45mm）×八分（24mm）×八分（24mm）
3	小刀での切断	鉛筆の線にそって切る。
4	小刀での切り込み	図の点線部分に折り目を付けるための切り込みを入れる。
5	紙を折る	切り込みにそって折る。
6	目貼り	各稜に目貼りをする。
7	上貼り	ふたと本体に上貼りをする。
8	――――	適宜，切抜装飾をする。
9		
10		
11		
12		
13		
14		
15		
16		
17		
18		
19		
20		
21		
22		
23		
教授活動の順序と特徴	**教授上の注意** (1) 図は文部省『新定画帖』2，37課に連絡して描かせる。 (2) 厚いボール紙は裁方がやや困難なため，実際の製作に先立ち，屑片を与えて暫時その裁方を練習させて，併せて一層小刀の研磨に習熟させる。 **教鞭物** 大型工作図・工作の順序を示すべき大型標本	
教材解釈の視点	上貼りが加わる。	

作業分解票（4-3-2）

<table>
<tr><td>製作課題</td><td>橇〔厚紙細工附切抜〕</td><td>学年・期</td><td>尋常科第４学年・第３学期</td></tr>
<tr><td rowspan="2">材料</td><td rowspan="2">良質の厚紙（板目紙にても可），色紙片，のり，のり紙</td><td>教授時数</td><td>４時間</td></tr>
<tr><td rowspan="2">作業</td><td rowspan="2">・尺度で長さを測る
・尺度で直線をひく
・鉛筆で展開図を描く
・線にそって厚紙を小刀で切断する
・輪郭を小刀で切り抜く
・小刀で切り込みを入れる
・紙を折る
・目貼りをする
・上貼りをする
・のりづけ
・小刀の研磨</td></tr>
<tr><td>工具</td><td>裁板，小刀，尺度（三角定規），はさみ，砥石</td></tr>
<tr><td colspan="2">略図または完成写真</td><td colspan="2"></td></tr>
<tr><td colspan="4">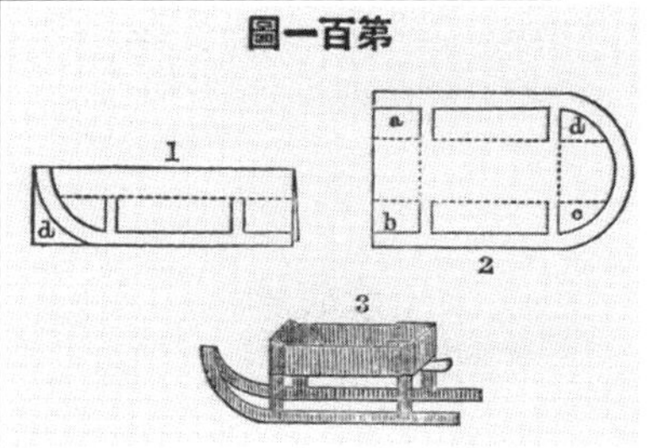

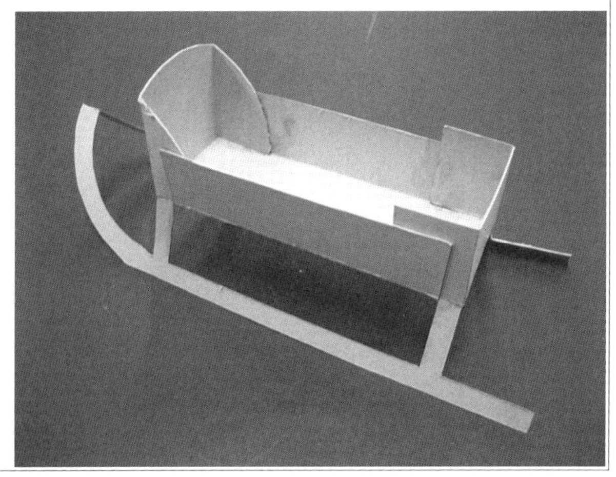</td></tr>
</table>

(4-3-2)

No.	作業ステップ	急所
1	展開図を描く	図を参考にして作図する。
2	小刀で直線を切る	図の実線の部分を小刀で切る。
3	小刀で輪郭を切り抜く	厚紙のため曲線は切りにくい。先に軽く切り込みを入れてから切る。
4	小刀で浅く切り込みを入れる	図の点線の部分に浅く切り込みを入れる。
5	紙を折る	組み立てるように，折り目で曲げる。
6	のりづけする	箱の部分が直角になるように注意。
7	上貼り	箱の内外に色紙を貼る。
8		
9		
10		
11		
12		
13		
14		
15		
16		
17		
18		
19		
20		
21		
22		
23		
教授活動の順序と特徴	**教授上の注意** (1)『手工科新教材集成 紙細工篇』の70図を参照。 (2) 寸法は児童の希望により任意に定めさせる。 (3) 本製作品に紙人形を乗せると，極めて格好な玩具となる。 (4) 図の点線は折るべき部分を示す。すなわち，足を下方へ折り，その両側の切り掛けを皆上方へ折る。 **教鞭物** 工作の順序を示すべき大型標本	
教材解釈の視点	① 厚紙で曲線を切るのは困難。 ② 小刀で端まで切るのではなく，きちんと線通りに切り込みを入れる点で難度が上がっている。 ③ 展開図からは，なかなかできあがりを予想するのが困難。平面の展開図から，できあがりの立体を想像させることをねらいとしているのでは？	

作業分解票（4-3-3）

製作課題	手工用手箱（被蓋）〔厚紙細工附切抜〕	学年・期	尋常科第4学年・第3学期
材料	十二オンスボール紙（片面に白紙を貼ったもの），目貼用寒冷紗，上貼用模造紙，色紙片，のり，のり紙	教授時数	10時間
工具	裁板，小刀，尺度（三角定規），はさみ，刷毛，砥石	作業	・尺度で長さを測る ・尺度で直線をひく ・鉛筆で展開図を描く ・線にそって厚紙を小刀で切断する ・輪郭を描く ・輪郭を小刀で切り抜く ・小刀で切り込みを入れる ・紙を折る ・目貼りをする ・上貼りをする ・のりづけ ・小刀の研磨
略図または完成写真			

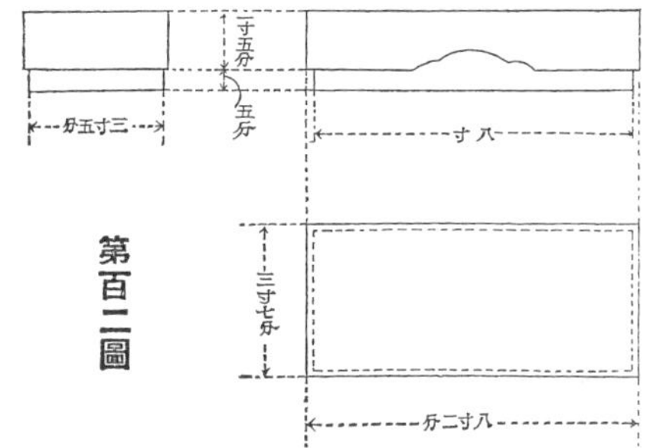

(4-3-3)

No.	作業ステップ	急所
1	展開図を描く	寸法は，ふた；八寸二分（248㎜）×三寸七分（112㎜）×一寸五分（45㎜），箱；八寸（242㎜）×三寸五分（106㎜）×二寸（61㎜）。
2	小刀で直線を切断	十二オンスと紙が厚いため，定規をズレないようにしっかり押さえて強く切り込む。
3	輪郭を描く	ふたの側面の切り抜きの輪郭を描く。
4	小刀で輪郭を切り抜く	ふたの側面の模様の輪郭を切り抜く。
5	小刀で浅く切り込みを入れる	十二オンスなので少し深めでもかまわない。
6	紙を折る	切り込みにそって折り曲げる。
7	目貼り	目貼り用紙でふた，箱とともに接合部に目貼りをする。
8	上貼り	上貼り用模造紙をのりで上貼りする。
9		
10		
11		
12		
13		
14		
15		
16		
17		
18		
19		
20		
21		
22		
23		
教授活動の順序と特徴	**教授上の注意** (1) 目貼に寒冷紗を用いにくい場合には，生漉の半紙又は美濃紙を用いさせる。 (2) 上貼用の紙はなるべく模様の密なものを可とする。 (3) 本課の製作品は，児童各自の手工用具を入れ，以後，手工の場合には必ず教室に携帯させる。 (4) 箱の上貼りは，更紗布を使用できれば，一層使用に適するようになる。 **教鞭物** 工作の順序を示すべき分解した大型標本	
教材解釈の視点	① 材料が十二オンスの厚紙になる。厚く硬いため，曲線を切り出す作業の難度がさらに上がっている。 ② 展開図での側面同士の長さが等しいことを認識することができる。	

作業分解票（5-2-1）

製作課題	押葉挟〔厚紙細工附切抜〕	学年・期	尋常科第５学年・第２学期
材料	十二オンスボール紙，背及び隅用黒色布，上貼用更紗布，木綿平打紐，のり，のり紙	教授時数	６時間
工具	裁板，小刀，尺度（三角定規），砥石，（はさみ，焼きごて，のり刷毛）	作業	・寸法を測る ・直線をひく ・小刀で線にそって切る ・布で上貼りをする ・紙で裏貼りをする ・のりづけ ・小刀の研磨
略図または完成写真			

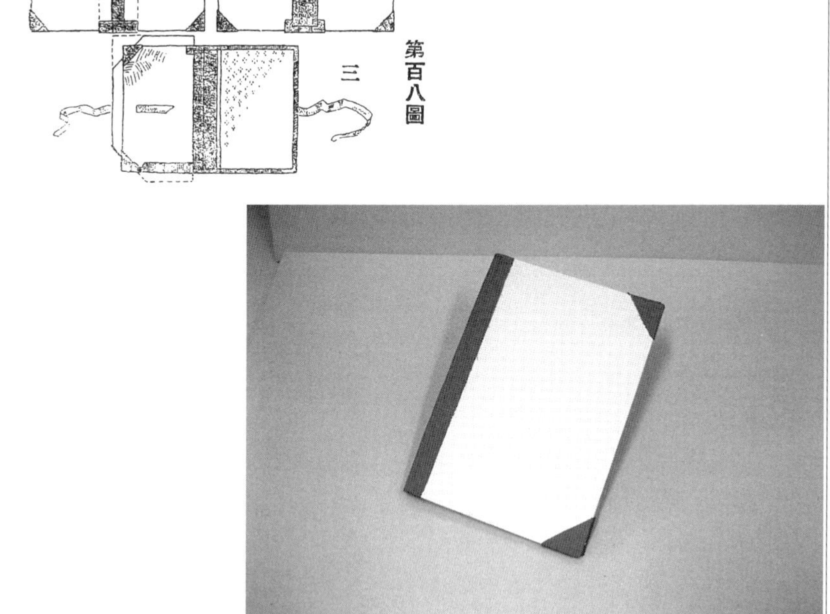

(5-2-1)

No.	作業ステップ	急所
1	部品図を描く	希望の大きさ；190 × 130mmの長方形を厚紙に２枚描く。
2	小刀で直線を切る	長方形を小刀で２枚切り出す。
3	布に直線をひく	210 × 35mmの長方形を描く。両端 10mm幅で線をひく。長辺上下 10mmで線をひく。
4	はさみで布を切る	布をピンと張って切る。
5	のりづけ	厚紙と布をのりづけする（背表紙部分）。
6	布に直線をひく	180 × 25mmの長方形を描く。
7	はさみで布を切る	布をピンと張って切る。
8	のりづけ	厚紙と布をのりづけする（背の内側部分）。
9	布に直線をひく	40mm× 40mmの正方形を４つ描く。二等分線を引き，中心に印をつけておく。
10	はさみで布を切る	布をピンと張って切る。
11	のりづけ	厚紙の４角に布を二等分線で折りづけして，さらにたたんでのりづけする。
12		
13		
14		
15		
16		
17		
18		
19		
20		
21		
22		
23		
教授活動の順序と特徴	**教授上の注意** (1) 本製作品は採集して押して乾かした押葉，あるいは自作の図画類を挟むために使用。 (2) 背幅の広さは容量に関係する。幅は児童の希望により任意に定めさせる。 (3) 上貼りには，布片を用いることを本体としたれど，場合によって適当の模様紙を用いさせるのも可。 **教鞭物** 背布・隅布の付け方，背紐の通し方などを示すべき分解した大型標本	
教材解釈の視点	裏貼りが加わる。	

作業分解票（5-2-2）

<table>
<tr><td>製作課題</td><td>家(考案任意)〔厚紙細工附切抜〕</td><td>学年・期</td><td>尋常科第5学年・第2学期</td></tr>
<tr><td rowspan="2">材料</td><td rowspan="2">十二オンスボール紙（内面になる方に白紙を貼ったもの），目貼り用の寒冷紗又は生漉の日本紙，反古，上貼り用色紙又は模造紙，のり，のり紙，絵の具</td><td>教授時数</td><td>10時間</td></tr>
<tr><td rowspan="2">作業</td><td rowspan="2">・工作図を描く
・尺度で長さを測る
・尺度で直線をひく
・鉛筆で展開図を描く
・線にそって厚紙を小刀で切断する
・輪郭を描く
・輪郭を小刀で切り抜く
・小刀で切り込みを入れる
・紙を折る
・目貼りをする　　　・上貼りをする
・のりづけ　　　　　・小刀の研磨</td></tr>
<tr><td>工具</td><td>裁板，小刀，尺度（三角定規），絵の具筆，砥石（はさみ，焼きごて，のり刷毛）</td></tr>
<tr><td colspan="4">略図または完成写真</td></tr>
</table>

第百九圖

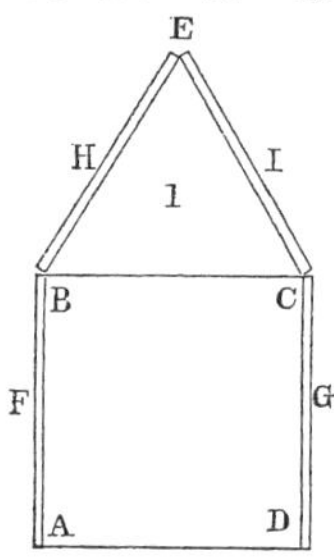

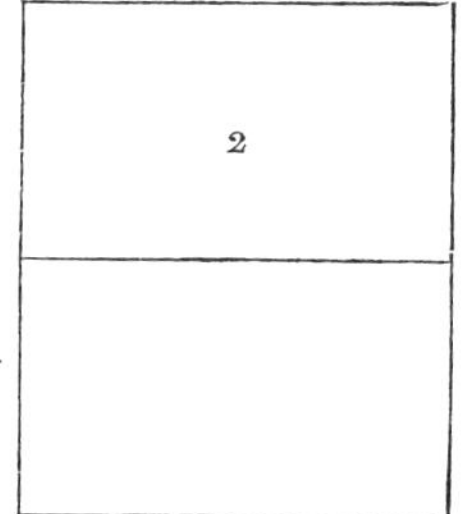

(5-2-2)

No.	作業ステップ	急所
1	工作図を描く	図の1と2の他にも側面の図面が必要。
2	尺度で展開図を描く	厚紙に尺度で展開図を描く。適宜，窓などの輪郭も描く。
3	小刀での切断	紙が厚いため，しっかりと切り込みを入れる必要がある。
4	小刀で浅く切り込みを入れる	紙が厚いため，切り込みが多少深くても問題ない。
5	紙を折る	切り込みにそって，厚紙を折る。
6	のりづけする	1ののりしろ部と側板をのりづけする。その後，屋根をのりづけする。
7	目貼り	屋根の部分は谷折りで目貼りをする。
8	上貼り	色紙で上貼りをする。
9		
10		
11		
12		
13		
14		
15		
16		
17		
18		
19		
20		
21		
22		
23		
教授と活動の特徴順序	**教授上の注意** (1)『手工科新教材集成 紙細工篇』165図を参照。 (2) 図のAB・CD・EB・EC等の接合部の目貼りは十分に堅固に施させる。 (3) 窓は，厚紙を切り抜き，内面より透明紙を貼って，硝子を装わせる。 (4) 早く仕上がったものには，屋根に煙突を付け加え，側面に下見を張り，内部に天井・床を設けるなどの任意の工夫を加えさせる。 **教鞭物** 各種家屋の図・家屋の模型	
教材解釈の視点	① 絵の具を使用する。 ② 工夫製作 ③ 紙の厚さが厚いため，切断や折り目がズレると，組み立て時に多少の不具合が生じる。 ④ 屋根の部分の目貼りが難しい作業。 ⑤ 場合によっては，焼きごてを使用する。 ⑥ ホーレスマン校の建築の教材を意識したものでは？	

作業分解票（6-1-1）

製作課題	木札―鋸及び直角定規の使用法	学年・期	尋常科6年　1学期　男子
材料	薄板（長さ六寸幅二寸程度，なるべく廃物を利用）	教授時数	4時間
工具	小鉋(鉋幅一寸台長さ六寸程) 小形木槌 小鋸（四寸）　小刀 四ツ目錐　曲尺 直角定規 紙やすり	作業	・工作図の作図 ・直角定規を用いたけがき ・小鋸を用いた薄板の縦挽き ・小鉋を用いた薄板の横挽き ・小鉋を用いた薄板の木口削り ・小鉋を用いた薄板の木端削り ・四ツ目錐を用いた薄板の穴あけ ・やすりがけ

略図または完成写真

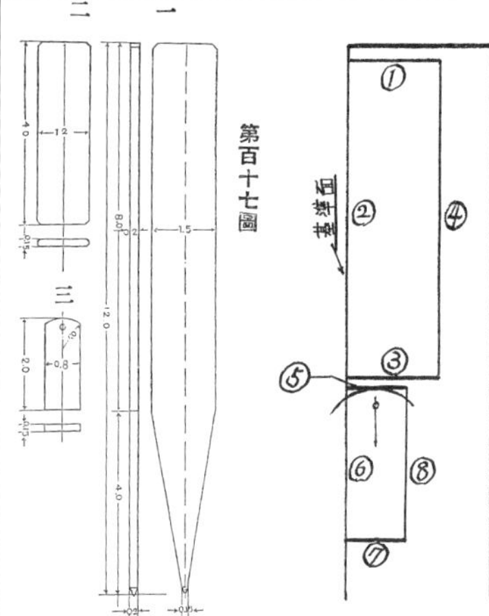

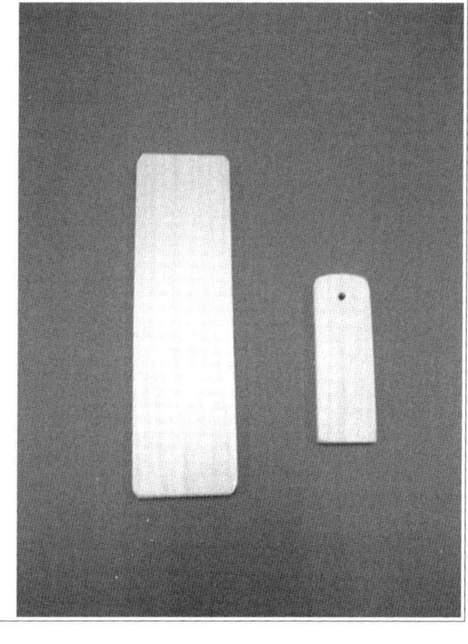

(6-1-1)

No.	作業ステップ	急所
1	工作図の描画	正投影図の図面をみながら工作図を描く。
2	（材料板の平面削り）	粗板を用いる場合には，平面を僅かに鉋で削り，その後に紙やすりで仕上げてから使用する。
3	①の線のけがき	直角定規を用いて基準面からけがく。けがきは鉋がけを行いやすいように，すべて両面にけがく。
4	③の線のけがき	曲尺で②を四寸（121㎜）とり，③を直角定規を用いてひく。
5	④の線のけがき	①と③を一寸二分（36㎜）とり，④を曲尺を用いてひく。
6	⑤の線のけがき	③と3㎜の間隔をとって，⑤を直角定規を用いてひく。
7	⑦の線のけがき	⑥を二寸（61㎜）とって，⑦の線を直角定規を用いてひく。
8	⑧の線のけがき	⑤と⑦を八分（24㎜）とって，⑧の線を曲尺を用いてひく。
9	⑨の曲線のけがき	⑥と⑧の中間に直線Aをひき，半径七分（21㎜）の円弧⑨をコンパスでひく。
10	①，③と⑤の間，⑦の横挽き	小鋸を用いて，3箇所の横挽きをする。
11	④と⑧の縦挽き	小鋸を用いて，2箇所の縦挽きをする。
12	④と⑧の木端削り	小鉋を用いて2箇所の木端削りをする。直角木口台の使用については記述されていないため，手でしっかり押さえて削る。
13	①，③，⑤，⑦の木口削り	小鉋を用いて4箇所の木口削りをする。角が欠けないように，途中で裏返して行う。
14	⑨の曲線の切削	⑨の曲線を小刀で削りだす。
15	穴あけ	四ツ目錐を用いて，傘札の穴をあける。
16	やすりがけ	⑨の曲線部と各辺の面取りを紙やすりを用いて行う。
17		
18		
19		
20		
21		
22		
23		
教授活動の順序と特徴	**教授上の注意** (1) 工作図を描く。→直角定規を用いて材料にけがく。→小鋸で縦挽きと横挽きをして外形を切り落とす。→小鉋で木口削りと木端削りをする。→紙やすりで全体を磨く。→四ツ目錐で穴あけをして，紐を通す。 (2) 工作図は本学年では一層精確に描かせる。簡易なものは手帳に，やや精密を要するものは画用紙に描かせる。 (3) 材料板は，鉋削りがすでにしてあるものが良いが，粗板を使う場合には，僅かに平面削りをした後，紙やすりで仕上げる。 (4) 課題として，（一）植木札，（二）荷札，（三）傘札の3つの工作図が載せられている。 (5)「児童の技量に応じて，この内の一種を作らしむるも全部作らしむるも任意」とされている。 (6) 製作中，適当な時に鋸と直角定規の使用法を授けるとされている。	
教材解釈の視点	① 鉋の使用法の復習として，木札製作を行う。また，小鋸で薄板の縦挽きと横挽き，直角定規の使用方法を獲得させることがねらいにある。 ② ここでの鉋削りは，前製作課題と同様に，木口・木端削りのみとなっている。直角木口台は薄板のためか，使用しない。また，平面削りも必須要素作業としては，取り上げていない。 ③ 傘札の上部は曲面となっており，小刀でこの曲面の形状を加工する。 ④ 材料が長さ六寸（182㎜）となっている。しかし，植木札の長さは十二寸（364㎜）と記入されており，この材料の大きさでは製作できない。同書の改訂増補版や『小学校教師用手工教科書』でも同じ製作課題があり，いずれも十二寸（364㎜）となっていることから，材料寸法の記載ミスと考えられる。	

作業分解票（6-1-2）

製作課題	置物台―木口台使用法·釘附法	学年・期	尋常科６年　１学期　男子
材料	厚さ二分五厘程の桂又は厚朴，竹の割片（肉厚二分未満），五分鉄釘	教授時数	10時間
工具	直角定規 曲尺 小鋸 小鉋 げんのう 直角木口台 四ツ目錐 紙やすり	作業	・工作図の作図 ・曲尺を用いたけがき ・小鋸を用いた薄板の縦挽き ・小鋸を用いた薄板の横挽き ・直角木口台を用いた小鉋での薄板の木口削り ・小鉋での薄板の木端削り ・四ツ目錐での穴あけ ・釘打ち
略図または完成写真			

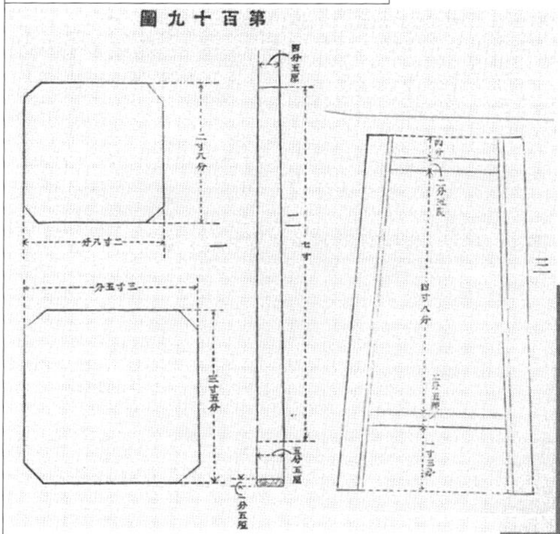

(6-1-2)

No.	作業ステップ	急所
1	工作図を描く	標本をみながら画用紙に精確に描く。寸法も記入する。
2	棚板と脚材のけがき	脚の木取りをする際，繊維方向に注意を払う。四隅のけがきは鉋がけの後で行う。
3	棚板と脚材の鋸挽き	板が薄いため，切り落とし時に割れないように注意を払う。
4	（棚板の平面削り）	逆目に注意。鉋の刃の出をかなり少なくする。平面の中央がもりあがらないように（たいこにならないように）注意。
5	棚板と脚材の木端削り	削り始めと終わりが丸くならないよう注意。脚の部材は４本まとめて鉋がけをする。末広がりに仕上げる。
6	棚板の木口削り	直角木口台を使用。2/3 程度のところで板を裏返す。板の端が欠けないよう注意。
7	棚板の四隅のけがき	上の棚板は四分七厘（14㎜），下の棚板は五分七厘（17㎜）分を斜めに切り落とすように四隅にけがく。
8	棚板の四隅の鋸挽き（斜め）	板が薄いため，切り落とし時に割れないように注意を払う。
9	棚板の四隅の鉋がけ（斜め）	留木口台があれば使用。
10	釘の接合部のけがき	四脚すべてに，釘の打つ場所をけがく。釘の接合部には２本ずつ並列にけがく。
11	穴あけ	割れが生じないよう，四ツ目錐で下穴をあける。
12	やすりがけ	紙やすりで各部材を磨きあげる。
13	釘打ち	棚の部材が薄く，切り落とされた四隅に脚を接合するため，あらかじめ脚の部材を突き抜けた所まで釘を打ち込んでおく。１本の脚に２枚の棚板をまず接合する。釘はかなり小さい。次に対角の脚を接合し，残りの２本を接合する。
14		
15		
16		
17		
18		
19		
20		
21		
22		
23		
教授活動の順序と特徴	**教授上の注意** (1) ①工作図を描く。②直角定規を用いて材料にけがく。③鋸と鉋で棚板２枚を切り出し，四隅を切り落とす。④脚となる竹材４本を平棒に削り，四ツ目錐で穴をあける。⑥やすり紙で部材を磨く。⑦釘打ちする。 (2) 早く仕上がったものには着色をさせる。 **教鞭物** 拡大工作図と標本	
教材解釈の視点	① 各釘を並列に２個ずつ打つという一般的に用いられる丈夫な構造をとっている。 ② 脚は４本重ねて鉋がけする方が効率的であるが，この作業についての記述はない。 ③ 工作図には四隅の切り落とす寸法が描かれていない。 ④ 新たに鉋削りの際に直角木口台を用いるようになった。また，竹材（薄板）への四ツ目錐での下穴あけおよび釘打ちの技能が課されている。 ⑤ 組み立ての段取りの知識がかなり重要なファクターとなっている。まずひとつの脚材に２つの棚板を接合する手順で始めないと，うまく組立たない。	

作業分解票（6-2-1）

製作課題	突貫玩具	学年・期	尋常科６年　２学期　男子
材料	厚朴・桂などの一分五厘板（長さ五寸幅六～七寸・チョーク箱のほごれの利用も可），三分銅鋲，ボール紙	教授時数	６時間
工具	小鋸 小鉋 げんのう 直角木口台 四ツ目錐　筋罫引 クリ小刀　揺出錐附廻錐 円規　紙やすり	作業	・工作図の作図 ・筋罫引を用いたけがき ・小鋸での薄板の縦挽き ・小鉋での薄板の木端削り ・クリ小刀での曲線の切削 ・揺出錐での穴あけ
略図または完成写真			

(6-2-1)

No.	作業ステップ	急所
1	工作図を描く	標本をみながら画用紙に精確に描く。寸法も記入する。
2	けがき	繊維方向と，四分（12mm）幅で仕上げることに留意して，筋罫引でけがく。
3	鋸で縦挽き	幅が狭いのでしっかりと押さえる。
4	鉋で木端削り	片側だけ木端削りをして，もう片方は後でまとめて削る。
5	２～４の繰り返し	２～４の作業を繰り返して８本の部材をつくる。
6	鉋で木端削り	８本まとめてもう一方の木端削りをする。
7	持ち手のけがき	２本の持ち手のけがきをする。コンパスを使用。
8	持ち手の縦挽き	２本の持ち手を鋸で縦挽きする。
9	持ち手の木端削り	２本の持ち手の部材を鉋で木端削りをする。
10	クリ小刀で削る	２本の持ち手の部材の曲線部と他の８本の両端の丸みを削りだす。８本とも同じ丸みにする。
11	揉出錐で穴あけ	２本の持ち手の部材に揉出錐で指穴をあける。揉出錐がない場合は四ツ目錐で穴をあけてクリ小刀でその穴を拡げる。
12	接合部のけがき	罫引を使って接合部のけがきをする。ズレが生じないように注意する。
13	四ツ目錐で接合部の穴あけ	部材を２本重ねて穴をあける。次にすでに穴あけした部材と新たな部材を重ねて穴をあける。これを繰り返す。
14	やすりがけ	紙やすりで各部材を磨く。
15	銅鋲で接合	銅鋲で順に連接していく。
16	飾り付け	任意にボール紙で小さい人形や動物をつくり，先端に取り付ける。
17		
18		
19		
20		
21		
22		
23		
教授と活動の順序特徴	**教授上の注意** (1) ①工作図を描く。②筋罫引を使ってけがく。③鋸で縦挽きする。④鉋で木端削りをする。⑤クリ小刀で曲線を削りだす。⑥揉出錐附廻錐で穴あけをする。⑦やすりがけをする。⑧銅鋲で接合する。 (2)「本製作中便宜の時機に於て，揉出錐及びクリ小刀の使用法を授く。」 (3)「本品の先端が大速力にて進退するの理を会得せしむ。」 **教鞭物** 大形工作図と標本	
教材解釈の視点	① ８本の部材が全く同一になっていることが必要であるため，まとめて鉋がけするなどの工夫が必要。 ② 接合部の穴あけが重要となってくるため，穴あけの段取りを知っておくことが必要。 ③ クリ小刀と揉出錐が登場する。クリ小刀では８本の部材の両端の丸みを全て等しく削り出すことのできる技能が要求される。	

作業分解票（6-2-2）

<table>
<tr><td>製作課題</td><td>混色独楽―廻挽鋸の使用法</td><td>学年・期</td><td>尋常科6年　2学期　男子</td></tr>
<tr><td rowspan="2">材料</td><td rowspan="2">厚さ三分程の雑木板（約三寸二分平方），割竹片（肉厚二分五厘以上），厚手で色の鮮明な各種の色紙，のり</td><td>教授時数</td><td>8時間</td></tr>
<tr><td rowspan="2">作業</td><td rowspan="2">・工作図の作図
・円規を用いたけがき
・廻挽鋸での円形の切削
・クリ小刀での円盤と円柱の切り出し
・掻出錐附廻錐での穴あけ
・木やすりでの仕上げ</td></tr>
<tr><td>工具</td><td>小鋸　廻挽鋸
小鉋　円規
げんのう　万力
木やすり　紙やすり
四ツ目錐
筋罫引
クリ小刀
掻出錐附廻錐</td></tr>
<tr><td colspan="2">略図または完成写真</td><td colspan="2"></td></tr>
</table>

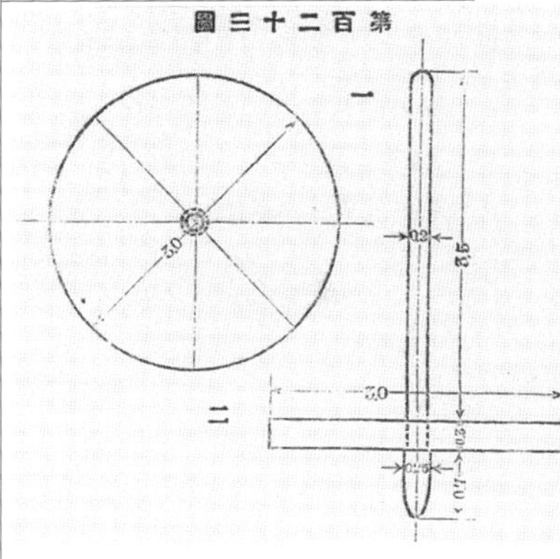

(6-2-2)

No.	作業ステップ	急所
1	工作図をかく	標本をみながら画用紙に精確に描く。寸法も記入する。
2	けがき	円規を使って雑木板に直径三寸（91㎜）の円をかく。
3	廻挽鋸で円を切り出す	刃が折れないように注意する。
4	クリ小刀とやすりで円周を削りあげる	クリ小刀と紙やすりを使って，円周を削って仕上げる。
5	揺出錐附廻錐で穴あけ	円盤状の板に垂直に穴をあける。
6	クリ小刀で割竹を削る	寸法通りに段をつけて，円柱状に竹を削る。芯がズレないように断面を正方形→正八角形と削っていく。
7	割竹を磨く	木やすりや紙やすりをつかって心棒を仕上げる。心棒と円板の板に隙間が出来ないように注意。万力に挟んで紙やすりで八角形を円形にする。
8	接合する	ぴったりはまるように紙やすりで調整する。糊は使用しない。
9	色紙を切り出す	円規でけがいて，中心に穴をあけて，クリ小刀で半円状に切り出す。
10	各種色紙を貼る	色紙をのりづけする。
11		
12		
13		
14		
15		
16		
17		
18		
19		
20		
21		
22		
23		
教授活動の順序と特徴	**教授上の注意** (1) ①工作図を描かせる。②廻挽鋸で円板を切りだし，クリ小刀と紙やすりで円周を仕上げて，中心に穴をあける。③割竹を丸くかつ段をつけて削り，円板に通す。④半円に切った色紙をそれぞれ組み合わせて回転させて，色の混合実験を行わせる。 (2) 板の急速回転によって，各種の色線が互に重層混同してこの現象を呈することを会得させる。 (3) 廻挽鋸は使用の機会が頗る多く，破損し易い工具のため，丁寧に使用法を授ける。 **教鞭物** 大形につくった種々の実験を示すのに便利な標本とニュートンの七色版。	
教材解釈の視点	ここでは廻挽鋸の使用法に重点が置かれている。また，一方で色の混合実験を行い，色の観念を養うことにも重点を置いている。	

作業分解票（7-1-1）

製作課題	門札―平板の正しき作り方	学年・期	高等科1年　1学期　男子
材料	檜又は樅（モミ）正六分板一枚 （無節，長さ六寸二分，幅二寸七分程）	教授時数	4時間
工具	下端定規（一尺二寸） 曲尺（鉄製一尺のもので直角定規兼用としてつくられたもの） 筋罫引（竿七寸） 直角木口台（木口七寸） 鼠歯錐（径二分） 両刃鋸	作業	・工作図の作図 ・曲尺でのけがき ・筋罫引でのけがき ・鉋の平面削り ・鉋の木端削り ・直角木口台を用いた木口削り ・鼠歯錐での穴あけ
略図または完成写真			

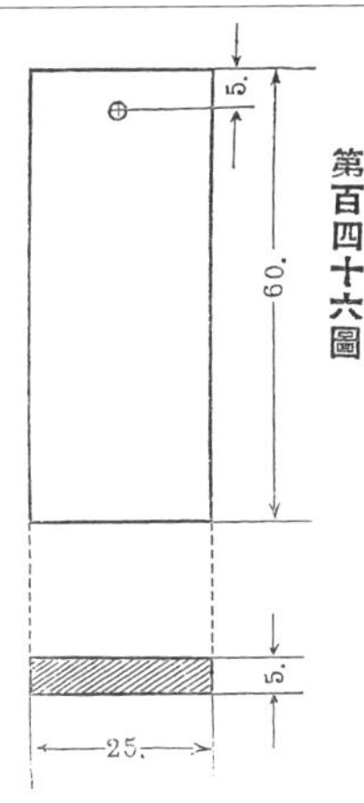

第百四十六圖

(7-1-1)

No.	作業ステップ	急所
1	工作図を描く	画用紙等に工作図を正確に描く。
2	基準面の作成	鉋で木端削りをして，基準面を作成する。
3	基準面の作成	平面を鉋で荒削りする。
4	曲尺でのけがき	基準面をもとに，六寸×二寸五分（182 × 76mm）の長方形をけがく。
5	鋸の縦挽き	けがき線の2mm外側を鋸で切る。
6	鋸の横挽き	けがき線の2mm外側を鋸で切る。
7	筋罫引でのけがき	基準面となる平面に筋罫引をあてて，厚さ五分（15mm）ですべての側面にけがきを行う。
8	鉋の平面削り	下端定規で検査しながら，正確に平面削りを行う。
9	鉋の木端削り	けがき線にそって，曲尺で検査しながら平面に直角になるように木端削りを行う。
10	鉋の木口削り	直角木口台を用いて，平面及び木端に直角になるように行う。鉋の刃の出は木端削りの時よりも薄くする。曲尺で随時，直角の具合を検査する。
11	穴あけのけがき	工作図をもとに，穴あけをする場所に印をつける。
12	鼠歯錐での穴あけ	鼠歯錐で穴あけを行う。
13		
14		
15		
16		
17		
18		
19		
20		
21		
22		
23		
教授活動の順序と特徴	**教授上の注意** (1) 板の厚さを定めるには罫引を用い，削面が平坦であるか否かを検査するには下端定規を用い，直角を検査するには曲尺を用いる。 (2) 通常の曲尺は角度が正確でないことがあるため，直角定規の兼用としてつくられたものを用いる。 (3) 本製作の各段階は，木工法の基礎とも称すべき必要の事項であるため，確実に実習させる。 **教鞭物** 門札の見本	
教材解釈の視点	① 門札をつくるという製作過程において，正確な直方体をつくりだすための，木工の必須の技能を教授している。 ② 下端定規を用いるなど，かなり本格的な作業である。	

作業分解票（7-1-2）

製作課題	置物台製作	学年・期	高等科1年　1学期　男子
材料	桂又は厚朴の六分板および四分板，六分鉄釘	教授時数	10時間
工具	下端定規（一尺二寸） 曲尺（鉄製一尺） 筋罫引（竿七寸） 直角木口台（七寸） 留木口台　両刃鋸 胴付き鋸　鉋 げんのう　四ツ目錐 二分鑿　紙やすり	作業	・前課題で描いた「置物台製図」を使用 ・筋罫引と曲尺を用いたけがき ・縦挽きと横挽き ・下端定規と筋罫引と曲尺を用いた鉋の平面削り ・鉋の木端削り ・木口台を用いた木口削り ・筋罫引と曲尺と胴付き鋸と二分鑿での相欠き接ぎ加工 ・四ツ目錐で下穴あけ ・げんのうを用いた釘打ち ・紙やすりでの全体の研磨
略図または完成写真			

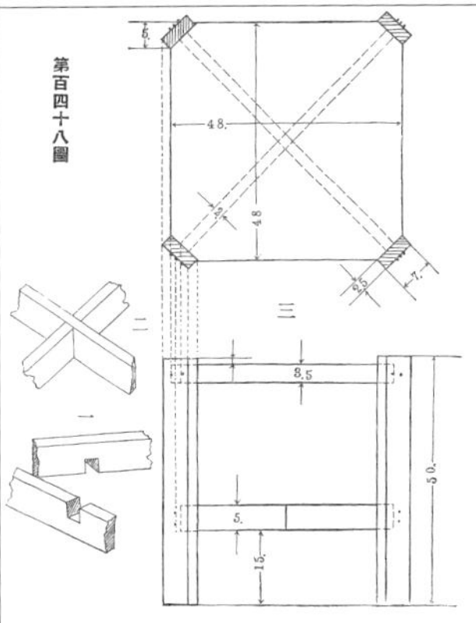

(7-1-2)

No.	作業ステップ	急所
1	基準面の作成	上板には六分板（18㎜），脚材と貫板には四分板（12㎜）を使用。①第一基準面を設定し，凹凸のないように平面削りを行う。②第二基準面を設定し，適宜，第一基準面に直角になるよう木端削りを行う。
2	上板・脚材・貫板のけがき	各部材の形状を基準面に曲尺と直角定規を用いて寸法通りにけがく。脚材と貫板の木取りをする際，繊維方向に注意を払う。
3	上板・脚材・貫板の鋸挽き	各部材をけがき線にそって鋸で切り落とす。切り落とし時に板が割れないように注意を払う。
4	上板･脚材･貫板の平面削り	筋罫引で厚さをけがき，下端定規で検査しながら行う。逆目に注意。仕上げは刃の出を極少なく。平面の中央が盛りあがらないよう注意。
5	上板･脚材･貫板の木端削り	削り終わりは，丸くならないよう鉋を少し持ち上げるように削る。脚材は４本まとめて固定して鉋がけをする。
6	上板･脚材･貫板の木口削り	直角木口台を使用。板の端がひび割れないよう注意。
7	上板の四隅の鋸挽き（斜め）	両刃鋸を使用。切り落とし時に割れないように注意を払う。
8	上板の四隅の鉋削り	留木口台を使用。留木口台がない場合には，紙やすりでも可。
9	相欠き接ぎのけがき	①板幅の中心に印をつける。②板の長さの中心部に板厚分のけがきをする。
10	相欠き接ぎの鋸挽き	けがき線にそって胴付き鋸で横挽きする。
11	二分鑿での切削	けがきと鋸挽きの跡にそって行う。二分鑿をげんのうでたたいて溝を落とす。
12	釘接合部のけがき	４脚すべてに，釘の打つ場所をけがく。貫板の厚さが薄いため筋罫引を用いて精確に。
13	下穴あけ	四ツ目錐を使用する。
14	釘打ち	接合部に２本ずつの釘打ちをする。①１本の脚材に上板と貫板を接合。②対角の脚材に上板と脚材を接合。貫板と脚材の接合はけがきにそって精確に。あらかじめ脚材から釘を少し出しておく。
15	やすりがけ	紙やすりで各部材を磨きあげる。
16		
17		
18		
19		
20		
21		
22		
23		
教授活動の順序と特徴	**教授上の注意** (1) 問答を通した製作順序の理解を促す。→各部材を切り取る。上板を削り，四隅を切り落とす。→脚材４本と対角の貫板２本を削る。→対角の貫板２本を相欠接合する。→鉄釘で全体を接合し，適宜仕上げをする。 (2) 上板の四つ角を過度に切り取らないよう注意。 (3) 釘打ちと相欠接合部は十分注意して行う。 (4) 組み立てが早く終わった子どもには，色塗りをさせる。 **教鞭物** 実物，相欠組手，大形工作図	
教材解釈の視点	① 組立の作業段取りの知識が必要とされる。 ② 相欠き接ぎと釘打ちには精確な作業が要求される。 ③ 注意事項についての記述があることは，精確に作り上げる上で必要とされる。 ④ 上板の四隅の仕上げには留木口台を用いて鉋がけをする必要がある。紙やすりでも可。 ⑤ 相欠き接ぎの横挽きには胴付き鋸の使用が適している。 ⑥ 強度の面でいえば，繊維方向に受け材がない。	

作業分解票（7-1-3）

製作課題	鉛筆削箱	学年・期	高等科１年　１学期　男子
材料	杉・樅・厚朴等の正三分板，厚朴その他堅木の角材片	教授時数	14時間
工具	下端定規（一尺二寸） 曲尺（鉄製一尺） 直角木口台　両刃鋸 鉋 げんのう 四ツ目錐 二分鑿　紙やすり	作業	・工作図の作図 ・両刀鋸での縦挽きと横挽き ・鉋での平面，木口，木端削り ・相欠接ぎ ・釘打ち

略図または完成写真

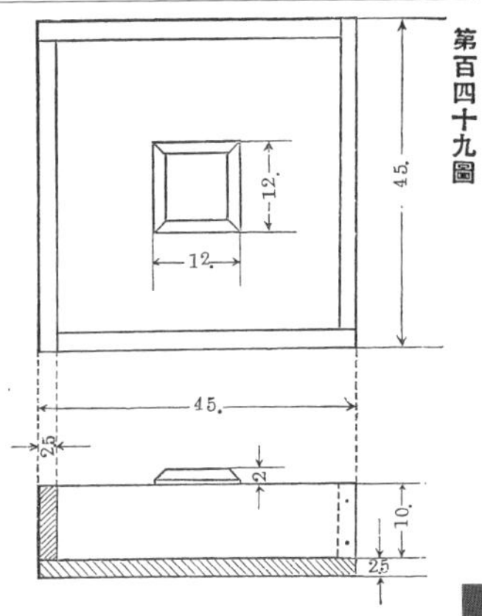

(7-1-3)

No.	作業ステップ	急所
1	工作図を描く	標本をみながら画用紙に精確に描く。寸法も記入する。
2	基準面の作成	底材と側板に使用する正三分板（厚さ9mm）を鉋で平面削りを行う。
3	平面削り	厚さ三分（9mm）→二分五厘（7.5mm）に削る。逆目に注意。鉋の刃の出をかなり少なく。平面の中央がもりあがらないように（たいこにならないように）注意。
4	けがき（底材・側板・角材）	側板の木取りをする際，繊維方向に注意を払う。
5	鋸挽き（底材・側板・角材）	切り落とし時に板が割れないように注意を払う。
6	木端削り（底材と側板）	削り始めと終わりが丸くならないよう注意。側板は４本まとめて鉋がけをする。
7	木口削り（底材と側板）	木口台を使用。板の端がひび割れないよう注意。
8	角材の面取り	角材の４辺を鉋で面取りする。
9	けがき（底材）	角材を中心につけるために，底板に対角線をひく。
10	釘打ち	接合部に２本ずつの釘打ちをする。まず底板と側板を接合する。次に側板同士を接合し，最後に真ん中の角材を接合する。
11	釘締め	底板や側板の出ている部分を鉋で修正するために側板の釘を釘締めを使って打ち込む。
12	木口削り（側板）	組み合わせて底板から出た側板を削る。
13	やすりがけ	紙やすりで各部材を磨きあげる。
14		
15		
16		
17		
18		
19		
20		
21		
22		
23		
教授活動の順序と特徴	**教授上の注意** (1)各側板は同大に，かつ歪みなく，門札の方法に従って削る。 (2)箱を釘付けにする際の釘穴は，側板の厚さの中央よりは，少し内手より外に向けて穿つ。 (3)鉄釘は木槌で打つことなく，必ずげんのうで打つべきこと。	
教材解釈の視点	①上記(2)は，木檜恕一『木材の加工及仕上』（博文館，1920年）に，「隅打附接」の説明として「此の場合の釘は外方に向かつて打ち込み，接合部の開かんとする力に充分なる抵抗を与へねばならぬ」(p.146）とかかれているように，木口端の割れを防ぐための方法である。これはななめ釘という当時の加工法であり，一般常識となっていた。 ②一般的に箱物は難しいとされている。 ③一般的ではない側板の組み合わせであるが，この組み合わせだと側板の多少の大きさのズレを最後に修正することができる。 ④組立では，たがねなどの補助具を使用していないため，やや組立が困難。 ⑤難度はそれほど上がっていない。	

作業分解票（7-2-1）

<table>
<tr><td>製作課題</td><td>釜外―鑿の使用法</td><td>学年・期</td><td>高等科1年　2学期　男子</td></tr>
<tr><td rowspan="2">材料</td><td rowspan="2">前課で作成した方柱2本（樅又は桂九分角・長さ九寸）</td><td>教授時数</td><td>12時間</td></tr>
<tr><td rowspan="2">作業</td><td rowspan="2">・工作図の作図
・けがき
・鋸での横挽き
・鉋削り
・木釘打ち
・鑿の使用法およびホゾ指し
・ホゾ穴の加工の技能とその手順の習得
・鼠歯錐での穴あけ</td></tr>
<tr><td>工具</td><td>下端定規（一尺二寸）
木槌　直角定規
曲尺（鉄製一尺）
両刃鋸　平鉋
二分半向待鑿　四分薄鑿
二分鼠歯錐　胴付き鋸
万力　紙やすり</td></tr>
<tr><td colspan="2">略図または完成写真</td><td></td><td></td></tr>
</table>

第百五十二圖

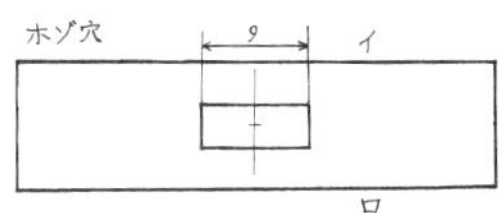

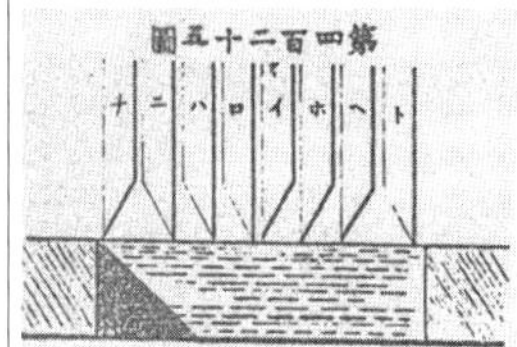

(7-2-1)

No.	作業ステップ	急所
1	工作図を描く	標本をみながら，精確にかく。寸法も記入する。
2	片方の方柱にホゾ穴１をけがく	長さの中心に直角定規で線をひき，その線から両側に四分五厘（14㎜）ずつ離れたところに線をひく。次にイとロの面から筋罫引でそれぞれ二分（6㎜）の幅をとって線をひく。
3	鑿でホゾ穴１をあける	第四百二十五図のイからチの順に鑿を使い，ホゾ穴１をあける。けがき線より0.5㎜内側で仕上げる。
4	もう一方の方柱の切断用のけがき	もう一方の方柱を両端から四寸（121㎜）と三寸五分（106㎜）のところに直角定規を使って基準面に基づいてけがく。
5	もう一方の方柱を鋸で横挽きする	けがき線にそって，２箇所を鋸で切断する。
6	四寸の方柱にホゾ穴２をけがく	長さの中心に直角定規で線をひき，その線から両側に四分五厘（14㎜）ずつ離れたところに線をひく。次にイとロの面から筋罫引でそれぞれ三分二厘（10㎜）の幅をとって線をひく。
7	鑿でホゾ穴２をあける	図のイからチの順に鑿を使い，ホゾ穴２をあける。けがき線より0.5㎜内側で仕上げる。
8	下側のホゾ頭のけがきをする	筋罫引と直角定規を使って３面にけがく。
9	下側のホゾ頭を縦挽きする	万力を使用。切り込みすぎないように留意。ただし，ホゾ頭は縦に切り込みが残る方が構造上強いので先に切り込む。
10	下側のホゾ頭の両肩を切り落とす	胴付き鋸で横挽きをする。切り込みすぎないように留意。
11	薄鑿でホゾ頭を仕上げる	削りすぎないように注意。
12	上側のホゾ頭のけがきをする	筋罫引と直角定規を使って３面にけがく。
13	上側のホゾ頭を縦挽きする	万力を使用。切り込みすぎないように留意。ただし，ホゾ頭は縦に切り込みが残る方が構造上強いので先に切り込む。
14	上側のホゾ頭の両肩を切り落とす	胴付き鋸で横挽きをする。切り込みすぎないように留意。
15	薄鑿でホゾ頭を仕上げる	削りすぎないように注意。
16	中軸の方柱のけがき	ホゾ頭の両肩の面を鉋削りするため，側面にけがき線を入れる。
17	中軸の方柱を鉋削りする	ホゾ頭を削らないように留意。
18	各材の角を鉋でおとす	多めに削りおとす。
19	木槌で打ち込む	ホゾ穴が小さすぎるとホゾ穴にヒビが入るので注意。
20	鼠歯錐で接合部に径二分の穴あけ	接合した状態でホゾ穴の側面に穴あけをする。
21	堅木の丸釘を打ち込む	木槌で打ち固める。
22	丸釘面の鋸挽きと鉋がけ	丸釘の出ている部分を紙を１枚挟んで横挽きで切り落とし，鉋がけする。
23	やすりがけ	紙やすり紙で全体を磨いて仕上げる。
教授活動の順序と特徴	(1) まず実物の標本を提示して，各部の寸法を示して工作図を描かせる。次に前課で製作した方柱２本を取りだし，大形工作図と照らし合わせて，どのように方柱を使って釜外をつくるのかを考えさせる。次に鑿で穿孔する方法を丁寧に示範して，他の木片に練習させてから製作に取り組ませる。 (2) ホゾ接合のけ挽きには必ず筋罫引を使用させる。ホゾ頭の両肩を鋸で挽き落とす際に切り込みすぎないように特に注意させる。 (3) 鑿は使用の際にけがをしやすいものであるから注意を払う。	
教材解釈の視点	① 通しホゾの練習 ② 鑿で深い穴をあけるため，身体能力がある程度必要となる。14 ～ 15 歳でないと難しいのでは？ ③ 実用品としての材料とは違い，削りやすい，いわば教育用の柱を使用している。明らかに加工のしやすさを重視している。	

作業分解票（7-2-2）

製作課題	押のり板—蟻指	学年・期	高等科１年　２学期　男子
材料	檜またはヒバ，桂の正六分板（無節）	教授時数	４時間
工具	げんのう 鼠歯錐 二分鑿 畔挽鋸 鏝鑿(横挽き鋸と薄鑿でも可) 両刃鋸 胴付き鋸 筋罫引　曲尺 鉋　直角木口台　万力	作業	・工作図の作図 ・けがき ・鉋での平面，木口，木端削り ・蟻溝加工 ①胴付き鋸の鋸挽き　②鏝鑿での溝底の切削 ・蟻蒂加工 ①罫引での切り込み　②鑿での斜め切削 ・「篦孔」あけ ・鼠歯錐での穴あけ
略図または完成写真			

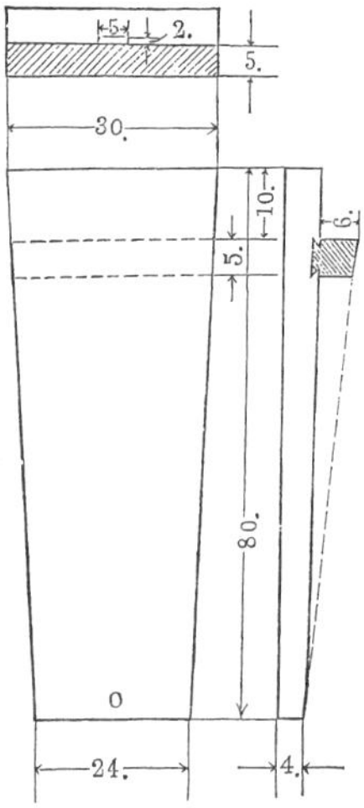

第百五十三圖

(7-2-2)

No.	作業ステップ	急所
1	工作図を描く	標本をみながら画用紙に精確に描く。寸法も記入する。
2	平板のけがき	基準面を設定し，八寸×三寸×六分（242 × 91 × 18㎜）の直方体を切り出すようにけがく。
3	平板の縦挽き・横挽き	直方体を切り出す。
4	平板の木口削り	直角木口台を用いる。
5	平板と脚材のけがき	平板を上底二寸四分（73㎜）の台形にけがく。脚材は三寸三分×八分×五分（100 × 24 × 15㎜）に筋罫引を使用してけがく。脚材の長さは寸法より長めにとる。
6	平板と脚材の縦挽き・横挽き	平板は台形になるよう，斜め方向に切削する。
7	平板と脚材の木口・木端削り	脚材の木端削りは角材の方柱の出し方に基づいて筋罫引を使いながら行う。一端を若干狭くする。一辺を斜面上に削る。脚材の木口削りは後で。
8	蟻溝のけがき	平板の裏面および側面に曲尺と筋罫引を用いてけがく。
9	蟻帶のけがき	蟻溝の側面に筋罫引でけがいた幅をそのまま角材の側面にけがく。
10	蟻溝の鋸挽き	畔挽鋸で蟻溝の両脇少し内側を斜めに傾斜をつけて鋸挽きする。30 度程度の傾斜のある補助治具を用いる。
11	蟻溝の鑿加工	鏝鑿で溝の底を削り，両脇を平坦に整える。
12	蟻帶の切り込み	筋罫引で蟻肩を斜めに切り込む。
13	蟻帶の鑿加工	鑿で斜めに削る。30 度程度の傾斜のある補助治具を用いる（写真）。
14	「篦穴」のけがき	五分×二分（15 × 6㎜）の四角の穴を脚材にけがく。
15	畔挽鋸での脚材の横挽き	二分（6㎜）程切り込む。
16	鑿での打ち込みとさらい	畔挽きの切削分の間を鑿でさらう。
17	脚材の木端削り	脚材を万力で固定し，蟻帶を施した対面に傾斜をつける。
18	接合	蟻溝に脚材をすべりこませる。
19	脚材の切断（横挽き）	接合した後，平板の両側から出ている部分を鋸で横挽きする。
20	脚材の木口削り	平面に合わせて削る。
21	平板の平面削り	脚材の傾斜に合わせて，下部を平面削りする。
22	釘穴のけがきと穴あけ	釘穴を鼠歯錐であける。
23	紙やすりでの仕上げ	全体をやすりがけして仕上げる。
教授活動の順序と特徴	**教授上の注意** (1) 工作図を描く。②平板と脚材のけがき。③平板と脚材の鉋がけ。④蟻溝加工。⑤蟻帶加工。⑥「篦孔」をあける。⑦組み立て。⑧仕上げ。 (2) 蟻指は釘の使用を嫌う箇所，あるいは板の反張を防ぐために用いる肝要の指口であるため，確実に実習させる。 (3) 蟻指の工作法は，製作の際または後日の脚の抜挿を容易にするため，蟻溝および蟻帶ともその幅を平行にはせずに一方を僅かに狭くする。 (4) 蟻帶を形作る小材は，必要よりも長くしておくと，加工に便利である。 **教鞭物** 大形指教図実物大形に製したる蟻指標本	
教材解釈の視点	① 蟻指加工がメインとなっている。 ② 前課の角柱の鉋削りの復習を兼ねている。 ③ 蟻帶の鑿の加工には補助治具を用いていた可能性を指摘できる。治具を使用せずに加工するのは困難である。 ④ 蟻指が板の反りを防ぐために用いる指口であることを教え，その加工技能を確実に身につけさせることをねらいとしている。 ⑤ 加工の難度がさらに一段と上がっている。	

作業分解票（7-3-1）

<table>
<tr><td>製作課題</td><td>手箱製作―三枚組</td><td>学年・期</td><td>高等科１年　３学期　男子</td></tr>
<tr><td rowspan="2">材料</td><td rowspan="2">檜，桂，厚朴の正三分五厘板（無節），
木釘，
押しのり</td><td>教授時数</td><td>４時間</td></tr>
<tr><td rowspan="2">作業</td><td rowspan="2">・工作図の作図
・曲尺と直角定規でのけがき
・両刃鋸での縦挽きと横挽き
・鉋での平面，木口，木端削り
・筋罫引でのけがき
・げんのうでの釘打ち
・四ツ目錐での穴あけ
・胴付き鋸での横挽き
・鑿の打ち込み
・鑿でのさらい
・紙やすりがけ</td></tr>
<tr><td>工具</td><td>筋罫引　曲尺
直角定規　下端定規
鉋　四ツ目錐
両刃鋸　胴付き鋸
小刀　鑿
げんのう　木槌
押しのり板　へら
紙やすり</td></tr>
<tr><td colspan="2">略図または完成写真</td><td colspan="2"></td></tr>
</table>

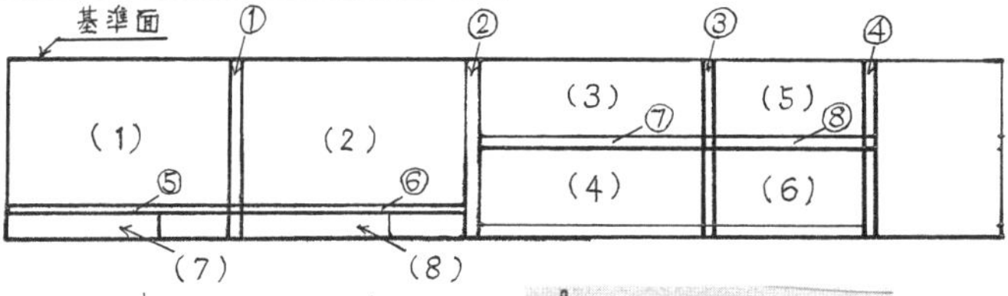

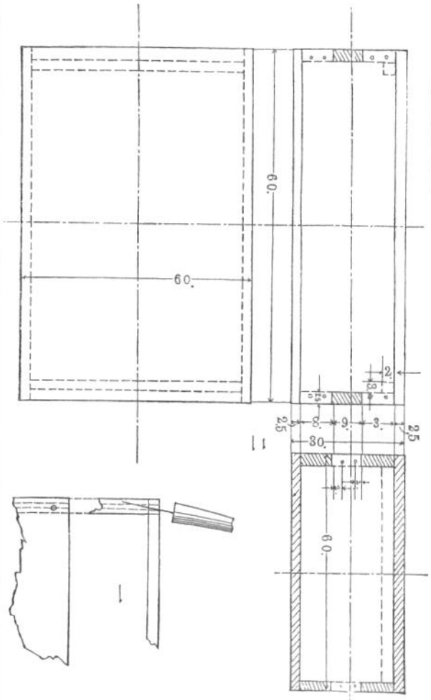

第百五十六圖

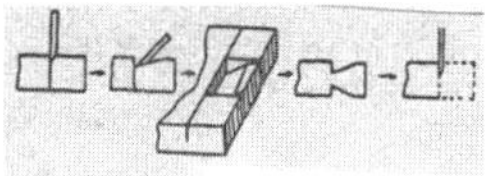

図7

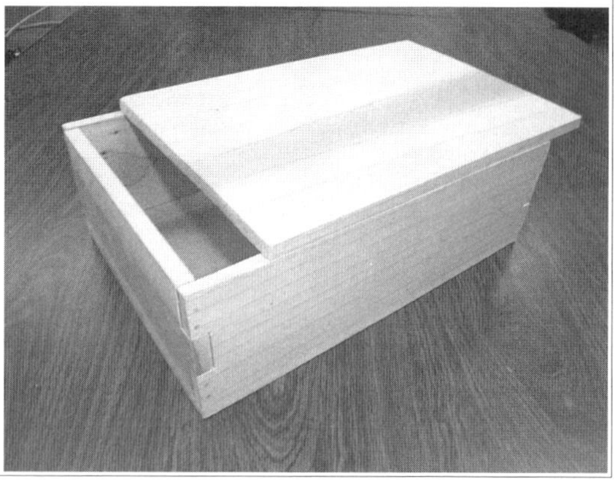

(7-3-1)

No.	作業ステップ	急所
1	工作図を描く	標本をみながら 1/2 の縮尺で画用紙に精確に描く。寸法も記入する。前課の製図の課題。
2	板材のけがき （木取り）	1200 × 210 × 10.5mmの板材を使用。基準面を設定し，図のように木取りをする。曲尺を使用。4 面すべてに墨つけする。
3	①～④の 横挽き	切り落とし部を右にして，足で固定して切る。角度 15°～ 30°ぐらいに保ち，鋸くずを払いながら墨線の外側をひく。ひき終わりは元歯だけでゆっくりと，角度をほとんど水平までもっていく。
4	⑤～⑧の 縦挽き	墨線に沿ってひき割る気持ちで，角度 30°～ 45°ぐらいに保ち，鋸くずを払いながらひく。⑤と⑥は(7)と(8)の材料の幅が狭いため，割らないように刃をねかせる。
5	(1)～(8)の平面削り	刃幅の 1/3 ～ 1/4 ぐらいずつ重ねて削り始める。板厚二分五厘（7.5mm）まで削る。工作台に部材を伏せてガタツキがなくぴったりとつくまで削る。(7)，(8)は部材が小さいためゆっくりひく。留め木で押さえる。
6	(1)～(8)の木端削り	厚みの薄い板は割り罫引と木端削りを併用する。削り終わりは，かんなが内側に寄るため，台じりをなるべく外側に働かせる気持ちで引き終える。
7	(1)，(2)，(7)，(8)の 木口削り	(3)～(6)は組手の関係で木端削りはしない。直角木口台を使用。直角木口台を工作台の当て止めにぴったりと当て，木口台を約 10mmぐらい工作台より出す。1 回の削り量を 0.1mm～ 0.2mmぐらいとし，削り終わる瞬間にかんなを少し上げる。
8	(3)～(6)の三枚組手 のけがき	胴付きの墨線は，基準の墨線から板厚の寸法を取る。曲尺を胴付き墨の端から斜めにして 3 で割り切れる数に目盛りを取り，3 等分の印をつける。組手割の寸法の印に筋罫引の刃を基準面から合わせる。胴付き墨線から表平面，木口面，裏平面と順にけがく。同じ寸法の墨は，男木から女木へと一度にひく。欠き取る部分と残す部分をわかりやすくするため印をつけておく。木口と木端が直角であることが不可欠。
9	ホゾと胴付きを ひく	鋸で，平面から木口面の墨線を見通しながら，斜めにひき溝をつける。材を返して同じように斜めにひき溝をつけ，三角にひき溝がついたら，鋸を胴付き面に対し真上から鋸を立てて，胴付き線までひく。胴付部を胴付き鋸で垂直に切り落とす。
10	組手の欠き取り	鑿で墨外 1 ～ 2mmまで三角形に両面から落とす。残りの墨線ぎわを，鑿で裏表から 1/2 ずつ垂直に仕上げる（図 7）。
11	組手の仕上げ	板組して修正し，木槌で軽く平均によく打って組む。直角定規で角度を調べる。修正は小刀で行う。
12	組手の木口の 仕上げ	組手のつのの部分を仕上げる。かど，すみを削りすぎないように仕上げる。とび出た部分に印をつけ，はずして鉋削りを行う。
13	のりづけ	側板と底板を押しのりでのりづけする。
14	下穴あけ	四ツ目錐を使用。三枚組手の部分に 6 箇所あける。
15	木釘の加工	四ツ目錐よりやや大きめにし，小刀で円錐型になるように削る。
16	組手部の釘打ち	木槌で下穴に木釘を打ち込む。
17	底板の下穴あけ	四ツ目錐を使用。強度の関係上，やや外めに向かって下穴をあける。
18	底板の釘打ち	木槌で下穴に木釘を打ち込む。
19	桟のとりつけ	板厚よりやや内側にのりづけしたあとに，強度の関係上，やや外めに向かって四ツ目錐で下穴をあける。木釘を木槌で打ち込む。
20	表面の仕上げ	箱の表面を僅かに鉋がけをし，かつ，紙やすりをかける。鉋の刃の出はごく少量にする。蓋や側板など，段差ができた部分を削る。
21		
22		
23		
教授活動と特徴の順序	**教授上の注意** (1) 各側板を同大に，かつ歪みなく削ることに注意させる。 (2) 木釘は市販品のまま使用することなく，必ず円錐形に削り直して使用させる。 (3) 金釘は頭を先部にして二材を緊束し，木釘は自体の摩擦にて 2 材を接合するものなることを知得させる。 (4) 木釘の周囲は錐穴に密着するを要するが故，これを削るには，使用する四ツ目錐に比較して大きさを定めさせる。 **教鞭物** 大形指教図，実物，三枚組々手及び木釘の打ち方を示すのに便利な標本	
教材解釈の視点	① 新たに，三枚組手の技能習得，および木釘の打ち方・利用方法を理解させることに重点が置かれている。 ② 鉋の平面削りの精度は，前の製作課題に比べて数段高いものが要求される。この精度いかんで三枚組手のけがきに大きく影響する。 ③ 箱物は難しい。けがきもかなり複雑。児童は作業段取りを理解できていただろうか？ ④ 木の歪みも大きな問題となる。	

作業分解票（8-1-1）

<table>
<tr><td>製作課題</td><td>筆立（大さ任意）</td><td>学年・期</td><td>高等科第２学年　第１学期　男子</td></tr>
<tr><td rowspan="2">材料</td><td rowspan="2">桂又は厚朴正三分板,
木釘,
押しのり</td><td>教授時数</td><td>20時間</td></tr>
<tr><td rowspan="2">作業</td><td rowspan="2">・工作図の作図
・曲尺と直角定規でのけがき
・やすりがけ
・両刃鋸での縦挽きと横挽き
・鉋での平面，木口，木端削り
・筋罫引でのけがき
・げんのうでの釘打ち
・四ツ目錐での穴あけ
・胴付き鋸での横挽き
・鑿の打ち込み
・鑿でのさらい
・畔挽き鋸での横挽き
・丸鉋での切削
・廻挽鋸での切削
・溝鉋での切削</td></tr>
<tr><td>工具</td><td>筋罫引　　下端定規
直角定規　曲尺
四ツ目錐　直角木口台
鉋　　　　両刃鋸
胴付き鋸　小刀
二分鑿もしくは二分溝鉋
げんのう　小丸鉋
押しのり板　木槌</td></tr>
<tr><td colspan="2">略図または完成写真</td><td colspan="2"></td></tr>
</table>

第百六十圖

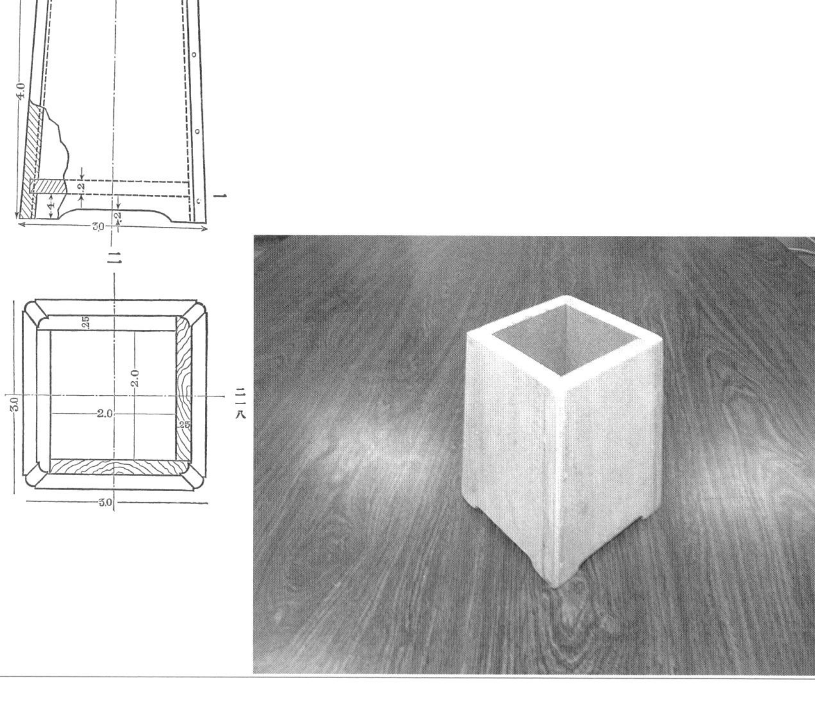

(8-1-1)

No.	作業ステップ	急所
1	任意に寸法を定めて工作図を描く	ここでは，第百六十図の寸法にしたがって作図。
2	基準面の設定	鉋の平面削りおよび木端削りを行い，第１，第２基準面を出す。
3	材料のけがき	曲尺と直角定規を用いて側板４枚を四寸×三寸×三分（121 × 91 × 9㎜），底板を三寸平方×二分（91 × 91 × 6㎜）の大きさにけがく。①三分（91㎜）の幅を筋罫引でとる。
4	鉋での木端削り	けがきにそってもう一方の木端削りをおこない，幅三分（91㎜）に仕上げる。
5	側板の斜め線のけがき	４枚の側板の斜め線をけがく。
6	側板の溝部のけがき	二分鑿の幅でけがく。
7	鋸での横挽き	底板を切り出す。
8	底板の木口削り	底板を三分（91㎜）平方になるように仕上げる。
9	側板の鋸での縦挽き	４枚の側板を切り出す。
10	側板の木端削り	４枚をまとめて削る。
11	側板の溝部の筋罫引	けがきにそって筋罫引でのみの案内をつける。
12	鑿打ち	筋罫引した上をのみで打つ。（畔挽き鋸の使用も可。）
13	鑿での溝の切り出し	端を数㎜残して，溝をほる。
14	仮組立	底板にあわせて鑿もしくは溝鉋で溝の切り込み部分を調整する。底板を若干平面削りをして調整。
15	下穴のけがき	板厚を考慮。筋罫引を使用。
16	下穴の穴あけ	各側板に４つずつ，木釘の下穴を四ツ目錐であける。
17	のり付け	側板４枚と底板をのりづけする。
18	木釘打ち	木釘にのりをつけ，木槌でたたき込む。のりづけをしたらすばやく打ち込む。
19	胴付き鋸での横挽き	木釘の出っぱりを胴付き鋸で切り落とす。
20	鉋での平面削り	木釘の出っぱりを鉋で仕上げる。
21	鉋での木口削り	側板を斜めに接合したため，側板の上面と下面を平らになるように削る。
22	丸鉋がけ	直角木口台の上で側面から角度に留意して削る。
23		
教授活動の順序と特徴	**教授上の注意** ⑴ 題図では四つ角を唐戸面にしたけれども，技量の未熟な児童には単純な丸面とさせる。 ⑵ 早く仕上がった児童には，薬品にて着色し，又は絵の具にて図案装飾を施させる。 ⑶ 木釘の製法および木釘の打ち方の復習 **教鞭物** 相当標本，指教図	
教材解釈の視点	① 溝鉋と丸鉋の使用法の教授。 ② 木釘の製法と木釘の打ち方の復習。 ③ 木釘を打つことでのりの粘着をよくする。 ④ のりづけと木釘打ちは同時進行。木釘なので後で削ることができる。	

作業分解票（8-2-1）

<table>
<tr><td>製作課題</td><td>押上ポンプ</td><td>学年・期</td><td>高等科第２学年　第２学期　男子</td></tr>
<tr><td rowspan="2">材料</td><td rowspan="2">檜板（無節），
堅木の小割，
接続筒用檜材片，
弁膜用革またはゴム，
銅釘，ゴム管，押しのりなど</td><td>教授時数</td><td>18時間</td></tr>
<tr><td rowspan="2">作業</td><td rowspan="2">・工作図の作図
・曲尺と直角定規でのけがき
・両刃鋸での縦挽きと横挽き
・鉋での平面，木端，木口削り
・筋罫引でのけがき
・四ッ目錐での穴あけ
・げんのうでの釘打ち
・胴付き鋸での横挽き
・鑿での溝加工
・回錐，坪錐での穴あけ
・丸鉋削り
・紙やすりがけ</td></tr>
<tr><td>工具</td><td>筋罫引　曲尺
直角定規　下端定規
鉋　丸鉋
両刃鋸　小刀
胴付き鋸
二分鑿もしくは二分溝鉋
げんのう　へら
押しのり板　揉出錐
回錐　四つ目錐
坪錐　紙やすり</td></tr>
<tr><td colspan="2">略図または完成写真</td><td colspan="2"></td></tr>
</table>

第百六十五圖

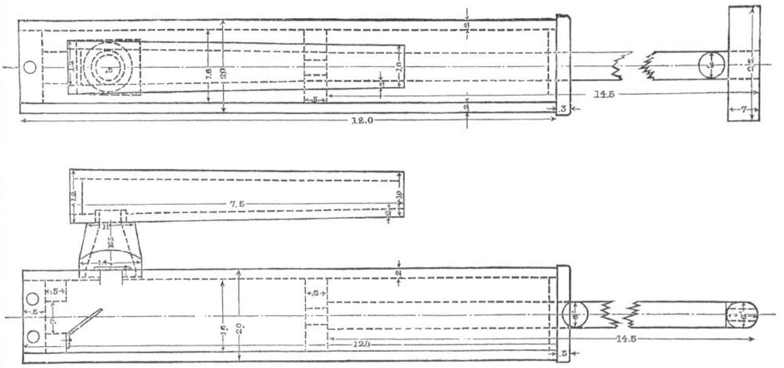

(8-2-1)

No.	作業ステップ	急所
1	工作図を描く	前課の「ポンプ設計製図」にて作図。
2	鉋での平面削り	板厚は各々，筒の側板用：板厚二分（6mm），大筒の天板と底板：五分（15mm），小筒の底板：三分（9mm）。極めて精確に削る。
3	基準面の設定	板厚に垂直になるよう鉋で木端削りを行い，第1，第2基準面を設定する。
4	2つの角筒のけがき	大筒：十二寸×一寸八分（364 × 55mm）の側板4枚，二寸（61mm）平方の天板，一寸六分（48mm）平方の底板。小筒：長さ七寸五分（227mm）・上底八分（24mm）・下底一寸（30mm）の側板4枚，八分（24mm）平方の底板（傾斜付き）。
5	鋸での縦挽きと横挽き	けがき線にそって，2つの角筒の部材を切り出す。
6	鉋での木端・木口削り	製作物の利用目的上，隙間をつくらないよう，精確に仕上げる。小筒の底板は，やや傾斜をつけて削る。
7	穴あけのけがき	直径五分（15mm）の穴を，大筒の側板1枚に端から二寸（61mm）の所と小筒の側板1枚に端から八分（24mm）のところにけがく。直径六分（18mm）の穴を大筒の天板の中心にけがく。
8	穴あけ	回錐（もしくは掻出錐と小刀）を使用。
9	スペーサーの作成	大筒の内のりに合うように厚さ五分（15mm）のスペーサーを3枚程度作成。後にピストン部材として利用。
10	組立	大筒の天板と底板を残して2つの筒を組み立てる。大筒の組立にはスペーサーを使用。すべて内側が木裏となるよう留意。
11	角材の切削	①正四角柱の削出。②一端に三分（9mm）平方の，もう一端に七分×三分（21 × 9mm）のホゾ頭のけがきと加工。③鉋で正八角柱の削出。④紙やすりで丸棒の直径が六分（18mm）になるように，仕上げる。
12	柄の接合	柄の部材に七分×三分（21 × 9mm）の通しホゾ加工をして接合する。
13	弁のとりつけ	大筒の底板に回錐で直径五分（15mm）の穴をあけ，内面に厚さ2mmのゴム板を小釘で取り付ける。外面は竹筒を押しのりで取り付け，ゴム管をつなぐ。
14	大筒の底板の接合	のりをつけて，各辺に2箇所ずつ四ツ目錐で穴をあけて釘打ちをする。板厚に注意。
15	短筒の作成	大筒との接合部には17 × 20mm程度の空間が必要。小筒との接合部には15 × 15mmの空間を確保。それぞれ上下に溝加工を施す。
16	弁のとりつけ	大筒の穴の外側に厚さ2mmのゴム板を取り付ける。
17	短筒の接合	溝接合をした短筒を大小2つの筒に接合する。かなり強度面が弱いため，補強材を取り付ける。
18	大筒の天板の加工	大筒の天板に溝加工を施し，大筒にはめ込む。ただし，まだ接着はしない。
19	ピストン部材の接合	スペーサーをピストン部材として利用。①中心に五分（15mm）平方の通しホゾのけがきと加工をする。②天板を通してから丸棒と接合する。
20	仮組立	調整がきくように，大筒の天板は接着せずに組み立てる。
21	試行	実際にピストンとして機能するか試行する。
22	ピストンの調整	鉋や紙やすりを使用して，材料の水膨張具合を確かめつつ調整する。
23	紙やすりがけ	仕上げに全体に紙やすりをかける。
教授活動の順序と特徴	(1)①大小の筒の作製，②丸棒とピストンの作製，③弁の取り付け，④組立，⑤調整。 (2) 筒を形作るべき板は，極めて正確に削り，接合部に隙間が生じないように注意する。 (3) 筒の接合部には押しのりを用い，釘は銅釘または鉄釘を使用する。 (4) 底板に弁を作るには必ず筒中にはめ込む前に行い，弁を留めるには針金で作った小さい鎹を用いる。 (5) 製作後，実際に使用し，効力の不十分な点があれば修正する。	
教材解釈の視点	① 新たな「教授事項」としては，溝鉋と丸鉋の使用法を課している。 ② とりわけ鉋削りにおいて，かなりの精度が要求される。ポンプであるが故，隙間を生じないようにつくらなければならない。 ③ 水で材料が膨張するため，その具合も見切って調整する必要がある。 ④ 以上の点に関連して，「教授上の注意事項」が同書に的確に書かれている。	

作業分解票（8-2-2）

製作課題	応接室用台	学年・期	高等科第２学年　第２学期　男子
材料	ブナ・桂・厚朴の正六分板及び正八分板，膠又はのり，鉄釘，着色薬，艶付用蝋，生漆，酒精製ワニスの類	教授時数	28時間
工具	前課のほか， 廻挽鋸 際鉋 木やすり 釘締 留定規 彫刻用切出丸笹 着色用具及び假漆塗用具	作業	・工作図の作図 ・曲尺と直角定規でのけがき ・両刃鋸での縦挽きと横挽き ・鉋での平面，木口，木端削り ・筋罫引でのけがき ・げんのうでの釘打ち ・四ツ目錐での穴あけ ・胴付き鋸での横挽き ・鑿の打ち込み ・鑿でのさらい ・丸鉋での切削 ・廻挽鋸での切削 ・際鉋での切削 ・釘締での打込み ・留定規でのけがき ・畔挽鋸での横挽き ・埋木 ・やすりがけ
略図または完成写真			

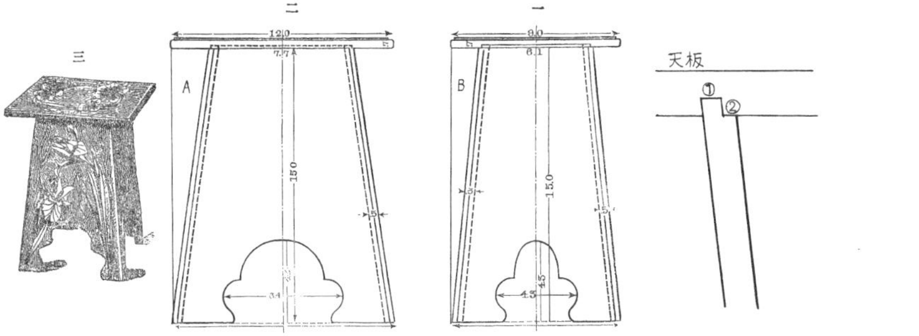

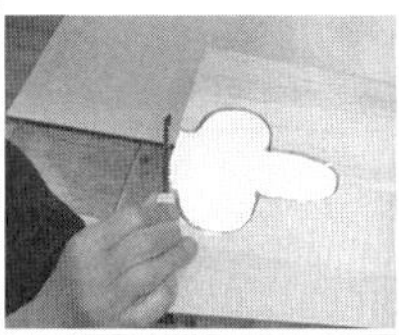

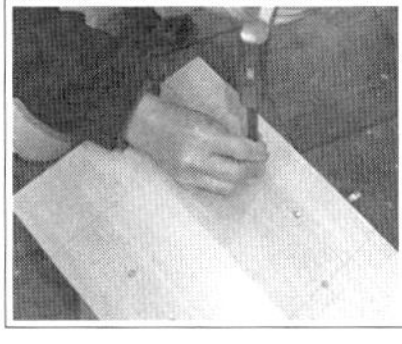

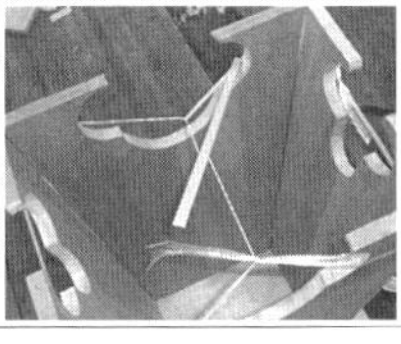

三　二　一

A　12.0　7.7　150　34

B　9.0　8.1　15.0　4.5

天板　①　②

(8-2-2)

No.	作業ステップ	急所
1	工作図を描く	工作図を描き，側面の斜面の長さを計算しておく。
2	鉋での平面削り	天板は八分板を厚さ七分（21㎜）に，側板4枚は六分板を厚さ五分（15㎜）に削る。
3	基準面の設定	板厚に垂直になるよう鉋で木端削りを行い，第1，第2基準面を設定する。
4	けがき	三平方の定理を用いて斜めの長さを計算し，溝に組み込む分（6㎜）を考慮して長さをとる。筋罫引で板厚分をとって側面にけがく。留定規で木口面の側面をけがく。
5	鋸での縦挽き	天板及び側板をけがき線にそって両刃鋸で縦挽きする。
6	鋸での横挽き	天板及び側板をけがき線にそって両刃鋸で横挽きする。
7	鉋での木端削り	天板及び側板をけがき線にそって鉋で木端削りをする。側板は留め加工用に，45度傾けて削る。たいこにならないように，要注意。
8	鉋での木口削り	天板及び側板をけがき線にそって，鉋で木口削りをする。
9	廻挽鋸での切削	方眼紙に切り抜く模様をかき，それを側板に貼り付けて下絵として廻挽鋸で切り抜く（写真）。
10	やすりがけ	廻挽鋸で切り抜いた断面を半丸の木やすりで削って仕上げる。
11	仮組立	側板4枚をガムテープで組み合わせる。
12	天板の溝加工用のけがき	仮組立した側面をもとに内のりをけがき，手書き図のように溝となる内側①を幅9㎜，外側②を6㎜の幅でけがく。
13	天板の溝を筋罫引で切り込む	筋罫引で切り込みを入れる。
14	畔挽鋸の使用	切り込みにそって畔挽鋸でひく（写真）。
15	鑿の使用	鑿で畔挽き鋸でひいた内側をさらう。
16	側板のホゾ加工	胴付き鋸と畔挽鋸でホゾ（幅9㎜，深さ7㎜）を作成し，際鉋で仕上げる。
17	仮組立	天板の溝をさらって調整する。
18	組立	側板同士をのりづけし，天板の溝に打ちこむ。写真のように，ひもで固定する。
19	天板の穴あけ	天板に埋木用の穴を鼠歯錐であける。
20	天板の釘打ち	鉄釘を打ち込み，釘締をする。
21	埋木を施す	釘締をした上に，埋木を施す。胴付き鋸で余分を切り取り，鉋で平面に仕上げる。
22	鉋の木口削り	側板の底面のズレを鉋で削り，平面にする。
23	面取り	天板や側板の底面を軽く鉋で面取りをして仕上げる。
教授と特徴活動の順序	**教授上の注意** (1) 彫刻の図案はなるべく図画科にて取り扱い，あらかじめ児童各自の考案によって描かせる。 (2) 彫刻法及びその用具の使用法・着色法・艶附法・ワニス塗法などは，本製作中，適宜，全児童共通に授ける。 (3) 題図においては側板の四隅を留接合となし，その角を唐戸面につくってあるが，生徒の技量が未熟な場合には，単なる釘附け（埋木）となすも可。 (4) 適宜，留定規の使用法及び留接合法について，丁寧に示範する。 **教鞭物** 応接室用盆栽台，火鉢台，置物台の参考品，彫刻に応用すべき図案の参考品	
教材解釈の視点	①算数の教科で三平方の定理のような計算を行っているか？ ②技能重視の課題。留加工は仕上げの善し悪しが一目瞭然となる。 ③留加工は建具職人の基礎的技能（建具屋は当時，数十万人）。大工職人には不要。 ④組立が一番困難な製作品。 ⑤留加工は隣同士を圧着することが困難。ひもと割り箸でとめる。 ⑥長手の方に広がらないための貫がない。少なくとも，人が乗るようなものではない。	

あとがき

筆者は，学生時代から一貫して，手工科教育史に関する研究を行ってきた。以下の論文は，その主なもので本書の基礎をなしている。

(1) 「岡山秀吉の教材論にみる小学校手工科の教育的価値」『日本産業技術教育学会誌』第44巻第2号，2002年，pp.77-84
(2) 「岡山秀吉の欧米留学後における手工科教育的価値論の展開」『産業教育学研究』第33巻第1号，2003年，pp.78-85
(3) 「岡山秀吉の手工科教育論の展開過程における米国留学の意義」『産業教育学研究』第34巻第1号，2004年，pp.83-90
(4) OKAYAMA Hidekichi's Educational Theory of Manual Training in Japan before World War II, *Proceedings of 21st Century's Challenge and Perspectives of Industrial and Technology Education for the 21st Century in East Asia*, 2004, pp.321-324.
(5) 「技術教育史研究の方法としての教材復原実験—岡山秀吉による手工科木工教材を事例に—」『学校教育学研究論集』第10号，2004年，pp.107-119
(6) 「木工教材の復原にみる文部省編纂『小学校教師用 手工教科書』の特質—岡山秀吉の同書編纂上の役割—」『産業教育学研究』第41巻第2号，2011年，pp.83-90
(7) 「『教育的手工』の形成過程における上原六四郎の手工科教育観の役割」『産業教育学研究』第45巻第2号，2015年，pp.25-32

本書は，筆者のこれまでのほぼ20年間の研究の一応のまとめである。手工科教育の歴史的遺産を技術教育の視野をもって解明することを試みたわけであるが，その些細な成果を，図画工作をはじめとする小学校での学びに照らしてみると，たとえば，① 鋸の横挽きや錐での穴あけ，げんのうでの釘打ちなどの工具の使い方や加工精度を求める技能習得と，そのための系統的で子どもの心理的要求・身体的発達に配慮した手だて，② 目的的価値―教育目標の理論との双方向の照応関係をもった教材づくり，③ 現代工業を文化として学ばせ，子どもの生活世界と社会をつなぐ「生産的陶冶」の側面などは，今日，残念ながらほとんど意識されていないように思われる。

今日の図画工作科では，「表現」と「鑑賞」活動を２本柱とした感性・情操教育が目標とされている。ものづくりにおいて子どもたちが自己や思い描くものを「表現」する時，工具をわがものとして使いこなせれば，その「表現」の幅は格段に広がる。工具を使いこなして手を巧緻にし，材料などのモノを理解し，あるいは協働してつくるなかで他者と自分を認識し，世界を関わりあるものとしてとらえることができたならば，子どもの全面的な発達を保障する小学校での学びは，より一層深まるのではないだろうか。教育史研究は，学術的価値はもちろんのこと，間接的であれ，今日の教育実践に寄与するものであってこそ意味をもつ。本書の研究成果がわずかでもそうなり得るものであったならば幸甚である。

本書は，多くの方々の助言と励ましによって実現した。特に，東京学芸大学名誉教授の田中喜美先生には，学生時代以来，研究のいろはから研究方法，論理構成に至るまで徹頭徹尾，研究をご指導いただき，さらには研究者・大学教員としてのあり方まで，本当に多くのことを学んだ。私の生きる道を照らしてくださった恩師である。「復元による教材解釈」の研究方法を授けてくださった元千葉大学教授の大河内信夫先生をはじめ，学部・院生時代の指導教員の先生方にも大変お世話になった。先生方の学恩に少しでも報いることができればと切に願っている。また，日々の教育実践を通して，この学問分野の研究をライフワークとすることのすばらしさと価値を私の心に刻んでくれた技術教育研究会の多くの先生方，研究職や教育職をともに務める友人たちの存在も大きかった。こうした方々と出会えていなかったならば，今の私は存在しない。記して，感謝する次第である。

刊行にあたり，出版事情が厳しいなか，本書の出版を快く引き受けてくださり，細部にわたって丁寧に編集をしてくださった学文社社長の田中千津子氏に心からの謝意を表したい。最後に，私の研究生活を見守り続けてくれている家族に，お礼をいいたい。

2016年9月　　　　北海道帯広にて

平舘　善明

人名索引

あ　行

朝比奈清作　185
阿部七五三吉　6, 28, 32, 93, 117, 261
石田文彦　24
石野隆　15
一戸清方　25
伊藤信一郎　6, 28
上里二郎　9, 75
上里正男　8, 25, 63
上原六四郎　6, 13, 60, 62, 83, 93, 175, 250, 257, 261
内海静　73
岡田満　155

か　行

勝田守一　37
川村侔　8, 11-13, 15, 17, 23, 29, 74, 79
小池民次　75
小出義彦　24
木檜恕一　228
後藤牧太　6, 9, 70
木場貞長　76
コメニウス　64

さ　行

斉藤浩志　37
坂口謙一　8, 12, 14, 17, 19, 69, 92, 103
佐々木享　28, 32
サロモン, O.　83, 158
三羽光彦　237
霜田静志　15
菅生均　24, 27, 63, 67
鈴木定次　25, 28

た　行

立原慶一　25
田中喜美　168
棚橋源太郎　25, 125, 131, 156, 157, 257
谷山静生　180
手島精一　6, 9, 93
道家達将　16
富田馨吾　26

な　行

中内敏夫　38

は　行

原正敏　8, 10, 27
疋田祥人　17
久原甫　18
藤田卯藏　61
フレーベル　64
ペスタロッチ　64
ベネット, C. A.　160
細谷俊夫　8, 10, 11, 16, 18, 26, 149, 257
堀尾輝久　37
ボンサー, F. G.　161, 169

ま　行

御園生卯七　74
宮坂元裕　28
宮崎擴道　8, 11
宮林英治　185
森有礼　9
森下一期　8, 11, 14, 16, 92
森利平　117

や　行

矢部善蔵　62
山形寛　27
山本鼎　15, 27, 176
横井曹一　15
与謝野晶子　180

ら　行

ラーソン, G.　49, 157, 163
リチャーズ, C. R.　161, 168
ルソー　64
ルター　64
ロック　64

わ　行

和田学　18

事項索引

Report of the Royal Commission on Technical Instruction 9, 69
SLOYD FOR THE THREE UPPER GRAMMAR GRADES 50, 162
Teachers College Record 49, 166

あ 行

秋田市工業徒弟学校 6, 23, 24, 93, 250
厚紙細工 69, 78, 81, 97, 101, 102, 132, 133, 182
厚紙布片細工 182
編物（細工） 78, 81, 132, 133
アメリカ風の手工 26, 152
アメリカン・スロイド 52, 158, 163, 183, 189
鋳型細工 69, 101, 102
一般（的）陶冶 18, 21, 34, 64, 149, 177, 190, 250, 252, 255, 256
糸細工 132, 133, 182
色板排 97, 101, 102, 132, 133
『エノホン』 18
欧米留学 24, 26, 47, 152
欧米留学後 173, 185, 186, 190
岡山先生追悼号 22, 29, 95, 156
押上ポンプ 229
折紙細工 78, 81, 97, 101, 102, 132, 133

か 行

懸棚 106
籃（籠）細工 69, 78, 81
紙糸布細工 182
紙細工 3, 132, 133, 200-02, 207, 209, 211, 213, 214, 217, 218, 253
カリキュラム 76, 81, 163, 164, 166, 167
感性・情操教育 5
官制の手工 15
機械化国防協会 262
幾何学形体 80, 128, 215, 217, 219, 254, 256, 261
技術 1, 15, 169, 250, 251
技術および労働の世界への手ほどき 2, 6, 7, 196, 262
技術・家庭科 3, 4
技術教育 2, 3, 5, 27, 43, 160, 196, 262
技術・職業教育に関する条約 2
技能教授過程 200, 202, 207, 209, 211, 213, 223, 225, 227, 229, 241
教育的価値 20, 24, 31, 33, 35, 37, 39-41, 179, 259
「教育的価値」 41, 127, 251
教育的手工 7, 24, 29, 33, 66, 259, 261
教員免許状 22, 73
教育目標 21, 26, 30, 31, 34, 36, 39, 42, 192, 207, 208, 210, 211, 226, 228, 235, 236, 251, 253, 255, 257, 260
教員養成 3, 7, 9, 11, 17, 20, 175
教材論 26, 30, 31, 34, 36, 39, 256
（手工科）教授細目 23, 47, 84, 139, 176, 183, 192, 252
教授事項 112, 113, 193, 202, 207, 208, 210, 211, 226, 228, 229, 236, 253, 257
切抜（切貫）細工 78, 81, 97, 101, 102, 132, 133, 182
金工 3, 18, 69, 78, 97, 101, 102, 132, 133
組紙 132, 133
軍事教材 262
形式（的）陶冶 18, 20, 34, 127, 147, 149, 179, 251, 255
芸能科工作 3, 4, 17, 19, 262
現代工業 178, 179, 191, 196, 252, 256, 259
現代文明の基礎としての産業 168, 169, 179, 251
工業ノ初歩 9
講習会 10, 12, 61-63, 72, 91
『高等科工作』 18
（東京）高等師範学校 6, 10, 12, 17,

20, 24, 62, 70, 93, 126, 250
(東京) 高等師範学校附属小学校　6, 91, 93, 104, 176, 250, 252, 257
高等商業学校附属商工徒弟講習所　61, 62, 64, 250
功利的手工　32, 73, 76, 94, 259
小刀細工　78, 81
国策と技術教育　262
国定教科書　18, 111
国民学校令　17
国民教養　1, 2, 262
子どもの権利条約　1
子どもの発達　1, 5, 29, 33, 35, 37, 256, 259
紙撚　97, 101, 102, 132, 133
コロンビア大学ティーチャーズ・カレッジ附属ホーレスマン校　49, 160, 165, 179, 189, 251

さ　行

作業分解票　43, 44, 106, 108, 232
産業科　162, 167, 168, 180, 189, 251
算術（科）　110, 246, 247
仕上　69, 78
実業科　13, 14, 77
実業科工業　19, 191
実業教育　12, 175
実質 (的) 陶冶　18, 20, 34, 127, 147, 149, 179, 190, 251, 255
実用的陶冶　177, 190, 252, 256
師範学校　6, 10, 13, 63, 74, 125, 175
師範学校規程　13
『師範学校手工教科書』　13, 47
自由画教育運動　5, 15, 27, 176
手工科教育の歴史像　20, 22, 34
『手工科教授書』　25, 47
手工科教授の三任務　177, 252
手工科無用論議　180
手工研究会　72, 117, 175, 185, 262
『手工研究』岡山先生追悼号　22, 28, 29, 95, 156
『手工研究』岡山会長還暦記念号　22, 28, 74, 155
(図画) 手工専修科　10, 12, 17, 20, 24, 62, 93, 126, 262
主体 (の) 形成　195, 196, 253
準拠枠　21, 34, 36, 256
『小学校教師用　手工教科書』　6, 9, 12, 29, 69, 70, 91, 99, 251, 254
小学校教則大綱　23, 84, 98
小学校設備準則　10, 74
『小学校に於ける手工教授の理論及実際』　25, 40, 47, 124, 251
小学校令　8, 12-14, 16, 32, 73, 77, 94, 125, 174
小学校令施行規則　3, 13, 14, 17, 32, 42, 131, 227
商業　12-14, 77, 92, 125, 175, 176
職業陶冶　18, 21, 34, 64, 149, 250, 255
『初等科工作』　18
『初等中等手工科教材』　185, 253
『新手工科教材及教授法』　47, 173, 181, 192, 200, 223, 252, 253
随意科目等ニ関スル規則　10, 74, 91
スウェーデン・スロイド　9, 68, 70
数学　12, 67
図画(科)　10, 15, 27, 67, 110, 217, 247
図画工作科　4
スロイドの定義　162
製作課題　42, 138
生産的陶冶　177, 189, 190, 252, 256, 261
製図　10, 17, 18, 70, 182, 195, 227, 245, 247
製本　97, 101, 102
石膏細工　97
選択（要件）　68, 117, 138, 142, 189
創意的・構成能力　247, 252, 255, 260
造花　132, 133
創作手工　15
創作力の養成　185, 187, 189, 190

た　行

第 1 次世界大戦　14, 27
大正自由教育　15
第 2 次世界大戦　3, 4, 262
竹細工　97, 101, 102, 132, 133, 182
鍛工　69
竹木金工　133
知識教授過程　214, 217, 218, 243-45, 247
『千葉教育雑誌』　76
千葉県尋常師範学校　6, 22, 72, 93, 250, 256
千葉師範　93
彫刻　69, 78

手労働　9, 68, 70
東京工業学校　10, 61, 62, 70
東京高等師範学校紀要小学校教授細目　94, 104
東京美術学校　17, 62
『東京府学術講義　手工科講義』　63
東京盲学校　6
動力機械　16, 26, 238, 252

な　行

日露戦争　174, 262
日清戦争　11, 91, 262
縫取（細工）　78, 81, 97, 101, 102, 132, 133
ネース・スロイド師範学校　9, 70
布片細工　182
練物細工　69
粘土細工　78, 81, 97, 101, 102, 132, 133, 182
粘土石膏（細工）　132, 133
農業　12-14, 77, 92, 125, 175, 176
糊付細工　78, 81

は　行

配列（要件）　69, 118, 140, 142, 181, 189
機織細工　78, 81
美術教育　5, 15
紐結　97, 101, 102, 132, 133
紐結方並に紐組方　78, 81
復元　106, 253
復元による教材解釈　42, 202, 215, 225
普通教育　2, 24, 64, 66, 71, 77, 85, 259
普通教育としての技術教育　2, 3, 262
プラット・インスティテュート　159
文検　73
米国留学　49, 152
方法的価値　37, 39, 41
ボストン・スロイド養成学校　49, 157, 162, 164, 251

ま　行

マトリクス　41, 149
豆細工　78, 81, 97, 101, 102, 132, 133
麦藁細工　78, 81
目的的価値　21, 37, 39, 41, 81, 98, 115, 116, 124, 127, 130, 135, 136, 144, 145, 146, 173, 177, 185, 186, 191, 251, 256, 261
木工　3, 18, 69, 78, 97, 101, 102, 106, 132, 133, 182, 223, 225, 227, 229, 241, 243-45, 247, 254, 257
模倣と創作　16
文部省　9, 12, 63, 252, 262

ら　行

理科　10, 243-45, 247
理科的手工　14
労働手段　169, 180, 251
轆轤細工　69

著者紹介

平舘　善明（ひらだて　よしあき）

1975年栃木県足利市生まれ。東京学芸大学大学院連合学校教育学研究科博士課程修了。博士（教育学）。日本学術振興会特別研究員（DC），芝浦工業大学工学部特任講師を経て，現在は帯広畜産大学畜産学部准教授。

〔著書〕『工業高校の挑戦―高校教育再生への道―』（学文社 2005年 共著），『子どもと教師でつくる教育課程試案』（日本標準 2007年 共著），『ノンキャリア教育としての職業指導』（学文社 2009年 共著），『技術教育の諸相』（学文社 2016年 共著）ほか。

教材にみる岡山秀吉の手工科教育論の特質と意義

―戦前日本の手工科教育論の到達水準の探究―

2016年12月５日　第一版第一刷発行

著　者　平　舘　善　明

発行者　田　中　千津子

発行所　〒153-0064 東京都目黒区下目黒３-６-１

☎ 03(3715)1501　FAX03(3715)2012

振替　00130-9-98842

株式会社　学　文　社

検印省略

http://www.gakubunsha.com

印刷所／新灯印刷㈱

ISBN978-4-7620-2676-8